U0052617

居鄉懷國

南宋鄉居士人劉宰的家國理念與實踐

Living Locally, Thinking Nationally:
The Life and Ideals of Liu Zai, a Local Literatus of the Southern Song

黃寬重　著

三民書局

序【日文】

斯波義信　教授

　　黄寛重教授は中国古今の文献学に精通して国際的に令名の高い碩学である。教授は中央研究院歴史語言研究所所長および台湾大学史学系教授の要職を歴任し、史語所所長の任内に中央研究院が収蔵する世界有数の貴重漢籍を数字化資料庫として構築し内外の研究者の検索の便に提供するという一大事業を推進し、日本においても稀観資料の検索、閲読に絶大の裨益に浴している。教授は唐末、五代、南北宋において科挙と文治政策とが生み出した士大夫階層が発揮した政治文化が、二千年余の中国官僚制国家及び社会の中国的特質を前後期に二分する大きな変革をもたらしたことに特別に関心を払い、北宋、南宋にわたる政治史、官制史の基本構造、民間軍事力も合わせた軍事史の諸問題を緻密かつ明晰に解明した。さらに教授は視野を一層広め、郷居の〈郷紳〉階層の登場と社会貢献に着目し、その具体的事例として南宋末鎮江の貧困な学者の家に育ち、官は県令に止まるが、持病で退官しても広く官民から郷賢と目された劉宰を取り上げ、同郷、同年（進士）、道学の同門、姻戚、同僚などの機縁で築いた人脈を介する盟友関係を背景として、民生の安定または行政の不備を補うべく、義田、義荘、施粥、賑災、疏浚、祠廟の建設と賜額、義学、学校の設置、学田の設置など多方面な義行を実践し、他方、南宋末の国難に際しては天子および上級の朝臣の求めに応じて政見を開陳した。南宋においては、科挙の受験定員は広がる一方で、官員のポストは限りがあって、科挙を通過しても人仕を

郷里で待機する〈郷居の士人〉は多数いた。劉宰も、病身の故もあるが、〈郷居の士人〉に属する。彼には道学の師から学んだ儒教的経世致用の理想があった。ただし、郷紳の身として、その実践の範囲は地方の民生の改善を対象とし、いわゆる〈儒教の地方化〉の一例である。

　ここで思い起こされるのは〈義〉の用法である。宋の洪邁の《容斎随筆》に〈義〉を説いて、「衆と之を共にするを〈義〉と曰う」とあり、公共の行為を義と言った。南北朝時代に仏教の義邑、社會という組織は福祉の団体であった。また同じく南北朝のあたりから〈義利の辨〉という用法が記録され、その昔は〈利〉は欲望の所産として儒家も道家も排斥していて、儒家は〈名〉の対極に〈利〉を置いていたが、〈義〉のための〈利〉は容認されるという風に、解釈が変わった。隋が大運河を開いて交通と流通が改良された機に、Adam Smith のいう Smithian Dynamics つまり分業化と特産化（商業化と都市化）の道が開け、商業と都市が起こり、社会上下の生活は競合的となり、資産は貧富に別れ、〈養生の道〉すなわち生存の保障は貧者、富者を問わず容易ではなくなった。

　以上、黄教授の近著《居郷懐国——南宋郷居士人劉宰的家国理念與実践》は、宋代にはじまり、明代、清代へとさらに拡充していく〈郷紳〉層が、官民両階層を中間で媒介する社会の領袖・指導層として果たした機能を解く関鍵となるという重要な中国社会史上の論題に厳密な実証的方法を駆使して挑み具体的映像を描出した本格的な研究である。劉宰の活動を語る資料は、《宋史本傳》にはじまり、劉宰の撰した《漫塘集》、《京口耆舊傳》、《嘉定鎮江志》、その続《至順鎮江志》に収まる総計 300 数十件に達する書信、書啓を枢軸の資料に置き、補助資料として多くの伝記、墓誌、婚啓、劄子、奏劄などを取り上げ、而も各書信の授受の事情の解説を付した、

いってみれば、〈郷紳劉宰の伝記研究〉の〈長編〉と称すべき一大実証的郷
紳研究に結実している。近年、中国史研究の関心は政治史、制度史、法制
史から、むしろ社会史、そして全体史の構造と変遷に移ってきたことは心
強いことである。ただし、直接資料の伝存は限られ、また宋代は戦乱の影
響があって資料の伝世自体が数量的に乏しいと言う隘路がある。新規の研
究の開拓には資料知識の深い理解と方法の進展が望まれる。黄教授の近著
は、この意味で唐宋変革の研究者、また郷紳問題研究者の必読の必携書と
して参考に供されるべきである。ここに一文を草して江湖に閲読を推薦す
る次第である。

2023 年 8 月 17 日

日本　東洋文庫文庫長　斯波義信識

序【中文】

斯波義信　教授

山口智哉　教授譯

　　黃寬重教授是一位於中國古今文獻學領域造詣深厚並享有國際聲譽的知名學者。黃教授歷任中央研究院歷史語言研究所所長及清華大學歷史學研究所教授兼所長等要職。在擔任歷史語言研究所所長期間，黃教授推動了一項重大事業，將中央研究院典藏的世界頂尖珍貴漢籍數位化，建立成資料庫（即「漢籍電子資料庫」），供國內外研究者檢索使用，對於日本的研究者在尋找和閱讀罕見資料上提供了莫大的幫助。黃教授長期關注唐末、五代、南北宋時期科舉和文治政策對士大夫階層在政治文化上所產生的影響，對二千年來中國官僚制下國家和社會的特色在前後期所帶來的重大變革也有濃厚的興趣。在此一基礎下，黃教授在北宋、南宋時期的政治史、官制史的基本結構，以及包括民間軍事力在內的軍事史等各種問題都作出了細緻而清晰的研究成果。近年來，黃教授進一步擴展他的視野，以南宋末期鎮江的劉宰為例，關注鄉里中「鄉紳」階層的出現及其社會貢獻。劉宰出生於貧困的書香世家，官位僅止於縣令，他雖因長期的病痛而辭官，卻被鄉里視為鄉賢。黃教授注意到，辭官後的劉宰透過同鄉、同年（進士）、道學同門、姻親、同僚等人際網絡形成的盟友關係，使他能夠在民生與地方行政有所不足的時候加以補足。劉宰力行多方面的善行，如義田、義莊、施粥、賑災、疏濬、祠廟的建設、賜額、義學、學校的設立，以及學田的設置等。同時，在南宋最後遭逢國難的時刻，他也應皇帝和朝臣的要求，提出了自己對朝政的看法。南宋時期雖

然科舉考試的名額大幅增加，但官員的職位卻很有限。導致許多讀書人即使通過了科舉，卻只能在鄉里等待職缺，成為「鄉居士人」。劉宰雖然是因為病痛的緣故而鄉居，但理論上還是屬於「鄉居士人」。他師從道學治國安邦的儒家理念，但作為一個鄉紳，他把這個理想轉化實踐在地方，用以改善民生，可以說是「儒教地方化」的一個例子。

　　在此我想到關於「義」一詞的用法。宋代洪邁在《容齋隨筆》中提到：「與眾共之日義」，也就是公共行為可以稱之為義。南北朝時期，佛教出現以「義邑」、「義社」為名的福利組織，也就在這個時候，出現關於「義利之辨」的記載。過去「利」被儒家和道家視為欲望的產物而加以排斥，儒家原亦將「利」與「名」視為兩極，但後來解釋出現了一些變化，開始認為可以為了「義」而容許「利」。隋代開鑿大運河改善交通與流通，開啟了亞當・斯密 (Adam Smith, 1723–1790) 所謂的「斯密動力」(Smithian Dynamics)，即專業分工和專業生產（商業化和城市化）之路，商業和城市的興起，造成社會上下階層的生活變動頻繁，資產有了貧富的差異。「養生之道」，也就是關於生存的保障，不論對於貧富而言，都變得不再容易。

　　黃寬重教授的近著《居鄉懷國——南宋鄉居士人劉宰的家國理念與實踐》是一部能運用嚴謹的實證方法，具體描繪出宋代以至明清「鄉紳」如何以社會領袖的角色，作為官、民兩個階層的中間媒介，為社會史研究提供了一個堅實的研究基礎。關於劉宰的活動記載見於《宋史本傳》，其他資料包括劉宰撰寫的《漫塘集》、《京口耆舊傳》、《嘉定鎮江志》，及其後的《至順鎮江志》等，總共約有 300 多封書信、書啟等。黃教授以這些資料作為核心，並輔以多個傳記、墓誌、婚啟、劄子、奏劄等作為補充資料，並針對每封書信的收信背景加以解說。可以說，這是一篇關於「鄉紳劉宰傳記研究」的長篇實證性的研究成果。近年來，中國歷史研究的關注點已從政治史、制度史、法制

史逐漸轉向社會史和整體史的結構和變遷，相當令人期待。然而，宥於直接
資料存世有限，加上宋代受戰亂影響，資料保存本身也相對缺乏。新研究領
域的開拓有賴於更深度地理解史料及研究方法的推進。從這個角度來看，黃
教授的近著可以說是提供研究唐宋變革和鄉紳問題的學者們一個不可不讀的
重要參考。在此草成此文，以薦諸史學同好。

2023 年 8 月 17 日

日本　東洋文庫文庫長　斯波義信識

居鄉懷國

南宋鄉居士人劉宰的家國理念與實踐

目　次

Living Locally, Thinking Nationally:

The Life and Ideals of Liu Zai, a Local Literatus of the Southern Song

Table of Contents

Chapter 8. The People, Families, and Society of Zhenjiang

i. Official Families

ii. Non-Official Families

iii. Zhenjiang Society as Reflected in Biographical Accounts

Chapter 9. Conclusion: Regional Differences and Local Commonalities

i. Regional Development and the Resources of Examination Success

ii. Political and Social Forces in the Construction of Local Society

Appendix

1. Liu Zai's World as Reflected in His Literary Collection: With a Discussion of the Historical Value of His Letters and Biographical Writings

2. A List of Epitaphs and Draft Biographies in the *Mantang ji*

3. A Chronology of Letters in the *Mantang ji*

4. Terms of Administrators of Zhenjiang Superior Prefecture and the Huaidong Overseer-General Office

5. Terms of Administrators of Jiankang Superior Prefecture and the Huaixi Overseer-General Office

6. Contributions to the Jintan Famine Organization in the Year 1224

Bibliography

導 言

　　宋寧宗嘉定二年（1209 年）春，鎮江金壇人（今屬江蘇常州）劉宰（1165–1239 年）以顏面致病為由，辭官歸鄉。這年他四十四歲，在紹興出任浙東常平司幕僚職。此職是劉宰父喪除服之後，因岳父梁季珌提攜，首次離開久任的沿淮邊區州縣幕職官，到京城附近任職。對大多數進士及第、追求仕進的南宋士人而言，能夠到近臨安任職，是擴展人脈、爭取晉升的絕佳契機。特別是南宋官多闕少，無論是服喪或任滿，官員往往需要等候多年，才能有機會獲得新的職缺。從這個角度看，相較於多數出身寒門、艱辛爭取仕進的士人，劉宰顯然較為幸運。不過，就在同一年，南宋對金戰局遽變，朝廷中樞換血，甫躋身侍從的岳父卻驟然離世。在此仕途不明朗之際，劉宰決定遠離塵囂，回歸鄉里，選擇走向迥異於眾多南宋士人官僚的人生道路。當此風華之年，劉宰為何作此抉擇，著實耐人尋味；他如何安頓爾後漫長的退休生涯，更值得深入探討。

　　透過士人重新理解宋代，是我長年致力研究的重要議題。我自 1993 年開始關注在宋代科舉社會中成長茁壯的士人家族。首先，鎖定南宋政治、社會、文化方面具有影響力的若干富盛家族，探究當宋代社會流動因科舉而強化，這些家族的成長、興衰，及其所反映的地域社會文化特色。[1] 之後，又從不同面向探討士人群體推動、參與的各項社會與文藝活動。[2] 在研究過程中，

---

1. 黃寬重，《宋代的家族與社會》（臺北：東大圖書，2006）。
2. 黃寬重，《藝文中的政治——南宋士大夫的文化活動與人際關係》（臺北：臺灣商務印書館，2019）。

我發現大家族固然是影響宋代的主要群體，但絕大多數在科舉社會掙扎的一般士人，乃至通過科舉、取得功名後，仍在州縣任職、浮沉宦海的眾多基層士人官僚，也是南宋政治社會發展中不可忽視的角色。然而，學界長期以來多關注高官名儒的事蹟或學術成就，視之為時代的總體展現，相較之下，基層士人群體則多乏人問津。

為擴展研究視野，探索不同階層士人的成長軌跡與人生歷程、時代角色、生活樣態，我決定將研究焦點轉移到中低階士人官僚，期待對宋代歷史發展有更多樣的認識。

首先，我選擇出身寒門，戮力兼顧學宦的紹興士人孫應時，以及與他成長背景相似的道學學友為研究對象，試圖探討這群投身舉業的士人受教、成長之過程，以及中舉後為了爭取仕進而經歷的各種生涯試煉。[3] 孫應時和他的學友學習成長期間，正值宋孝宗到寧宗的南宋中期。當時，道學大儒並起，各自引領風騷，並吸引眾多既追求仕進、亦欲領略道學理念的士人成為門徒，開啟道學競合的歷程。此際，宋朝內外面臨諸多挑戰，也使這些標榜強化內在修為、精進內聖工夫的道學名儒，關注時局國政的發展，致力得君行道的外王事業。這些名儒遂集結門徒，形成群體，標舉教化理念，批評掌政近習，試圖影響君王、扭轉政局。如此一來，一連串政治衝突於焉發生。[4]

寧宗繼位之後，道學與執政之間的衝突加驟，進而引發整肅道學的「慶元黨禁」，[5] 這一政治情勢的驟變，讓原本追求學宦兼容的道學門徒，頓時面

---

3. 黃寬重，《孫應時的學宦生涯：道學追隨者對南宋中期政局變動的因應》（臺北：臺大出版中心，2018）。

4. 余英時，《朱熹的歷史世界：宋代士大夫政治文化的研究》（臺北：允晨文化，2003）。

5. 學界對這一議題的研究，成果豐碩，包括黃俊彥，《韓侂胄與南宋中期的政局變動》（臺北：國立臺灣師範大學歷史學系碩士論文，1976）。謝康倫 (Conrad Schirokauer)

臨學術理念與仕宦現實難以兼顧的嚴肅挑戰。處於嚴峻的政治風暴下，這一群道學門徒在因應驟變的環境及維持師門關係時，將承受巨大考驗。我所關注的，正是長期來鮮獲學界重視的道學追隨者，在政治環境變動時的遭遇及其生涯轉折的歷程，並由此觀察南宋政治與社會發展動向。

　　在探究以孫應時為主的士人群體之後，我選定另一位基層士人官僚劉宰為研究對象。以劉宰為題，源於早年劉子健教授的啟發。1985 年，我獲劉教授推薦，到普林斯頓大學東亞系進修一年，有緣親炙教誨，並拜讀 1978 年他在《北大學報》所發表的〈劉宰和賑饑——申論南宋儒家的階級性限制社團發展〉一文。該文揭示劉宰鄉居期間進行三次大規模設粥局救助鄉親的壯舉，其中第二次就食者最多，達每日一萬五千多人，是當時世界上少見的私人救濟事業。[6] 這篇論文受到日本學界高度推崇，曾譯成日文，開拓了我的研究視野。拜讀之後，我立志深入探討南宋士人與政治社會關係的議題。起初，限於學力，乃先由討論士人家族的相關議題入手，才逐漸轉向基層士人。到開始投入孫應時專題後，自覺對南宋中期的政治與社會變遷有更深入的認識，資料掌握也較充分，因見學界仍未對劉宰議題有進一步討論，於是在劉子健教授研究基礎上，著手撰寫〈劉宰的人際關係與社會關懷（劉宰の人間関係

　　著，何冠環譯，〈論偽學之禁〉，收入海格爾 (John Winthrop Haeger) 編，陶晉生等譯，《宋史論文選集》（臺北：國立編譯館，1995），頁 159–200。程誌華，《學術與政治：南宋慶元黨禁之研究》（新竹：國立清華大學歷史研究所碩士論文，1996）。高紀春，《道學與南宋中期政治——慶元黨禁探源》（保定：河北大學博士論文，2001）。蔡涵墨 (Charles Hartman)，《歷史的嚴妝：解讀道學陰影下的南宋史學》（北京：中華書局，2016）。李超，《南宋寧宗朝前期政治研究》（上海：上海古籍出版社，2019），是近年就此議題對偽學逆黨籍問題提出新見的著作。

6. 劉子健，〈劉宰和賑饑——申論南宋儒家的階級性限制社團發展〉，收入氏著，《兩宋史研究彙編》（臺北：聯經出版事業公司，1987），頁 307–357。

と社会への関心)〉一文，補充劉教授觀點，進而啟動本書的劉宰研究。[7]

　　劉宰與孫應時等人的成長時代相近，也同樣追求仕進。不同的是，劉宰在仕途順遂時，卻毅然辭官歸鄉。在鄉居的漫長歲月中，他又與絕大多數遠離官場的退休官員不同，選擇積極凝聚鄉親，致力鄉里建設，並向官府反映民意，乃至關切國政發展。像劉宰這樣遠離權位卻心繫家國的士人，引起我的關注，意欲探究其緣由。投入劉宰研究後，我更注意到除了劉宰的個人理念，他的家鄉鎮江也值得深入探究。因此，我一方面試著從我和學界同道以往未曾措意的議題——南宋中晚期鎮江的地理環境與面臨的挑戰入手，以期對劉宰的人生、作為，乃至南宋軍政與社會的變化，有更深切的認識與理解。同時另闢蹊徑，著力於劉宰退休後，如何以具體行動組織、凝聚鄉親，共同推動澤及鄉里的慈善活動與公益事業，以及評議國政、提供讜論，開啟兼具家國情懷意義的生命歷程。

　　在南宋，士人官僚退居鄉里後的生涯發展各異、類型多樣。由於中舉入仕的人數多於官職，宋廷設計出一套嚴謹又複雜的選官舉薦制度，[8] 加上政治環境變動頻繁，故官員因待闕甚或遭到罷黜而退居鄉里的比例甚高。遭遇此類情況，官員多謀求復職再任，孫應時就是一個很好的例子。至於引年致仕或以各種理由乞辭回歸鄉里的官員，若身心健康，仍過著多彩的退休生活，

---

7. 黃寬重，〈劉宰的人際關係與社會關懷（劉宰の人間関係と社会への関心）〉，收入宋代史研究会編，《宋代史研究会研究報告 (10) 中国伝統社会への視角》（東京：汲古書院，2015），頁 151–189。

8. 參見鄧小南，《宋代文官選任制度諸層面（修訂本）》（北京：中華書局，2021）、胡坤，《宋代薦舉改官研究》（上海：上海古籍出版社，2019）。王瑞來，〈金榜題名後：「破白」與「合尖」——宋元變革論實證研究舉隅之一〉，收入氏著，《近世中國——從唐宋變革到宋元變革》（太原：山西教育出版社，2015），頁 215–234。

活動型態相當多元。或與同好詩詞唱和，組成真率會、五老會或詩社等，以文會友，頤養天年，如周必大、范成大等人。部分關心鄉里社會的致仕官員，則組成群體，除怡情養性之外，亦致力地方建設及慈善公益活動，如四明史浩、汪大猷、沈煥、樓鑰等人，成立鄉曲義莊、致力地方公益並教育鄉里，培養後進人才，為鄉里爭輝。[9] 這些高官顯宦，即使到晚年，在鄉里仍發揮影響力。此外，部分因政爭或政見不同而辭罷的官員，則過著低調的生活，如陸游、王厚之；[10] 更有以病請辭或致仕之後力辭朝廷徵召者，如崔與之。[11] 這些官員，雖然辭罷官職後的生活樣態各具特色，但其主旋律是從華麗歸於平淡，與朋友止於情誼交游，甚少評議朝政、人事或參與地方的實際事務運作，尤其迴避敏感的時政議題。

　　劉宰在盛年之時以顏面致病為由請辭，然而其顏面損傷，固然有礙外貌，但並非致命惡疾。況且，此時他是支撐家計的梁柱，提早辭官，自是一項考驗。不過，劉宰辭官後，心理依然康健，同時和大多數退休的士人官僚一樣，

9. 周揚波，《宋代士紳結社研究》（北京：中華書局，2008），頁 66–69、頁 95–127。梁庚堯，〈家族合作、社會聲望與地方公益：宋元四明鄉曲義田的源起與演變〉，收入中央研究院歷史語言研究所出版品委員會主編，《中國近世家族與社會學術研討會論文集》（臺北：中央研究院歷史語言研究所，1998），頁 231–237。黃寬重，《宋代的家族與社會》，〈第二篇　四明家族群像〉，頁 67–200。

10. 陸游之例，參見包偉民，《陸游的鄉村世界》（北京：社會科學文獻出版社，2020）。于北山，《陸游年譜》（上海：上海古籍出版社，1985）。王厚之之例，參見黃寬重，〈南宋中期士人的〈蘭亭序〉品題〉，收入氏著，《藝文中的政治——南宋士大夫的文化活動與人際關係》，頁 223–268。

11. 崔與之辭官，可見朱瑞熙，〈勤政廉政的一生——南宋嶺南名臣崔與之〉，收入朱澤君主編，《崔與之與嶺南文化研究》（北京：人民出版社，2010），頁 385–399。王明蓀，〈崔與之的體病與心志〉，收入朱澤君主編，《崔與之與嶺南文化研究》，頁 400–412。

是地方官徵詢意見、訪問消息、採擷風謠的對象，且能充分掌握朝廷政策與地方官府的施政和人事異動。[12] 然而，在享受晴耕雨讀的退休生活之餘，劉宰更積極關懷、參與鄉里事務，進而組織鄉親，推動地方建設與賑饑活動，甚至關懷國政，發表意見，為時長達三十年。這樣的人生道路，在絕大多數追求仕進的宋代士人官員群體中，顯是異類。

劉宰關心家國事務，既源於個性上具強烈使命感，更和鎮江所處的地理環境及當時軍政變動密切相關。鎮江是長江下游與江南運河交會地，既鄰近宋金邊境的淮南地區，又能透過水路與行政中樞臨安便捷往來，是聯繫首都與前線、乃至境內各地的轉輸要地，也是商業繁盛、兼具防衛南宋北門任務的重鎮。他鄉居的金壇，是鎮江府的屬縣，與建康府所轄句容縣及常州所轄武進縣境接壤。與鎮江府城所在的丹徒縣及運河沿線的丹陽縣相較，金壇地位偏僻、地勢較高，經濟發展稍弱。到南宋中、後期，由於宋金蒙關係變化及淮海地方武裝力量坐大，淮南戰火相繼不絕，緊鄰淮邊的鎮江，直接感受到戰爭煙硝的震撼。宋廷為強化後勤支援，遂積極動員當地百姓，整治運河與轉輸軍需。劉宰既久居鄉里，長期觀察到邊事的發展與官府的舉措，對鎮江百姓的身家生計帶來的衝擊特別有感，或因此在關心鄉里處境的同時，也關切中央朝政、人事與政策的變動。

劉宰長期在家鄉求學成長，並歷任淮東及建康等臨邊地區的基層親民官，長期領受邊境與政局的變動，對家鄉社會的衝擊；稱疾居鄉之後，對地方風土民情、社會環境及其問題的了解更深。因此，當親民官員蒞任，向他徵詢

---

12. 鄧小南與高柯立均以宋代蘇州士人與地方官的互動為例，顯示各類士人在地方的角色，參見鄧小南，〈北宋蘇州的士人家族交遊圈——以朱長文之交遊為核心的考察〉，《國學研究》第三卷，1996 年，頁 479–481。高柯立，《宋代地方的官民信息溝通與治理秩序》（北京：國家圖書館，2021），第六卷，頁 277–321。

地方民瘼時，他既勇於反映民意、提供具體意見，更關切中樞政策對鄉里社會的影響，是南宋中後期為鎮江地區民眾代言的鄉賢。不過，以劉宰的家境與官歷，要在鄉里發揮實質的影響力，仍需要多方面條件配合。劉宰雖以路級幕職官及家境尚稱富庶的條件辭官，但較諸當代擁有豐富資產的富室或以宰執致仕的名宦，如史浩、汪大猷、沈煥、樓鑰等四明大家族，資源與聲望仍難以相比。這些世家大族不僅任官時能一呼百應，影響鄉里，退休後更以鄉里耆老結合各方，推動惠及鄉親及彰顯地方特色的社會文化活動，展現鄉賢對地方社會的影響力；四明的社會條件也勝過劉宰居住的鎮江。因此，劉宰尚需運用多方途徑、強化與鄉里社會的連結，號召、組織鄉親，凝聚人力，才能成功推動鄉里建設。另一方面，他居官時雖與當朝執政建立關係，但在退休之後，朝中人事已有顯著的變化，如何開展人脈、擴大人際能量以有效結合官民力量，推動惠及鄉里的政策，解決地方社會的問題？此外，在推動地方建設，累積知名度、提升聲響，成為朝廷招攬賢能標舉的對象時，如何應對進退，並與宰執維持關係又保持距離，乃至提供對時局政策的建言？諸多複雜而多元的議題，都是他要面對與解決的。

　　上述眾多具體的問題，都嚴肅考驗劉宰的應對能力，正是觀察、評斷其人格特質的所在。可以說，請辭鄉居以後，才是劉宰發揮理念、展現生命力與價值的起點，也將是本書論述的重心。

　　本書首章探討劉宰出生長成的鎮江，闡述鎮江成為南宋政權北方門戶的發展進程。本章首先由人員、物資轉運樞紐，以及國防戰略的地理位置切入，分析鎮江作為趙宋邊防重鎮的政治、經濟與軍事架構。接著，本章亦探究宋廷如何透過強化漕運功能與管理等，改善整體環境，惠及鎮江百姓的實況，並指出宋金淮邊戰事爆發對鎮江百姓造成的壓力。本章透過整合國政變動，以及鎮江環境變化交織的時空因素，為讀者勾勒出鎮江的歷史圖像，以利理

解後續章節中，劉宰如何在辭官鄉居後，得以結合在地力量，推動各項建設以維護鄉里，並為地方代言。

第二、三章描繪劉宰先世致力仕進的努力、家境與家人的艱辛成長，以及劉宰本人業舉仕宦發展歷程，包括其人際關係、政績作為，乃至政局變動對他的衝擊，和決定以病辭官的生命轉折。第四章則聚焦劉宰鄉居後所開展的鄉里建設與賑濟，旨在探討其何以能以一介平民之身，組織鄉親，集群體之力，在家鄉推動三次大規模的救荒賑饑，又如何能領導開展一系列公共建設與地方互助的公益活動。

第五章關注劉宰如何以具體行動，實現其家國理念。該章分為兩部分，第一部分是關於劉宰參與表彰鄉賢陳東的行動，旨在述論身處邊防重鎮的鎮江士人如何透過書寫與行動，形塑陳東的愛國形象，不僅凝聚鄉里意識，更凸顯出鎮江社會與趙宋政權之間休戚與共的命運連結。在陳東形象的重塑過程中，劉宰雖非發起者，但他將陳東塑造為鄉里典範，更以和戰議題宣揚家國一體的連結性，是引領平反陳東議題且全程推動的核心人物。第二部分，則討論劉宰如何以在地鄉賢的身分為鄉里百姓發聲，向鎮江及金壇官府指出賦役與動員漕運對在地社會造成的壓力。

相較於第四、五章聚焦劉宰對在地社會的關懷與行動，第六、七章則呈現劉宰對國政的關心，以及對政治權力與個人出處的態度，二者合而觀之，正體現了劉宰家國理念的一體兩面。第六章以書信為主要材料，探討在鄉居期間劉宰如何藉人際網絡之助，持續針砭國政，向朝廷中樞進言。宋寧宗、理宗二朝，正是宋朝對外關係、政局與人事變激烈的時代。在此政局下，先後執政者立場迥異，劉宰社會聲望卻持續上升。本章探究箇中原因，指出除劉宰個人性格的耿直敢言，也關乎南宋政治禁忌的敏感氛圍中寓含之政治分際。[13]

第七章的主題為劉宰二度奉召入朝經歷。理宗繼位初期，宰相史彌遠曾

召攬劉宰赴京任官，迨理宗親政後，時任宰相鄭清之亦曾極力延攬劉宰入朝，然而二次召賢都為劉宰婉辭。二次奉召過程中，留下劉宰與朝廷和各級官員往返的諸多奏箚、書啟。透過這些公私函箚，我們可以理解南宋召賢的運作機制，並掌握劉宰溝通內外的人際網絡，以及理宗初期內外政局的變化與人事更迭。從中既可觀察到當朝宰執對他的尊崇與優遇，劉宰的政治立場與不戀權位的心意也清晰可見。他因義舉善行及淡泊名利而贏得朝野尊崇，死後受封諡號「文清」，傳記獲列《宋史》，是宋代中低士人官僚中少有的殊榮。

第八、九章是總結全書的全景觀照。第八章以劉宰《漫塘集》、《京口耆舊傳》中所撰鄉里人物傳記為主要材料，統整個案，分成不同群體，分別加以梳理、描述，觀察鎮江士人家族的舉業發展，以及其所呈現的社會樣態。第九章作為全書總結，將劉宰和鎮江社會的個案置於南宋整體時空脈絡中，與個人過去投入甚深的四明地方社會進行比較觀察。文章聚焦學界長期關注的兩項議題：南宋士人的區域發展和基層社會角色，盼藉本文闡述個人觀點，並與既有研究、特別是歐美同道成果對話。

為搭配全書結構設計，在第九章結論外，本書也在各章末針對該章所涉議題分別提出小結綜述。同時，本書另在〈附錄一〉收錄專文，探討現存劉宰書信所呈現的人際網絡，以及《漫塘集》、《京口耆舊傳》中所勾勒的人物圖像。該文為全書討論提供輔助，嘗試引領讀者掌握劉宰生命中的哪些重要人物協助成就了劉宰的鄉居事業。同時在劉宰筆下，傳記又如何展現出地方社會豐富多元的生命百態。在眾人中，劉宰摯友王遂的角色尤其值得關注，不僅既是劉宰同鄉、親家，也是學術和政治同道。可以說，如今我們所見的劉宰實形塑於王遂的作為之中。另有甚者，也盼望藉本書傳統取徑的書信材

---

13. 參考黃寬重，〈南宋政治史研究中的三重視角〉，收入氏著，《藝文中的政治——南宋士大夫的文化活動與人際關係》，頁 51–78。

料利用，對數位人文方法提出粗淺的研究反思，提醒讀者關注史料「數量」與「品質」之間的平衡與連動關係。

劉宰非達官顯宦且鄉居三十年，但奉獻鄉里、為國建言，其事功不遜於在朝的侍從重臣。他雖官履政績不顯，但生前受朝野尊崇，死後更獲諡號、《宋史》立傳。但傳記簡略，難以詳究生平事蹟。因而家屬親友將其著作彙編成《漫塘集》流傳於世，讓世人可以從留存的資料，補《宋史・劉宰傳》記述之不足，更全面地掌握其行誼與事功。然而，他身處臨淮的鎮江與政局變動頻繁的南宋中晚期，交往人物、涉及事務乃至時間相當複雜，若非詳為稽考，不易掌握具體事蹟的始末及其發展脈絡。為此，特就《漫塘集》中篇幅多且重要的墓誌、行狀等傳記資料及書箚、啟等書信，加以整理、考訂、繫年；此外亦整理鎮江與建康知府與淮東、淮西總領所任期，及甲申金壇粥局捐贈資料，列在本書〈附錄一〉之後。這一項彙整編輯工作，既是本書研究論述的基礎或具學術意義，也希望有助於讀者認識劉宰的人生歷程與鎮江社會環境。

劉宰的生命精彩多姿，留存的史料相當豐富，可開展多元的研究議題。不過，以個人性格與治學態度，要全面探討劉宰的一生，不僅耗時且容易滋蔓失焦，其中諸多議題，均涉專業學識，淺學如我，力不足以涉深。因此，本書未採取既有人物傳記的書寫模式，鉅細靡遺闡述劉宰各項事蹟；而是選擇個人感興趣、較有把握的議題，深入鑽研。

本書結合內外政局變動，梳理若干劉宰所關注、推動的家國事業，探究個人與時代、環境之間緊密連結，凸顯劉宰的人生亮點與價值；更藉劉宰的鄉居事業，探討具時代特色的社會力，如何在鄉里群體中凝聚、運作，也認識劉宰的人格特質與生命意義。本書旨在藉劉宰一生反映其身處的時空環境，也體現南宋基層士人官僚的生命處境。期待以此書拋磚引玉，帶動學界將視

野望向更多足以彰顯歷史多樣性的研究議題，關注其發展的可能性。但個人學淺，兼以受資料及視野之限，不免側重從劉宰及鎮江社會的角度討論問題，疏漏、不當之處必多，謹請海內外學界先進、同道指教。

第一章

南宋鎮江的形勢與環境

　　劉宰的人際網絡與出處關懷，受到其所在的地緣政治及地方社會的影響。為深入理解劉宰的理念與實踐的空間場域，並更立體地結構出劉宰的生命與時空環境之間的作用及變化，首先得探討以轉輸聞名的長江下游的鎮江地區，如何在南宋時代，因著政治環境的變遷，扮演具全國性影響的角色，並對當地社會、人民帶來改變。

　　鎮江地處長江南岸，是中原動亂時人民移動的中繼站，也是南北對峙局勢下的邊陲重鎮。自隋大業六年（610 年）開鑿江南運河後，杭州至鎮江八百餘里與江北運河串接，成為帶動江南地區生產力與經濟發展的契機。隨著隋唐宋三朝對江南財富的倚重，鎮江與揚州（今江蘇揚州）、真州（今江蘇儀徵）並為中國南北交通貿易轉輸重鎮。南宋建立後，在立國形勢的轉變、大運河運輸功能的提升及戰略部署的政策指引下，此地更從原來承擔區域物資轉輸的區域中心城市，躍升為兼具政治、軍事、經濟等多項功能的大城市。[1]其蛻變的景象，誠如曾知鎮江的史彌堅所說：「昔者南徐特一郡耳，四方之舟至者有限，……今天子駐蹕錢塘，南徐實在所北門。萃江淮荊廣，蜀漢之漕，輻輳於此，過客來往，日夜如織。」[2]鎮江遂與六朝古都建康，同為護衛南

---

1. 包偉民，《宋代城市研究》（北京：中華書局，2014），〈第六章　人口意象〉，頁316。

2. 史彌堅修，盧憲纂，《嘉定鎮江志》（收入《宋元方志叢刊》，北京：中華書局，1990，

宋的北門。

　　這一情勢的發展既增強軍備與建設，也明顯地改變鎮江地區的社會環境
與生態。觀察鎮江在南宋崛起與發展的過程，有助於了解南宋立國的環境，
更可以透過地方社會的反應，深度認識中央與地方、國家與社會的關係。然
而除了嘉定與元至順年間所編纂的二部方志外，鎮江的相關資料相當零散。
為突破史料缺乏的局限，本章利用劉宰的書信、傳記等文字，針對寧宗、理
宗二朝，宋與金蒙爆發戰爭，及地方武裝勢力在邊境活動最熾的時刻，呈現
鎮江在南宋時期的重要性。

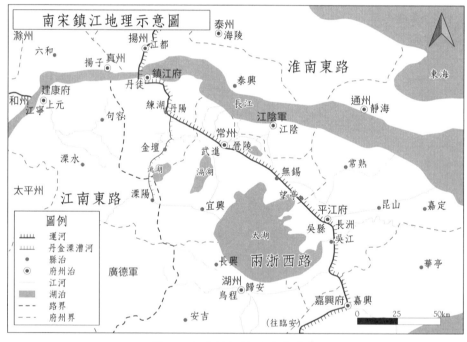

圖一　南宋鎮江地理示意圖 [3]

　　據清道光二十二年〔1842〕丹徒包氏刻本影印），卷六，〈山川‧丹徒縣〉，頁 41 下。

3. 底圖據中央研究院人社中心 GIS 專題中心 (2020) 中華文明之時空基礎架構系統，
　　http://gissrv4.sinica.edu.tw/gis/cctslite.aspx (2023/3/2)，「南宋歷史地圖」。運河參酌青山

第一節　戰略重鎮

鎮江位於長江下游南岸，東距海約一百餘公里。在〈禹貢・周職方氏〉中此地為揚州之域。秦、西漢屬會稽郡，東漢屬吳郡；三國時期，吳之孫權自吳徙治於丹徒，建京城，此地也稱京口。[4] 南朝時期為南徐州治所，是南朝重鎮。隋開皇十五年（595 年），改置為潤州。唐玄宗開元二十一年（733 年），分天下為十五道，屬江南東道；永泰以後，常為浙西道觀察使治所。[5] 宋開寶八年（975 年），改軍號為鎮江軍，州名仍是潤州；政和三年（1113 年），升潤州為鎮江府。[6] 建炎三年（1129 年），浙西安撫司移於鎮江；紹興五年（1135 年）浙西安撫使移臨安府，鎮江府兼沿江安撫使。[7] 紹興十二年（1142 年）冬，詔依沿海制置使例，罷帶沿江安撫使。潤州在唐代統有六縣，後上元、句容二縣改隸昇州，潤州領四縣。[8] 宋熙寧年間，延陵縣降為

定雄，《唐宋時代の交通と地誌地圖の研究》（東京：吉川弘文館，1969），「北宋時代主要交通路圖」，圖版 II；及曾國藩、丁日昌纂修，《蘇省輿地圖》，哈佛大學漢和圖書館藏清同治七年 (1868) 刻本。圖中地理位置由復旦大學魯西奇教授校訂。

4. 班固撰，《漢書》（北京：中華書局點校本，1962），卷二十八上，〈地理志上〉，頁 1590–1591；范曄撰，《後漢書》（北京：中華書局點校本，1965），志二十二，〈郡國志四〉，頁 3489；史彌堅修，盧憲纂，《嘉定鎮江志》，卷一，〈地理〉，頁 2 上 –2 下。

5. 沈約等撰，《宋書》（北京：中華書局點校本，2018），卷三十五，〈州郡志一〉，頁 1130–1131；李吉甫撰，《元和郡縣圖志》（北京：中華書局點校本，1985），卷二十五，〈江南道一・潤州〉，頁 589–591；樂史撰，《太平寰宇記》（北京：中華書局點校本，2004），卷八十九，〈江南東道一〉，頁 1756–1757；史彌堅修，盧憲纂，《嘉定鎮江志》，卷一，〈地理〉，頁 5 上。

6. 史彌堅修，盧憲纂，《嘉定鎮江志》，卷一，〈地理〉，頁 7 下。

7. 史彌堅修，盧憲纂，《嘉定鎮江志》，卷一，〈地理〉，頁 9 上。

鎮，潤州（鎮江府）所轄存丹陽、丹徒與金壇三縣。[9]

　　自秦朝開發水陸交通，為交通運輸奠定基礎以來，隨著地理環境的變化及歷朝的經營，鎮江成為南北人員、商旅往來的交會要津；當戰亂或南北政權對峙時期，如三國、兩晉南北朝，鎮江則居邊防前線，憑藉長江天險，成為屏護南方政權的重鎮。[10]隋代開通江南運河後，鎮江（時潤州）與華北政治中樞的往來更密切，成為控扼江南運河進入長江的重要口岸。[11]安史之亂以後，中國經濟中心南移，由於唐王朝對江南財糧的倚重，位居南北漕運要衝的鎮江，重要性更為明顯。

　　靖康二年（1127 年）金兵攻陷開封，徽欽二帝被俘，北宋政權覆亡。在兵馬倥傯之際，徽宗之子康王趙構被朝臣擁立，於南京應天府即帝位，以延續趙宋的國祚，是為高宗。南宋草創之初，金兵強勢逼迫，高宗君臣倉促南下，以避兵烽，雖表明願奉正朔、乞封藩國，仍不可得，幸賴各地民間武力據險抗禦，才得以緩和受敵壓力。建炎四年（1130 年）金知無法滅宋，遂改變戰略，在淮北立劉豫為帝，組建偽齊政權。[12]宋廷則推動安內政策，於江北設置鎮撫使以為緩衝與屏障，加上韓世忠、張俊、岳飛等大將領重兵鎮守江淮邊境，奠定以杭州為都城、倚江南經濟及長江防禦，背海立國的偏安政權。

　　淮南東路是南宋邊防臨敵的前線。高宗選定杭州為都，旨在憑藉富庶的

---

8. 史彌堅修，盧憲纂，《嘉定鎮江志》，卷一，〈地理〉，頁 9 上。

9. 史彌堅修，盧憲纂，《嘉定鎮江志》，卷一，〈地理〉，頁 18 下。

10. 張立主編，《鎮江交通史》（北京：人民交通出版社，1989），〈第一章　先秦至南北朝時期〉，頁 1–31。

11. 張立主編，《鎮江交通史》，〈第二章　隋唐宋時期〉，頁 33–34。

12. 脫脫，《宋史・河渠志》（北京：中華書局點校本，1977），卷二十六，〈高宗本紀〉，「建炎四年七月丁卯」條，頁 480。

江南奠下立國基業。但在宋金長期的對峙中，宋廷的壓力主要來自淮東：金兵只要越過淮河、長江，即能長驅直入杭州。因此，終南宋一朝，江淮不但是宋金之間的主戰場，更是南宋生存與發展的國防生命線，而須部署重兵防衛，此一部署方略即劉子健教授所稱的「前衛」。[13]

　　鎮江在南宋前衛地位的重要性，可謂後來居上。南宋淮東的江淮防線有四個臨江的重要據點，即江北的揚州、真州和江南的建康、鎮江。鎮江位於寧鎮山脈之中，三面環山，地勢雖不高，但足以阻卻沿河之敵；城區內有三山五嶺之說，具備防禦優勢，自吳、晉以來即為戰略要地，[14] 更因位於長江與江南運河的交會口，得二河水道之便，對京城與四方的聯繫都非常便捷，無疑是戰略部署上的最佳選擇。因此，在南宋淮東防線上的鎮江，遂能脫穎而出，與六朝古都建康並列，成為兼具國防、財政調度與商業活動功能的重鎮。

　　在開封淪陷，宋室南遷初期，江淮地區一直是宋金爭奪的焦點，兩國分別在此建立偽齊政權及建制鎮撫使作為緩衝，宋廷並相繼在沿淮、沿江築城防衛。鎮江既居臨江倚山之險，利於水戰，而被賦予防禦重責。[15]《方輿勝覽》即稱鎮江為「浙西門戶，控扼大江，內蔽日畿，望海臨江，險過金湯。」[16] 是以建炎三年（1129 年）二月宋廷命呂頤浩知鎮江府，劉光世的軍隊駐守鎮江，防護瓜洲渡口。[17] 紹興五年，宋廷在鎮江置淮東宣撫司，[18] 命

13. 劉子健，〈背海立國與半壁山河的長期穩定〉，收入氏著，《兩宋史研究彙編》（臺北：聯經出版事業公司，1987），頁 21–40。

14. 洪婉芝，〈宋元時期鎮江地區的造橋活動〉，《新北大史學》3 (2005)，頁 6。

15. 周必大，《文忠集》（收入《景印文淵閣四庫全書》，臺北：臺灣商務印書館，1983，據國立故宮博物院藏本影印），卷一百七十，頁 12 上 –16 上。

16. 祝穆撰，祝洙增訂，施和金點校，《方輿勝覽》（北京：中華書局，2003，以上海圖書館藏咸淳三年〔1267〕刻本為底本點校），卷三，〈鎮江府〉，頁 56。

韓世忠的軍隊屯駐，負責淮東防務。紹興八年（1138 年）王庶措置江淮，以劉錡軍駐鎮江，為江左根本。[19] 此後宋金各自為化解內部矛盾，且感到無力擊潰對方，終於紹興十一年（1141 年）冬締結和約，即所謂的「紹興和議」，開啟宋金近百年和平的基本架構，奠定雙方以淮河為界南北對峙的立國形勢。和議締結後，張俊毀海州城，遷其軍於鎮江府，並命楚州軍馬錢糧遷於鎮江。[20] 這一連串的措施，就是在和約的規範下，將防衛江北的主要兵力，撤回長江一線。

紹興十一年宋金和約的重點，是君臣關係、劃定疆界、使臣往來、歲幣進奉和不納流民。[21] 兩國在界定邊境線的同時，更確立共同遵守約定，「沿邊州城，除自來合該置射糧軍數，并巡尉等外，不得屯軍戍守。」[22] 這是兩國維繫和平的重要規範，與宋遼澶淵之盟〈景德誓書〉中所載「所有兩朝城池，

---

17. 徐松輯，四川大學古籍整理研究所標點校勘，王德毅校訂，《宋會要輯稿》（臺北：中央研究院歷史語言研究所漢籍電子文獻資料庫電子版《宋會要輯稿》編委會，2008），職官四十，〈制置使〉，「建炎三年二月四日」條。史彌堅修，盧憲纂，《嘉定鎮江志》，卷三，〈攻守形勢〉，頁 11 下。參考劉雲軍，《呂頤浩年譜》（保定：河北大學出版社，2011），頁 71。

18. 《宋會要輯稿》，職官四十，〈宣撫使〉，「紹興八年三月六日」條。參考劉雲軍，《呂頤浩年譜》，頁 71。

19. 史彌堅修，盧憲纂，《嘉定鎮江志》，卷三，〈攻守形勢〉，頁 11 下。

20. 徐夢莘，《三朝北盟會編》（上海：上海古籍出版社，1987，據清許涵度刻本影印），卷二百六，「紹興十一年六月十七日」條。

21. 李心傳編纂，胡坤點校，《建炎以來繫年要錄》（北京：中華書局，2013，據《文淵閣四庫全書》本為底本點校），卷一百四十二，「紹興十一年十一月庚申」條，頁 2686。

22. 李心傳編纂，胡坤點校，《建炎以來繫年要錄》，卷一百四十二，「紹興十一年十一月庚申」條，頁 2686。

並可依舊存守，淘壕完葺，一切如常，即不得創築城隍，開拔河道」相同，[23]
都具有實質約束力，宋金雙方也都慎重遵守。如紹興十一年十一月宋高宗向
秦檜稱：「和議已成，軍備尤不可弛，宜於沿江築堡駐兵，令軍中自為營田，
則斂不及民，而軍食常足，可以久也。」[24] 其中，「沿江築堡駐兵」的「沿
江」指長江南岸。即使到寧宗時期，朝臣討論軍隊駐防部署，寧宗仍以「臨
邊不許屯兵」所指「臨邊」即是淮南沿邊地區，呼應條約的規範：

> 宰執進呈臣僚箚子〈論大軍屯江南不如屯江北形勢利害〉。京鏜奏云：
> 「自講和，有誓約，彼此臨邊不許屯兵，所以只是分兵出戍。」上曰：
> 「天時若至，卻不問此。況師直為壯，曲為老，若臨邊屯兵，則我先
> 背約，為曲矣。」[25]

　　金國同樣也遵守此一約定。《金史》引金世宗與宰相的對話中，魏子平不
贊成在宿、泗州以女真兵代漢軍時，即說誓書稱：「沿邊州城，除自來合設置
射糧軍數并巡尉外，更不得屯軍守戍。」[26] 可見不在沿邊屯軍駐守，是宋金
雙方和平穩定的重要前提，彼此不輕易違背協議，以免招致戰端。

---

23. 李燾編纂，上海師大古籍所、華東師大古籍所點校，《續資治通鑑長編》(北京：中華
　　書局，2004，以清光緒七年〔1881〕浙江書局刊本為底本點校)，卷五十二，「景德元
　　年十二月辛丑」條，頁1299。

24. 李心傳編纂，胡坤點校，《建炎以來繫年要錄》，卷一百四十三，「紹興十一年十二月
　　乙丑」條，頁2691。

25. 《宋會要輯稿》，兵六，〈屯戍下〉，「慶元元年十二月三日」條。

26. 脫脫等撰，《金史》(北京：中華書局點校本，1979)，卷八十九，〈魏子平傳〉，頁
　　1997。本資料承臺灣師範大學羅晏松先生提供，謹此致謝。

在這樣的規範下，居於弱勢的南宋，為了生存與發展，其推動與執行的邊防策略深具彈性。宋金雙方邊界線相當明確，東以淮水中流、西以大散關為界；但不得屯軍戍守沿邊州城的「沿邊」一詞略嫌模糊，當是指江北廣闊的淮南地區。從前述高宗對秦檜說「宜於沿江築堡駐兵，令軍中自為營田」的話語中，知道南宋君臣將「築堡駐兵」與「軍中自為營田」連結，駐守的邊防重點在「沿江」之地。

既然「沿邊」的淮南不得駐軍，宋廷的邊防策略乃兼顧和約規範及江淮的地勢與環境，規劃出極邊與近邊的兩道防禦線；也就是將兩淮視為國境的藩籬，長江為護國的門戶。[27] 所謂極邊是指鄰近敵境的淮河地區，宋廷鑑於淮河某些地段河道淺，易為敵軍突破，卻又有許多山寨與水寨連結的特殊地形，因此以陸防為主，「不必盡守故城，各隨所在，擇險據要置寨柵，守以偏將。」[28] 精銳重兵則駐守在金兵難以渡越的長江南岸，視需要調派軍隊攜帶糧食到淮南州縣，分區戍守。如乾道四年（1168 年）十一月，金平定漣水軍侍旺叛亂，其餘眾越過淮河逃至楚州，有激發宋金軍事衝突之虞，時知楚州左祐急請調揚州選鋒軍，旋又請調殿前司一千五百人屯駐楚州以備疏虞，即稱：「本州（楚州）地居極邊，抵接對境」，明確指出淮南地區是極邊防區。[29]宋廷同時在淮南組織、團結當地據守山寨與水寨的民間自衛武力，建構以正

---

27. 程珌，《洺水集》（北京：線裝書局，2004，據明嘉靖刻本影印），卷六，〈江淮形勢〉，頁 5 上 –6 上。

28. 馬光祖修，周應合纂，《景定建康志》（收入《宋元方志叢刊》，北京：中華書局，1990，據清嘉慶六年〔1801〕金陵孫忠愍祠刻本影印），卷三十八，〈武衛志一‧江防〉，頁 12 上 –12 下。

29. 《宋會要輯稿》，兵九，〈討叛三〉，「乾道四年十二月十三日」條。參見胡斌，〈隆興和議誓書：叛亡條款與乾道初年宋金外交博弈〉，《史學月刊》2006:6，頁 20–33。

規軍分成為主、在地民間武力為輔的極邊防禦網。[30]

　　在極邊防禦網之南的長江，是守衛政權的天然屏障，宋廷將之建構成以江防為主的近邊防禦帶。長江的水域寬廣，水流量多，船舶成為最主要的移動載具，擅長騎戰、不諳水性的女真及蒙古兵，確實難以跨江南犯，長江遂為南宋立國命脈。金海陵王南侵受阻，即為明證。反之，對習於利用水流駕馭船舶，往來移動的南宋政權，水既是天然屏障，又利於交通、聯絡，防禦效果強大；何況宋代造船技術精進，船體既大，機動性又強，水戰確具優勢。從南宋建政以來不斷遭到女真進犯，但始終能維持守勢的情形來看，倚江為守不僅避免受到直接攻擊，更有利於後勤補給。因此宋廷在構建的防江守備戰略，是以江北陣地阻止敵兵入江，江中諸洲用來阻絕敵船靠岸，而自鄂州以迄鎮江之江南岸口所構成的帶狀防禦網，則是重兵屯駐、舟楫停泊的重地。將重兵駐防長江以南的戰略要地，是兼具策應與攻守優勢的規劃。[31]

　　因此，當宋廷度過初期的危機後，將穩定內部及強化江防，列為立國的重要戰略，並逐步推動。宋金和議，南北對峙之局已定，高宗在解除韓世忠、岳飛與張俊等諸大將兵權後，不論是都統制或總領所的設置，都結合守江為主的邊防策略。特別明顯的是紹興十一年，宋廷罷大將兵權，將諸將屯兵改隸御前，並設置十個御前諸軍都統制司，其中鎮江府、建康府、池州、江州、鄂州、江陵府等六個正規軍，均在長江南岸。[32] 依李心傳在《建炎以來朝野

---

30. 黃寬重，《南宋地方武力——地方軍與民間自衛武力的探討》（臺北：東大圖書，2002），〈第五章　兩淮山水寨——地方自衛武力的發展〉，頁 203–239。陶晉生，〈南宋利用山水寨的防守戰略〉，《食貨月刊》復刊 7:1、2 (1977)，頁 1–10。

31. 黃純艷，〈南宋江防體系的構成及職能〉，《河北大學學報　（哲學社會科學版）》，2016:5 (2016)，頁 10–17。

32. 王曾瑜，《宋朝軍制初探》（北京：中華書局，2011 增訂本），第五章，頁 245–262。

雜記》所載,宋廷的四十一萬正規軍中,除殿前司七萬三千人、馬軍司三萬人、步軍司二萬一千人外,建康都統司五萬人、池州都統司一萬二千人、鎮江都統司四萬七千人、江州都統司一萬人、鄂州都統司四萬九千人、荊南都統司二萬人、興州都統司六萬人、興元都統司二萬七千人、金州都統司一萬一千人。[33] 從正規軍駐紮數量顯示,鎮江與四川興州、湖北鄂州、江東建康並為宋廷倚重的邊防重鎮,鎮江與建康更共同成為拱衛臨安的北門。據日本學者長井千秋的研究,置於鎮江的淮東總領所供養兵力,在乾道時期約有六萬八千人、嘉定時期約七萬七千人,嘉熙時期約七萬九千人,均超乎原定額度,顯示其重要性甚為突出。[34]

駐守各地的都統司,再視極邊防守的需要,分派所需人數到淮南各據點、險要、縣城戍守。《宋會要輯稿》所載乾道七年(1171年)鄂州、荊南與江州都統司所轄戍守州縣與抽回人數的資料,即相當明確。[35] 鎮江都統制調派戍守地區與人數雖不如鄂州等三個都統司詳細,但依據《嘉定鎮江志》所記載,在乾道六年(1170年)的四萬七千人中,分為前、後、中、左、右、游奕、水軍等七軍,水軍領五千人,餘各軍以七千人為率。[36] 其中一定兵力「分

---

33. 李心傳編纂,徐規點校,《建炎以來朝野雜記》(北京:中華書局,2000,以《適園叢書》本為底本點校),甲集,卷十八,〈乾道內外大軍數〉,頁405–406。興元都統司《朝野雜記》作一萬七千人,應為二萬七千人之誤。見王曾瑜,《宋朝軍制初探》,頁179。《宋會要輯稿》,兵六,〈屯戍下〉,「淳熙九年二月一日」條,載詔文合計約二萬五千人。感謝陳希豐教授提供資料。

34. 另一個長江中游南岸重要據點鄂州,亦是因軍事防禦與交通水路便捷,形成南宋繁盛的重鎮。參見楊果,〈宋代的鄂州南草市〉,《江漢論壇》1999:12 (1999),頁80–84。長井千秋,〈淮東總領所の財政運營〉,《待兼山論叢》(豐中) 22 (1988),頁26–27。雷家聖,《聚斂謀國——南宋總領所研究》(臺北:萬卷樓圖書,2013),頁90。

35. 《宋會要輯稿》,兵五,〈屯戍上〉,「乾道七年九月十七日」條。

遣淮東諸州防托及沿淮巡檢、揚州牧放差使之類。」[37] 淳熙十二年 （1185
年）九月，淮東總領吳琚呈報朝廷，期望比照步軍司派遣士兵到六合縣戍守，
於離家即支付旅費；他指出鎮江屯駐諸軍的旅費計算不合理，「每遇差出盱
眙、高郵軍、海（原文作「梅」，當誤）、楚州守戍，所支鹽菜錢米，自來糧
料院直候到戍守處方起支。」說明上述淮南各地，是由鎮江派遣分戍的。[38]

　　透過軍隊分層駐防、調派的方式，南宋從上而下、分區指揮的完整戰略
防禦網於焉成形：以臨安為軸心，調控十個鄰近長江近邊諸軍的駐守戰略重
鎮，各都統制再視江北防區的遠近及險易程度，分派軍隊戍守極邊。都統制
所轄軍隊各有不同番號，且自有營寨，避免軍民雜居。除上述正規軍之外，
為維護長江沿線安全，鎮江亦設置防江軍，最多時有二千四百餘人，並設有
新兵、閘兵、巡鋪等各類州兵三千四十六人，以加強城池的維修及疏通渠堰，
保證防地安全。[39]

　　鎮江既是南宋長江南岸的主要屯兵之所，在宋廷背海立國的戰略考量下，
其雄踞淮東邊防線上重鎮的地位，遂告確定。[40] 清人顧祖禹總結歷史發展形
勢，指出：「唐之中葉，以鎮海為重鎮，浙西安危，係於潤州。宋南渡以後，
常駐重軍於此，以控江口。」並舉陳亮所說：「京口連岡三面，大江橫陳於

---

36. 史彌堅修，盧憲纂，《嘉定鎮江志》，卷十，〈子目缺〉，頁 22 上。參見李萍，《《嘉定
　　鎮江志》研究》（上海：上海師範大學史學理論及史學史碩士論文，2016），頁 38。

37. 史彌堅修，盧憲纂，《嘉定鎮江志》，卷十，〈兵防〉，頁 21 下。

38. 《宋會要輯稿》，兵二十，〈軍賞〉，「淳熙十二年九月十九日」條。

39. 史彌堅修，盧憲纂，《嘉定鎮江志》，卷十，〈兵防〉，頁 12 上 –15 下。洪婉芝，〈宋元
　　時期鎮江地區的造橋活動〉，頁 11。李萍，《《嘉定鎮江志》研究》，頁 38–39。黃純
　　艷，〈宋代運河的水情與航行〉，《史學月刊》2016:6 (2016)，頁 102。

40. 湯文博，《南宋初期 (1127–1141) 江淮戰區研究》（天津：天津古籍出版社，2014 第二
　　版），頁 79–80。

前，江旁極目千里，勢如虎之出穴。昔人謂京口酒可飲，兵可用，而北府之
兵，為天下雄，蓋地勢然也。」[41] 若進一步結合兩淮地理形勢、宋金戰爭的
進程及金蒙南下進軍路徑觀察，更可以印證鎮江在南宋邊防守備承受的壓力；
這讓居住在臨界極邊重鎮的士庶，對周遭環境變動的感受，較遠離邊境的人
更為敏銳、深刻。

第二節　轉運樞紐

　　鎮江在中國歷史上的重要性，因著時代推移日益顯現。當南方開墾與經
濟發展之後，鎮江成為北方政權汲取南方資源的據點，特別是大運河的開鑿，
此地更成為南北轉運的重鎮；不過，在溝通南北的功能上，建康、揚州、真
州等江淮流域的重要城市各具優勢，鎮江的地位尚不突出。

　　建康、揚州與真州三地，都曾在歷史進程中扮演重要角色。建康是六朝
古都，長期作為長江下游的重鎮，地位最顯著；大運河開通後，揚州、真州
則先後成為南北米糧物資的轉輸要地。隋唐兩朝到北宋，政治中樞在華北，
邊患來自西北，朝廷所需的龐大財政資源多來自江南，通過大運河北運，揚
州因此在中唐以前成為南北米糧貨物集散轉輸重鎮，經濟繁榮、富甲天下，
有「揚（揚州）一益（益州，今四川成都）二」之稱。不過，經歷藩鎮割據，
運河時阻，加上唐末及五代軍閥混戰的摧殘，及鎮、揚一帶長江入海口東移
與泥沙淤積，江流南擺，北岸灘淤漲與瓜洲相連，江面驟縮，揚子津口門堵
塞等諸多因素，導致盛極一時的揚州榮景不再。[42]

41. 顧祖禹，《讀史方輿紀要》（北京：中華書局，2005），卷二十五，〈南直七・鎮江府〉，
　　頁 1249。所舉潤州、京口均指鎮江，參見史彌堅修，盧憲纂，《嘉定鎮江志》，卷一，
　　〈地理〉，頁 2 上 –5 下。

42. 全漢昇，〈唐宋時代揚州經濟景況的繁榮與衰落〉，《中央研究院歷史語言研究所集刊》

　　北宋起，中國經濟中心的南移已告確定。帝國的中樞在汴京，面對強鄰壓境，宋廷對江南的仰賴更甚，透過開鑿汴河入淮的遇明河，將江東南各路龐大的錢糧軍需，及茶、鹽與民生用品，上供京師。[43] 為此，宋廷特在真州、揚州、楚州（今江蘇淮安）與泗州（今江蘇盱眙）等四州設置轉般倉。其中原屬揚子縣、居水路要衝的真州，因位於大運河與長江聯繫接口，遂取代揚州，成為南方茶鹽及上貢物資的轉運樞紐。其情況如樓鑰所說：「真之為州未遠也……而實當江淮之要會。大漕建臺，江湖米運，轉輸京師，歲以千萬計。維揚、楚、泗俱稱繁盛，而以真為首。」[44] 宋廷在此設置榷貨務，乃至發運使，承擔米糧及商品轉運重任，是水路轉運重要城市。[45]

　　宋室南遷後，前述的淮南、江北重鎮受戰火破壞，變成戰區及臨敵的邊區，轉輸優勢不再，原有生產力也隨之消退。紹興以降，淮水既成為邊境，往昔大運河匯通南北的功能，因政權對峙而受到阻隔。紹興三十一年（1161年）金海陵王南侵的軍事行動，更使江北的真州遭受巨大的破壞，陸游即稱：

---

11 (1947)，頁 149–176。參見張立主編，《鎮江交通史》，第二章，頁 34–36。

43. 史念海，《中國的運河》（西安：陝西人民出版社，1988），〈第六章　政治中心地的東移及運河的阻塞〉，頁 233–235。參見張勇，《宋代淮南地區經濟開發若干問題研究》（北京：中國社會科學出版社，2019），〈第一章　宋代淮南地區的物資轉輸〉，頁 2。

44. 樓鑰著，顧大朋點校，《樓鑰集》（杭州：浙江古籍出版社，2010，以北京大學圖書館藏南宋四明樓氏家刻本《攻媿先生文集》為底本點校），卷五十一，頁 958。參見史念海，《中國的運河》，〈第六章　政治中心地的東移及運河的阻塞〉，頁 234。張勇，《宋代淮南地區經濟開發若干問題研究》，〈第一章　宋代淮南地區的物資轉輸〉，頁 42–48。陸游，《渭南文集》（收入《四部叢刊初編》，上海：上海書店，1989，據上海涵芬樓景印江南圖書館藏明華氏活字本影印），卷四十四，〈入蜀記　二〉，頁 1 上。

45. 梁庚堯，〈從南北到東西：宋代真州轉運地位的轉變〉，《臺大歷史學報》52 (2013)，頁 105。包偉民，《宋代城市研究》，〈第五章　市政建設〉，頁 285。

「儀真（真州）焚蕩無餘，已不復往昔榮景。」[46] 受政治情勢的衝擊，原來在北宋居於南北與東西漕運樞紐的真州，除了仍然將淮南鹽產向長江中游西運，及由長江中游轉輸米糧、上供臨安以外，往淮東防禦或渡淮與金交易，乃至淮南與臨安的交通上，真州的重要性則被鎮江取代。[47]

可以說，金海陵王南侵宣告了江北大城揚州、真州，在邊防布置及轉輸優勢的消退。相對的，宋廷基於國防戰略的考量，積極建構位居長江南岸、又可通過運河與各方聯絡的鎮江，扮演連結長江上、中游和行都臨安的重要角色，承擔轉輸江南州縣物資及人員至淮東沿邊正規軍駐紮地區的任務。鎮江府大軍歲用米六十萬石，「係於洪、江、池、宣、太平州、臨江、興國、南康、廣德軍科撥。」[48] 宋廷在此建轉般倉、豐儲倉、大軍倉和都倉，以及戶（部）大軍三倉等，倉儲能力在兩百四十萬石以上。常年出入倉庫的糧穀達一百四十餘萬石。[49] 此外，南宋都城臨安每年合計轉輸超過三百萬石米糧，加上預儲的大量糧食，是江南運河歷史上漕運量最大的時期。[50]

長江和運河的匯流，使鎮江一躍成為南宋各方人員、物資轉運的樞紐。曾任淮東總領所的錢良臣就指出：「京口當南北之要衝，控長江之下流。自六飛駐蹕吳會，國賦所供，軍須所供，聘介所往來，與夫蠻商蜀賈，荊湖閩廣，

---

46. 陸游，《渭南文集》，卷四十四，〈入蜀記　二〉，頁 1 上。

47. 梁庚堯，〈從南北到東西：宋代真州轉運地位的轉變〉，《臺大歷史學報》52 (2013)，頁 90–108。

48. 李心傳編纂，胡坤點校，《建炎以來繫年要錄》，卷一百八十四，「紹興三十年正月癸卯」條，頁 3553。

49. 江蘇省交通廳航道局、江蘇省航道協會編，《京杭運河志（蘇南段）》（北京：人民交通出版社，2009），〈第八章　港口〉，指出江南運河每年運往臨安的漕貨，不低於五百萬石，似有誇大，見頁 339。

50. 江蘇省交通廳航道局、江蘇省航道協會編，《京杭運河志（蘇南段）》，頁 5。

江淮之舟，湊江津入漕渠，而徑至行在所，甚便利也。」[51] 顯示自南宋定都
臨安以後的局勢，扭轉了隋唐迄北宋以北方為中心的水運體系，江南運河反
而成為關係趙宋政權命脈的黃金水道。地處江南運河起點的鎮江，居於江、
河會合的地理形勢，既承擔防衛邊陲的重責，又是臨安與境內人員物資交流
的必經之地，成為南宋江、河、海運輸網絡的重心。[52] 嘉定年間臣僚所言：
「國家駐蹕錢塘，綱運糧餉，仰給諸道，所繫不輕。水運之程，自大江而下
至鎮江則入閘，經行運河，如履平地，川、廣巨艦，直抵都城，蓋甚便
也。」[53] 此一人流與物流的頻繁匯集、轉輸的景象，創造鎮江空前活絡的商
業貿易。

　　從南宋人員赴職、旅遊、使臣往來與軍需、商業活動等角度，都可以看
到鎮江在人員、物資轉運上承擔的角色。

　　人員流動方面，首先是官員因履行職務的移動。宋代實施官員輪調制，
各級官吏多按任期輪調獲得職關，移動頻繁。南宋官員欲由江南赴長江上、
下游，經由鎮江赴任，最為捷便。這類事例很多，僅舉三例說明。陸游在乾
道五年（1169 年）十二月被任夔州（今重慶奉節）通判。他於次年閏五月十
八日從家鄉山陰（今浙江紹興）啟程，十月二十七日抵達任所。他將經過的
路途以遊記的形式寫成〈入蜀記〉，其中記載六月十三日到常州，經奔牛閘、
呂城閘、丹陽，十七日抵達鎮江，在鎮江停留十一天後，轉向西前進。其間
曾於六月二十八日應出使金朝的范成大之邀，在金山玉鑑堂餐敘。[54] 他在通

51. 史彌堅修，盧憲纂，《嘉定鎮江志》，卷六，〈水‧丹徒〉，頁 26 上。
52. 張立主編，《鎮江交通史》，頁 50–51。全漢昇，《唐宋帝國與運河》（臺北：臺灣商務
　　印書館，1944 初版，1995 重排版），〈第九章　宋金的對立與運河〉，頁 122–123。
53. 脫脫等撰，《宋史‧河渠志》，卷九十七，〈浙西運河〉，頁 2406。
54. 陸游，《渭南文集》，卷四十三，〈入蜀記　一〉，頁 14 上 –14 下。

過丹陽進入鎮江時，曾表達江南運河對南宋立國的重要性：

> 自京口抵錢塘，梁陳以前不通漕。至隋煬帝始鑿渠八百里，皆闊十丈，夾岡如連山，蓋當時所積之土。朝廷所以能駐蹕錢塘，以有此渠耳。汴與此渠皆假手隋氏而為吾宋之利，豈亦有數耶！[55]

陸游同時在〈常州奔牛閘記〉文中，提到運河是南宋京口地位顯著提升的關鍵因素：

> 岷山導江，行數千里，至廣陵、丹陽之間，是為南北之衝，皆疏河以通饋餉。北為瓜州閘，入淮汴以至河洛。南為京口閘，歷吳中以達浙江。而京口之東有呂城閘，猶在丹陽境中。又東有奔牛閘，則隸常州武進縣……自天子駐蹕臨安，牧貢戎贄，四方之賦輸與郵置往來、軍旅征戍、商賈貿遷者，途出於此，居天下十七。[56]

另一例是周必大，他在次年（1170 年）四月，奉命任知南劍州。他於五月一日自家居的廬陵出發，返京述職，途經南康軍（今江西九江）、銅陵（今安徽銅陵）、繁昌（今安徽繁昌）、太平州（今安徽當塗）、真州，於三十日到鎮江，隨即過呂城閘、奔牛鎮到常州，轉赴平江府崑山（今江蘇昆山）祭岳父王葆後，抵達臨安。[57] 又一例是孫應時，他經鎮江到四川任職。紹熙三年

---

55. 陸游，《渭南文集》，卷四十三，〈入蜀記　一〉，頁 10 上。

56. 陸游，《渭南文集》，卷二十，〈常州奔牛閘記〉，頁 11 上 –12 下。參見梁庚堯，〈從南北到東西：宋代真州轉運地位的轉變〉，《臺大歷史學報》52 (2013)，頁 102。

57. 周必大，《文忠集》，卷一百七十，〈乾道庚寅奏事錄〉，頁 1 上 –33 下。李仁生、丁功

（1192 年）四月，丘崈被任命為四川制置使，即邀聘時任遂安（今浙江淳安）縣令的孫應時到四川擔任重要幕僚。孫應時排除困難，直接由嚴州西行，預定六月中旬到鎮江與丘崈會合。因孫母無法同行，他未能按時會合，特別向丘崈報告，預定是二十三日才到鎮江。[58] 孫應時雖沒有詳細記錄下他從遂安到成都的行程，但他致丘崈與陸九淵的書信中，都明確提到鎮江是赴蜀行程中的一個轉運站。[59]

　　除官員赴任之外，士兵在鎮江移動也很頻繁。鎮江是宋廷直轄十個都統制司之一，[60] 不論是常駐或輪戍的軍隊及其眷屬，都以鎮江為中心來往移動。陸游記乾道六年（1170 年）赴蜀任職旅程，六月下旬在瓜洲觀察到：「兩日間閱往來渡者無慮千人，大抵多軍人也。」[61] 隨後他更在七月初途經真州時，感嘆當地城外東園，自建炎兵火後荒廢四十餘年，並在紹興三十一年（1161年）被金兵焚毀無餘；真州的殘敗景象與鎮江的熙來攘往，形成強烈對比。[62]

　　對南宋朝廷而言，途經鎮江更重要的人流與物流，是宋金雙方的使臣往來及歲幣致送。宋金締結和約的內容，除界定彼此從屬關係、維持邊界穩定外，更重要且常態化的互動，是雙方使臣往來與宋向金遞解歲幣。宋金的都城杭州與燕京（今北京）之間，使臣在南宋境內的路程仍是循江南運河到盱眙軍（今江蘇盱眙）出、入境，鎮江即是重要轉折站。在和平時期，使節來

誼，《周必大年譜》（南昌：江西人民出版社，2014），頁 112–116。

58. 孫應時，《燭湖集》（收入《景印文淵閣四庫全書》，臺北：臺灣商務印書館，1986，據國立故宮博物院藏本影印），卷六，〈上象山陸先生書〉，頁 11 下。

59. 黃寬重，《孫應時的學宦生涯：道學追隨者對南宋中期政局變動的因應》，頁 74–75。

60. 有關都統制司，詳見本章第三節。

61. 陸游，《渭南文集》，卷四十三，〈入蜀記　一〉，頁 10 上。

62. 陸游，《渭南文集》，卷四十四，〈入蜀記　二〉，頁 1 上。

往頻繁，每年兩國常態性使臣經運河往返的就有八次。此外尚有特殊使命，包括通問使、通謝使、祈請使、奉迎梓宮使等泛使或專使。[63] 每趟使臣往來，雙方均動員眾多朝臣，組成使節團及接待團隊，派遣人力及調動物資十分浩大。

　　使臣經過的地點因涉及安全與接待問題，路程相當一致。茲以樓鑰在乾道五年（1169 年）以書狀官的身分，隨同他的舅舅汪大猷到金賀正旦為例。他於十月十八日離家，二十九日到臨安，經歷拜會、習儀活動，十一月十日登船離臨安，步上使路。十六日到鎮江，十八日渡江到瓜洲（今屬江蘇揚州），傍晚到揚州，經高郵（今江蘇高郵）、寶應（今江蘇寶應）、楚州，二十四日到盱眙軍。在此，偕金朝接伴使於二十九日進入泗州，十二月九日抵達開封（金稱南京），二十七日抵達燕京，參加一連串賀正朝儀，六年一月五日結束賀正活動，循路南返，二十七日宿泗州，次日入宋境，二月十三日到臨安，三月六日返抵家門。樓鑰將整個使程撰成《北行日錄》，文中對路程記載相當完備。[64] 次年五月，范成大奉命赴金任祈請國信使，求陵寢地及更定受禮書，雖然所經路程失載，但六月二十八日，他與入蜀的陸游相會於鎮江金山，可見的確經過鎮江。[65]

　　這條路線，從楊萬里於淳熙十六年（1189 年）冬擔任接伴金國賀正使旅途中所寫的一系列詩文，同樣可以得到證明。楊萬里詩中所記，從平江府（今

---

63. 李輝，《宋金交聘制度研究 1127–1234》（上海：上海古籍出版社，2014），頁 30–35。

64. 樓鑰著，顧大朋點校，《樓鑰集》，卷一百一十九、一百二十，〈北行日錄〉上、下，頁 2082–2125。

65. 陸游，《渭南文集》，卷四十三，〈入蜀記　一〉，頁 14 下。參見于北山，《范成大年譜》（上海：上海古籍出版社，1987），頁 131。又范成大，《攬轡錄》（收入趙永春編注，《奉使遼金行程錄》，長春：吉林文史出版社，1995），頁 276–293，只記八月返宋路途上金國境內活動，未見出入宋境的行程。

江蘇蘇州）起，經過無錫（今江蘇無錫）、常州（今江蘇常州）、丹陽（今江
蘇丹陽）、丹徒（今屬江蘇鎮江）、新豐（今屬江蘇鎮江）、丹陽館，渡長江過
瓜洲、揚州、高郵、寶應，抵達盱眙軍，都與樓鑰的使路吻合。[66]可見這一
條使路是定型化的。

　　鎮江也成為設宴接待宋金使臣的場所。趙彥衛在《雲麓漫鈔》即說：「金
國每年賀正旦、生辰遣使，所過州縣日有頓；盱眙、鎮江、平江、赤岸有
宴。」[67]文中列出接待、護送的浩大陣容與豪華宴席，如平江府一地接待金
使所費即高達四萬貫。鎮江是南宋官方四個接待金使的地點之一，接待費用
當不遜於平江。[68]《宋會要輯稿》紹興十三年（1143年）的詔書記：「內侍
省差使臣三員，沿路賜御筵，一員於平江府排辦，一員於鎮江府排辦，一員
於盱眙軍排辦。」[69]二十年（1150年）十二月詔書也說：「使人到闕，赤岸
等處錫宴。」[70]為接待金國使者，宋廷在紹興十四年（1144年）命知鎮江府
鄭滋在千秋橋前建丹陽館。[71]因接待使臣的需求，丹陽館的規模超出境內其
他驛館，同時也作為鎮江知府及其官員接待、宴請高級官員公務往來之用，

66. 楊萬里撰，辛更儒箋校，《楊萬里集箋校》（北京：中華書局，2007），卷二十七，
　　〈詩・朝天續集〉，頁1375–1422，散見使路所見所思詩句。見史彌堅修，盧憲纂，
　　《嘉定鎮江志》，卷十二，〈宮室・驛傳〉，頁12上。
67. 趙彥衛撰，朱旭強整理，《雲麓漫鈔》（上海師範大學古籍整理研究所編，《全宋筆記
　　第六編》，鄭州：大象出版社，2013，據清咸豐蔣光煦《涉聞梓舊叢書》本為底本
　　點校），卷六，頁164–166。
68. 趙彥衛撰，朱旭強整理，《雲麓漫鈔》，卷六，頁166。
69. 《宋會要輯稿》，職官三十六，〈主管往來國信所〉，「紹興十三年十一月二十四日」條。
70. 《宋會要輯稿》，職官三十六，〈主管往來國信所〉，「紹興二十年十二月十八日」條。
71. 陸秀夫，《宋左丞相陸公全書》（北京：線裝書局，2004，據清道光十六年〔1836〕五
　　柳堂刻本影印），卷三，〈丹陽館記〉，頁5下。

乾道六年（1170年），相繼路過鎮江的陸游和周必大都曾在這裡接受知府蔡洸的宴請，所見館內設施應當與平江等地一致。[72]

這項人使例行往返，是宋金和平時期的盛事，兩國均慎重以待。以宋而言，不僅每次出使人員達百人，沿途所經州縣也須承辦接待的人力、物力，責任甚重。其中鎮江不僅動員浩大，甚至出動軍隊護送。乾道六年（1170年）鎮江都統制成閔在奏文中即指出：「緣本司路當要衝，每歲護送國信人使，分遣淮東諸州防托及公淮巡檢，揚州牧放差使之類，皆要有心力將官。」[73] 具體參與護送的人數，據淳熙十六年（1189年）四月接伴使張濤的報告中指出：「遞年使客往回、例於鎮江都統制司及楚州出戍軍中，差步卒二百餘人，騎卒一百人，服乘小馬九十五人。」動員人力既多，對所過州郡的官府與民間造成負擔。[74]

在宋金和平時期，歲貢銀絹亦是循使節路線，每年通過運河運送。周密即指出：

> 紹興（誤，當作紹熙）歲幣銀二十萬兩、絹二十萬疋。樞密院差使臣四員管押銀綱，戶部差使臣十二員管押絹綱。同左帑庫子、秤子，於先一年臘月下旬，至盱眙軍歲幣庫下卸。續差將官一員，部押軍兵三百人，防護過淮。交割官正使，例差淮南漕屬；副使，本軍倅或鄰州倅充。[75]

---

72. 陸游，《渭南文集》，卷四十三，〈入蜀記　一〉，頁11上；周必大，《文忠集》，卷一百七十，頁11上–12上。

73. 史彌堅修，盧憲纂，《嘉定鎮江志》，卷十，〈兵防〉，頁21下。

74. 《宋會要輯稿》，職官五十一，〈國信使〉，「淳熙十六年四月十六日」條。參見張立主編，《鎮江交通史》，第二章，頁57–62。

周密的記載並未說明銀絹運輸路線。據梁庚堯教授研究，當是由江南運河，經鎮江渡江到瓜洲，進入淮南運河。[76] 可見宋廷在金蒙對峙時期，基於防禦戰略的策略及交通聯絡的優勢，擇定鎮江承擔淮東軍需補給，及人員使臣往來的重任。

　　由於鎮江地處都城與四方聯絡的樞紐地位，除人員與軍需之外，大量的米糧、茶鹽等民生消費性物資，乃至金銀器、絲織品等精緻手工業產品，都受惠於長江與江南運河便捷的水運，於此匯流、轉輸南宋境內；也經長江、淮南運河，在邊境進行榷場貿易，販賣到金朝甚至海外。鎮江遂成為長江流域上一座對外貿易活絡的港口，及商業最盛的重要城市。[77] 對宋廷而言，鎮江是廣徵稅源，挹注國防支出的絕佳場域，因此在境內設置常平倉及眾多相關的稅務機構，如榷貨務、江口務、都商稅務、都酒務、都倉廳、轉般倉監廳、大軍倉官廳、織廳務、貢羅務等。[78] 如臨長江的江口務，在嘉定中歲收十三萬一千三百四十九貫，其數量接近都商稅務的兩倍；[79] 再加上對外貿易，收入更為可觀。稅務所在的江口鎮，在嘉定時即有六千多居民，遺留的文化堆積豐富，印證商業的蓬勃發展。[80] 此外，鎮江城內更出現五市的繁榮商業

75. 周密撰，張茂鵬點校，《齊東野語》（北京：中華書局，1983，以涵芬樓宋元人說部書中夏敬觀校本為底本點校），卷十二，〈淳紹歲幣〉，頁 3。

76. 梁庚堯，〈從南北到東西：宋代真州轉運地位的轉變〉，《臺大歷史學報》52 (2013)，頁 105。

77. 劉建國，《古城三部曲——鎮江城市考古》（南京：江蘇古籍出版社，1995），頁 251–289。

78. 俞佳奇，〈鎮江運河文化的歷史考察〉，《鎮江高等學報》31:4 (2018)，頁 7。

79. 俞希魯編纂，楊積慶等校點，《至順鎮江志》（南京：江蘇古籍出版社，1999，以 1923 年陳慶年墨印本、冒廣生朱印本為底本點校），卷六，〈賦稅・嘉定志〉，頁 252。

80. 劉建國，《古城三部曲——鎮江城市考古》，頁 206–207。

現象。[81] 其中大市即是鎮江府城的商業中心,而漕渠上的淥水橋,自北宋以來即為商業及茶文化興勃的場所。[82]

　　長江流經鎮江城區,締造了此地繁盛的商業活動,江南運河流經鎮江府全境,更帶動所轄鄉鎮的發展。顧祖禹即指出:「漕河在城西二里,自江口至城南水門凡九里,又南經丹陽縣至呂城堰百二十四里」,[83] 是京城與淮邊等聯絡的主要管道。一如《宋會要・方域》所稱:「自臨安至於京口,千里而遠,舟車之輕從,郵遞之絡繹,漕運之轉輸,軍期之傳送,未有不由此塗者。」[84] 運河的路途長、運量大,加上沿線設置不少轉輸、儲存、停泊的閘、堰,遂產生眾多製造造船材料的作坊,以及販賣各類米食蔬果的行業,[85] 不僅促發商業繁榮的鎮江城及境內市鎮的崛起,並且與其他運河沿岸城市相繫連結,形成相互輝映的城市群。其中的丹徒鎮、新豐鎮、陵口鎮(今屬江蘇丹陽)、呂城鎮(今屬江蘇丹陽)、平望鎮(今屬江蘇蘇州)、練壁鎮、車陽鎮、龍潭鎮、柴溝市、倉頭市、高資鎮(今屬江蘇鎮江)、大港鎮(今屬江蘇鎮江)乃至常州的奔牛鎮,及由陸路到建康的各鎮,都因地處運河沿岸而商業繁榮,形成商業城市帶。[86] 如呂城鎮即是宋初船舶經過閘口、聚集人貨而形成的商業市鎮,更於淳熙四年(1177 年)置鎮。[87]

---

81. 俞佳奇,〈鎮江運河文化的歷史考察〉,《鎮江高等學報》31:4 (2018),頁 7。

82. 劉建國,《古城三部曲——鎮江城市考古》,頁 199–205。

83. 顧祖禹撰,賀次君、施和金點校,《讀史方輿紀要》,卷二十五,〈南直七・鎮江府〉,頁 1255。

84. 《宋會要輯稿》,方域十,〈道路〉,「嘉定十七年二月六日」條。

85. 安作璋,《中國運河文化史》(濟南:山東教育出版社,2001),頁 857。

86. 俞佳奇,〈鎮江運河文化的歷史考察〉,《鎮江高等學報》31:4,頁 7。江蘇省交通廳航道局、江蘇省航道協會編,《京杭運河志(蘇南段)》,第十章,頁 614–615。張立主編,《鎮江交通史》,頁 66。

　　總之，由於南宋立國形勢的轉變，及江南運河的暢通，讓鎮江在人員往來、米糧物品及軍需轉輸都居於首要地位，更影響指揮系統的運作，是守護南宋政權的重要門戶。

第三節　政務架構

　　宋代地方行政可區分成路－府、州、軍、監－縣三個層級，府不直接面對民戶，而是透過基層行政的縣級機構，執行稅賦徵收、力役調遣、司法刑獄等業務。[88] 以鎮江而言，在宋代雖有潤州、鎮江府的改制與改名，但都隸屬於兩浙西路，下轄丹徒、丹陽與金壇三縣。此外，基於戰略的部署，於紹興十一年（1141 年）以後，宋廷也在鎮江建置了二個與知府功能有別，卻互有關聯的軍政機構：鎮江都統制司與淮東總領所。

　　鎮江都統制司是南宋軍政體系的一部分。紹興十一年，宋廷收大將兵權後，將行營護軍的番號，改名御前諸軍，並先後設置十個都統制司，由朝廷直接領導指揮，鎮江都統制司即是其中之一。這是宋廷在部署國家防禦網中，為連結四方、策應淮南，特別駐紮於鎮江的軍事機構，並與鄂州、建康構成防護南宋東南的根本。[89] 都統制司自有營寨、教場及分營戍守地區，也得兼辦營利事業。而其軍需米糧、裝備及後勤補給，則由總領所承擔。

　　總領所的設置則是宋廷在紹興和議後，為確保軍隊國家化，由中樞官員

---

87. 參見何榮昌，〈唐宋運河與江南社會經濟發展〉，收入唐宋運河考察隊，《運河訪古》（上海：上海人民出版社，1986），頁 322。

88. 參見高柯立，《宋代地方的官民信息溝通與治理秩序》，〈第一章　宋代地方官府的構成與信息溝通〉，頁 37–46。

89. 李心傳，《建炎以來朝野雜記》，甲集，卷十八，〈紹興內外大軍數〉，頁 404–405。參見王曾瑜，《宋朝軍制初探》，頁 158、184。

直接統理軍需調度、提供軍用錢糧及掌握軍情的重要機構，具有跨部統合的功能；雖在財政體制上隸於戶部，但直接獲得朝廷配付固定額度的經費。[90] 紹興十一年（1141 年）五月，宋廷為供應各地駐軍的糧餉裝備，設置淮東、淮西、湖廣等三個總領所。[91] 其中淮東總領所原置於韓世忠駐紮地楚州，韓世忠調任御前後，宋廷派張俊、岳飛將駐楚州的韓部遷駐鎮江府，並考量鎮江連結長江與運河，具有軍需糧餉補給與聯絡臨安及長江上下游的便捷優勢，而將淮東總領所移置於鎮江。紹興十五年 （1145 年），宋廷又設置四川總領所。[92] 這四個總領所是南宋朝廷為應付長江沿線及蜀地屯戍諸御前大軍錢糧，由中央直接控制的機構，有外司農之稱：「雖直（置）司於外郡，而繫銜則必以中都官，蓋以名曰『出使』，而實非任外之職。」[93] 所需經費，占全國賦稅的一半，[94] 是由鄰近各路按規定的定額，從上供、課利收益中通過漕運分攤籌措供給。[95] 此舉使中央軍的軍費從地方歲計中分離出來，並確保中央對地

---

90. 學界關於總領所隸屬職權有不同觀點，日本學界提新置財政機構之說，中國武漢大學張星久教授則認為是戶部派出機關，另袁一堂則認為是以供軍為主要目的，兼有多方面職能的綜合性財政管理機構。參見張星久，〈關於南宋戶部與總領所的關係——宋代財政體制初探〉，《中國史研究》1987:4 (1987)，頁 9–16。袁一堂，〈南宋的供漕體制與總領所制度〉，《中州學刊》1995:4 (1995)，頁 132–135。個人的觀點與袁一堂相近。

91. 李心傳編纂，胡坤點校，《建炎以來繫年要錄》，卷一百四十，「紹興十一年五月辛丑」條，頁 2637。

92. 參見雷家聖，《聚斂謀國——南宋總領所研究》，〈第二章　南宋高宗收兵權與總領所的設置〉，頁 9–44。

93. 林駉，《古今源流至論・續集》(收入《景印文淵閣四庫全書》，臺北：臺灣商務印書館，1986，據國立故宮博物院藏本影印)，卷二，〈兵糧〉，頁 12 上 –12 下。

94. 《宋會要輯稿》，職官四十一，〈總領所・雜錄〉，「嘉定六年十一月十四日」條。嘉定六年（1213 年）監察御史黃序之言。

方財政的控制。[96] 這種將軍需分區供應而非集中運作的設計，充分顯現南宋財政統籌配合邊防部署的戰略考量，正如《古今源流至論》所論：

> 四總之官既立，上可以備邊境不虞之用，下可以省老弱轉運之勞。通融出入，裁制盈虛，其於軍用甚便，豈非儲於邊塞而無乏用之急乎！大抵國家用度多糜於兵，西蜀、湖廣、江淮之賦，類歸總司；所供京師者惟仰閩浙而已。[97]

鎮江的淮東總領所，負責調動淮南東路、兩浙西路及江南東路部分地區的財賦，供應淮南防務所需。李心傳即說：「淮東總領所歲費為錢七百萬緡，米七十萬石，而諸郡及鹽司所輸之緡多愆期者。每月五十八萬緡，內浙鹽司三十萬，平江、鎮江府及常州共十五萬，江西九郡共十三萬。」[98] 若與淮西總領所供應建康、池州（今安徽池州），湖廣總領所供應鄂州（今湖北武漢）、荊南（今湖北江陵）、江州（今江西九江），四川總領所供應興元（今陝西南鄭）、興州（今陝西略陽）及金州（今陝西安康）相比，顯示其支應業務範圍較單純，但總數量較大，任務相對繁重，[99] 洪适在紹興三十二年（1162 年）

95. 斯波義信著，方健、何忠禮譯，《宋代江南經濟史研究》（南京：江蘇人民出版社，2001），〈序章〉，頁 93–95。

96. 包偉民，《宋代地方財政史研究》（上海：上海古籍出版社，2011），第三章，頁 54。

97. 林駉，《古今源流至論・續集》，卷二，〈兵糧〉，頁 11 下 –12 上。包偉民，《宋代地方財政史研究》，第三章，頁 53。

98. 李心傳，《建炎以來朝野雜記》，甲集，卷十七，〈淮東西湖廣總領所〉，頁 390。

99. 內河久平，〈南宋總領所考──南宋政權と地方武將との勢力關係をめぐって〉，《史潮》（香港）78、79 (1962)，頁 8。

的〈淮東總領石記序〉中，對淮東總領所的職權有具體的說明：

> 凡供軍之物，民部計其實，下江浙數州，水輪陸送無虛旬。督其稽逗，勸其能，則有刺舉之權，頗得淮鹽所算、酒壚所榷以贍用。月受諸軍所作戎器，藏之庫；歲收營田所獲，歸之官。招選士卒，則甲乙呼辨，涅之於庭下；刪汰老疾，則集有秩者第功伐，如銓注之法；川蜀綱馬至，別其良駑則印之；瀕塞有互市，則提其要。凡關所隸者，聽其訟。或邊防軍政不常之事，則唯朝廷所命。至於察虛偽，謹出內，抱公滅私，則存乎其人。其表牋謝慶之式，大抵同外臺。以王人故，序乎方伯部使者之上，所謂報發軍馬文書，或曰猶古之監軍，非也。[100]

為因應其職責，總領所下設許多主責的單位，包括負責轄下文武官吏軍士俸祿的糧料院、負責審查糧料院俸祿數目的審計院、負責米糧與錢物儲存的大軍倉與大軍庫、負責收藏及發放御前諸軍所需兵器的御前封樁甲仗庫以及榷貨務；其中鎮江榷貨務都茶場，每年以四百萬緡為額，月支三十萬為贍軍之用。此外，總領所也從事東南會子與兩淮交子兌換業務，並設置贍軍酒庫、惠民藥局、贖藥庫及市場抵當庫等單位，以籌措錢糧、支應軍需。[101]

---

100. 洪适，《盤洲文集》（收入《景印文淵閣四庫全書》，臺北：臺灣商務印書館，1986，據國立故宮博物院藏本影印），卷三十二，〈淮東總領石記序〉，頁7上–8下。史彌堅修，盧憲纂，《嘉定鎮江志》，卷十七，〈寓治‧總領所〉，頁13上–13下。長井千秋，〈淮東總領所の財政運營〉，《待兼山論叢》1988，頁41–64。雷家聖，《聚斂謀國──南宋總領所研究》，頁59–60。

101. 雷家聖，《聚斂謀國──南宋總領所研究》，頁45–52、127–134。又見王曾瑜，《宋朝軍制初探》，頁428–440。汪聖鐸，〈宋糧料院考〉，《文史》2005:1 (2005)，頁185–

　　除了軍備糧餉供應之外，淮東總領所也提供安頓正規軍營寨的經費，如淳熙十六年（1189年）六月，鎮江爆發水災，運河河水倒灌城中，淹沒三千餘軍人家屋，都統制劉超上請救助辦法，宋廷即令總領所依所請支付。[102] 紹熙二年（1191年）十一月，宋廷也以鎮江大軍寨屋窄狹，下令收回韓彥古家租地，增建七百間寨屋，由總領所支付費用。[103] 此外，淮東總領所也負責管理由各路府調度、支應的費用，如鎮江府支應十一萬餘緡的經總制錢，以及透過兼營商業和榷場貿易的獲利等多項收入來充裕經費，以支撐軍防重責。[104]

　　淮東總領所在行政上與知府各自獨立，但運作機制卻有緊密連結。總領所既以支援國防軍需為要務，業務範圍橫跨軍政、財政與民政，與諸多行政區域有所關係，又為講求時效，需要具備獨立運作、統籌協調各方的職權，故組織架構相當精簡，但所屬官員多為京朝官。同時它是中央設置監督地方的官員，資序在地方官之上；財政徵調則是由府、州級的通判負責。[105] 基於

200。張亦冰，《宋代官員俸祿勘給程序研究——以財務文書為中心》（北京：中國人民大學碩士學位論文，2013）。鎮江大軍倉是淳熙戊戌年(1178)由知府司馬伋、總領葉翥、轉運副使陳峴共同創置，後分建南、北、西等三倉。見姚廣孝等奉敕編，《永樂大典》（臺北：大化書局，1985，據明嘉隆間內府重抄本影印），卷七千五百一十六，〈倉・大軍倉〉引《鎮江志》，頁3下。參見楊芳，《宋代倉廩制度研究》（上海：上海古籍出版社，2019），第四章，頁167–169。又見王書敏，〈關於鎮江宋元糧倉的幾個問題——轉般倉、淮東總領所、大軍倉〉，《東南文化》2011:5 (2011)，頁72–73。

102. 《宋會要輯稿》，瑞異三，〈水災〉，「淳熙十六年六月五日」條。
103. 《宋會要輯稿》，兵六，〈營壘〉，「紹熙二年十一月二十七日」條。此外，還有參與疏濬運河河道的經費等。
104. 王曾瑜，《宋朝軍制初探》，頁428–430。
105. 《宋會要輯稿》，職官四十一，〈總領所〉。《宋會要輯稿》，職官四十一，〈總領所〉，「慶元元年正月五日」條。《宋會要輯稿》，職官四十一，〈總領所〉，「乾道七年九月

此一特殊功能考量，總領所的職權與主管民政的鎮江府不相統屬。不過，在實務運作上，凡涉及錢糧調度與運輸、財務劃分與業務經營等層面，承平時期是透過府州循行政程序運作，而非直接指揮調度縣級行政衙署；當戰情緊張時，才出現直接指揮調度的情況。因此，多數時期總領所與各基層社會及百姓的關係，顯然較為間接。

總領所的權職隨軍政環境逐步強化。它的原初設計，負有戶部部分之權，可以秉命催督、按劾拖欠或違期的監司，[106] 也可視軍情的發展，調整職權，顯現南宋朝廷適應現實的能動性。[107] 同樣的，宋廷為提升錢糧供應淮東諸軍的效能，同意總領所可以視成效薦舉淮東官員，作為激勵；但尚未納入兩浙西路的拘催績效，致供應常有延遲，為此總領所吳彥璋特請准宋廷對「浙西見任官有職事相干，許通行薦舉。」[108] 淳熙四年起，宋廷又同意鎮江務場官員的推舉，也須先經總領所審實才施行，以避免鎮江知府未知會總領所，即據販賣茶場之業績呈請朝廷推賞的偏失。[109] 此外，宋廷並同意淮東總領所對

二十四日」條。參見雷家聖，《聚斂謀國——南宋總領所研究》，頁 61。

106. 通判任總領所財賦主管，見不著撰者，《兩朝綱目備要》（收入《景印文淵閣四庫全書》，臺北：臺灣商務印書館，1986，據國立故宮博物院藏本影印），卷七，「嘉泰二年十月壬申」條，頁 28 上。《宋會要輯稿》，職官四十一，〈總領所〉，「紹興十六年六月二十八日」條。包偉民另舉劉克莊知饒州所申科降米狀，見氏著，《宋代地方財政史研究》，第三章，頁 71–72。

107. 《京口耆舊傳》即指出，紹興中，都絜以太府少卿為淮西總領。時總司之權尚輕，絜上言：「江東所屯見兵，歲費錢七百萬緡，米七十萬石，而監司守令恬不加意。乞將弛慢之尤者，按劾點責，以警其餘，朝廷從之。自是總司之權始重，文移往復，州郡無敢玩者。」劉宰著，王勇、李金坤校證，《京口耆舊傳校證》（鎮江：江蘇大學出版社，2016，以《文淵閣四庫全書》本為底本點校），卷二，頁 64。

108. 《宋會要輯稿》，選舉三十，〈舉官〉，「紹興十三年九月二十八日」條。

各路州軍供應錢米實況：「檢察按治，再送刑部、大理寺看詳。」[110]

　　到寧宗朝，淮南軍情緊急，總領所責任加重，其考核權更深入州縣。開禧元年（1205 年），宋廷即應官員之請，擴大總領所對地方長官徵調財賦的考核權。[111] 嘉定以後，淮東地區承受金朝與李全勢力的雙重壓力，總領所籌糧備邊權責既重，遂請求朝廷增加兼攝重要州縣官員，並逐步強化職權。例如岳珂受命任淮東總領所後，於嘉定十五年（1222 年）奏呈楚州情勢緊急，事體比鄰州尤重，但每月總領所由鎮江府支出的一萬四千五百餘石，向由州官兼攝，無法專心管理，致綱運積壓，因此請求比照揚州專任一官員，直隸總領所；[112] 此外，也請比照淮西總領所事例：

> 特賜箚下楚、揚、真、泰、盱眙軍通判，高郵軍判官，天長、六合知縣，並各帶淮東總領所受給錢糧職事入銜。除揚州已有專官外，餘並於滿替前一季預申本所，於見任官內從本所踏逐選差。或見得下政可委就差承代管幹，其受給并倉庫官遇差兼滿替，並赴本所批書。[113]

嘉定十七年（1224 年）三月，宋廷依岳珂之請下令：「臨安、平江、紹興三

109.　《宋會要輯稿》，職官四十一，〈總領所〉，「淳熙四年七月二十四日」條。

110.　《宋會要輯稿》，職官四十一，〈總領所〉，「紹熙三年七月十二日」條。

111.　官員請「乞於郡守離任之日，各令具本任內合解總所財賦有無虧欠。如虧者即詰其由，重加責罰。至若在任尤弛慢者，亦許總所按奏。如此則諸郡知畏，而財賦必不致有虧，緩急必不致誤事。」獲朝廷同意。見《宋會要輯稿》，職官四十一，〈總領所·雜錄〉，「開禧元年十一月三十日」條。

112.　《宋會要輯稿》，職官四十一，〈總領所·雜錄〉，「嘉定十五年正月二日」條。

113.　《宋會要輯稿》，職官四十一，〈總領所·雜錄〉，「嘉定十五年正月二日」條。

府帶行浙西、江東、淮東總領所主管茶鹽官入銜，到、罷從本所批書，庶得專意督辦。」[114] 這些事例說明，每當戰況趨緊時，總領所每以調度軍需為名，呈請朝廷強化對州縣長官的督責與考核權力。

值得注意的是，在鎮江新增機構的管轄權，常在知府與總領所等機構之間轉移，顯示總領所職權的彈性變動。其中，尤以鎮江轉般倉為要。轉般倉的設置，是為了轉運江浙糧食至兩淮，以供應軍需。紹興二十九年（1159年）九月，戶部呈請由總領所措置鎮江轉般倉。[115] 淳熙五年（1178年）閏六月正式設置時，規定隸屬戶部，各置文武監官一員，由總領所專一提領。[116] 但到淳熙九年（1182年），宋廷應知建康府范成大之請，將建康轉般倉及大軍倉專委知府樁管，以統一事權。[117] 此一改變，當同樣適用於鎮江總領所。[118] 鎮江轉般倉在開禧初增為五十四座敖屋，儲米六十萬餘石，嘉定六年（1213年）改直隸尚書都省。[119] 嘉定七年（1214年）史彌堅另建二十座敖屋，以利儲米百萬石，規模甚大。[120] 理宗嘉熙年間，轉般倉又改隸發運司。景定二年

---

114. 《宋會要輯稿》，職官四十六，〈提舉茶鹽司〉，「嘉定十七年三月二十三日」條。

115. 李心傳編纂，胡坤點校，《建炎以來繫年要錄》，卷一百八十三，「紹興二十九年九月辛卯」條，頁 3053–3054。參見張小軍，〈南宋鎮江轉般倉有關問題研究〉，《鎮江高專學報》27:2 (2014)，頁 2。

116. 《宋會要輯稿》，食貨六十二，〈諸州倉庫〉，「淳熙五年閏六月十一日」條。

117. 《宋會要輯稿》，食貨六十二，〈諸州倉庫〉，「淳熙十年四月七日」條。于北山，《范成大年譜》，頁 314；孔凡禮輯，《范成大佚著輯存》（北京：中華書局，1983），〈奏乞蠲免大軍倉欠負箚子〉，頁 39–40、〈奏撥隸轉般倉箚子〉，頁 40。參見張小軍，〈南宋鎮江轉般倉有關問題研究〉，《鎮江高專學報》27:2 (2014)，頁 3。參見汪聖鐸，〈宋代轉般倉研究〉，《文史》2011:2 (2011)，頁 192。

118. 汪聖鐸，〈宋代轉般倉研究〉，《文史》2011:2 (2011)，頁 193。

119. 汪聖鐸，〈宋代轉般倉研究〉，《文史》2011:2 (2011)，頁 193。

（1261 年），再改由提刑司主管。[121] 轉般倉隸屬的轉移，說明宋廷為因應現實環境的變動，當新置機構的業務兼涉軍政與民政時，管轄權常在知府與總領所之間挪移。

　　綜上可知，鎮江地區的政務架構，呈現民政體系與軍政體系混存的現象。在這一雙軌系統設計下，民政首長鎮江知府與軍政首長淮東總領所，除職權及主要業務有所異同之外，官員任期也都有差別。宋代各級官員原有明確的任期與輪調制度，但鎮江知府與淮東總領所的實際任期相形之下卻頗見彈性。從紹熙元年（1190 年）到嘉熙三年（1239 年）五十年間，鎮江知府與淮東總領所的任期，可以看到其差異性。

　　這五十年間，鎮江知府多達四十四人、五十三任次，其中多達三十任次的知府任期不滿一年；一年以上至兩年者有十八任；兩年以上至三年者有二任次（張子顏兩年七個月、史彌堅兩年）；三年以上者有三任次（韓大倫三年、丘壽雋四年半、趙善湘五年），顯示兩年以上僅五任次，合計十七年一個月。其餘三十九人、四十八任次，合計三十二年十一個月，平均任期不及一年，特別是開禧三年（1207 年）八月到嘉定元年（1208 年）十一月間，共調派八次，嘉定十二年（1219 年）五月到次年一月的八個月內即更動了五次。值得注意的是，鎮江知府外調後，由總領所兼權的例子多達十三人次（朱晞顏、沈作賓、薛紹、梁季珌、葉籈〔三任〕、汪文振、林祖洽、錢仲彪〔兩任〕、程覃〔兩任〕、岳珂〔三任〕、韓大倫、桂如琥、吳潛，共十九任），除吳潛兼知府是一年九個月，桂如琥與岳珂六個月，薛紹、梁季珌五個月及沈

120. 史彌堅修，盧憲纂，《嘉定鎮江志》，卷十二，〈倉‧丹徒縣〉，頁 8 下 –9 上。參見楊芳，《宋代倉廩制度研究》，第二章，頁 106。王書敏，〈關於鎮江宋元糧倉的幾個問題——轉般倉、淮東總領所、大軍倉〉，《東南文化》2011:5 (2011)，頁 72–73。

121. 張小軍，〈南宋鎮江轉般倉有關問題研究〉，《鎮江高專學報》27:2 (2014)，頁 4。

作賓、林祖洽四個月外，其餘時間均短，如葉籈三次兼權共僅三個月。[122] 可見鎮江知府調動頻繁；不僅知府人事變動頻率高，由總領所兼權的人數也多，顯示鎮江知府的任期浮動而短暫，具體原因尚待探討。

淮東總領所更動的頻率則與知府有別。同樣從紹熙元年到嘉熙三年的五十年間，淮東總領所共任命二十二人、二十四任次（林祖洽任二次），其中任期不到一年者有七人，集中在紹熙元年及開禧元年（1205年）到嘉定元年間；有五人的任期二年到三年（吳琲、葉適、薛紹、宋均、程覃）；三年以上者共四人：梁季珌、錢仲彪、岳珂、吳淵。平均任期超過兩年，岳珂更長達十二年；顯示淮東總領所的人事較鎮江知府穩定。[123]

透過進一步比較其他地區，將能對鎮江這兩類官員的任職情形，會有更清楚的了解。南宋有四個與府、州並置的總領所：鎮江、建康、鄂州及興州。後兩州人事資料不足，難以比較；建康府則保留與鎮江府一樣完整的人事資料，可以以紹熙元年（1190年）到嘉熙三年（1239年）共計五十年間的任職，進行觀察討論。

這五十年中，知建康府共任命二十四人、二十五任次（僅李大東擔任過兩次知府）。其中不滿一年者有四任次，一年至兩年者七任次，二年至三年者十四任次（辛棄疾、余端禮、張杓、吳琚、丘崈、黃度、劉榘、李珏、余嶸、丘壽邁、別之傑、陳韡、李大東，其中李大東二次共四年六個月最久），從時間上，開禧三年（1207年）九月至嘉定二年（1209年）十二月的二年三個月

---

122. 鎮江知府任期參見史彌堅修，盧憲纂，《嘉定鎮江志》，卷十五，〈宋潤州太守〉，頁12上–15上。俞希魯編纂，楊積慶等校點，《至順鎮江志》，卷十五，〈宋太守〉，頁589–593。

123. 見〈附錄四　鎮江知府與淮東總領所任期表〉，淮東總領所任期請參見雷家聖，《聚斂謀國——南宋總領所研究》，〈附表一　淮東、淮西、湖廣總領年表〉，頁173–178。

中，更替四人最為密集；理宗以後的任期則較長。[124]總計每人平均任期在二年以上。淮西總領所，五十年內共有二十八任次，其中不滿一年者有七任次，一年至二年者有十二任次，二年以上有四任次（鄭湜、商飛卿、商碩、吳潛），三年以上有五任次（趙不儳、胡槻、李駿、戴桷、蔡範，其中胡槻任期達六年九個月最久），平均任期不及二年，較知府稍短。

　　交叉比較鎮江與建康兩地的知府與總領所在任時間，顯示建康知府在任的時間通常較淮西總領所為長，且擔任知府超過兩年者占一半以上；反之，擔任知鎮江府兩年以上者僅有五人，約九分之一。由淮東總領所兼權知府的人數達十三人，占知府的三分之一，淮西總領所則無兼權建康府的情況，顯示後二者各自獨立的性質較為明顯。此種差異的產生，與鎮江、建康二府的政治地位有關。鎮江府隸於兩浙西路安撫使，建康府則是江南東路安撫使所在，知府同時也由安撫使兼任，並且基於地理形勢及歷史地位的考量，南宋朝廷更視之為「留守」。在宋金關係緊張之際，南宋為備戰而強化指揮權，遂於建康置沿江、江淮制置使，並兼任知府，統合軍事指揮與民政權力。如丘崈曾任江淮安撫使，徐誼、黃度、葉適、劉榘、李珏、李大東、余嶸、丘壽邁、趙善湘、李壽朋、陳韡、別之傑等人，都是由江淮制置使或沿江制置使兼知府，甚至都督等位高權重的職務，其權位駕凌淮西總領所。因此，在鎮江獲朝廷肯定的知府，如李大東、趙善湘才改知建康府。知建康府一旦由制置使兼任，其指揮權則及於鎮江，如黃度、趙善湘及陳韡任上都有涉及鎮江的事務。

---

124. 見〈附錄五　建康知府與淮西總領所任期表〉，建康知府任期見《景定建康志》，卷十四，〈建康表十　國朝建炎以來為年表〉，頁 31 上 –39 上。淮西總領所任期請參見雷家聖，《聚斂謀國——南宋總領所研究》，〈附表一　淮東、淮西、湖廣總領年表〉，頁 173–178。

從上述討論可知，主管民政與地方關係最直接的知鎮江府，在行政上除受浙西路提刑、常平（在平江府）安撫、轉運司（在臨安府）長官的指揮監督外，其所承辦漕運、財政業務、上供運輸，兼受淮東總領所的督導與考核。[125] 一旦戰事發生，更要聽命於江淮制置使指揮。總領所及制置使基於國防任務，不必直接面對基層社會，而是透過行政程序指揮知府執行。顯著的例子是劉宰在寶慶元年（1225 年）代表金壇縣上呈鎮江府的一件申訴案件。該案說明鎮江府因應支付淮東總領所定額的經總制錢，要求所屬三縣繳納額錢數目不合理，請求知府協調改進，以避免官府為催繳錢賦，下鄉騷擾百姓。[126] 從申訴案的內容看來，總領所的經總制錢是透過知府，依照分攤數額、遵循行政程序，責由縣衙直接向地方百姓催徵；縣級官員及百姓，與總領所的關係是間接的，接觸的機會明顯較知府為少。

在鎮江，由於知府的任期短暫、調動頻繁及不時由總領所兼權，知府的人事相當不穩定；這些官員蒞任後，對基層社會與地方事務相對生疏，又要承受來自不同軍政層級的壓力，面對龐雜的業務與較陌生的人際關係與地方生態，勢需藉由徵詢地方耆老意見，認識、掌握所轄事務，以利推動上級交付的任務。基層社會反映輿情的對象，也多是知府及轄下的縣級親民官，這一點從《漫塘集》所載劉宰與地方官長來往書信的數量可以得到印證。《漫塘集》中收錄劉宰與淮東總領所、知鎮江府及金壇、丹陽、丹徒三縣長官的書箋與啟，合計六十六件，其中淮東總領所二人、共六件，知鎮江府十四人、共四十六件，縣級長官八人、共十四件，從數量上即能顯示劉宰與府、縣行政官員來往較總領所頻繁。若進一步探索書箋內容，可以更明顯地區別知府、

---

125. 張勇，《宋代淮南地區經濟開發若干問題研究》，頁 57。

126. 劉宰，《漫塘集》（收入《景印文淵閣四庫全書》，臺北：臺灣商務印書館，1986，據國立故宮博物院藏本影印），卷十三，〈代金壇縣申殿最錢箚子〉，頁 15 下 –19 上。

縣衙與總領所主管業務的性質，和所涉地方事務的屬性。[127]

第四節　漕運與民生

　　由於南宋行政中樞南移到富庶的江浙，讓居於江河航道轉折點的鎮江，因應人員移動與物資轉輸，躍昇為商業活動興盛的重要城市；宋廷既得藉以吸納財賦並裕國養軍，民間也因人口移動與貿易活絡而獲利。不過，要讓位於江南運河、長江及淮南運河交會口的鎮江，發展出活絡的商機，必須仰仗暢通的漕運。為此，宋廷持續設置閘、堰、埭及轉般倉等各種設施，並建立經營、運作機制，甚至開闢水源，調節運河與長江之間的水位落差，期使漕運發揮最大功效；各種作為都對鎮江社會造成影響。

一、閘渠、水運

　　長江是鎮江聯絡東西、發展貿易的主軸。由於長江水深，利於大型船艦航行，是上下游人員與物資交換的捷徑。不過長江在鎮江境內的路程較短，且因河岸線的變化、水位、潮汐差異，加上泥沙淤積嚴重，江面漸窄，導致江水匯入運河常受阻礙。宋廷為了便利通航，相繼在江河匯流處闢建積水澳、歸水澳，以及漕渠間修建京口閘、腰閘、上閘、中閘、下閘等五個閘門，也整治練湖，豐富運河水量，確保航運暢通。[128]

　　與長江相比，江南運河對鎮江境內官民的影響更為明顯。運河在鎮江境內貫穿三縣，是聯繫南北的動脈；它是以人力打通洮湖水系，包含香草河、丹金溧漕河、越瀆溧河，從丹陽向南，經金壇到溧陽與南河（吳中運河）相

---

127. 劉宰與知府、縣衙及總領所往來書箚的具體討論內容與差異，詳見本書第四、五章。

128. 張小軍，〈鎮江京口閘澳系統研究〉，《鎮江高等學報》25:3 (2012)，頁 91–108。黃純艷，〈宋代運河的水情與航行〉，《史學月刊》6 (2016)，頁 91–108。

接。[129] 其中丹陽一段岡阜連綿，是江南運河中地勢最高的河段。當長江水位較高時，尚可藉由利用江潮引江水濟運，暢通航運；然而每年十一月至次年四月長江枯水期，江水難以引入，不利於運河的船舶發揮運輸功能。淳熙十一年（1184 年）冬，臣僚上言：「運河之濬……獨自常州至丹陽縣，地勢高仰，雖有犇（同「奔」）牛、呂城二閘，別無湖港潴水；自丹陽至鎮江，地形尤高，雖有練湖，緣湖水日淺，不能濟遠，雨晴未幾，便覺乾涸。運河淺狹，莫此為甚，所當先濬。」[130]

運河水量的豐枯，影響軍需及民生物資的運送。乾道五年（1169 年）冬出使的樓鑰，記奔牛閘到呂城閘說：「十五日丁卯晴……明月水深，挽舟甚駛，夜行五十四里。」[131] 與樓鑰、陸游、周必大同樣具航行丹陽到常州經驗的楊萬里，則對呂城及奔牛二個閘口影響船隻通行，有更深的體會。他有六首詩描述過呂城閘的經驗，其中四首即說：

> 泊船到得暮鍾時，等待諸船不肯齊。等得船齊方過閘，又須三鼓到荊溪。

> 等到船齊閘欲開，船船捩柁整帆桅。一船最後知何故，日許時間獨不來。

> 纔聞開閘總歡欣，第一牽夫有喜聲。只得片時天未黑，後來天黑也甘行。

> 道是行船也未行，老夫誤喜可憐生。要知開閘真消息，記取金鉦第二聲。[132]

---

129. 江蘇省交通廳航道局、江蘇省航道協會編，《京杭運河志（蘇南段）》，頁 61。

130. 脫脫等撰，《宋史‧河渠志》，卷九十七，〈浙西運河〉，頁 2405–2406。

131. 樓鑰著，顧大朋點校，《樓鑰集》，卷一百一十九、一百二十，〈北行日錄〉上、下，頁 2087。

樓鑰與楊萬里二個例子，說明水道深淺與閘門啟開，都是影響縴夫過閘的因素。

　　為使航運暢通，宋廷亦透過設置堰閘與疏濬工程，調節水量、充沛水源。嘉泰四年（1204 年）三月，陸游應其外甥知常州趙善防之請，寫〈常州奔牛閘記〉，即表揚趙知府建奔牛閘對漕運的貢獻：

> 以地勢言之，自創為運河時，是三閘（按指京口閘、呂城閘、奔牛閘）已具矣。蓋無之，則水不能節，水不節則朝溢暮涸，安在其為運也……自天子駐蹕臨安，牧貢戎贄，四方之賦輸與郵置往來、軍旅征戍、商賈貿遷者，途出於此，居天下十之七，其所繫豈不愈重哉！[133]

李壐在嘉定七年（1214 年）的〈京口閘記〉也強調，知鎮江府史彌堅整建京口閘後，「由城南出，達於呂城，間石其途，挽夫上下妥視安行。甚雨淫潦，免於旋淖。」[134] 說明閘口的修建，可以發揮調節水位之效，既便利勞力者縴引，更讓漕運通暢。

　　因此，宋廷為維護南北漕運暢行，竭盡所能地組織人力，致力於推動各項閘、堰的建設；更建立定期檢視維護的運作機制，讓這段運河發揮轉輸軍需民食的功能。[135] 不過這些建設、疏濬等工程，都涉及在地民夫、民力的動

---

132. 楊萬里撰，辛更儒箋校，《楊萬里集箋校》，卷二十八，〈詩·朝天續集〉，「過呂城閘」，頁 1433–1434。

133. 陸游，《渭南文集》，卷二十，〈常州奔牛閘記〉，頁 11 上 –12 下。繫年參見于北山，《陸游年譜》，頁 501。

134. 史彌堅修，盧憲纂，《嘉定鎮江志》，卷六，〈京口閘記〉，頁 28 下 –29 上。

135. 這類研究很多，可參見安作璋主編，《中國運河文化史（中冊）》，第三編，〈宋元時期的運河與運河文化〉，頁 658–780。陳橋驛主編，《中國運河開發史》（北京：中華書

員與資源的徵集，亦可能影響農業灌溉，是鎮江官府與民間社會共同關注的重要課題。[136]

　　對生活在運河沿岸的鎮江居民而言，感受最深的是難以擺脫被徵調運送供應前線軍需的問題。為確保河道暢通、軍需轉運順利，從調節閘、堰調節水流到維護輸送安全，都需要動員人力，對當地百姓而言構成沉重的負擔。[137] 從劉宰給總領所轄下糧料院王抭的信箚，和他回應知鎮江府趙范的徵詢意見中，可以看到鎮江百姓與運河的密切關係。嘉定十二年（1219年），金壇縣承擔上供軍需計一萬九千石，這項任務一向透過漕運運送。但該年秋天適逢乾旱，無法由河道運送，須改由陸運，對縣民而言負荷更重，然而鎮江府無力推卸總領所交付的任務。此時，一向負責統籌總領所軍用錢糧、裝備運補與調撥重任的糧料院王抭，體恤民艱，決定停止徵調百姓陸運，自行承擔。而劉宰深為感激王抭能苦民所苦，免除百姓負擔，故特別致函道謝。[138]

　　到紹定二年（1229年）秋，新知鎮江府趙范上任後，鑑於淮東忠義軍李

局，2008），第五編第六章至第六編第二章，頁331–379。黃純艷，〈宋代運河的水情與航行〉，《史學月刊》2016:6 (2016)，頁91–108。張小軍，〈宋代鎮江京口閘澳系統研究〉，《鎮江高專學報》25:3 (2012)，頁13–17。張小軍，〈南宋鎮江轉般倉有關問題研究〉，《鎮江高專學報》27:2 (2014)，頁1–5。張小軍，〈南宋鎮江轉般倉考述〉，《南京博物院集刊》13 (2012)，頁81–85。汪聖鐸，〈宋代轉般倉研究〉，《文史》2011:2 (2011)，頁187–209。江蘇省交通廳航道局、江蘇省航道協會編，《京杭運河志（蘇南段）》（北京：人民交通出版社，2009）。

136. 張立，《鎮江交通史》，頁62。
137. 張立，《鎮江交通史》，頁52–62。
138. 劉宰，《漫塘集》，卷十五，〈謝王料院林免起夫運上供米綱〉，頁18上–19上。按王林當為王抭，參見俞希魯編纂，楊積慶等校點，《至順鎮江志》，卷十七，〈寓治·糧料院〉，頁699。

全勢力坐大，為禍淮邊，亟需籌謀供應鹽糧、軍備以利軍需，故承上級之命，打算開鑿從丹陽到金壇的一段運河，於是向金壇鄉賢劉宰徵詢意見。劉宰上呈兩個方案，並分析施作方案與經營、動員民力的差異，提供知府參考。劉宰雖沒有表明自己支持的方案，但明顯較傾向進行小規模的施作，主要是避免妨害農事，影響鄉民生計。[139] 趙范的決定未見記載，但宋廷基於軍事戰略的需要，仍於端平年間開鑿長達七十里的金壇運河，從溧陽縣引荊溪水到金壇，再經由珥瀆河（即七里河）至丹陽附近，與江南運河銜接。[140]

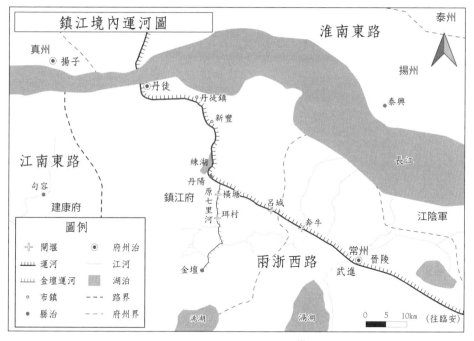

圖二、鎮江境內運河圖 [141]

---

139. 劉宰，《漫塘集》，卷十三，〈回趙守問開七里河利便箚子〉，頁 19 上 –21 上。

140. 穆彰阿、潘錫恩等纂修，《大清一統志》（上海：上海古籍出版社，1997，據《四部叢刊續編》上海涵芬樓景印清史館藏清道光二十二年〔1842〕進呈寫本影印），卷九十，〈鎮江府〉，頁 15 下。參見史念海，《中國的運河》（西安：陝西人民出版社，1988），頁 256。

二、經函灌溉

讓鎮江境內眾多農民感受更為深刻的,則是漕運與農業如何兼顧的難題。鎮江這段運河的通塞,受地勢及氣候的制約明顯,宋廷曾有意深挖河床,貫通長江與太湖,取代堰閘的設置,期能一勞永逸地改善航行受阻的現象。治平四年(1067 年),官府在鎮江與常州間試掘,卻因「浚之,河反狹,舟不得方行,公私以為不便」而作罷,[142] 僅能採舉疏濬、設堰閘調節等治標的作法。另一方面則積極開發水源,引導鎮江境內河川、湖水挹注運河,以利航行。其中,丹陽境內的練湖,是鎮江官民在漕運灌溉中,影響深刻,卻難於解決的問題。

從鎮江治所丹徒到丹陽奔牛堰長達一百四十里的河段,地勢高昂,河谷淺狹,如何修治以利船運,自孫吳以來即是棘手問題。西晉惠帝時,陳敏據江東,引水匯聚,成周四十里的巨湖,名練湖。此後經東晉連結新豐塘,範圍擴大,水源充足,成為濟運兼利灌溉的重要水源。[143] 唐代宗永泰三年(767年)再經潤州刺史韋損修治練湖,水面擴增,導湖水入運河,成為此段江南運河水源穩定的補給地。[144] 不過,代宗以後,因豪強侵湖為田,及遭兵亂,

---

141. 底圖據中央研究院人社中心 GIS 專題中心 (2020) 中華文明之時空基礎架構系統,http://gissrv4.sinica.edu.tw/gis/cctslite.aspx (2023/3/2),「南宋歷史地圖」。運河參酌青山定雄,《唐宋時代の交通と地誌地圖の研究》(東京:吉川弘文館,1969),「北宋時代主要交通路圖」,圖版 II;及曾國藩、丁日昌纂修,《蘇省輿地圖》,哈佛大學漢和圖書館藏清同治七年 (1868) 刻本。圖中地理位置由復旦大學魯西奇教授校訂。

142. 史彌堅修,盧憲纂,《嘉定鎮江志》,卷六,〈水・丹徒水〉,頁 23 下。

143. 唐宋運河考察隊編,《運河訪古》,頁 266。張立主編,《鎮江交通史》,頁 6–7。

144. 張強,《江蘇運河文化遺存調查與研究》(南京:江蘇人民大學,2016),第三章,〈運河鎮江段文化遺產保護與利用〉,頁 153–154。

致浚廢無常。[145]北宋建立後，對漕糧仰賴更殷，遂在唐朝引湖濟運的基礎上，對練湖進行浚治。宋廷雖放寬決水禁令，嘉惠農田水利，但為保護練湖水源充足，多次詔令不得占用湖面、圍湖造田，既經常督責官府修築，也重視引湖水濟運河：「修築嚴甚，春夏多雨之際，瀦蓄盈滿，夏秋雖無雨，漕渠或淺，但泄湖水一寸，則為河一尺矣。故夾岡亦未始有膠舟之患，公私兩便焉。」其後又因受戰亂無力整治，加上豪強侵耕，湖水淤積，致漕運與民田受害均重。[146]

南宋初期，練湖漕渠淺涸，影響漕運及金使接伴的行程，引起宋廷的關注。紹興二十九年（1159 年）四月，宋廷特別要求兩浙轉運副使趙子肅委專人檢視鎮江境內運河情況，並「支撥錢米，多雇人夫，差縣官巡尉監督車畎，并將練湖水措置引導，指期通放添注運河。」[147]於是將全湖分為上下兩部，北為上練湖、南為下練湖。設涵閘節制，湖之東堤設斗門，泄水濟運，湖之西南堤上則設涵閘引水溉田。[148]乾道七年（1171 年）七月，宋廷令兩浙西路轉運使沈度專一措置修築練湖，各級官員親自督視，設法改善並立法禁盜決侵耕，「庶幾練湖漸復其舊，民田獲灌溉之利，漕渠無淺涸之患。」[149]此後，

---

145. 張立主編，《鎮江交通史》，頁 40。

146. 《宋會要輯稿》，食貨八，〈水利下〉，「乾道七年七月二十四日」條。對北宋中晚期修治江南運河，及在常州與鎮江置閘、堰及函管的變化，有較完整的記載。參見江蘇省交通廳航道局、江蘇省航道協會編，《京杭運河志（蘇南段）》，〈第一章　形成與變遷〉，頁 31–42。

147. 《宋會要輯稿》，方域十七，〈水利〉，「紹興二十九年四月十五日」條。參見張立主編，《鎮江交通史》，頁 40。

148. 江蘇省交通廳航道局、江蘇省航道協會編，《京杭運河志（蘇南段)》，〈第一章　形成與變遷〉，頁 32。

149. 《宋會要輯稿》，食貨八，〈水利下〉，「乾道七年七月二十四日」條。

再經多次整治，練湖水便不易走泄，保證了這段運河的暢通。[150] 但由於練湖的水量對農田灌溉和航行漕運同樣重要，如何權衡兩者，遂成為官民的難題。

　　整治運河的措施中，對社會民生影響最大的是開掘經函。經函，又稱函管或涇函，是運河開鑿過程中，兼顧農田灌溉與船舶航行的一項水利設置，自北宋就已建成。政和中，蔡佑《竹窗雜記》中記鎮江城所見經函：

> 京口漕河，自城中至奔牛堰一百四十里皆無水源，仰給練湖。自郡城至丹陽中路，謂之經函，東西貫於河底。河西有良田數十頃，乃江南名將林仁肇莊，地勢低於河底，若不置經函，泄水即瀦而為湖，不可為田。經函高四尺，闊亦如之，皆巨石磨琢而成，縫甚縝密，以鐵為窗櫺，自運河泄水東入於江。[151]

而在丹陽縣上練湖有五個經函、下練湖有八個經函。[152] 宜興人單鍔在所著《吳中水利書》也說：「蓋古之所創涇函，在運河之下，用長梓木為之，中用銅輪刀，水衝之則草可刈也。置在運河底下，暗走水入江。今常州有東西兩函地名者，乃此也。」[153] 可見經函在運河沿線長期存在，是調節灌溉的設施。

---

150. 張立主編，《鎮江交通史》，〈宋代浚治徒陽運河情況表〉、〈修浚練湖工程概況〉，頁 37–39。許輝，〈歷經滄桑的江南運河〉，收入唐宋運河考察隊編，《運河訪古》，頁 267。

151. 史彌堅修，盧憲纂，《嘉定鎮江志》，卷六，〈地理三‧山水‧丹徒水〉，頁 25 上 –25 下。

152. 俞希魯編纂，楊積慶等校點，《至順鎮江志》，卷二，〈函‧丹陽縣〉，頁 59。

153. 單鍔，《吳中水利書》（收入《百部叢書集成‧守山閣叢書》，臺北：藝文印書館，1968，據清道光錢氏據墨海金壺刊版重編增輯本影印），頁 4 下 –5 上。而在《京杭運河志（蘇南段）》中，將涵管與纜線並列，視為保障航道暢通的設施，顯然與唐宋之作用有別。見江蘇省交通廳航道局、江蘇省航道協會編，《京杭運河志（蘇南段）》，

熙寧初年，兩浙路提點刑獄元積中開鑿常州與鎮江間河夾崗置堰時，還見過函管，認為管中積澱泥砂甚多，疏濬極費工夫而罷，他最終因治河無功而去職。[154] 後來疏濬運河與函管的關係不明。有一說是：「議者卒請廢呂城堰，破古函管而浚之，河反狹，舟不得方行，公私以為不便，官吏率得罪去。」[155] 但此說可能有誤，宣和五年（1123 年）八月發運提舉司廉訪所，建議深濬時仍有函管。[156]

寧宗嘉泰三年（1203 年）宋臣指出練湖湖面闊遠，蓄水多，有利乾旱時漕運，「然其弊有二：斗門之不固、函管之不通是也。為今之計，莫若修築斗門、開掘函管，工用省而惠濟博。乞下鎮江府差官相度，疾速條具施行。」[157] 於是再次開掘函管，以利練湖之水注入運河。顯然宋廷基於對漕運仰賴甚切，而丹徒至丹陽運河段有賴練湖引入濟運，故視治理練湖以利漕運為要務。

不過，官府開掘函管以利漕運的作法，卻引起農民的恐慌。關於運河函管與農田水利關係的記載不多，但劉宰在〈運河行〉詩中有詳細的描述，這

〈第七章　跨河設施〉，頁 303。

154. 單鍔，《吳中水利書》作：「治平中罷」，誤。當從《宋會要輯稿》，食貨八，〈水利下〉，「崇寧二年二月二十三日」條引《三朝國史志》，作熙寧初。參見俞希魯編纂，楊積慶等校點，《至順鎮江志》，卷二，〈津渡〉，頁 53–54。

155. 《宋會要輯稿》，食貨八，〈水利下〉，「崇寧二年二月二十三日」條引《三朝國史志》。另見《宋史》，卷三百一十二，〈王珪傳附從兄王琪〉，頁 10246。

156. 《宋會要輯稿》，方域十七，〈水利〉，「宣和五年八月七日」條。「數內鎮江府地名新豐界，運河底有古置經函，係準備西岸民田水長泄入江。今來若行取折開濬，恐雨水連併，欲致損壞提岸，無以發泄。今相度，鎮江府丹陽縣界運河，可開深至經函上下，卻於兩岸展出河身作馬齒開闊外……並委逐州縣守令檢計工料，并將來差顧人夫、合用錢糧，管幹開濬，委是經久利便。」

157. 《宋會要輯稿》，食貨六十一，〈水利雜錄〉，「嘉泰三年二月十一日」條。

是從民間角度看問題的重要文獻，內容雖長卻值得全錄，詩云：

> 運河岸，丁夫荷鍤聲繚亂。紅蓮幕府誰獻言，運河泄水由函管。函管
> 掘開須到底，運材歸府供薪爨。庶幾一壞不可復，民田雖槁河長滿。
> 民田為私河則公，獻言幕府寧非忠。我聞此言為民說，急趨上令毋中
> 輟。小民再拜為我言，函管由來幾百年。大者用錢且十萬，小者半此
> 工非堅。厥初銖積費民力，厥後世世期相傳。豈但旱時須灌溉，亦憂
> 久潦水傷田。向來久旱河流絕，放水練湖憂水洩。州家有令塞函管，
> 函管雖存誰復決？小須雨澤又流通，函管猶存不費工。只今掘盡誰敢
> 計，但恐民田從此廢。豐年餘水注江湖，涓滴不為農畝利。有時驟雨
> 浸民田，水不通流禾盡棄。況今農務正紛紜，高田須灌草須耘。盡驅
> 丁壯折函管，更運木石歸城閫。呂城一百二十里，不知被擾凡幾人？
> 太守仁民古無比，凝香閣下寧聞此。願傳新令到民間，函管須塞不須
> 毀。已填函管無尾閭，大舶通行水有餘。函管不毀民歡娛，異時潴瀉
> 無妨渠。憶昔採詩周太史，不間小夫并賤隸，試裒俚語扣黃堂，鈇鉞
> 有誅寧敢避。[158]

詩文是劉宰替當地農民向知府呼籲保留函管的心聲。他痛斥知府幕僚為維持
漕運暢通，下令掘開函管，將材料運回府城充作薪材；此舉不僅危害農民的
生計，農忙時動員民力，更影響民生。因此籲請知府改變政策，只塞而不毀
函管。

　　劉宰的呼籲顯示，函管對農田水利與漕運是相互矛盾的。這種情況也見

---

158. 劉宰，《漫塘集》，卷四，〈運河行〉，頁 23 上 –23 下。

於鄉居高郵軍的陳造，向淮東提舉王寧陳述運河疏濬的建議中。[159] 可見漕運與灌溉一直是運河沿岸官民共同關注，卻難以兩全的難題。[160]

函管置廢涉及農地利用，是南宋財政與民生的兩難，可以與兩浙與江南諸路的圩田問題並觀。由於涉及地方豪強等權勢之家，宋廷在侵湖闢田或廢田成湖的圩田政策之間，變動頻繁，影響重大。這方面梁庚堯教授有深刻討論，足以為證。[161] 不過，從史料與梁教授論述所及，函管似與漕運的關係較弱。

第五節　邊境與邊區社會

紹興十一年（1141 年）宋金議和後，宋朝以淮河與金為界形成南北對峙的立國形勢，鎮江也由長江流域的普通城市，轉為拱衛淮南的軍事要地，加上人員、軍需、米糧乃至南北貨物的頻繁流轉，讓鎮江在南宋發揮了經濟、政治與軍事上的全國性影響力。到蒙元滅宋、統一中國後，國家權力中樞轉移至北京，由於江南運河壅塞嚴重，加上豪強侵湖占田，失去蓄水功能，江南財賦改由海道運送，鎮江轉運優勢消退。可見鎮江地理地位，既因南宋偏安之勢而躍起，也隨其政權覆滅而歸於平淡。

鎮江在南宋時代的戰略地位與經濟重要性，南宋史籍、特別是兩本鎮江

---

159. 陳造，《江湖長翁集》（收入《景印文淵閣四庫全書》，臺北：臺灣商務印書館，1986，據國立故宮博物院藏本影印），卷二十五，〈與王提舉論水利書〉，頁 5 上 –11 上。《宋會要輯稿》，食貨六十一，〈水利雜錄〉，「慶元三年六月三十一日」條。

160. 宋末至元，練湖的疏濬與淤塞一直是困擾官民的難題，也是導致運河難以發揮漕運功能的主要原因，見俞希魯編纂，楊積慶等校點，《至順鎮江志》，卷七，〈湖〉，頁 283–288。

161. 見梁庚堯，《南宋的農地利用政策》（臺北：國立臺灣大學文學院，1977），〈第三章　南宋圩田政策〉，頁 131–190。

志都有不同程度的記載,不過這些史料多偏於官方,且側重制度、靜態的描述,以致學界仍難以掌握對此一變化如何影響鎮江社會,地方社會在不同時期又如何因應。在資料有闕的情況下,劉宰所著的《漫塘集》是從個人的角度連結家族與所處的鄉里,理解南宋中晚期鎮江軍政與社會的鎖鑰。本章透過爬梳鎮江史料及劉宰的著作,嘗試拼湊出鎮江地區的社會樣態及時代意義。

如前述,鎮江自古憑藉江、河便捷,成為人民與貨物流動的中繼站,帶動商業的發展,並在宋代形成帶狀商業市鎮,鎮江府城尤為繁華。

便捷的水道固然帶動鎮江地區的貿易活絡,但商業繁盛仍限於航運所經部分市鎮,劉宰即指:「潤境土瘠而貧,為浙右最大家不能十數,以歲入之不厚,類寡儲蓄。」[162]這樣的陳述也反映在他所撰鎮江親友的傳記中,在地鄉親不少家境富裕且樂於參與公共建設與慈善救濟活動,但除他的姻親高與之外,鮮少顯貴富豪之家;結合現存南宋各類文獻所記,顯見鎮江雖臻繁榮,仍鮮少沿海州府所見豪門巨室。且鎮江百姓除沿江市鎮外,多數仍務農為生。

這些經商或務農的庶民和南宋眾多家族一樣,在致力營生成為小康之家後,皆重視教育,積極培養子弟學習舉業,追求仕進。因此帶動教育的發達,讀書識字,乃至通過鄉試,具士人身分的人數明顯增加。不過據統計,在南宋一百五十三年的歷史中,鎮江士人僅一百名中進士,在南宋兩浙路的十六個府州軍中,列第十一名。[163]說明鎮江在舉業競爭上,與富盛的沿海地區相較,仍屬弱勢。同時,由於每屆錄取人數少,且頗多是高齡或以累舉恩中舉,因此在仕途上也難有競爭力。鎮江入仕者鮮少位居宰執、侍從,連路級中階官員也不多,多是幕職低階官。可見鎮江士人在舉業競爭與仕途發展,均居

---

162. 劉宰,《漫塘集》,卷二十,〈重修金壇縣治記〉,頁 3 下 –4 上。

163. 賈志揚,《宋代科舉》(臺北:東大圖書,1995),〈附錄三　根據方志名錄編列的宋代各州進士總數〉,頁 289–298。

弱勢。

　　鎮江士人中舉者不多且年齡偏高，難以在中樞爭取高位並形成有力群體；他們遂多半選擇到鄰近家鄉的兩淮地區，出任基層親民官。鎮江既近淮邊又距中樞不遠，這一地理區位，讓當地人士一方面關注邊境動態及宋廷的政策與人事變動，一方面又與淮邊地區有唇齒相依的一體感。臨邊任官，既無貶抑之感，且得與家族、鄉里保持聯絡，可以公私兼顧；反之，遠離戰區的閩浙士人，往往視到淮南任官為畏途，兩者對比強烈。[164]

　　商業興盛、社會臻於繁榮的鎮江，何以士人家族在爭取舉業、功名上成就有限，有諸多可能，但資料有限，稽考不易，個人認為地理位置是其中一個因素。即鎮江在南宋雖然因政治環境及朝廷戰略政策，突顯其地理的重要性，乃至提升經濟；卻也因處於特殊地理位置，限制了社會發展。

　　鎮江地處長江南岸，與鄰近金蒙的兩淮邊地隔江相望，且據一衣帶水、三面環山的險峻地勢，並倚長江天險及江南運河聯絡之便，成為「折淮北之衝，固浙右之圍」[165]護衛政權的北門。但江北的淮東地區，時常遭受金兵的進犯，而且山東、淮海一帶，長期以來由民間自衛武力盤據，是易肇發亂事的邊區。不論是金兵或民亂，若突破長江天險經由鎮江或是直驅蘇杭，會直接威脅南宋政權。因此，鎮江臨江是最敏感的邊防重區，對居處其地的百姓而言，隨時要擔心可能遭受敵犯，危害身家性命；常規性或緊急的各項動員與徵調，也干擾百姓的生活。這些因素皆一定程度上影響鎮江的社會穩定性，限制經濟的發展，也不免影響舉業的競爭。

　　江南運河與鎮江的繁榮及人民經濟的提升，因果相續。但這條結合各地

164. 黃寬重，《孫應時的學宦生涯——道學追隨者對南宋中期政局變動的因應》，頁51–52。

165. 劉宰，《漫塘集》，卷八，〈通知鎮江倪尚書思〉，頁9下–11上。

大小水源及人力開鑿出來的運河,如何維持調節水量、水位,暢通漕運,是南宋朝廷與民間共同關注的生命線。相關的設施與疏濬工程,都涉及在地民力的動員與資源的徵集,這是鎮江百姓在受惠於運河帶來便利繁榮之外,無法逃避的責任。尤其宋廷為確保軍需供應,以暢通漕運為要務。嚴重限縮水利灌溉,對大多數以務農為主的百姓造成衝擊。

同時,鎮江和其他地區的百姓一樣,平時常規性的賦役徵收及差役的攤派,已是地方社會極大的負擔。一如劉宰在家鄉所見:「當役者,不勝箠楚,沿道呻吟,其未役者,前期百方以求苟免,餘則畏懼蹙縮,至不敢名其先人之丘墓。」[166] 基層親民官若疏於關注甚或同流合汙,更會讓鄉書手等地方胥吏,藉催徵賦稅狼狽為奸,上下其手,謀取私利。例如於徵收米糧時,增收數額,「斛斗更易,官吏並緣增加,視正數幾倍蓰。……而斛斗之增大,顧以為細故弗察,民是以無告。」[167] 這類基層政治的各種弊端,即屢屢為鎮江社會與官府之間帶來困擾、矛盾與衝突。[168]

一旦軍情緊急,地方社會承受壓力愈大。當淮南面對敵軍侵犯或地方武裝勢力倡亂時,供應軍需的總領所透過府、縣行政程序,緊急徵集、運送稅賦米糧,讓地方社會的負擔更重。從嘉定十七年(1224 年)劉宰給新任金壇知縣葉嶸的啟中,可以看到金壇社會受經總制錢徵集的衝擊:

> 經總制數千緡之入,驟益於一朝,前後政三四年以來,已同於常賦。加以州家迫甚,縣計索然。編民死徙幾半,而急征累歲逋負之租,綱運交

---

166. 劉宰,《漫塘集》,卷二十一,〈遊仙鄉二十一都義役莊記〉,頁 27 下 –29 下。

167. 劉宰,《漫塘集》,卷二十三,〈鎮江府減秋苗斛面記〉,頁 21 下 –22 下。

168. 劉宰,《漫塘集》,卷二十三,〈金壇縣廳壁記〉,頁 12 上 –14 上。又參見,卷十三,〈回魏知縣文中到任啟〉,頁 5 下 –7 上。

發已足，而責償到倉折閱之數。吏胥之追逮略盡，田裡之濟卹未聞。[169]

劉宰在紹定三年（1230 年）給魏了翁的信中，就直陳李全在淮海倡亂、坐大以來，鎮江百姓承受的巨大威脅與憂懼：「李全豎子猶得恐喝於淮南，大率淮浙間人如燕巢幕上。況鄉邑去江最近，憂端實多，帥守極力誅求，民生更有可念者。」[170] 次年，宋廷在揚州戡定李全之亂的最後階段，為鄰近的鎮江社會帶來更大的衝擊，劉宰在為金壇縣陳采所寫的〈廳壁記〉有沉痛的控訴：「而前此軍務方殷，為邑者救過不暇，政是以龐，蓋犴獄人命所繫，而去來弗知；帑庾邦賦所聚，而支移莫考；徵榷之地所以與市民交關，而庭戶闃然，晝無人跡，則他可想。」[171]

　　鎮江人既感受邊境變動的心理威脅，平時既須承受日常賦役、緊急催徵與力役徵召，也要克服水旱災荒的破壞；面對這些難題，鎮江社會往往需要凝聚人力、強化對鄉里社會的向心力，於平時共同推動公共建設與活動，更於災荒來臨時群集戮力推動賑濟活動。上述種種，皆是鎮江社會常態性的景象。

---

169. 劉宰，《漫塘集》，卷十五，〈回葉知縣峴到任〉，頁 19 下 –20 下。

170. 劉宰，《漫塘集》，卷十，〈通鶴山魏侍郎了翁〉，頁 16 上 –16 下。

171. 劉宰，《漫塘集》，卷二十三，〈金壇縣廳壁記〉，頁 12 下 –13 上。

第二章

家境與家務

　　由於缺乏詳實可信的家譜為稽，我們只能透過劉宰《漫塘集》中揭櫫的族人資料，以及保留在《京口耆舊傳》之劉宰父親劉蒙慶及劉宰的傳記，追探其家族的發展歷程。而京口劉氏的發展，顯然和宋代大多數致力舉業求取功名的家族一樣，都有相當曲折的過程。

第一節　從丹陽到金壇

　　在劉宰與其子劉汝進所撰的《京口耆舊傳·劉蒙慶傳》中，較為詳細地保存了京口劉氏的發展史。此份傳記可回溯的劉氏先人，是劉蒙慶的六世祖，其名守節，原居滄州景城。[1] 五代時期為避亂，南遷至潤州的丹陽縣，是落籍丹陽的始遷祖。守節的生平事蹟不詳，僅知死後葬在丹陽郭草堰之東，由鄉人張溥撰墓誌。守節的子孫包括劉日新及劉昱的事蹟均不詳，到第四代的劉瞻才出現任官記錄。劉瞻，字去華，是胡瑗的高足，[2] 曾試將作監主簿，娶在仁宗、神宗二朝聲譽甚著之刁約的堂姪女為妻。[3] 死後由擅長詩作，號

---

1. 俞希魯編纂，楊積慶等校點，《至順鎮江志》，卷十九，〈劉蒙慶傳〉，頁 785。

2. 劉宰著，王勇、李金坤校證，《京口耆舊傳校證》，卷九，頁 284–285。亦作「景城裔」，見劉宰，《漫塘集》，卷三十二，〈皇考雲茅居士朝奉壙銘〉，頁 35 下。

3. 刁約資料見劉宰著，王勇、李金坤校證，《京口耆舊傳校證》，卷一，頁 28–29。

稱南郭先生的陳輔撰墓誌，並曾將其偈語刻石傳家。[4] 劉宰的曾祖父劉蘋為
劉瞻之子，曾入府學，升內舍，其妻是神宗朝曾任樞密副使、追諡「安簡」
的邵亢姪女。[5] 劉氏到劉蘋時，已是家業繁盛的丹陽豪門大族，劉宰即說：
「居處高明，環而居者皆所隸。」[6]

　　不過到劉蘋兒子，也就是劉宰的祖父劉祀這一房，則從丹陽遷到金壇，
成為金壇劉氏的奠基者。據劉宰的記載，劉祀原名微，字成德，生於哲宗元
祐六年（1091 年）。他年輕時與一般士人一樣致力場屋，但舉業不順，中年
後不事科舉，轉將心力放在培養二個兒子致力舉業。大約在此時，丹陽劉氏
族內出現嚴重紛擾，迫使劉祀遷家。丹陽劉氏原是聚族同居的大家族，不過，
劉祀的一位從弟喜歡酗酒滋事，對家族造成困擾，劉祀乃偕同妻子由丹陽搬
到金壇。[7] 惟金壇地處偏遠，不如丹陽有運河之利，交通不便，新屋也不如
舊宅寬敞，再加上鄰里相處並不融洽，劉祀遷到金壇初期的生活似不順遂。[8]

　　遷居金壇的劉祀，可能與丹陽的族人有糾葛，因此逝世前堅持與妻合葬
於新居的金壇方山之原，不願歸葬祖墳。[9] 劉祀這一房雖然遷居並葬在金壇，
但丹陽仍是祖厝、產業與祖墳的所在。新居與祖宅間距離約四十華里，要如
何割捨或維繫，對劉祀之子嗣慶與蒙慶兄弟而言，是一個困擾的難題。嗣慶

---

4. 陳輔，不事科舉，工詩。見劉宰著，王勇、李金坤校證，《京口耆舊傳校證》，卷三，
　　頁 110。

5. 邵亢資料見劉宰著，王勇、李金坤校證，《京口耆舊傳校證》，卷三，頁 86–88。惟
　　〈劉蒙慶傳〉將邵亢誤為樞密使。

6. 劉宰，《漫塘集》，卷三十二，〈先祖十九府君墓誌〉，頁 34 下。

7. 劉宰，《漫塘集》，卷三十二，〈先祖十九府君墓誌〉，頁 34 上 –34 下。

8. 劉宰，《漫塘集》，卷三十二，〈先祖十九府君墓誌〉，頁 34 下。

9. 劉宰著，王勇、李金坤校證，《京口耆舊傳校證》，卷九，頁 284。劉宰，《漫塘集》，
　　卷三十二，〈先祖十九府君墓誌〉，頁 34 上。

於臨終前對弟弟蒙慶說：「吾家世葬丹陽而吾父葬金壇。吾與汝俱葬丹陽，則子孫與吾父母之塋必疏；俱葬金壇，則吾先世之松楸又可知矣。吾與汝分焉。」[10] 二人商定嗣慶歸葬丹陽祖墳，蒙慶則葬距先塋五里的方山之麓，此後嗣慶與蒙慶子孫均遵此規定。這也是此後劉宰活動與關注的地區兼及金壇與丹陽的原因。

第二節　舉業維艱

劉祀搬到金壇後，家境逐漸寬裕，決心栽培兩個兒子追求仕進。為強化兒子的舉業能力，劉祀主動出資參與當地富家湯氏教育子弟的事業。丹陽富人湯東明為讓三個兒子在舉業競爭上居於優勢，欲延攬上饒王姓名士為師，但無法籌足三千緡的費用，劉祀慨然允諾，販賣部分家產，出資五百緡，湊足全部費用；他的二個兒子嗣慶與蒙慶遂得與湯家子弟一起接受舉業教學。這個機緣，既開啟了嗣慶、蒙慶兄弟邁向仕進之途，也讓他們與湯氏三兄弟湯喬年、湯修年與湯頤年，經由共學，締結了長達五十年的情誼，甚至發展出姻親關係。[11]

在宋代，培養子弟受教、致力舉業，是士人家族認為改變命運和社會地位最重要的途徑。宋朝科舉透過以府州為單位，配置定額的鄉試（又稱鄉貢）拔擢人才，錄取的人稱為鄉貢進士。除進京參與禮部考試（又稱省試）的資格外，同時可以享有減免部分賦役及法律的優惠，成為地方社會菁英。省試、

---

10. 劉宰著，王勇、李金坤校證，《京口耆舊傳校證》，卷九，頁 284。

11. 劉宰，《漫塘集》，卷三十二，〈先祖十九府君墓誌〉，頁 34 下。另在〈湯貢士（頤年）行述〉中則提到湯東明三個兒子與劉氏兄弟締交，見劉宰，《漫塘集》，卷三十三，〈湯貢士行述〉，頁 16 下。湯東明之兄湯東野的事蹟則見於劉宰著，王勇、李金坤校證，《京口耆舊傳校證》，卷五，頁 142–151。

殿試者的進士則被視為天子門生，得以躍進仕途。在層層關卡中，士人家族即首先積極爭取通過鄉試，以獲得後續應舉資格。嗣慶與蒙慶兄弟致力舉業的學習過程中，不但交友廣闊、厚植人脈，更在舉業上初有斬獲。長子嗣慶中鄉舉後，在金壇報恩寺舊址創設書院，教育鄉里後進。蒙慶也在父親逝世後十一年（1173 年，乾道九年）中鄉舉。[12] 嗣慶兄弟中鄉舉，是這一支劉氏邁向仕途的敲門磚，在地處偏遠的金壇社會已可視為起家。劉祀教子有成之後，進一步教導嗣慶的三個兒子劉釜、劉緝和劉桂喦，[13] 及蒙慶的長子劉革，繼續向科舉之路邁進。

劉祀晚年，雖尚處於期待子孫仕途順遂、榮耀家門的心情，但兒孫致力舉業，加上鄉里從游受教於其子嗣慶者多達百人，讓他悠游於故地與新居之間，享桃李春風之樂，也讓鄉里子弟得不言之教，自是他晚年的樂事。[14] 紹興三十二年（1162 年）十一月，劉祀以七十二歲高齡逝世於金壇，除二個兒子外尚有四孫。不幸的是在他死後不久，舉業初有斬獲的長子嗣慶也遽然逝世，以至於無法為他寫誌立碑。直到五十七年後的嘉定十二年（1219 年）八月，才由他的孫子劉宰，以相對簡要的文字撰寫墓誌，追書他一生盡心家族舉業的艱辛事蹟。[15]

劉嗣慶，字繼先，是劉祀的長子，生年不詳，卒年約為隆興元年（1163 年）。他早年事蹟相當簡略，僅知在父親支持下到湯東明家與其三子一同受教於上饒王姓名士。隨後他曾任湯東明第三子頤年的老師，他的弟弟蒙慶也接

---

12. 劉宰，《漫塘集》，卷三十二，〈先祖十九府君墓誌〉，頁 35 上。

13. 劉桂喦在《至順鎮江志》作劉謙終，字恭叔，惟誤為劉宰堂弟。見卷十八，〈人材〉，頁 742。

14. 劉宰，《漫塘集》，卷三十二，〈先祖十九府君墓誌〉，頁 34 下。

15. 劉宰，《漫塘集》，卷三十二，〈先祖十九府君墓誌〉，頁 35 上。

受他的教導。[16] 他在家鄉報恩寺的舊址開館授徒，受惠的鄉里子弟頗多；其春風化雨的精神，受到鄉里奇士錢弼的推崇。[17] 通過鄉試，也讓父親引以為榮。他的妻子姓洪，大約於嘉泰四年（1204 年）逝世，死時八十二歲。[18]

　　劉祀次子劉蒙慶，字茂先，號雲茅先生，生於紹興二年（1132 年）。蒙慶幼時與兄同在湯家受教，與湯頤年情誼長達五十年。[19] 他三十一、二歲時因父兄相繼過世，須承擔家計，遂以授徒為業，受教者包括他的姪兒桂喦、有志於場屋的壯年鄉人陳武齡，[20] 及日後以特奏名入仕，擔任低階官員的鄉人諸葛埴。[21] 他一生除了在金陵（今江蘇南京）十年（1171 年以後）外，多數時間是在家鄉租屋教學。[22] 劉宰在為諸葛埴寫墓誌銘中曾記下其父於淳熙六、七年（1179、1180 年）間，在金壇河下地方開班授課時的情景：

　　　　淳熙己亥、庚子間，我先君雲茅居士授徒於金壇之河下，遠近之士，聞風而來，戶外履滿。……時我先君僦屋為書會，隘不可容，故來學之士寢食多散寓於它處，君（諸葛埴）與其族日就盥類，及造膳於逆旅主人之館，而寢食必歸於書會。夜非三鼓不寢，晨起蓬首垢面而扣

16. 劉宰，《漫塘集》，卷三十二，〈湯貢士行述〉，頁 7 上。
17. 劉宰，《漫塘集》，卷三十三，〈錢賢良行述〉，頁 11 下。
18. 劉宰，《漫塘集》，卷二十六，〈祭伯母太孺人洪氏〉，頁 4 上–4 下。文中有「吾父之喪，馬鬣新封；哀號之聲，兩家相聞。……雖然人希七十，已八十二；人有病苦，已俟而逝。」
19. 劉宰，《漫塘集》，卷三十二，〈湯貢士行述〉，頁 21 上。
20. 劉宰，《漫塘集》，卷三十一，〈西園陳居士墓誌銘〉，頁 19 上。
21. 劉宰，《漫塘集》，卷三十二，〈故監江陵府糧料院諸葛承直墓誌銘〉，頁 5 下。
22. 應當 1171 至 1180 年約十年間，劉蒙慶在金陵授徒，見劉宰，《漫塘集》，卷二十六，〈外弟大祥祭文〉，頁 21 上–21 下。

逆旅，天未明已整冠肅容而至，以為常。[23]

　　劉蒙慶在鄉里成長、受學乃至長期開門授徒，既受鄉人敬重，也結交不少好友。除湯頤年外，包括深通兵家韜略的鄉賢錢弼、[24]同鄉翟汝霖及有姻親關係的范克信兄弟、[25]耕讀於洮湖之旁的袁清卿，[26]以及居句容以助邊補官的施世英。[27]葉適的學生、在慶元五年（1199年）任金壇縣令的孔元忠，也與他有深厚的情誼。[28]

　　授徒營生之餘，蒙慶仍孜孜於舉業，卻不順利，直到乾道九年 （1173年）四十二歲才預鄉貢。由於家口眾多，負擔至重，已無餘力再購置田產。嘉泰三年（1203年）逝世，享年七十二歲，可能因劉宰之託，由鄉賢王萬樞寫行狀。[29]蒙慶的元配可能姓范，[30]早死；生三子劉革、劉宰及劉寧，二女嫁鄉人蔡氏及孫泳。庶妻姓名生年不詳，約死於紹熙元年；[31]生二子劉達民（一作「明」）及劉庚，其中劉庚過繼給陳姓鄉人。蒙慶死後二十四年的寶慶

23. 劉宰，《漫塘集》，卷三十二，〈故監江陵府糧料院諸葛承直墓誌銘〉，頁 5 下。

24. 劉宰，《漫塘集》，卷三十三，〈錢賢良行述〉，頁 8 上 –12 上。

25. 劉宰，《漫塘集》，卷二十九，〈故翟文學母周氏墓誌銘〉，頁 1 上 –2 下；〈故廣西經略司幹辦范承事墓誌銘〉，頁 6 上 –10 下。

26. 劉宰，《漫塘集》，卷三十二，〈袁清卿妻邵氏壙誌〉，頁 25 上 –26 下。

27. 劉宰，《漫塘集》，卷三十二，〈施俊卿墓碣〉，頁 27 下 –29 上。

28. 劉宰，《漫塘集》，卷三十五，〈故長洲開國寺丞孔公行述〉，頁 27 下 –29 上。

29. 劉宰著，王勇、李金坤校證，《京口耆舊傳校證》，卷九，頁 10 上。

30. 劉宰說范克信的兄長是「某母黨，而先君之執友也」，見劉宰，《漫塘集》，卷二十九，〈故廣西經略司幹官范承事墓誌銘〉，頁 7 上。

31. 劉宰，〈外弟大祥祭文〉：「後此十有五年，吾始擢第太常，未幾而汝所生物故」，劉宰中第在紹熙元年（1190 年），見《漫塘集》，卷二十六，頁 21 上。

三年（1227 年）冬，才因其子劉宰之故，獲贈承事郎。[32]

劉嗣慶與蒙慶二兄弟在父親劉祀傾力教育下，鄉試雖初有斬獲，但仍難以完成仕進的願望。這項艱難的任務，有待劉祀的孫輩實現。

第三節　曲折起家

一、劉嗣慶子嗣

對以授課為業的金壇劉氏而言，期待透過舉業起家是一條漫長而曲折的路。劉嗣慶、蒙慶二兄弟雖初有小成，卻因阻礙重重，終難實現功名夢。嗣慶三個兒子劉釜、劉緝與劉桂嵒，雖都曾於劉祀在世時受教，但關於劉釜、劉緝的生平資料甚少，僅知劉緝的兒子劉應龍於嘉定十二年（1219 年）通過鄉試。[33] 桂嵒的資料相對豐富，有助於了解嗣慶一房的科舉路。

劉桂嵒（1152–1224 年），字恭叔，被尊為恭靖先生，生於紹興二十二年（1152 年）。桂嵒幼曾受父祖之教，十二歲時父親逝世，由母親支撐家計，生活相當清苦。劉宰為他所寫的祭文即說：「人生多艱，孰如吾兄。早歲而孤，屋敝而傾。家徒四壁，瓶無斗升。日晏從師，朝餐未營。十月絺紛，曉風冷冷。」[34] 其困苦致學的情景得到鄉賢錢弼同情，而留住傳授。[35] 桂嵒二

---

32. 劉宰，《漫塘集》，卷二十六，〈皇考朝奉焚黃祝文〉，頁 17 下。劉庚過繼給陳姓鄉人之事，於〈第三節　二、劉蒙慶子嗣〉中有詳細討論。

33. 劉宰，《漫塘集》，卷三十二，〈先祖十九府君墓誌〉，頁 35 上。《漫塘集》中有一件劉宰於寶慶三年（1227 年）替鄉人徐汝士妻李氏寫的墓誌銘，提到汝士之子徐椿是劉宰堂兄劉德勤的女婿，此位堂兄或即是劉緝，由文中提及「先兄沒餘二十年」推測，德勤可能死於開禧年間。見劉宰，《漫塘集》，卷三十，〈李氏墓誌銘〉，頁 21 上。

34. 劉宰，《漫塘集》，卷二十六，〈恭靖兄大葬祭文〉，頁 8 上。

十歲（乾道七年，1171 年）時隨叔父蒙慶到金陵就學，依然刻苦勤讀，如劉宰所述：「空囊羞澀，隻影伶俜。雪凜殘更，猶依短檠。月書季考，稍稍呈能。有友招徠，並案分燈。榻每夜懸，門常晝局。」[36] 由於戮力舉業，曾五次預鄉貢，且於淳熙七年（1180 年）與十年（1183 年）兩度為首舉。劉宰曾有二首詩為他赴省試送行，其中一首是：「秋薦吳江北雁來，幾看文陣奪標回。鴒飛鵲喜情何限，龍化鵬搏兆有開。禮部定知當一得，大廷端可壓群才。春秋正學非阿世，莫作公孫愧草萊。」[37] 這首詩說明桂喦專治《春秋》學，也表露劉宰對堂兄的能力充滿信心。可惜桂喦這二次均無緣中舉，只得長期在家鄉教授《春秋》維生，卻也因此與地方賢達建立緊密連結。京口丹徒縣人孫泳、孫泝兄弟，即與金壇劉家由師生進而聯姻。孫泳迎娶劉宰的妹妹；[38] 而孫泝於嘉定四年（1211 年）中進士，後將次女嫁給桂喦的孫子劉子敬。[39] 桂喦也教育族中子弟，劉宰幼年時即曾受教於堂兄。[40]

　　經歷多年的努力，劉桂喦終於在嘉定七年（1214 年）以恩科廷對第七人入仕，此時他已高齡六十三歲。嘉定八年（1215 年），江東發生大規模災荒，宋廷命真德秀、李道傳主導救災。時任建平尉的桂喦參與救災，表現傑出，曾獲李道傳舉薦關陞，[41] 也與真德秀有書信往來。[42] 日後，劉宰撰寫桂喦祭

---

35. 劉宰，《漫塘集》，卷三十三，〈錢賢良行述〉，頁 8 上 –8 下。

36. 劉宰，《漫塘集》，卷二十六，〈恭靖兄大葬祭文〉，頁 8 上。

37. 劉宰，《漫塘集》，卷二，〈送恭叔兄赴省二首〉，頁 15 下。

38. 劉宰，《漫塘集》，卷二十九，〈故張氏孺人墓誌銘〉，頁 6 上；卷三十二，〈繼室安人梁氏墓誌〉，頁 15 下 –16 上。

39. 劉宰，《漫塘集》，卷三十一，〈故常熟縣丞孫承直墓誌銘〉，頁 30 下。

40. 劉宰，《漫塘集》，卷三十三，〈錢賢良行述〉，頁 8 上 –8 下。

41. 劉宰，《漫塘集》，卷十六，〈代建平尉兄謝李倉舉關陞〉，頁 30 上 –31 下；卷十六，〈代恭靖兄調建平尉謝錢總領〉，頁 28 下 –30 上。二啟均為劉宰代書。

文，道出基層親民官奔勞救民的艱辛：「小試警曹，值歲不登。幸部使者，惻恒哀矜。檄參郡掾，以拊饑嫠。朝驅夕馳，殆遍郊坰。致使流離，迄臻粿寧。」辛勞的縣尉工作，對白首宦途的桂喦而言誠然辛苦，但他也因政績甚佳，改任江陰軍司法參軍。[43] 可惜他在江陰屢與長官意見相違，難獲肯定，只得浩然辭歸。桂喦晚年又不良於行，最終衰悴而死，年七十三歲，時為嘉定十七年（1224 年）。其妻湯氏為湯東明之族人，德才兼稱，幫助丈夫立家，著有聲譽，[44] 生三子：益之（仲益）、用辰（通伯）與用厚（崇雋），一女嫁同鄉蔡大醇。[45]

　　桂喦的長子益之，生於淳熙三年（1176 年），娶同鄉徐氏，不幸早於嘉定七年（1214 年）逝世，享年三十九歲，有一子一女。[46] 次子用辰生於淳熙六年（1179 年），娶湯氏，於嘉定六年（1213 年）及十二年（1219 年）二次預鄉舉，卻在嘉定十七年父母親死後亦逝世，享年四十六歲。用辰有二子：子勤、子才，其中子勤曾中鄉試；此外用辰有三女年齡較輕。[47] 桂喦的三子用厚則為嘉熙元年（1237 年）免省進士，娶劉宰同鄉好友張汝玠之女為妻；約在端平元年（1234 年）、二年間，在郡守張儐支持下，輯纂桂喦的著作〈家說〉並刊刻出版。[48] 張汝玠雖有一子，名張窴，卻早汝玠三日逝世，且無子

42. 劉宰，《漫塘集》，卷二十四，〈書真曹德秀與建平尉兄書後〉，頁 19 下 –20 上；卷二十四，〈書真西山漕江東日與建平尉兄往復救荒歷後〉，頁 20 上 –20 下。劉宰應自此時與真德秀結識，日後互動更為頻繁。詳見第七章討論。
43. 劉宰，《漫塘集》，卷三十二，〈先祖十九府君墓誌〉，頁 34 下。
44. 劉宰，《漫塘集》，卷三十二，〈先祖十九府君墓誌〉，頁 34 下。
45. 劉宰，《漫塘集》，卷三十一，〈蔡希孟墓誌銘〉，頁 21 上 –21 下。
46. 劉宰，《漫塘集》，卷二十八，〈仲益姪墓誌銘〉，頁 20 下 –21 上；卷二十六，〈恭靖兄大葬祭文〉，頁 8 上。
47. 劉宰，《漫塘集》，卷二十九，〈通伯姪墓誌銘〉，頁 25 上 –25 下。

嗣。由於沒有昭穆相當者可繼嗣，經族人商定，由用厚的從姪更名為張燁，作為張㝧的子嗣。[49] 這也說明用厚似也無子嗣。

由於《漫塘集》的記載止於劉宰晚年，加上其他史料不足，無法完整掌握劉嗣慶這一房的發展情況。但從既有記載看來，桂嵒的子嗣在舉業仕進上並未超越他。即使桂嵒艱辛致力舉業，幾經煎熬、磨難，終以特奏名入仕，榮宗耀祖；但晚年才任官，且只能在底層的宦海浮沉，最終鬱鬱而卒。對於受到桂嵒教導、照顧的堂弟劉宰而言，心中實有無限感慨，他即在祭文中謂：「某幼荷提攜，長獲齊名。中年得疾，灰心槁形。所望吾兄，克振家聲。而止於斯，哀何可勝。」[50] 更寫了九首輓詩，哀悼終生辛勤致力學宦生涯的兄長，其中二首有云：「雪壓茅茨半欲傾，夜闌猶聽讀書聲，蒼苔翠竹迷遺址，尚想寒窗對短檠」、「論心海內幾親朋，歲晚相依祇弟兄，夜雨對床無復昔，春風回首獨傷情」，[51] 格外流露感傷之情。

二、劉蒙慶子嗣

嗣慶、蒙慶二兄弟雖各立門戶，但兩家相近，相互扶持，互動頻繁，情誼甚篤，在追求舉業上更攜手並進。[52] 不過，對蒙慶而言，父兄逝世時，他剛過而立之年，在致力科場的同時，還須承擔家計和子姪教育的重任。蒙慶的應對之策稱得上兩全其美：選擇以鄉先生為業，既得以謀生，也能兼顧自身舉業與教育子弟。然而，他的五個兒子中，除次子劉宰最能符合自己的期

48. 劉宰，《漫塘集》，卷十九，〈恭靖先生家說序〉，頁 16 上 –17 下。

49. 劉宰，《漫塘集》，卷三十二，〈故監行在北酒庫張宣教墓誌銘〉，頁 11 上。

50. 劉宰，《漫塘集》，卷二十六，〈恭靖兄大葬祭文〉，頁 9 上。

51. 劉宰，《漫塘集》，卷三十六，〈挽恭靖司法兄九首〉，頁 20 下。

52. 劉宰，《漫塘集》，卷二十六，〈祭伯母太孺人洪氏文〉，頁 4 上 –4 下。

待之外，其他四人卻存在著讓他煩憂的問題。

　　蒙慶長子劉革，又名劉成忠。他的一生甚為坎坷，幼時聰慧，提筆成詩，受到家人的讚賞，認為可以繼承父業。在他十二歲喪母後，約有十年是跟隨父親到建康學習舉業，鄉舉的表現曾備受矚目。不過，他個性叛逆不羈，舉業受挫之後，意志消沉，毅然棄學從軍。但此舉無法獲得父親的諒解，他在絕望之餘，遂決定自絕於父親。劉革在軍中娶妻，生有一兒一女，生活相當艱苦。[53] 劉宰約在紹熙四年任江寧縣尉時，接回他的長子；到真州任法曹時，又接回其女，由劉宰的繼室梁氏教養。[54] 嘉泰年間宋廷邊備繁興，軍隊調動頻繁，劉宰擔心戰事一旦發生，兄長難以倖免，設法為其解除兵籍。最後可能獲劉宰的岳父、時任淮東總領梁季珌的協助，才得「脫伍符」回歸平民。嘉泰三年（1203 年）父親蒙慶逝世，劉宰正式迎接兄嫂回到家園，並將部分田園給兄弟，梁氏也善待他們，希望兄嫂回到雲茅故居後，可以過著優渥而悠閒的日子。不意返家後不久，劉革似乎罹疫癘而死。由於處置不當，鄉人避之唯恐不及，劉宰也因職務在身，無法返鄉治喪，以致草率殯土，相當淒涼。在祭文中，劉宰哀嘆：「何意得免於兵而不免於病，曾畎畝之未歷，而死期之已至乎。」[55] 自己須待「官事有攝，秋風既清，某當親歸，祔兄先塋」。尤其令在外任官的劉宰感傷的是，期待返鄉的長兄能協助家務的願望完全落空，「嗚呼痛哉！某宦學遠方，家有弱弟，所望兄歸，緩急有恃。吾兄去我而死，吾弟懵然於事。」[56] 感嘆自己仍須承擔全家教養的重責大任。

　　劉革大約死於嘉泰、開禧年間，死後葬在離父墓相距百步的薛村，與先

53. 劉宰，《漫塘集》，卷二十六，〈祭成忠兄文〉，頁 5 上 –6 下。

54. 劉宰，《漫塘集》，卷三十二，〈繼室安人梁氏墓誌〉，頁 16 上 –16 下。

55. 劉宰，《漫塘集》，卷二十六，〈祭成忠兄文〉，頁 6 上。

56. 劉宰，《漫塘集》，卷二十六，〈祭成忠兄文〉，頁 6 下。

祖母之墳距離五里。[57]劉宰承諾照顧其家人，並教育其子女成長，劉宰的繼室梁氏尤為費心照顧撫育，也讓劉革之女有所歸，因此，嘉定十一年（1218年）梁氏逝世，劉革的夫人深感哀痛。[58]

劉蒙慶的三子劉寧，比劉宰小六歲，生於乾道七年（1171年），[59]死於嘉定十二年（1219年），[60]享年四十九歲，元配聶氏，繼室不詳。[61]劉寧幼年喪母，生病時缺乏看護，致右手殘廢，加上長期瘡痍，童年即疾病纏身，其後雖有繼母照料，生活仍然慘澹。劉宰在外任官時，其弟在家養身，弟婦聶氏料理家務。後來劉宰將田園分給兄弟，「維桑維苄，力謹樹芸」。[62]劉寧夫妻相依為生，尚能支撐。不料聶氏突然猝死，劉寧再娶後，又遭繼妻設計、遺棄，遂至鬱悒成病，藥石無效，痛苦而死，留有二子一女。劉宰在劉寧生前將其愛女嫁給茅氏為妻，其子也由劉宰安排受教育。由於家產不多，喪葬一切從簡，並依劉寧期待，夫妻均埋葬於其母塋旁。[63]

蒙慶的庶妻生有二子，長子名達民，大約生於淳熙元年（1174年）。[64]

---

57. 劉宰，《漫塘集》，卷二十六，〈祭成忠兄文〉，頁 6 上。

58. 劉宰，《漫塘集》，卷三十二，〈繼室安人梁氏墓誌〉，頁 16 上 –16 下。

59. 劉宰，《漫塘集》，卷二十六，〈祭七弟二居士文〉，頁 11 下 –12 下。劉宰中第時年二十六。

60. 劉宰在〈回倪監鹽祖智〉中說：「某以平生未及登門，不敢致雞黍之奠，亦以自有亡弟之戚，不及端拜慰牘。」這封信是回覆倪思的兒子祖智請他為倪思遺奏寫跋語的信，倪思死於嘉定十二年，劉寧當亦死於同年。見《漫塘集》，卷十二，〈回倪監鹽祖智〉，頁 22 下。及劉宰，《漫塘集》，卷二十四，〈跋倪尚書思遺奏〉，頁 5 上。

61. 劉宰，《漫塘集》，卷二十六，〈祭七弟二居士文〉，頁 11 下 –12 下；卷二十六，〈祭弟婦聶氏文〉，頁 23 上 –23 下。

62. 劉宰，《漫塘集》，卷二十六，〈祭七弟二居士文〉，頁 12 上。

63. 劉宰，《漫塘集》，卷二十六，〈葬亡弟祭文〉，頁 12 下。

幼年勤奮苦學，甚受期待，但在其生母死後三年，即紹熙四年（1193 年）得疾而逝，年僅二十歲，未婚無子。後以其弟劉庚的第四子為嗣。[65]

蒙慶幼子劉庚的遭遇，更是曲折坎坷。劉庚大約生於淳熙三年（1176 年），當時父親蒙慶正在金陵教書，得知生子的消息，擔憂家境難以支撐，「蓋及其未有知也，求者予之」，遂將他出繼給沒有子嗣的鄉人陳姓夫妻，「幸其家之近而雞犬之相聞也，幸其累之輕而衣食之可營也，不至於使乳下子啼饑而號寒也。」[66] 等到劉宰中第為官之後，深覺天倫不可泯，徵得父親同意，令其歸家。但劉庚認為：「方其初，我以貧而棄遺，彼以絕而求繼。已棄而復取之，不原其初，不仁；已繼而復絕之，不顧其後，不義。不仁不義，吾何可安？」[67] 幾經折衝，劉庚仍居住於陳家，等到養父死後，才攜養母回劉家，而且直到養母死後，才改回劉姓。

外弟回家後與劉宰同門異戶，且本身有田兩頃，家境寬裕。[68] 兄弟二人共商家務，感情密切；本期待營建新屋，子弟成家後共享晚年，沒想到新屋未成，劉庚就過世。劉宰深以為憾地說：「吾視聽已衰，齒已搖，髮已禿，自計在世，曾幾何時。方將委家事於汝，以休吾心，而汝反委家事於吾。」劉庚約死於寶慶二年（1226 年），享年五十一歲。[69] 有子四人，其幼子過繼給

---

64. 劉宰，〈外弟諸子歸宗告家廟文〉（《漫塘集》，卷二十六，頁 23 上）作「達明」，但在〈先祖十九府君墓誌〉則作「達民」（《漫塘集》，卷三十二，頁 34 下），當以「達民」為是。

65. 劉宰，《漫塘集》，卷二十六，〈祭外弟文〉，頁 19 上–20 下。

66. 劉宰，《漫塘集》，卷二十六，〈外弟大祥祭文〉，頁 21 上。

67. 劉宰，《漫塘集》，卷二十六，〈祭外弟文〉，頁 19 上。

68. 劉宰，《漫塘集》，卷二十六，〈祭外弟文〉，頁 19 下。

69. 劉宰，《漫塘集》，卷二十六，〈外弟大祥祭文〉，頁 22 上；卷二十六，〈祭外弟文〉，頁 20 上。從紹定元年（1228 年）滿喪推估，劉庚可能死於寶慶二年。

庶兄達民為嗣，劉宰答應：「凡吾所有，異時此子與吾子同之。」[70] 但幼弟姓陳，終是劉宰心頭憾事，因此在幼弟三年喪葬滿之時，正式告祭祖宗，乞請歸宗，「白之宗黨，俾其一家盡還劉姓，惟留已娶之子為陳氏孫，世奉其祀。」也就是已婚生子的長子仍姓陳，其餘都回歸劉姓。劉宰也顧念他「子眾而更事淺」，[71] 因此特別撰文勸戒其諸子修身、謙卑、存恕、勤儉、睦鄰、守法，「勿恃有理，易興牒訴。勿恃有援，遲輸稅賦。一有追繫，辱及門戶。鄰里貴和，細故宜忍。交友必擇，邪諂勿近。一或反是，必生悔吝。」[72]

劉宰安排外弟歸宗，除表示家族團圓外，更是基於科役的現實考慮。他在〈外弟大祥祭文〉中有詳細說明，值得節錄要文：

> 吾昔雖取汝以歸，而汝尚非本姓，沉思有大不可者。凡今民庶之家，皆不免科役，惟嘗仕者則否。吾幸藉先世之澤，忝為命士，吾父亦以卹典列於八品，凡我同世之人，其子若孫皆可藉廕，自別於民庶。而姓不復復，深恐諸子或未能自取科級以立門戶，則了無藉廕之親，可不為大哀乎。故吾及汝几筵未徹，告之家廟，白之宗黨，使汝一門盡還劉姓，惟留汝長子為陳氏嗣。或慮嗣陳氏者疑於無父，則在昔論繼絕者謂無子可以立孫，若爾，則汝子之為陳氏孫，不亦宜乎。[73]

劉宰這一決定的時間大約在紹定元年（1228 年）外弟三年喪滿之後。寶慶三年（1227 年）宋廷郊祭後，贈劉宰之父蒙慶為承事郎，[74] 故劉家依例可

---

70. 劉宰，《漫塘集》，卷二十六，〈祭外弟文〉，頁 20 上。
71. 劉宰，《漫塘集》，卷二十六，〈祭外弟文〉，頁 20 上。
72. 劉宰，《漫塘集》，卷二十五，〈戒陳外弟諸子〉，頁 12 上。
73. 劉宰，《漫塘集》，卷二十六，〈外弟大祥祭文〉，頁 22 上 –22 下。

享有官戶的優遇。這一安排充分體現劉宰兄弟的深厚情誼。[75]

　　對劉蒙慶一生及其諸子而言，這一家的成長，較其兄嗣慶尤為曲折艱辛。劉宰在〈外弟諸子歸宗告家廟文〉中作了沉痛的說明：「吾先考以家之貧，早以季弟庚出繼陳氏後。以長兄出外，長弟殘疾，第二弟達明實庚同胞兄，又以疾逝，復命庚以歸，為之娶婦，為之立家，亦既有子，子又生孫矣。」[76]又說：「惟我兄弟五人，庶弟者二。」劉宰的親母早逝，嫡系三兄弟除了年幼時得到伯母洪氏照顧外，也受到庶母盡心撫育，劉宰即說：「吾少多難，母喪弟病，而兄不顧家，吾父為貧所驅，在家日少。吾與病弟得不死於髫齔，則惟汝母是賴。」[77]劉蒙慶本人追求舉業誠然艱辛，卻難以圓夢，因此更期待透過教育諸子來光耀門楣。但除次子劉宰外，四個兒子不是放蕩漂泊、難以為生，就是早逝或疾病纏身，甚至出繼外姓，僅能耕織度日。在如此艱難的環境下，難以期待他們在舉業上有所成就。次子劉宰遂成為劉氏家族起家之所繫，所承擔的責任甚是艱鉅沉重。

---

74. 劉宰，《漫塘集》，卷二十六，〈皇考朝奉焚黃祝文〉，頁 17 下。

75. 官戶身分涉及的層面至廣，可參見王曾瑜，〈宋朝的官戶〉，收入《涓埃編》（保定：河北大學出版社，2008 初版），頁 290–360、周曲洋〈何以為戶：宋代主戶的性質、形態與功用〉，稿本。

76. 劉宰，《漫塘集》，卷二十六，〈外弟諸子歸宗告家廟文〉，頁 22 下 –23 上。

77. 劉宰，《漫塘集》，卷二十六，〈祭外弟文〉，頁 20 上。

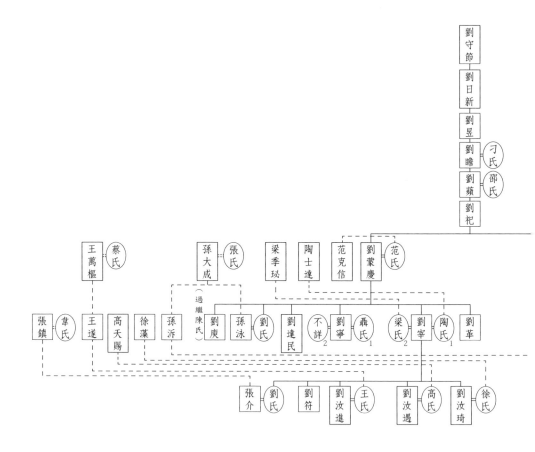

圖三、金壇劉氏譜系圖 [78]

78. 參見劉宰著，王勇、李金坤校證，《京口耆舊傳校證》，卷九，頁284–288。以及《漫塘集》相關人物傳記。譜系圖由鄒武霖碩士繪製。

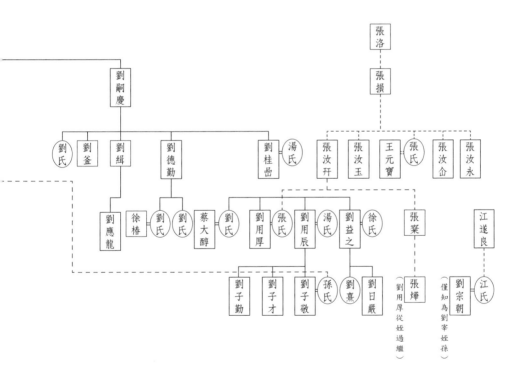

第三章
生命的轉折：從舉業到鄉居

第一節　仕進與婚姻

一、舉業生涯

　　劉宰是劉蒙慶的次子。他出生時，祖父劉祀和伯父嗣慶都已逝世，父親蒙慶正值而立之年，就須擔負家計。劉宰幼時曾從父親及年長十四歲的堂兄桂嵒受業，淳熙七年（1180 年）十六歲時獲選入鎮江府學就讀。鎮江府學是北宋初著名儒者柳開（947–1000 年）於太平興國八年（983 年）創置，慶曆興學時增置養士田，並確立教育典制。南宋初年，鎮江多次遭受戰火，學校罷廢。宋金議和後境土稍安，紹興十三年（1143 年）知府劉子羽興復府學，再聚才養士。[1] 淳熙年間，知府錢良臣檢核當地富人楊靈年與因勝寺土地糾紛，將所餘十三頃土地撥歸府學。[2] 府學既有學田的支持，經費相對充裕，在教授的努力下，招收眾多有志舉業的學子入學，展現辦學的優勢，劉宰即說：「淳熙間，京口郡博士志於作成，士之來學者眾。」[3]

---

1. 史彌堅修，盧憲纂，《嘉定鎮江志》，卷十，〈鎮江府學〉，頁 1 下 –3 上。

2. 劉宰，《漫塘集》，卷二十一，〈鎮江府學復沙田記〉，頁 4 上 –4 下。

3. 劉宰，《漫塘集》，卷三十一，〈故溧陽縣尉陳修職墓誌銘〉，頁 6 下 –7 上。

　　劉宰在府學與牛大年、陳景周兄弟和姜君玉是同學。他與諸人來往密
切，[4] 成為一輩子相互關懷的好友。這些同學中，仕途較順遂的是揚州人牛
大年，字隆叟，慶元二年（1196 年）進士，先為將作監主簿，在紹定末年任
四川茶馬使時，曾修葺揚雄故實之墨池。[5] 端平元年（1234 年）起相繼任吏
部郎中、宗正少卿、起居舍人等職，[6] 寶章閣侍制提舉太平興國宮致仕，《宋
史》有傳。[7] 陳景周則是金壇人陳嘉言的三子，字仲思，嘉定十六年（1223
年）進士，當時他已五十七歲。景周首任溧陽縣尉，於紹定二年（1229 年）
離職前夕暴卒，享年六十三歲。[8] 姜君玉的人生則有諸多遺憾，他個性疏朗，
終生致力舉業，但始終不能如願，寶慶三年（1227 年）死。[9] 劉宰曾述說三
人不同個性及遭遇：

　　余未冠游鄉校，惟牛隆叟、陳仲思及君玉屑與為友。隆叟圓而君玉疏，
　　仲思莊而君玉易。余性與君玉近，故君玉顧余尤厚。後十餘年，余與
　　隆叟相繼登第，仲思晚得官，科名尤高。隆叟官達，今為四川茶馬使；
　　仲思滿溧陽尉，當路薦之，方為時用。余雖疾廢，然少也亦嘗奔走州

4. 劉宰，《漫塘集》，卷三十一，〈陳府君行述〉，頁 12 上 –16 下。《漫塘集》，卷三十
六，〈姜君玉哀辭〉，頁 4 下 –6 下。

5. 魏了翁，《鶴山先生大全文集》（收入《四部叢刊正編》，臺北：商務印書館，1979，
據上海涵芬樓借烏程劉氏嘉業堂藏宋刊本影印），卷六，〈四川茶馬牛寶章大年修楊子
墨池以書索題詠〉，頁 664。

6. 不著撰人，汪聖鐸點校，《宋史全文》（北京：中華書局，2016，以《文淵閣四庫全
書》本為底本點校），卷三十三，「嘉熙二年四月乙未」條，頁 2730。

7. 《宋史》，卷四百二十二，〈牛大年傳〉，頁 12617–12618。

8. 劉宰，《漫塘集》，卷三十一，〈故溧陽縣尉陳修職墓誌銘〉，頁 6 下 –7 上。

9. 劉宰，《漫塘集》，卷三十六，〈姜君玉哀辭〉，頁 6 下。

縣。獨君玉抱負挺挺，終老場屋。[10]

　　劉宰在府學受業之後，曾於淳熙十三年（1186 年）參與鄉試，獲首選。[11]當時一起通過鄉試的鄉友有四人，其中張鎮後來曾任徽州歙縣東尉，[12]其子張介（字寬夫）是劉宰的女婿。[13]另有丹陽人諸葛鋗，[14]以及劉宰同鄉富室張汝永（字端袤）及其弟汝玉。[15]士人通過鄉舉，可以參加省試，是邁向仕途的第一個門檻，也是鄉里榮耀，親戚和郡縣長官都餽贈盤纏，劉宰並未接受。[16]可惜他們均未能通過省試。

　　省試失利後，劉宰可能和眾多追求舉業的士人一樣，一面以教書謀生計，一面繼續刻勵舉業。這段期間，他也接受道學的洗禮，啟蒙者是曾遠途跋涉到武夷山師從朱熹的丹陽老儒竇從周。[17]竇從周，字文卿，年過五十因鄉先生都師中推重，決意師從朱熹，建陽人游九言（1142–1206 年）為他撰序送行。[18]淳熙十三年從周到建陽後，曾記錄大量朱子語錄，日後被納入《語類》中。[19]他返鄉後築室講道，倡導為己之學，發揚程朱學說。[20]

---

10. 劉宰，《漫塘集》，卷三十六，〈姜君玉哀辭〉，頁 5 上 –5 下。

11. 劉宰，《漫塘集》，卷三十二，〈先祖十九府君墓誌〉，頁 34 下。

12. 劉宰，《漫塘集》，卷三十一，〈故韋氏孺人墓誌銘〉，頁 13 下。

13. 劉宰，《漫塘集》，卷三十一，〈故韋氏孺人墓誌銘〉，頁 13 下。

14. 劉宰，《漫塘集》，卷二十九，〈故諸葛貢元墓誌銘〉，頁 25 下 –26 下。

15. 劉宰，《漫塘集》，卷三十一，〈故溧陽縣丞張承直墓誌銘〉，頁 14 上。

16. 劉宰著，王勇、李金坤校證，《京口耆舊傳校證》，卷九，頁 285。

17. 劉宰，《漫塘集》，卷三十一，〈故貴池衛主簿墓誌銘〉，頁 25 上。

18. 游九言，《默齋遺稿》（收入《景印文淵閣四庫全書》，臺北：臺灣商務印書館，1982，據國立故宮博物院藏本影印），卷下，〈送竇君入閩序〉，頁 6 下 –9 上。

19. 見黃士毅，〈朱子語類後序〉，收入黎靖德編，王星賢點校，《朱子語類》（北京：中華

　　三年後的淳熙十六年（1189 年），劉宰以首舉通過鄉舉，進京參與省試，並在光宗紹熙元年 （1190 年） 四月正式躍登新科進士。[21] 這年劉宰二十六歲，正值青春風華之年，既為個人開啟仕進之途，更為久歷舉業煎熬的金壇劉氏，創造了起家的榮耀。

　　劉宰的金榜題名也是鎮江府的盛事。當年全國共錄取五百三十七人，其中鎮江士人僅有劉宰與趙崇忠。[22] 這個數字顯示，鎮江府雖是南宋南北貿易轉輸及軍事重鎮，但在科舉競爭中明顯居於弱勢。[23] 但人以稀為貴，基於鎮江進士的科舉表現，以及劉宰自祖父以來經歷舉業的艱辛，劉宰的中舉不僅榮耀家族，更讓他和金壇劉氏在地方社會贏得聲望。

二、同年與仕宦

　　紹熙元年的中舉，為劉宰的仕宦與生涯歷程開啟新頁。從《漫塘集》中見到與劉宰有連絡的同年進士共有十九人，包括李壁 （1159–1222 年） 與李𡎺 （1161–1238 年） 兄弟、李燔 （1156–1225 年）、度正 （1166–1235 年）、史宅之 （1205–1249 年）、丁黼 （1166–1236 年）、豐有俊等當代名儒大臣。但早期與他關係密切的有朱晞顏 （字景淵，1163–1221 年）、周南 （字南仲，1159–1213 年）。劉宰曾說：「紹熙龍飛，吳門同年進士居郡城者八人，多與余善，其尤厚者周君南仲、朱君景淵。」[24] 雖然除了他為朱晞顏撰寫的墓誌

　　書局，1986，以清光緒庚辰〔1880〕賀麟瑞校刻本為底本點校），頁 7–8。

20. 劉宰，《漫塘集》，卷二十四，〈書葉元老渠陽送行詩卷後〉，頁 14 上 –14 下。

21. 脫脫等撰，《宋史》，卷三十六，〈光宗本紀〉，「紹熙元年四月戊申」條，頁 698。

22. 劉宰，《漫塘集》，卷三十一，〈故趙訓武墓誌銘〉，頁 1 上 –1 下。

23. 參黃寬重，〈南宋兩浙路社會流動的考察〉，《宋史叢論》（臺北：新文豐出版社，1993），頁 73–103。

銘之外，有關他與二人交游的資料不多，但從他與另一位友人──鄉居武將周虎的書信，即可見他與周南、朱晞顏情誼篤厚。

　　朱晞顏，平江人，由太學入仕。他大劉宰三歲，紹熙四年（1193 年）二人都在建康府轄下任縣尉；劉宰是江寧尉，晞顏是上元尉，兩地相鄰，他們的父親也隨同到建康就養，二家互動頻繁、關係密切；晞顏視宰如弟，「至於有善相勉，有過相規，則又有兄弟所不及知者」。[25]

　　在建康三年的任期中，朱晞顏對劉宰有二方面的重要影響，一是為官之道。《京口耆舊傳‧劉宰傳》稱讚劉宰的吏才，說他：「調建康之江寧尉。始至置三峽，一日受委，以籍符移之自至於臺府者。一日受詞，以籍牒訴之關於職守者。一日追會，以籍帖引之下於鄉都者。日治事已，即手自勾校，吏不能欺，而事無不理。」[26] 據劉宰自述，這樣的作法是仿效晞顏的。[27] 由於二人處事明，績效佳，「時人稱兩尉」。二是不求舉的態度，劉宰說：「君之尉上元也，同志以世道之薄，約不求舉，惟君為能踐言」，並舉廉潔自持的實例為證。[28]

　　朱晞顏此後一直都在揚州、湖州等地擔任基層親民官。他的繼室衛瑑是衛季敏之女，衛涇的妹妹。衛涇在慶元三年（1197 年）後，屢受拔擢，歷任中樞要職，晞顏仍甘於基層庶政，與權位保持距離。他出任湖州通判時，劉宰有八首詩相送，其中有二首傾訴三十年來二人的情誼：「念昔從子游，金陵佳麗地，幕府盛賓僚，東南稱兩尉，子才清而通，我拙世無二，櫟社雖輪困，

24. 劉宰，《漫塘集》，卷二十九，〈故湖州通判朱朝奉墓誌銘〉，頁 15 下。

25. 劉宰，《漫塘集》，卷二十七，〈祭同年朱景淵通判文〉，頁 4 下。

26. 劉宰著，王勇、李金坤校證，《京口耆舊傳校證》，卷九，〈劉宰傳〉，頁 285。

27. 劉宰，《漫塘集》，卷二十七，〈故湖州通判朱朝奉墓誌銘〉，頁 15 下 –18 下。

28. 劉宰，《漫塘集》，卷二十七，〈故湖州通判朱朝奉墓誌銘〉，頁 17 下 –18 上。

靈根同晚歲」;「古人重結交,一諾輕千金,嗟我與夫子,論交歲月深,一別三十年,兩鬢霜雪侵,願言益自強,鴈來時寄言。」[29] 由於二人情誼甚深,理念又近,因此嘉定十四年(1221年)晞顏以五十九歲逝世時,劉宰既寫祭文又撰墓誌銘。[30] 曾任江南東路安撫使幹辦公事的游九言,[31] 也對晞顏的為人多所讚譽,說:「慶元乙卯(1195年)某官金陵,得友三人,金沙之林、金壇之劉,景淵朱兄其一也。……自知其質如此其柔弱矣,又有時而急躁,或妄發不能制,則審詳寬裕之德,於景淵乎取之。是三友者,亦不余鄙,過從獨親。」[32]

周南是劉宰另一個好友,曾為劉宰元配陶氏之父陶士達撰寫墓誌銘。周南也是平江人,先娶衛季敏的女兒衛琮,又娶黃度之女。十五、六歲即學於永嘉學派葉適,後也曾向朱熹請益。他與朱晞顏同由太學考上紹熙元年(1190年)進士,是與劉宰親近的同年之一。周南曾在殿試對策中,指謫光宗受小人蒙蔽,強烈批評執政官員,遂由舉首降為一甲十五人,此後仕途受阻,到慶元二年(1196年)才任池州教授。從慶元到嘉定十餘年間,是南宋中期政局巨變的年代,周南和葉適師徒均相繼捲入政爭的漩渦中,官位升降頻繁。[33]

---

29. 劉宰,《漫塘集》,卷二,〈寄同年朱景淵通判八首〉,頁7下。

30. 劉宰,《漫塘集》,卷二十七,〈故湖州通判朱朝奉墓誌銘〉,頁17下–18上。參見本書〈附錄一　文集中的劉宰世界:兼論其書信、傳記撰述的史料價值與利用〉,第三節,「以傳記撰述傳遞價值理念」。

31. 馬光祖修,周應合纂,《景定建康志》,卷二十五,〈安撫司僉廳壁記〉,頁40下–42下。

32. 游九言,《默齋遺稿》,卷下,〈送朱景淵序〉,頁12上。

33. 黃寬重,《孫應時的學宦生涯:道學追隨者對南宋中期政局變動的因應》,頁223–228。

三、二次婚姻

　　劉宰在紹熙元年（1190 年）中舉後，有三年未見仕歷，當是居鄉待闕；為家計，以執教為業。此時，劉宰成為嘉興（今浙江嘉興）富人陶士達的女婿，此事與登金榜同為他一生中的重大事件。陶士達字仲如，紹興七年（1137年）生，嘉定五年（1212 年）去世，享年七十六歲。士達是嘉興富豪，以賑濟善舉聞名鄉里。嘉定二、三年間（1209–1210 年），江淮大飢，士達率先賑饑，活民甚多，又在華亭（今屬上海）創義役，消弭爭端，創義廩救鄉黨。二子大章、大甄先後中進士；士達因之贈宣義郎。[34] 陶氏是劉宰的元配，二十歲時嫁給劉宰，但她「生於大家，長于幽閨，父母鍾愛，未嘗知道路之艱，離別之苦，米鹽之瑣細。」婚後隨劉宰學宦漂泊，生活並不愜意。[35]

　　紹熙四年（1193 年）是劉宰生命中悲喜交織的一年。喜的是他獲任為江寧縣尉，正式擔任親民官，可以展布吏幹長才，同時也有個落腳的官舍迎侍父親與妻子，擺脫漂泊生活。然而「尉職猥煩，尉廨卑陋」，對長期困於場屋的父親而言，固能享受以子為貴的榮耀，但對於生長富家的陶氏則未必適應，在遷居不久後即因病逝世，年僅二十三歲。[36] 因岳母沈氏的堅持，陶氏暫時葬於嘉興父家祖塋。二年後，沈氏死，只得權殯岳母之墳。一直到劉蒙慶死後，陶氏才正式歸葬金壇祖墳所在的沙墅山。[37] 時為嘉泰三年（1203 年），

---

34. 周南，《山房集》（收入《景印文淵閣四庫全書》，臺北：臺灣商務印書館，1983，據國立故宮博物院藏本影印），卷五，〈陶宣義墓銘〉，頁 16 上 –18 下。劉宰，《漫塘集》，卷三十二，〈故宣議郎致仕陶公壙誌〉，頁 24 下 –25 上。

35. 劉宰，《漫塘集》，卷二十六，〈前室安人陶氏焚黃祝文〉，頁 18 上。

36. 劉宰，《漫塘集》，卷二十六，〈前室安人陶氏焚黃祝文〉，頁 18 上。

37. 劉宰，《漫塘集》，卷二十六，〈前室安人陶氏啟殯祭文〉，頁 15 上。

已是陶氏死後十年。

慶元二年（1196 年）劉宰改調淮南東路真州司法參軍。陶氏之喪滿三年，他因父親督責再娶，以延血脈；於赴臨安銓選時，在同年好友張嗣古（字敏則）媒合下，與光州知州梁季珌之女結婚。張嗣古是當時權勢正熾之權臣韓侂冑的外甥，在京擔任著作郎兼考功郎官，[38] 人脈甚廣。這時梁季珌知光州任滿返京，因公務「數與敏則會公卿間」，[39] 季珌以長女過適婚之年，託他推薦良婿，嗣古力薦劉宰。劉宰說：「余時喪陶氏婦甫三歲，痛未艾，辭屢矣，敏則言益力，且道君（梁氏）所以辭婚於鄉里者，若有契於心。亦會先君書來，責以不亟娶，無以承宗祀。」[40] 遂於慶元三年（1197 年）與梁氏結婚，並相偕赴儀真任官，時劉宰三十三歲，梁氏二十八歲。

與梁氏（1170–1219 年）結婚，對劉宰仕途和生活都有重大的影響。岳父梁季珌字飾父，麗水人，是孝宗朝名宦梁汝嘉（1096–1153 年）的兒子，以遺澤恩入仕，在韓侂冑當政期間，相繼擔當湖北、江西提舉常平茶鹽公司，尚書戶部郎中，總領淮東軍馬錢糧，及中書門下檢正諸房公事、戶部侍郎、吏部侍郎等職。即使其後錢象祖繼任相位，他持續任職，可見除行政歷練豐富、熟稔財政之外，與當朝樞要均能維持密切關係。[41] 這是劉宰婚後結識朝中名宦大儒，開展人脈的重要因素。而梁氏的嫁妝，雖然具體數目不明，但顯然十分豐厚，足以讓初任幕職的劉宰有能力以父親之名在金壇購置田產、提供嫁給孫泳為妻的妹妹豐厚嫁妝，乃至無微不至地援助、照顧多位貧弱的兄弟及其子女；[42] 劉宰辭官後，也因梁氏的支持而有能力在家鄉災荒時捐米

---

38. 《宋會要輯稿》，選舉二十一，〈選試〉，「寧宗三年二月二十五日」條。

39. 劉宰，《漫塘集》，卷三十二，〈繼室安人梁氏墓誌〉，頁 16 上。

40. 劉宰，《漫塘集》，卷三十二，〈繼室安人梁氏墓誌〉，頁 16 上。

41. 劉宰，《漫塘集》，卷三十三，〈故吏部梁侍郎行狀〉，頁 1 上 –8 上。

施粥、推動三次大規模賑饑。[43] 可見與梁氏結婚，是劉宰後半生最重要的資助力量。

四、州縣浮沉

江寧尉任上，劉宰展現吏治的長才。雖經歷喪妻弟死的家庭悲慟，他仍積極善盡親民官的職務，認真推動治安工作。他一方面倣效同年朱晞顏治理上元縣的模式，推動縣政，「日治事已，即手自勾校」，工作效率高且權責清楚，政績受到肯定。[44] 同時以百里風教自守，為了破除江寧巫風盛行的現象，他下令保伍互相糾察，強力禁絕妖術，讓鄉人改業歸農。[45] 紹熙五年（1194年）江寧發生旱災，劉宰承安撫使張枃之命，從事救災，活民甚多，並捕獲趁災打劫的巨盜。他自律甚嚴，以廉潔自持，以「毋輕出文引，毋輕事箠楚」自許。[46] 若因公務下鄉，生活食宿與吏卒一致，不享特權；縣務政績卓傑。[47] 他感慨世道日薄，奉行與朱晞顏共同信守終任不求舉的準則，拒絕安撫使張枃有條件的舉薦。[48] 離任時只帶走江寧主簿趙師秀的酬唱詩而已，可謂兩袖清風。[49]

除了積極任事推動縣政之外，他更與建康的各級官員建立良好的關係。

---

43. 劉宰，《漫塘集》，卷三十二，〈繼室安人梁氏墓誌〉，頁 17 上。
43. 劉宰，《漫塘集》，卷十，〈回知送寧李侍郎前人〉，頁 4 上 –6 上。
44. 劉宰著，王勇、李金坤校證，《京口耆舊傳校證》，卷九，頁 285。
45. 脫脫等撰，《宋史》，卷四百一，〈劉宰傳〉，頁 12167。
46. 脫脫等撰，《宋史》，卷四百一，〈劉宰傳〉，頁 12167。
47. 脫脫等撰，《宋史》，卷四百一，〈劉宰傳〉，頁 12167。
48. 劉宰著，王勇、李金坤校證，《京口耆舊傳校證》，卷九，頁 285。
49. 脫脫等撰，《宋史》，卷四百一，〈劉宰傳〉，頁 12167。

除前引他送朱晞顏赴任詩中所述的周南、周虎、游九言之外，還有游九言所指金陵三友中「金沙之林」的林維國。[50] 他於嘉泰元年（1201 年）所寫〈懷林維國二首〉詩中，強調「維國知我愛我，我視他友為甚。」顯示二人相知甚深。[51]

　　劉宰任真州司法參軍時，逢韓侂冑啟動慶元黨禁，揭開整肅道學黨人的序幕。當時宋廷為擴大箝制道學入仕之途，透過各地方轉運司，要求與試者「有出身見任人狀，稱不係偽學，不讀周程氏書，方許充考試」。[52] 劉宰雖非道學門徒，但對朝廷禁絕道學、箝制思想的政策頗為反感，曾表示：「平生所學謂何，首可斷，此狀不可得也」，[53] 遂不參與考校工作。但他也未直接涉入道學與執政的糾葛，對時局與人際關係有自己的觀點，他與石宗昭的來往與評價即為顯例。約在慶元四年（1198 年）後，他曾與當時擔任淮南轉運使兼提刑的石宗昭有書啟往來，[54] 也在為鍾將之、鍾穎父子撰寫的墓誌銘中，表達對石宗昭的推崇：「慶元初，（宰）以郡掾事故轉運使檢詳石公宗昭於儀真。石問學之粹，蓋余所仰以為師表者。見其言在淮西時，君（鍾穎）奉親來，相與講學甚久。」[55] 其實，石宗昭從學與仕宦的歷程曲折，時人對他的評價

---

50. 游九言，《默齋遺稿》，卷下，〈送朱景淵序〉，頁 12 上。

51. 詩說：「四海論交二十年，知心一見似前緣。情親尚記通宵語，忠告難忘送別篇。夢入蓬壺重會面，座看書史尚堆前。應憐廢學從農圃，要使留心在簡編」、「尚記升堂拜母時，滿前兒女競牽衣。鳳雛想見今成立，鴈序遙聞已奮飛。身後聲名終不朽，家傳詩禮足相輝。傷心白下金陵道，無復班荊話昨非。」劉宰，《漫塘集》，卷二，〈懷林維國二首〉，頁 14 上 –14 下。

52. 俞希魯編纂，楊積慶等校點，《至順鎮江志》，卷十九，〈人材‧隱逸〉，頁 795。

53. 劉宰著，王勇、李金坤校證，《京口耆舊傳校證》，卷九，頁 285。《宋史》，卷四百一，〈劉宰傳〉，頁 12167。

54. 劉宰，《漫塘集》，卷十四，〈通石漕宗昭〉，頁 6 上 –7 下。

也不一致，並往往將之視為立場漂浮的道學追隨者。他是陸九淵的早期門人，後來與永嘉學者陳傅良、葉適、陳亮等人往來密切，也一度自視為呂祖謙的門人，與朱熹也有聯繫。他轉易多師的行徑，曾引起陸九淵極度不滿。黨禁爆發後，他既與道學者保持距離，且出任高官，朱熹也抨擊他政治立場轉變。[56] 劉宰對他的態度卻頗為正面，可見劉宰並沒有特定的立場，而是依自己的觀察，直觀地提出評論。

劉宰在真州司法兼領全郡倉庫任上，嚴守職任，杜絕知州貪贓違法之行，持身廉潔、積極任事。同時積極籌措經費，重建安置老疾無告百姓的「居養院」。真州居養院在淳熙年間因火災隳壞，慶元初年由提舉常平汪梓重建，但屋陋地窄，加以財政短缺，難以收容、運作。劉宰到任後，獲得淮東轉運使韓梴與通判鄭炤大力支持，於慶元六年（1200 年）再度重建一個寬敞且適於老弱殘疾居住的居養院，並作記述其過程，唯對未能籌募足資養育的經費而感到遺憾。[57] 此外，他受韓梴之託撰寫廟記，表揚紹興三十一年（1161 年）金兵南侵時，在真州胥浦抗禦金兵而犧牲的三位軍將梁淵、元宗與張昭的功蹟。文中特別稱頌三位將軍守護鄉里的勛蹟，「以一身之死，易百萬眾之生，以胥浦跬步之地，為江淮數千里保障」。[58] 一連串的事蹟受到主管官員韓梴的肯定，並在嘉泰元年被韓氏舉薦「練達科」。[59]

---

55. 劉宰，《漫塘集》，卷三十一，〈故知建昌軍朝議鍾開國墓誌銘〉，頁 29 上。

56. 黃寬重，《孫應時的學宦生涯：道學追隨者對南宋中期政局變動的因應》，〈第五章〉，頁 147–150、〈第六章〉，頁 219–222。

57. 劉宰，《漫塘集》，卷二十，〈真州居養院記〉，頁 1 上 –2 下。

58. 劉宰，《漫塘集》，卷二十，〈儀真胥浦橋三將軍廟記〉，頁 6 下。此記作於嘉泰元年四月。

59. 劉宰在謝韓梴的書啟中有：「謂某青衫十載，或頗熟於民情，以某白沙三年，亦粗了於官事。驟加薦達，罔使聞知，雲箋忽墮於目前，袞字已馳於天上。足以起末俗之風

　　不過，劉宰在真州司法後期，身體已出現病兆。他在紹定六年（1233年）致信曾知於潛縣的程燾，說他任其父（程建昌）的僚屬時，「已得駁疾，後更憂患，疾日深，遂不可為，因之棄官」。[60] 劉宰正值壯年之齡，健康狀況出現警訊，加上對朝廷嚴學禁及官吏逢迎長官的風氣感到不滿，頗有乞退之意，只是受家計之累而難以實現；他曾賦詩感懷「錦城不似還家樂，獨立津頭欲問船。」[61]

　　嘉泰二年（1202年）劉宰改授泰興（今江蘇泰興）縣令，這是他首次擔任主導基層縣政的親民官。對劉宰而言，出任泰興縣令，是公私兼顧、兩全其美的安排。泰興縣為揚州轄縣，隸屬於淮南東路，與鎮江僅隔長江，相距不遠，聯絡方便。任官於此，得以就近照顧年邁的父親劉蒙慶。劉宰給知揚州趙師罍、郭姓通判、蔡姓僉判的書啟中，分別提到「親年喜懼，慮遠宦之非宜」、「窮塗久厄，而學問廢矣；俗狀已成，而疾疢因之。既祗嚴命以促裝，適值慈親之伏枕，莫遑遑遑，何以自文。幸少寬人子之心，將亟簉隸人之列。寧須良月，即托二天。」[62] 顯示此時劉蒙慶臥病在床，需人照料，當是劉宰受命上任的要因之一。況且，他的岳父梁季毖次年八月出任知鎮江府兼總領淮東軍馬錢糧（即淮東總領所），[63] 他在泰興可以就近協助處理相關運作及文

靡，居然破公舉之天荒。」從文中提到「青衫十載」、「白沙三年」的文字，推斷他被薦舉的時間或在嘉泰元年。劉宰，《漫塘集》，卷十四，〈謝韓漕梴舉練達科〉，頁10上。

60. 劉宰，《漫塘集》，卷十二，〈回前於潛程知縣燾〉，頁18上。

61. 劉宰著，王勇、李金坤校證，《京口耆舊傳校證》，卷九，頁285。從劉宰在〈儀真法曹日作〉詩中，也明顯看到他對時局反感，有不如歸去的心情。詩云：「紛紛惡直喜阿諛，局束英豪氣不舒。萬事付渠三昧手，此生自放五車書。」劉宰，《漫塘集》，卷一，〈儀真法曹日作〉，頁7下。嘉泰二年劉宰改任揚州泰興縣令。

62. 劉宰，《漫塘集》，卷十四，〈通揚帥趙尚書師罍啟〉，頁12下；卷十四，〈通郭倅〉，頁12下–13下；卷十四，〈通蔡僉〉，頁13下–14上。

字，從《漫塘集》保留若干代筆的書啟文字可以為證。[64]此項工作既可為岳父分勞，也有助於劉宰開展人際關係。[65]

　　劉宰在泰興縣令僅一年，即因父喪丁憂返家，因此留下的施政資料不多。不過從他撰作的〈泰興縣勸農文〉，可以看到他的施政理念。發布勸農文字，是地方長官例行公事。一般官員多藉勸農文，訓誡百姓努力務農、勤於耕作，不要嬉戲、怠惰，或介紹與農作有關的新品種、新方法。[66]劉宰則是在勸農文中，提出不同的觀點。在他看來，地方官若僅是發布一篇勸勉性的文章，對農家難有具體的改善。他自承來自鄉里，了解基層社會不重視農民的原因，因此在文中明確指出妨害農民的三個重要因素：一、豪民、姦民的阻礙或騷擾，影響農民耕作意願；二、地方各種工役、獄訟繁多，降低農作成效；三、漁取無度的賦稅與兼併之家、僧道游手的誑惑，影響農民利益。他於是說：「繼自今以往，凡害農之事如前所云，令念茲在茲，敢不良圖，怨謗黜責，非令所憚。父老歸而語其子弟，相與專心致志，服田力稼，雖休勿休。或猶有遺害，則相率而告於令，令弗敢辭。」[67]特別鼓勵農民在勤耕之餘，向官

---

63. 史彌堅修，盧憲纂，《嘉定鎮江志》，卷十七，〈寓治・總領所〉，頁 15 下；嘉泰三年（1203 年）九月因知鎮江府張孝伯調任同知樞密院事，宋廷命季珌兼知府，見《嘉定鎮江志》，卷十五，〈宋潤州太守〉，頁 13 下。劉宰，《漫塘集》，卷三十三，〈故吏部梁侍郎行狀〉，頁 1 上。

64. 具體可見〈代外舅梁潨謝舉自代啟〉，梁季珌為了改官為淮東總領，向舉薦者致謝，送交劉宰代筆。見劉宰，《漫塘集》，卷十六，〈代外舅梁潨謝舉自代啟〉，頁 20 上 –21 上；卷三十三，〈故吏部梁侍郎行狀〉，頁 3 上。及史彌堅修，盧憲纂，《嘉定鎮江志》，卷十五，〈宋潤州太守〉，頁 13 下。

65. 劉宰，《漫塘集》，卷一，〈回江東陳侍郎韡〉，頁 9 上 –10 上；卷六，〈回宜興趙百里與悊一〉，頁 8 上 –9 下。

66. 蔡文地，《宋代勸農文之研究》(臺北：國立臺灣大學歷史學研究所碩士論文，2007)。

府反映妨害農作的具體情況。劉宰不把勸農文當成例行的官樣文章，而是直接點出問題的核心，呼籲農民向官府反映，期能解決問題。可惜由於任期中輟，以致未能看到實際作為及其成效。

其後，劉宰在守喪期間，於嘉泰四年（1204 年）春，代梁季珌撰寫〈勸農文〉。文中指出，「比年蠲丁賦百萬，實始此邦，兵興政煩，而是邦獨晏然，無異於平時，顧不甚幸歟。」但認為百姓「力田尚寡，浮食尚眾」，也緣於「狃於私販之利而輕於冒法，倚臺省諸司之近而果於終訟」，希望杜絕這些可謂「害農之本」的社會現象。[68]

劉宰在泰興令任上，為導正民眾迷信誤身傷財的錯誤觀念與習慣，而發布〈勸尊天敬神文〉，說：「蓋聞非其鬼而諂祭之，聖門所戒；假於神而疑眾者，王制必誅」，[69] 更上報揚州，摧毀叢祠，處死假神威殺人的神棍。[70] 此外，針對鄰境租牛的糾紛、僕婦盜金釵及媳婦養姑等涉及刑罰的問題，都究明實情，辨明曲直。[71] 從文字的宣示及具體的作為，皆可看到他導正社會習俗及處理地方糾紛的態度。

---

67. 劉宰，《漫塘集》，卷十八，〈泰興縣勸農文〉，頁 3 上。

68. 劉宰，《漫塘集》，卷十八，〈勸農文代外舅梁總權鎮江府作〉，頁 1 上 –1 下。

69. 劉宰，《漫塘集》，卷十八，〈勸尊天敬神文〉，頁 3 上。該文不署年月及地理，但衡之該文意且與上報揚州摧毀叢祠之內容相近或泰興縣任上。

70. 《宋史》，卷四百一，〈劉宰傳〉，頁 12168。

71. 《宋史》，卷四百一，〈劉宰傳〉，頁 12168。

第二節　局勢更迭

一、丁憂與起復

　　嘉泰三年（1203 年）劉宰因父親蒙慶逝世，丁憂守喪。[72] 劉宰在江寧與真州任職期間，父親多與他同居官舍。劉宰再婚後，梁氏變賣嫁妝，在金壇購置田產，父親返鄉居家。[73] 劉宰改任泰興令，曾有意營造官舍，親侍父親，不過蒙慶已無法遠行，劉宰在祭文中說：

> 矧某承乏近邑，惟迎侍是便，惟甘旨是圖。方整葺園池，以遲安車之來；庶以遨以嬉，不重去鄉之感。選徒來迓，近在朝夕。何圖迓者未行而報者已至，曰有寒疾，日就危困，某棄官亟歸，醫藥百端，竟至不起。[74]

　　對其父「生平力學，貫通今古，乃不能登一第、居一官以成其志」，[75] 及晚年獨居陋室，未得含飴弄孫之樂，深為感慨。當年十月蒙慶葬於其生前所居金壇薛村之原方山之岐，[76] 也就是在劉宰詩文中一再出現的「雲邊」。

　　劉宰丁憂期間，以家務為重。在梁氏費心力安排下，既讓先前被父親拒

---

72. 劉蒙慶享年七十二歲，劉宰，《漫塘集》，卷三十二，〈皇考雲茅居士朝奉壙銘〉，頁 33 下 –34 上。

73. 劉宰，《漫塘集》，卷三十二，〈繼室安人梁氏墓誌〉，頁 17 上 –18 下。

74. 劉宰，《漫塘集》，卷二十六，〈皇考雲茅先生成服祭文〉，頁 1 上 –1 下。

75. 劉宰，《漫塘集》，卷二十六，〈皇考雲茅先生成服祭文〉，頁 1 上 –1 下。

76. 劉宰，《漫塘集》，卷二十六，〈皇考雲茅先生大葬祭文〉，頁 2 上。

斥的長兄夫婦歸家，並將先前以父親名義購買的田地平分給兄弟，安頓他們
的生活；更安排過繼陳姓的庶弟認祖歸宗，讓全家團圓。[77] 這些細心規劃與
具體照顧，讓兄弟團聚，克服兄弟生命中的難關及手足支離的局面，展現其
維繫家族的用心。

　　此外，他也協助岳父梁季珌處理文書，除上所述的〈勸農文〉之外，還
有〈代外舅賀司諫啟〉、〈代外舅賀丘宣撫密啟〉等文字。[78]

　　這時，劉宰與辛棄疾的互動也很頻繁。[79] 辛棄疾與長居鎮江的范如山同
為由金歸宋的歸正人，且締結婚姻；[80] 范氏父子與劉宰關係密切，劉宰或因
此與辛棄疾有所聯絡。[81] 嘉泰四年（1204 年）三月，辛棄疾讚韓侂胄開邊，
被任命為知鎮江。丁憂中的劉宰有〈賀辛待制知鎮江〉書啟，稱頌辛帥「卷
懷蓋世之氣，如圯下子房；劑量濟事之策，若隆中諸葛。……皇圖天啟，敵
運日衰，壺漿以迎，久鬱遺民之望；肉食者鄙，誰裨上聖之謀。星拱百僚，
雷同一說。」[82] 辛棄疾在回文中以國士待劉宰，期待他對鎮江治理提出建言；
劉宰回信感謝贈金，也坦誠地向稼軒反映地方輿情：

　　　　今歲之稔，雖及七八，時雨之愆，豈無二三。如聞里正不申被旱之圖，
　　　　縣吏憚受訴災之牒；倘陳詞有踰於八月，則籲哀莫徹於二天。仰冀慈

77. 劉宰，《漫塘集》，卷三十二，〈繼室安人梁氏墓誌〉，頁 17 上 –18 下。

78. 劉宰，《漫塘集》，卷十六，〈代外舅賀司諫〉，頁 21 上 –22 上；卷十六，〈代外舅賀丘
宣撫密〉，頁 22 上 –23 上。

79. 劉宰，《漫塘集》，卷十四，〈上安撫辛待制〉，頁 18 上 –19 上。時間大約在嘉泰四年。

80. 鄧廣銘，《辛稼軒年譜》（上海：上海古籍出版社，1997），頁 4、24–30。

81. 劉宰，《漫塘集》，卷十五，〈賀辛待制知鎮江〉，頁 1 上 –1 下。

82. 劉宰，《漫塘集》，卷三十四，〈故公范大夫及夫人張氏行狀〉，頁 24 下。

祥，亟垂矜憫，賜之揭示，許以實聞，庶使窮閭盡被邦君之惠，是為小子不孤國士之知。[83]

此外，可能是因著岳父梁季珌與同事的關係，劉宰與侍從官員如衛涇、錢象祖、鄧友龍等有所互動，其中關係比較清楚的是衛涇。衛涇在開禧二年（1206 年）兼任中書舍人，曾撰梁季珌戶部侍郎的制詞，盛讚梁季珌在提舉茶鹽、總領所以及中樞的傑出表現「深簡朕知，亟儀禁序」、「矧已觀心計之精明，俾分典於民曹，庶共裨於國事。」[84] 及衛涇由吏部侍郎改任禮部尚書，[85] 甚至晉任參知政事等職，梁季珌也接任其職；加上劉宰的同年周南、朱晞顏與衛涇關係更親厚，都讓劉宰在此後有機會與朝政決策者互動綿密。

除家務與建立人脈外，劉宰也持續經營鄉里關係。《漫塘集》中即有一篇記文，語及劉宰與同鄉好友湯泳（字叔泳）、王節夫、衛翼之、衛晦仲等人，到茅山探訪由道士韋道元所營運的玉液庵，並記述道庵興建的歷程。[86]

開禧二年，劉宰免喪後，出任浙東倉司幹官，即浙東路提舉司幹辦公事，協助處理茶鹽事務兼同詳定敕令官等職。[87] 此時，韓侂胄積極謀劃北伐，戰

---

83. 劉宰，《漫塘集》，卷十五，〈謝辛待制棄疾〉，頁 3 上。參見鄧廣銘，《辛稼軒年譜》，頁 147–150。

84. 衛涇，《後樂集》（收入《景印文淵閣四庫全書》，臺北：臺灣商務印書館，1983，據國立故宮博物院藏本影印），卷二，〈朝議大夫中書門下省檢正諸房公事兼國用司參計官麗水縣開國男食邑三百戶梁季珌依前官特授權尚書戶部侍郎兼同詳定敕令官制〉，頁 5 下。

85. 何異，《宋中興學士院題名》（收入《續修四庫全書》，上海：上海古籍出版社，據上海辭書出版社圖書館藏清光緒二十二年〔1896〕繆氏刻藕香零拾本影印），頁 11 下。

86. 劉宰，《漫塘集》，卷二十，〈玉液庵記〉，頁 12 上 –13 下。

87. 周南，《山房集》，卷五，頁 18 上。《宋史》，卷四百一，〈劉宰傳〉，頁 12168。

爭一觸即發，劉宰到鄰近臨安的紹興，既得以遠離淮南邊區，增加不同的行政歷練，且有機會接觸中樞官員，得以掌握朝政與時局的變化。[88]

此時宋金戰事驟興，國計孔亟，浙東茶鹽事務繁重，涉及地區廣袤。他隻身前往紹興赴任，全力供職，《漫塘集》收錄了與永嘉留教授、唐提幹、台州劉通判等各地官員請益討論的書啟，以籌思謀財之道。[89]梁氏則在家操持家務，他在梁氏的墓誌中說：「在越及溫，所僦居皆它人所不能居，余中間奔走在外，君獨與兒女居，安之如家。」[90]由於他積極任事，得到提舉浙東茶鹽章燮的肯定，並獲舉薦。[91]不過，日後劉宰回憶這段往事，指出此時戰事方殷，他參與籌財充國用，工作十分艱辛，固讓長官欣賞，卻未必符合各方期待：「又賦性疏率，仕宦處雖為君子所知，然亦為小人所惡。」[92]此情形顯然影響劉宰的心情，使他「意有所不愜，將告歸。」[93]

二、辭官歸鄉

戰局與政局的急驟轉變，讓劉宰面臨進退兩難的抉擇。開禧三年（1207

88. 劉宰，《漫塘集》，卷十六，〈上鄧侍郎友龍〉，頁 2 上 –3 上。劉宰致書鄧友龍，反對開禧北伐，詳見第六章第一節。

89. 劉宰，《漫塘集》，卷十六，〈通永嘉留教授啟〉，頁 16 上 –16 下；卷十七，〈通唐提幹〉，頁 17 上；卷十七，〈通台州劉倅〉，頁 17 上 –18 上。

90. 劉宰，《漫塘集》，卷三十二，〈繼室安人梁氏墓誌〉，頁 18 下。

91. 劉宰，《漫塘集》，卷十四，〈謝章倉燮舉改官已上浙東幹官時作〉，頁 19 上 –20 上。章燮在開禧元年（1205 年）十一月十六日任浙東提舉，舉薦劉宰改官之事或在開禧三年（1207 年）。見《宋會要輯稿》，食貨二十八，〈鹽法雜錄〉，「開禧元年十一月十六日」條。

92. 劉宰，《漫塘集》，卷六，〈回趙御幹〉，頁 21 下。

93. 劉宰，《漫塘集》，卷三十二，〈繼室安人梁氏墓誌〉，頁 18 上。

年）十一月三日，主宰北伐大計的權臣韓侂胄被殺。錢象祖、衛涇、史彌遠成為新的執政者，推動對金議和並調整中樞人事。錢象祖先在開禧三年四月出任參知政事，十一月兼知樞密院事，並在韓侂胄被殺後，於十二月升任右丞相兼樞密使；同時衛涇任簽書樞密院事兼參知政事，史彌遠則由禮部侍郎除同知樞密院事；[94] 劉宰曾分別向錢象祖與衛涇致賀。[95] 此時岳父梁季珌也已躋身侍從執政的行列。[96]

嘉定新政成立之初，劉宰曾有機會在中樞發展。韓侂胄死後，錢象祖、衛涇掌政的新局成形，宋廷有意召劉宰出任太學新職。他擔心招來非議，決定先行乞祠，等待時局穩定後再議。寶慶二年（1226 年）劉宰有一封給時任參知政事薛極的幕僚趙御幹的書信，對他在這段時期徘徊於進退的過程，有很簡要卻深刻的描述，是了解劉宰此時心境的重要文獻，引錄如下：

> 方來歸時，錢丞相、衛大參秉政，欲以掌故相處。命且下矣，某辭以自屬官得掌故，人必以為入京考圖而後得之，不若且畀嶽祠，異時陶鑄未晚。荷二公相許，以二月八日奉祠歸。歸甫兩月，以四月八日降堂審之命。明年又荷廟堂具未赴堂審之人姓名，行下催促，某以賤疾形於面目，不可復出。[97]

---

94. 黃寬重，《孫應時的學宦生涯：道學追隨者對南宋中期政局變動的因應》，頁 233、247–249。

95. 劉宰，《漫塘集》，卷十三，〈上錢丞相〉，頁 11 上 –15 下；卷十六，〈上衛參政涇〉，頁 6 上 –6 下。關於劉宰代錢象祖所擬更新朝政及檢討太學補試兩箚子，涉及國政要務，亦詳見第六章第一節。

96. 蔡幼學，《育德堂外制》（收入《續修四庫全書》，上海：上海古籍出版社，1997，據南京圖書館藏宋鈔本影印），卷二，〈梁季珌試吏部侍郎〉，頁 3 上 –3 下。

97. 劉宰，《漫塘集》，卷六，〈回趙御幹〉，頁 22 上。

此時劉宰雖已罹病，但預期可以治癒，且對時局的發展審慎樂觀。對照他同時致予臨安通判的鄉賢趙時侃信中所說：雖曾因病痛乞祠，但他在春間赴都後，因錢、衛挽留及時侃建議，改受堂審之命，期待秋天身體好轉再進京；[98] 以及寶慶元年（1225 年）他獲宋廷召入朝任籍田令的第一次辭免狀所說：「曾未兩月，復拜堂審之命。某是時猶意此疾可療，欲俟小愈，奔走赴國」，[99] 都呈現一致的說詞。劉宰書信中所述嘉定元年（1208 年）二月八日奉祠、四月八日降堂審之命，正是錢、衛諸人權勢正盛的時刻，說明他也在衡量個人健康與時勢的發展，決定進退。

但不到半年，隨著南宋政局的巨大變動，劉宰對仕途發展的計畫有了重大改變。先是嘉定元年六月，衛涇罷參知政事，由史彌遠兼任參知政事；十月史彌遠再升為右丞相兼樞密使，錢象祖由右丞相遷左丞相。其後史彌遠雖因丁母憂去位，但錢象祖卻在十二月一日罷相。在韓侂冑死後的一年內，宋朝中樞人事變動頻繁，錢、衛與史雖曾短暫合作，終因支持史彌遠的楊皇后與皇子榮王合作，影響寧宗的人事布局，[100] 錢、衛的權柄遂轉而被史彌遠掌握。

而梁季珌的逝世，對劉宰的衝擊更大。位居侍從的梁季珌在朝政更化期間，積極參與各項政務更革，積勞成疾，嘉定元年四月起即數度乞請外調，宋廷均不允。[101] 至九月二十九日病死，享年六十六。[102]

---

98. 劉宰，《漫塘集》，卷八，〈回臨安趙通判〉，頁 18 上。

99. 劉宰，《漫塘集》，卷六，〈辭免除籍田令第一狀〉，頁 1 下。

100. 參見黃寬重，《孫應時的學宦生涯：道學追隨者對南宋中期政局變動的因應》，頁 248–249。李超，《南宋寧宗朝前期政治研究》，〈第六章〉，頁 267–294。

101. 樓鑰著，顧大朋點校，《樓鑰集》，卷四十四，〈吏部侍郎梁季珌乞待次州郡不允詔〉，頁 12 上；卷四十四，〈吏部侍郎梁季珌乞宮觀不允詔〉，頁 3 下 –4 上。

102. 劉宰，《漫塘集》，卷三十三，〈故吏部梁侍郎行狀〉，頁 5 下。

　　中樞人事更迭加上岳父的逝世，劉宰對未來的仕途愈發不安，如寶慶初年（1225 年）在致李燔的信中道出他的擔憂：「後以錢、衛俱去，今相國未嘗識面，到堂既不可，赴部又不可。」[103] 然而，劉宰實為全家生計所繫，若失去官位，家業恐怕無以為繼。[104] 在政局暗潮洶湧的環境中，面臨仕宦難卜與經濟現實的左右為難時，夫人梁氏的尊重與支持，讓劉宰下定決心。根據劉宰的記述，梁氏曾說：「是豈謀及婦人者哉？繼自今，君當賣劍買牛，吾當力蠶繅紡績爾。」[105] 梁氏的表態，堅定了劉宰的心意。次年季春，劉宰致書同是金壇出身的鄉賢張鎬，即表示他已乞退歸鄉；[106] 此後，雖然朝中仍催促劉宰入京堂審，他遂以殘疾形於面目為由，決定走向與眾多爭取仕進功名的宋代士人有別的道路，遠離朝政，回歸鄉里。此時他四十四歲，尚值壯盛有為風華，正是開拓仕途的絕佳時機。

　　關於劉宰選擇辭官居鄉的時機，自來即有不同的討論。學界最早認為是源於慶元三年（1197 年）劉宰在真州司法任上，不滿宋廷推動黨禁所下的「仕者非偽學，不讀周敦頤、程頤等書，才得考試」之令；此說出自《京口耆舊傳》和《宋史・劉宰傳》。[107] 另一種說法則是他在浙東幕府任上「默觀時變，頓不樂仕，尋告歸。」[108] 此外，劉宰罹疾而影響臉部外觀，也很值得注意。檢閱《漫塘集》可以看到他一再公開提到這個問題，如：「一自辟屬倉

---

103. 劉宰，《漫塘集》，卷十，〈回李司直燔〉，頁 24 上 –25 上。

104. 劉宰，《漫塘集》，卷三十二，〈繼室安人梁氏墓誌〉，頁 17 上 –18 下。

105. 劉宰，《漫塘集》，卷三十二，〈繼室安人梁氏墓誌〉，頁 17 上 –18 下。

106. 劉宰，《漫塘集》，卷八，〈通張潮州前人二〉，頁 16 上 –17 下。

107. 劉宰著，王勇、李金坤校證，《京口耆舊傳校證》，卷九，頁 285。脫脫等撰，《宋史》，卷四百一，〈劉宰傳〉，頁 12168。

108. 脫脫等撰，《宋史》，卷四百一，〈劉宰傳〉，頁 12168。

臺,偶得風疾,浸淫滿面,乃丐嶽祠以歸,百藥不效,以迄於今。形容改變,語音僅存。」[109]、「某不幸蚤迫親養,奔走田間,皮膚為風毒所乘,得疾白駮,雖無瘡痏,亦無痛楚,而風毒浸淫,自頭面達於四體,強半變白,形容之惡,見者駭異。」[110] 這些書信指向劉宰在開禧二年(1206 年)任浙東倉司幹官時得罹疾。不過,劉宰於紹定六年給前知於潛縣程煦的箚子,提及慶元六年到嘉泰元年(1200–1201 年)「某方在儀真時,已得駮疾,後更憂患,疾日深,遂不可為,因之棄官」[111],可見劉宰提到得病的時間是在嘉泰元年,也就是三十六、七歲之際。劉宰所謂的風疾、駮疾,可能是白癜風(Vitiligo,也稱為白斑、白蝕),是一種皮膚脫色的疾病。

從上述資料看來,纏身甚久的顏面疾病,相信對劉宰任官的心情與意願有一定的影響;不過,如果綜合參酌《漫塘集》中劉宰所舉的其他書信資料,影響劉宰仕進的因素顯然相當複雜,並非單一。劉宰在基層任官,已然感受當朝藉黨禁整肅異己,頗難認同,加上健康早有警訊,影響他對仕進的期待。不過他的兄弟多需仰仗其照顧,基於支持家族、安頓手足的使命,劉宰仍持續苦撐。但開禧以來宋廷戰和決策的巨大變動,導致人事更迭,與劉宰親善的衛涇、錢象祖相繼被罷,加上岳父的逝世,讓他頓失仕途發展的支持力量,遂決心選擇辭官乞退一途。總之,劉宰的辭官並非肇端於一時或單一因素,而是由多項因素、多重考慮促成的決定。

---

[109] 劉宰,《漫塘集》,卷五,〈辭免除藉田令第一狀〉,頁 1 上 –1 下。

[110] 劉宰,《漫塘集》,卷五,〈辭免除太常丞第二狀〉,頁 13 下 –14 上。

[111] 劉宰,《漫塘集》,卷十二,〈回前於潛程知縣煦〉,頁 18 上。

第四章

劉宰的鄉居事業

　　劉宰以病隱退鄉里後，仍積極與各級官員聯絡，受邀為各州縣興修衙署、寺廟及公私公益設施或活動撰文，闡述其歷程及意義。除此之外，他也曾表彰投入鄉里公益的鄉賢，更曾匯集社會資源、集結眾力，與鄉親共同推動公益建設，乃至實施三次大規模的賑饑活動。劉宰的諸多行動，並非為個人謀求東山再起，而是向官府反映當前軍政作為，對鄉民的影響乃至苛擾，並以這些具體行動，關懷他所居的鎮江與金壇鄉里。

第一節　建設鄉里

　　劉宰透過題記闡發親友對各項建設的具體貢獻。現存的《漫塘集》保留六十六則記文，是劉宰應眾多官府與親友之請所寫，內容十分廣泛。除衙署興修之外，多在闡揚學校教育，表彰忠義先賢，也記錄許多有關社會互助、照顧弱勢及減免賦稅等維護鄉里、促進社會福祉的具體事蹟。[1]

---

1. 闡揚教育者，如黃州麻城、梁縣、紹興、句容、虎丘山等地縣學與書院題記，見劉宰，《漫塘集》，卷二十一，〈黃州麻城縣學記〉，頁 25 上；卷二十二，〈梁縣學記〉，頁 25 上；卷二十三，〈紹興尹朱二先生祠堂記〉，頁 6 下；卷二十三，〈句容縣重建縣學記〉，頁 14 上；卷二十三，〈平江府虎丘山書院記〉，頁 29 上。表揚忠義者，如記錄金軍侵犯時，淮邊真州、濠州低階軍將抗金壯烈犧牲的英勇事蹟，《漫塘集》，卷二

　　在二十八件鎮江的記文中，除衙署、寺廟外，有三項關於當地家族及公
眾建設與互助組織的記述。其一是藉由義莊，闡述、強化與維繫家族在地的
競爭力，具代表性的記文是金壇「洮湖陳氏」及「希墟張氏」二個家族。洮
湖陳氏自陳亢疏濬古速瀆，以接通洮湖後，因殖貨治產，成為金壇富室；他
致富後，曾於熙寧六年（1073 年）以家儲救助為數極多的鄉民，到其裔孫陳
稽古晚年，因擔心宗族不競，遂撥田為義莊，既贍族人，也維護祖塋。[2] 為
避免後世敗壞成規，故請劉宰撰文為記。[3] 希墟張氏是高宗名臣張綱在金壇
的宅第。張氏聚族而居，廣置田宅，在照顧族人之餘兼及施善鄉里。[4] 到張
宗湜時，更「損所置義興良田四百畝，設置義莊」，以利家族的永續發展。[5]
劉宰有一首七言律詩，讚揚張宗湜：

> 叔世誰憐族派同，高情真有古人風。宗分大小稽周典，惠匝親疏比范
> 公。二頃開端能不吝，一編垂訓可無窮。欲書盛事傳千載，預愧衰孱
> 語不工。[6]

十，〈儀真胥浦橋三將軍廟記〉，頁 5 上；卷二十一，〈濠州新建石韓將軍廟記〉，頁
11 上。減少地方及百姓生活壓力的紀錄，則見《漫塘集》，卷二十二，〈宜興縣漏澤
園記〉，頁 28 上；卷二十一，〈宜興縣尉司免發茶引記〉，頁 16 上；卷二十二，〈揚州
撥還泰興縣酒稅記〉，頁 3 下；卷二十二，〈建康平止倉免回稅記〉，頁 5 下。

2. 劉宰著，王勇、李金坤校證，《京口耆舊傳校證》，卷六，頁 180–184。

3. 劉宰，《漫塘集》，卷二十三，〈洮湖陳氏義莊記〉，頁 10 下 –12 上。

4. 劉宰著，王勇、李金坤校證，《京口耆舊傳校證》，卷七，頁 237–239。

5. 劉宰，《漫塘集》，卷二十一，〈希墟張氏義莊記〉，頁 32 上 –35 下。

6. 劉宰，《漫塘集》，卷二，〈讀張氏義莊畫一寄持甫觡院湜〉，頁 37 上。詩作「湜」，當
　　為「宗湜」。

　　張氏家族除設置義莊外，曾任太府寺丞的張鎬，更以家距縣學甚遠，而自建書院教育族人，「病其居之僻，聞見之隘，建學立師，以訓其族之子弟，名曰申義書院」。劉宰盛讚他「更修庠序之教，以收族黨之英。以陶靖節之高風，而有范文正之義舉」的善舉，[7] 並贈送朱熹的《近思錄》，以充實書院典藏。[8] 及更撥田以利持續，亦造橋方便鄉人渡河就學。[9]

　　除張氏申義書院外，另有兩篇教育事業的記文，一是記鎮江府設置學田及其後三十五年的變遷過程，並期勉諸生「知所自養，而不孤；所以教之者，與同志共相警云。」[10] 二是記錄丹徒楊氏自楊樗年、楊恕以迄其孫楊克己、克立三代營運寶經堂儲書教子的過程。[11]

　　其二是劉宰記述親身協助推動鄉里互助的兩件義役記。催徵賦稅和治安是帝制時代朝廷統治基層社會的兩件大事，透過「縣」這一層級直接執行。由於宋朝支應防務的財政負擔加重，催徵賦稅成為鄉村管理的重要項目；南宋尤甚，為強化稽徵，更透過保甲制度融入役法的方式，由底層催徵單位來執行，形成以「都」為管理的組織架構，重組催稅單位。[12] 然而沉重賦稅不僅加重百姓的負擔，更是催稅吏員與應役人難以擺脫的枷鎖，從《宋史‧食

---

7. 劉宰，《漫塘集》，卷二，〈賀張寺丞鎬得郡〉，頁 14 上。

8. 劉宰，《漫塘集》，卷六，〈回湯德遠鎮書〉，頁 24 上 –26 上。

9. 劉宰，《漫塘集》，卷二十一，〈希墟張氏義莊記〉，頁 35 下。

10. 劉宰，《漫塘集》，卷二十一，〈鎮江府學復沙田記〉，頁 5 上 –5 下。

11. 劉宰，《漫塘集》，卷三十三，〈楊提舉行述〉，頁 21 上 –26 上。劉宰，《漫塘集》，卷二十二，〈楊氏寶經堂〉，頁 14 上 –16 上。

12. 參見包偉民，〈近古鄉村基層催稅單位演變的歷史邏輯〉，《北京大學學報（哲學社會科學版）》58:1 (2021.1)，頁 99–115。及包偉民，〈名實之間：關於宋代鄉里單位文獻記載辨析〉，《唐宋歷史評論》8 (2021)，頁 8–23。包偉民，〈鄉役論與鄉里制的演變〉，《中國社會科學》2022:7 (2022)，頁 152–172。

貨志》所述，即可看到役次之繁、責任之重，與承役者受害之深。逃避、興訟的現象，是基層社會一大挑戰。鄉里百姓為解決此一難題，由承役者自相集結，集資置田，收取租米，以彌補損失的民間互助組織「義役」於焉產生。[13]

南宋義役是紹興十九年（1149 年）汪灌在兩浙路婺州東陽縣長仙鄉所創，[14] 由於推行有成，各地相繼仿效。劉宰指出這個制度的優點是「力出於眾，而不偏弊於一家；事定於豫，而不驟費於一日。又權不在官，而吏無所容其私，故役至而人不爭；役可募人，而己不專任其責，故役久而人不病。囂訟以息，禮遜以興，茲豈非法之良、民之幸歟！」[15] 孝宗乾道七年，宋廷接受范成大的建議，將義役改由地方官推動，但實際執行仍然因地而異，劉宰即說：「義役肇自括蒼，數十年來，所在推行，名同實異。」[16]

金壇大約也是依循朝廷的命令，採行「計產入田，或計田入租，或計租入錢」的辦法。[17] 後來因參與者的意見不一，推行並不順利。劉宰以他祖墓所在的二十一都為例，說：「以祖考俱葬是都，視都之長者如父兄，幼者如子弟，見當役者不勝箠楚，沿道呻吟。其未役者，前期百方以求苟免，餘則畏懼蹙縮，至不敢名其先人之丘墓，余竊悲之。」[18] 嘉定六年（1213 年），他說服二十一都下五保的居民合資買下吳興人張氏擁有的三百畝土地，加上當

13. 王德毅，〈南宋義役考〉，收入氏著，《宋史研究論集》（臺北：臺灣商務印書館，1993），頁 253–283。

14. 王德毅，〈南宋義役考〉，收入氏著，《宋史研究論集》，頁 239–240。

15. 劉宰，《漫塘集》，卷二十三，〈二十三都義莊記〉，頁 17 下。二十三都隸於遊仙鄉，見俞希魯編纂，楊積慶等校點，《至順鎮江志》，卷二，〈地理・鄉都〉，頁 20。

16. 劉宰，《漫塘集》，卷二十一，〈遊仙鄉二十一都義役莊記〉，頁 27 下。二十一都隸屬於遊仙鄉，見俞希魯編纂，楊積慶等校點，《至順鎮江志》，卷二，〈地理・鄉都〉，頁 28。

17. 劉宰，《漫塘集》，卷二十一，〈遊仙鄉二十一都義役莊記〉，頁 27 下。

18. 劉宰，《漫塘集》，卷二十一，〈遊仙鄉二十一都義役莊記〉，頁 28 上。

時金壇縣令王𡊕資助因爭訟沒官的田地，建置「義役莊」。[19] 大約在嘉定九年（1216 年），他受託詳細記錄義役莊的發展經過，包含地產的地號、畝數、四至以及參與者捐助姓名等，列於莊壁，[20] 並有詩記其事。[21] 這是劉宰首次記下鄉親克服應役紛擾，組成的自發性組織。

　　紹定六年（1233 年）劉宰記錄金壇縣二十三都義莊組織情況時，進一步闡述鄉親將義役、義莊與朱熹社倉結合，形成更具制度性的互助組織。他記該都鄉親蔣拱兄弟與族人的作法，說：「吾曹之生理雖未至甚裕，而都之人莫先焉。繼自今役日頻，事亦日難，為謀之長，莫如義役，而不公則不足以服人。故捨田各稱其力，而不敢有不及。又以為不寬則不足以傳遠，故計費必公其贏，而常儲之使有餘。」[22] 認為需要推鄉里信服的人主持，並寬籌經費，建立制度，才能行之久遠。二十三都義役的組成時間不明，可能因孳生問題，難以持久，經鄉人商議，共謀改進，並在要衝之地，買地為基，結屋為莊，作為儲存場，「繚以牆垣，固其扃鐍，使出納惟謹，而數易以稽。」每歲若有結餘經費，則買公田，將私田歸給私家；再有餘，就參照朱熹的制度，規劃社倉。經歷一段時間的磨合與發展，「始也，上戶自為計；終也，小民均其利。始也，賴義役之贏，而社倉以基；終也，資社倉之息，而義役以固。」[23] 顯示二十三都義莊，從原本單純分攤差役負擔的性質，經過規劃改進，與義莊、社倉連結，更臻完善，和其他純為均攤差役而成的義役相比，籌劃時間

---

19. 王𡊕在知金壇縣期間，和劉宰奠定了深厚交誼。日後，王𡊕仕途發展順利，入朝為官，成為鄉居的劉宰與朝中聯繫的重要管道。詳見第七章以及附錄一的討論。

20. 劉宰，《漫塘集》，卷二十一，〈遊仙鄉二十一都義役莊記〉，頁 28 下。

21. 劉宰，《漫塘集》，卷一，〈題德源庵祖墳所在因倣社倉以惠村民〉，頁 21 下。

22. 劉宰，《漫塘集》，卷二十三，〈二十三都義莊記〉，頁 18 上。

23. 劉宰，《漫塘集》，卷二十三，〈二十三都義莊記〉，頁 18 下 –19 上。

雖久，卻也更為周詳可行。二十三都義役成立於寶慶二年（1226 年）十一月，到紹定二年（1229 年）四月建成。劉宰詳記其組織規劃過程，並將各家所出的私田及續置公田的情況，於紹定六年（1233 年）十月撰記公告。[24] 其實在紹定二、三年間，劉宰給知遂寧府李𡌴的信中即已肯定鄉民的作法：

> 某區區之跡，於棄官時生理薄甚，二十五、六年間，朋友相資，某亦力勤苦節，年來衣食粗給。又以其餘率鄉之好事者，因淫祠之已廢，創社倉，厥初得米僅二千三百石，行之數年，今五千餘石矣。其規畫與朱侍講小異，聞治所諸邑建倉為利甚溥，謹以王邵武所述記文一本納呈。[25]

他給另一位好友胡泳的信中也提到：「某鄉間社倉稍稍整齊，聞朝中時有議者。今見在米本不能數千石，而論者已謂其多。」[26] 可見他對義莊引起朝臣的注意，感到欣慰。這篇記文顯示，金壇的鄉親將義役與義莊、社倉結合，並從原先均攤差役的初衷，調整成備荒的機制，與官府規劃、推動的一般情形，明顯有別。[27]

鄉里社會因應義役的改變，也反映劉宰在嘉熙三年（1239 年）應知常熟縣王爚之請所寫的〈義役記〉。[28] 在記文中，王爚認為由官府將經界與義役連

---

24. 劉宰，《漫塘集》，卷二十三，〈二十三都義莊記〉，頁 19 上。
25. 劉宰，《漫塘集》，卷十，〈回知遂寧李侍郎前人〉，頁 4 下 –5 上。社倉的記文是由王遂撰寫。
26. 劉宰，《漫塘集》，卷六，〈通胡伯量書〉，頁 6 下。
27. 參見梁庚堯，〈南宋的社倉〉，收入氏著，《宋代社會經濟史論集（下冊）》（臺北：允晨文化，1997），頁 427–468。

結，釐清田產，並建立運作規劃，更有利於掌控與推動，是成功的要素。[29]
劉宰在文中比較金壇義役「多歷年而始濱乎成」和由常熟縣府結合經界與義
役的方式，讚揚王爚的作法更為有效。[30]

　　除了作記之外，劉宰也在親友墓誌中，表彰他們以義田、義莊、義廩等
造福族人及鄉里的善舉。如丹陽人范克信與其父范迺創義田以贍祖塋；[31] 丹
陽人鍾穎捐良田成立義莊；[32] 劉蒙慶的學生丹陽人諸葛埴，「方未之官時，以
族黨困於里役之紛爭，首倡義役，迄今三十年，紛爭之端息，輯睦之風成，
人咸德之」；[33] 胡泳在南康推行社倉；[34] 羅愚在新淦縣設置平糶倉；[35] 以及平

---

28. 王爚認為田產清楚才有利推動義役，因此建立制度，每都均有義役。「傭閒民之無職
　　事者，以服其役」，視職任之大小分為保正、苗長、稅長等職。保正每年一人，苗長、
　　稅長每年一或二人，「率義田以供役之費，建義莊以儲田之入。田有砧基，莊有規
　　約」，「選屬都之賢者能者，曰『措置』以提其綱；曰『機察』以糾其弊。」見孫應時
　　纂修，鮑廉、鍾秀實續修，盧鎮增修，《重修琴川志》(收入《續修四庫全書》，上海：
　　上海古籍出版社，1997，據北京圖書館藏清道光三年〔1823〕瞿氏恬裕齋影元抄本影
　　印)，卷十二，〈義役記〉，頁 13 上。
29. 孫應時纂修，鮑廉、鍾秀實續修，盧鎮增修，《重修琴川志》，卷十二，〈常熟縣端平
　　經界記〉，頁 13 上 –17 下。
30. 孫應時纂修，鮑廉、鍾秀實續修，盧鎮增修，《重修琴川志》，卷十二，〈義役記〉，頁
　　13 上。王爚推動義役及朝廷下達常熟「永遠遵守」的省箚是常熟義役的重要資料。
　　詳見孫應時纂修，鮑廉、鍾秀實續修，盧鎮增修，《重修琴川志》，卷六，〈敍賦〉，
　　「鄉役人」，頁 18 下 –19 上；卷六，〈義役省箚〉，頁 19 上 –25 上。
31. 劉宰，《漫塘集》，卷二十九，〈故廣西經略司幹官范承事墓誌銘〉，頁 6 下 –10 下。
32. 劉宰，《漫塘集》，卷三十一，〈故知建昌軍朝議鍾開國墓誌銘〉，頁 26 上 –30 下。
33. 劉宰，《漫塘集》，卷三十二，〈故監江陵府糧料院諸葛承直墓誌銘〉，頁 6 下。
34. 劉宰，《漫塘集》，卷二十二，〈南康胡氏社倉記〉，頁 11 下 –14 上。
35. 劉宰，《漫塘集》，卷二十二，〈新淦縣社壇記〉，頁 1 上 –4 上。

江人孔元忠任常州通判時，在州學設置義廩，推動福澤鄉里的善舉等。[36]

其三則是記錄自己參與官府所推動的多項地方公共建設。首先是興建金壇社稷壇和茅山書院。金壇縣的社稷壇始建時間不明，嘉定三年（1210年）縣令黃朴曾加以整修，此後因無人照護而荒廢。寶慶元年（1225年）金壇水旱相繼，劉宰率鄉人向社稷壇禱求得驗，特請縣尉修治：「錢米取之義社庾，又家出錢與竹木相其役，繚以堵牆，表以門道，植松柏數百株。又買民屋十間，建齋祭所。」雖然因年深頹圮，但其規模遠非他地可比。[37]茅山書院在金壇縣南五里顧龍山麓，由北宋侯仲逸創置，用以教育鄉人，後為崇禧觀所占。端平年間，劉宰重建書院於三角山，淳祐六年（1246年）再由知府王埜重建，知縣孫子秀則以沒入之茅山道士的田產，充為學子的教養經費。[38]

其次是作重修靈濟廟記，並發動鄉民捐款，及鋪設多條道路。這是嘉定九年劉宰應鎮江府節度推官陸師賈之請，記述陸師賈受命向靈濟廟祈雨，應驗豐收後，捐錢重修靈濟廟的情形。[39]與此相應的是他發動鄉民捐錢鋪設通往靈濟廟長達十里的道路，並寫了〈靈濟廟路石疏〉：「況靈湫相距十里，而通衢可達四方，春夏常囓於波濤，秋冬易沮於泥淖。捐金以助，儻共推鄉曲之情；伐石以鋪，庶允合神人之意。」[40]

此外，〈果泉亭記〉則表彰同鄉薛氏母子努力經營紡織致富後，鑿井以嘉惠鄉民的善舉。劉宰之父劉蒙慶稱頌薛氏所為，命名「果泉」，可惜記未成即死；劉宰續記其始末，並書寫銘文。[41]薛氏的善舉，足以媲美句容縣富豪高

36. 劉宰，《漫塘集》，卷三十五，〈故長洲開國寺丞孔公行述〉，頁1上–7下。
37. 俞希魯編纂，楊積慶等校點，《至順鎮江志》，卷十三，〈宮室〉，頁520。
38. 俞希魯編纂，楊積慶等校點，《至順鎮江志》，卷十一，〈學校〉，頁468–469。
39. 劉宰，《漫塘集》，卷二十一，〈重修靈濟廟記〉，頁6上–7下。
40. 劉宰，《漫塘集》，卷二十五，〈靈濟廟路石疏〉，頁21下–22上。

志崇與其子高天賜費一萬三千緡，打通阻隔句容與鎮江間的險峻山路，便利二地人民往來之舉。[42]

亦不乏見鋪設橋梁的記文，如劉宰在〈薛步橋疏〉文中籲請鄉人捐錢重修溧水縣通往金壇的薛步橋，說：「地承薛氏故家之姓，猶鐵爐徒有於舊名，橋當茅山諸水之衝，非石甃莫為於久計。欲巧匠之斲山骨，必仁人之發善心。出囊中之藏，倘無間於上士中士下士；紀目前之實，當不憚於大書特書屢書。」[43]此外，也呼籲金山鄉民出錢興建上嶁橋：

> 地勢遠連於陽羨，湖光近接於長塘，是曰上嶁。寔為都會，橋一壞而不復，過者病之，事屢舉而無成，施者倦矣。茲懲既往，以利方來，謂衰金得二千緡，庶圍石支數百。載游其上者，如躡足於雲梯，側而視之，若身臨於洞府，足為壯觀，增重吾鄉，凡我同盟，毋吝喜捨。[44]

端平元年（1234 年），劉宰倡議重修金壇縣治東南百步的行香橋，改名為「端平橋」。[45]此後劉宰仍率鄉人修建丹陽縣境內橋梁，包括嘉熙元年在丹陽縣東運河的清化橋（原名雲陽橋，始建年代不詳），由同鄉摯友王遂作記；[46]後人為感念劉宰，將之改名賢橋。[47]另於端平年間，在丹陽東南的珥

---

41. 劉宰，《漫塘集》，卷二十，〈果泉亭記〉，頁 31 下 –32 下。

42. 劉宰，《漫塘集》，卷三十二，〈高與之墓誌銘〉，頁 3 下 –5 下。

43. 劉宰，《漫塘集》，卷二十五，〈薛步橋疏〉，頁 20 上 –20 下。

44. 劉宰，《漫塘集》，卷二十五，〈代上嶁橋疏〉，頁 20 下 –21 上。

45. 俞希魯編纂，楊積慶等點校，《至順鎮江志》，卷二，〈橋梁〉，頁 41–42。端平橋在元皇慶年間（1312–1314 年），鄉人又重修，改名皇慶橋。

46. 俞希魯編纂，楊積慶等點校，《至順鎮江志》，卷二，〈橋梁〉，頁 37。雲陽橋，俗稱

瀆及左墓港上修建珥陵橋、黃堰橋和左港橋。[48]

　　號召鄉人集資建設橋梁、道路，是宋代基層社會的傳統。現存鎮江社會最早的文獻，是太宗淳化三年（992 年）時僧人道澄、悟空等人向當地一百六十三位信徒募款，鋪設新砌朱方門附近的十字街，「甃數百丈之青煙，東西相貫，破二百五十萬之世寶，南北一如，使履步者免高下之泥塗，遣往還者得平正之歧道。」[49] 此外，天聖五年（1027 年）吳文裕出資建市心橋一座，也是民間集資興建的例子。[50]

　　在宋人文集中常見地方社會為集資建設橋梁道路而寫的疏文，如葉適〈修路疏〉：

> 出門無礙，方是通衢；著腳不牢，未為坦道。睠茲浦口，實係要塗，尚賒甃砌之功，難免顛隮之患。欲向這裡做些方便，須是馱家發大慈悲。損廩傾囊，眼界中裝見生功德；般沙運石，腳根下作穩實工夫。指日而成，長劫不壞。南來北往，何憂帶水拖泥；朝去暮來，不到撞頭磕腦。[51]

鹽橋，顯然與運鹽有關，王遂的記文已佚。

47. 劉誥等修，徐錫麟等纂，《丹陽縣志》（臺北：成文出版社，1983，據清光緒十一年〔1885〕刻本影印），卷四，〈城郭〉，頁 3 下。參見鎮江市水利局、鎮江市水利學會，《鎮江水文化筆談・樂水漫話》（南京：南京大學出版社，2016），頁 143–145。

48. 俞希魯編纂，楊積慶等點校，《至順鎮江志》，卷二，〈橋梁〉，頁 39。

49. 不著著者，〈朱方新砌十字市街起初并記〉，收錄於北京圖書館金石組編，《北京圖書館藏中國歷代石刻拓本匯編》（鄭州：中州古籍出版社，1990），第三十七冊，頁 200–201。參見包偉民，《宋代城市研究》，頁 298。

50. 劉建國，《古城三部曲：鎮江城市考古》，頁 199–200，原碑藏鎮江博物館，未見。

51. 葉適撰，劉公純、王孝魚、李哲夫點校，《葉適集》（北京：中華書局，1961），卷二

樓鑰在〈環村建橋疏〉中也說：

> 合數百源，來從越嶠，沿十餘里，徑下他山。人懷病涉之憂，孰有知
> 津之問？略彴之設，既阻於征途，杠梁之成，又煩於歲役。共思累石，
> 或可絕流。建橋富平，敢望社征南之盛；濟人湊洧，庶無鄭子產之勞。
> 仰幾仁心，共垂樂施。[52]

這類勸募集資性的疏文，都屬地方社會為公共建設向鄉親勸募的文字。

　　地方社會集資推動義役、義莊、造橋鋪路等福澤鄉里的公共建設，並以
「記」與「疏」的文體記述活動，是中國基層社會長久的傳統。而從劉宰的
相關記述看來，他除出面組織協調外，更捐獻錢糧，甚至實際參與、領導，
並與官府協調合作。在此過程中，也清楚分別公田與私田，揭示公平；亦注
重寬籌經費，讓鄉里公共事務得以永續經營。透過將義役、義莊與社倉連結
形成一個集眾的行善組織，呈現鎮江及金壇社會聚集眾力眾智、推動公益活
動的特色，其成果也足以紓解鄉親生活上面臨的各項挑戰。劉宰既積極參與
其間，也凸顯他在鄉里的領袖地位。

十六，〈修路疏〉，頁 535。

52. 樓鑰著，顧大朋點校，《樓鑰集》，卷八十二，〈環村建橋疏〉，頁 1423。

第二節　連結鄉親，推動賑濟

劉宰既透過撰述人物傳記，標舉善行的社會價值，提高行善者的名聲與地位，更出面捐獻錢糧、積極參與鄉里公共事務，因而有力結合各方力量，共同致力救助事業；而他在金壇推動的三次賑饑活動，正是他匯集鄉居士人，關懷受災弱勢鄉親的具體行動。

劉宰在鎮江主導的三次賑災活動，留下可供考稽的資料，除了可以理解南宋中期政治與社會環境變動下，地方士庶如何在災荒時形成群力，展開施粥賑饑的行動，更能看到劉宰居中運籌帷幄的角色。這三次救災分別於嘉定二年（1209 年）、嘉定十七年（1224 年）與紹定元年（1228 年）進行，留下的直接文字有四篇，即是《漫塘集》的〈嘉定己巳金壇粥局記〉、〈甲申粥局記〉、〈甲申粥局謝嶽祠祝文〉、〈戊子粥局謝嶽祠祝文〉。[53] 透過這四份文件，認識及評斷劉宰的三次賑災活動，雖不免單一且有孤證之嫌，但他所記以災荒過程與救助參與者為主，內容具體而平實，有相當參考價值，是本文主要的史源。

一、己巳賑饑

劉宰第一次賑饑是在嘉定二年乞辭退閒之後。嘉定二年夏間，金壇已出

---

53. 劉宰，《漫塘集》，卷二十，〈嘉定己巳金壇粥局記〉，頁 18 上 –20 下；卷二十二，〈甲申粥局記〉，頁 8 上 –10 上；卷二十七，〈甲申粥局謝嶽祠祝文〉，頁 17 上 –18 上；卷二十七，〈戊子粥局謝嶽祠祝文〉，頁 18 上 –19 上。關於〈甲申粥局記〉更完整的資料見於清代的《江蘇金石記》，題為〈金壇縣嘉定甲申粥局記〉。見繆荃孫，《江蘇通志稿》（江蘇：江蘇通志局，1927，據手寫稿影印），卷十五，〈金石記〉，頁 15 下 –20 上。

現災兆，他在致知滁州之鄉賢趙時侃的信中曾說：「鄉邑不能半熟，飛蝗四合，未知向後究如何？」[54] 他對鄉民受災、病飢致死的慘狀，也在〈野犬行〉詩中有深刻描述：

> 野有犬，林有烏，犬餓得食聲咿鳴。烏驅不去尾畢逋，田舍無煙人跡疏。我欲言之涕淚俱，村南村北衢路隅。妻喚不省哭者夫，父氣欲絕孤兒扶。夜半夫死兒亦殂，屍橫路隅一縷無。烏啄眼，犬銜鬚，身上那有全肌膚。叫呼伍伯煩里閭，淺土元不蓋頭顱。過者且勿嘆，聞者且莫吁。生必有死數莫踰，饑凍而死非幸歟？君不見荒祠之中荊棘裡，臠割不知誰氏子。蒼天蒼天叫不聞，應羨道旁饑凍死。[55]

這時，同鄉好友張汝永及侯琦，擔心饑荒影響社會安定，向劉宰倡議救濟，決議循鄉賢舊例，「乃相與謀糾合同志，用大觀洮湖陳氏及紹興張君之祖八行故事，為粥以食餓者。」[56] 設立粥局賑饑。但在施粥活動初期，當地中

---

54. 劉宰，《漫塘集》，卷八，〈趙滁州前人〉，頁 18 下 –19 上。

55. 劉宰，《漫塘集》，卷四，〈野犬行〉，頁 13 上 –13 下。原注作「嘉定己巳作」即嘉定二年（1209 年）。

56. 劉宰，《漫塘集》，卷二十，〈嘉定己巳金壇粥局記〉，頁 18 上 –20 下。又，宋代金壇民間自發性的救災，較具規模的是大觀與紹興年間，由陳、張二個望族推動。二家救災的具體方式雖不明，但他們的善舉在《漫塘集》留下記錄，其中以洮湖陳氏較為詳細。前已述及洮湖陳氏自陳亢殖貲治產致富後，即多行善舉。熙寧八、九年（1075、1076 年）金壇因災導致飢疾，陳亢「傾家之儲，粥餓藥病，晨夜必躬，所活不可勝計。不幸死者，具衣槥收葬，又數千百人」，是當時金壇施粥、奉藥及殮葬助鄉人最早的具體記載。另一個施粥的大戶是張汝永、汝玕兄弟的祖父張洛，他在崇寧年間曾經實施賑饑，並以此善行被舉為八行入仕；張汝永之外的倡議者侯琦，則是金壇大族

產之家響應者少，致收效有限。其情況一如劉宰所說：「洊饑之餘，中產以上皆掣肘於公私，雖僅有倡者亦寡於和，既力弗裕，則雖欲收養孩稚之遺棄者，凡老者疾者與孩稚之不能去母者，雖甚不忍，皆謝未遑。」[57] 因此救濟的對象與項目，僅能集中於提供受災者最低生存條件，難以全面且持久。直到官方力量介入，情形才有所改善。

這一次賑饑雖由民間發動，但鎮江府及常平司等官方的角色不可忽視。鎮江此次災荒，正逢淮南、江北受開禧宋金戰爭影響，導致難民流徙、社會不靖。嘉定二年（1209 年）六月十七日，司諫劉榘在奏言中指出：

> 竊見朝廷屢行下兩淮被兵州郡，及沿江流民所聚去處，募人埋瘞遺骸，以度牒酬之。州縣官吏所當恪意奉行，仰副陛下掩骼之仁。……乞剗下江、淮各州郡，各選官勸諭瘞埋，及數則給以度牒。其所委亦許州郡保明具申，與量減磨勘。庶幾官吏、僧行樂於向前，幽壤沉魂蒙被實德。[58]

王彥融外孫、王遂表兄，自幼體弱多病且父母雙亡，由王萬樞收養，與王遂兄弟共學，可惜在參與鄉試時死，遺子伯仁仍受教於王家，王遂之母蔡夫人以王逢的女兒嫁伯仁，延續侯氏血脈。見劉宰，《漫塘集》，卷二十三，〈洮湖陳氏義莊記〉，頁 10 下 – 12 上。劉宰著，王勇、李金坤校證，《京口耆舊傳校證》，卷六，頁 180–191。劉宰，《漫塘集》，卷三十一，〈故溧陽縣丞張承直墓誌銘〉，頁 14 上 –15 下；卷三十二，〈故監行在北酒庫張宣教墓誌銘〉，頁 8 上 –12 上。又見《漫塘集》，卷二十四，〈題張端表肯齋韓軒〉，頁 17 上 –17 下；卷三十四，〈故吉州王使君夫人蔡氏行狀〉，頁 13 下 –21 上。

57. 劉宰，《漫塘集》，卷二十，〈嘉定己巳金壇粥局記〉，頁 19 上。

58. 《宋會要輯稿》，食貨五十八，〈賑貸下〉，「嘉定二年六月十七日」條。

　　可見宋金兩淮的戰事，造成人民流徙江南，亟需朝廷收拾。與此同時，兩浙包括金壇陸續發生旱、蝗災，災區擴大，影響邊境社會與政局的穩定。宋廷於八月任命光宗朝宰相留正的長子、知南康軍留恭為浙西提舉常平茶鹽，負責浙西路災荒救濟。[59] 留恭上任後積極推動賑災，在轄境內救助了三十六萬餘人，[60] 也撥義倉米二百石助金壇士民收養遭遺棄的小孩，暫時紓解金壇災民的困境。[61]

　　在官府的資助及主導下，金壇地區的慈善之士接續捐助，讓救濟對象得以擴大，「乃克次第收前之遺而併食之。」[62] 如此一來，更多難民蜂擁而來，對施賑形成壓力，「繼以來者之眾，來日之長，懼弗克終。」劉宰乃向鎮江知府俞烈、[63] 府學教授楊邁求援，[64] 最後「守給米三百石，郡博士，勇於義者，

59. 范成大，《吳郡志》（收入《宋元方志叢刊》，北京：中華書局，1990，據民國十五年〔1926〕吳興張氏《擇是居叢書》景宋刻本影印），卷七，頁9上。劉宰，《漫塘集》，卷二十，〈嘉定己巳金壇粥局記〉，頁18上–18下。

60. 陳道修，《弘治八閩通志》（北京：書目文獻出版社，1988，據明弘治刻本縮印），卷六十七，〈留恭〉，頁9上。

61. 張淏，《寶慶會稽續志》（收入《宋元方志叢刊》，北京：中華書局，1990，據清嘉慶十三年〔1808〕刻本影印），卷二，〈安撫題名〉，頁3上。

62. 劉宰，《漫塘集》，卷二十，〈嘉定己巳金壇粥局記〉，頁19上。

63. 俞烈字若晦，臨安人。淳熙八年（1181年）試禮部第一，以太學錄遷太學博士。曾以秘書郎出守嘉興府及遷中書舍人。嘉泰四年（1204年）因忤韓侂冑被罷，家居五年。嘉定元年（1208年）十一月由知慶元府改知鎮江。俞烈上任後，適逢淮民因開禧戰火南下的逃難潮，在他積極救助、安頓下，「活淮民流移者，不可勝計。」俞烈以救助難民為重，在錢糧徵集上難以達成，而於三年（1210年）二月被論「虧陷椿積米斛」，黜為宮觀。此事讓為他撰寫行狀的程珌，特別在〈書俞侍郎錦野亭詩敘〉中舉馮道對後唐明宗的諍言為例，為他抱屈。俞烈後改任吏部侍郎兼中書舍人，嘉定六年（1213年）卒於官，享年不詳，程珌所撰〈行狀〉已佚。嘉定五年（1212年）

亦推養士之餘贍之，而用以不乏」，使粥局度過難關。[65]

　　隨粥局持續運作，賑饑行動再度遭遇挑戰，這次則有賴知交王遂，協助劉宰尋求外援，度過難關。王遂與劉宰是金壇同鄉，晚劉宰十八歲。兩人早年交往情況不詳，但早在王遂父親王萬樞任建康通判，劉宰擔任建康府轄下江寧縣尉時，應已結識。王遂在劉宰辭官歸鄉後，始終與劉宰互動密切，既大力襄贊劉宰的鄉居事業，也是協助劉宰聯繫四方友人、朝廷內外的樞紐人物。本書後續章節與探討劉宰人際網絡的附錄文章中，將對王遂的媒介角色

劉宰有一封箚子致予俞烈。從信中可以知道俞烈離任時，劉宰曾致函感謝：「伏自庚午歲（嘉定三年）草率一牋，以道鄉仰去思之情，辱賜報章。浪跡江湖，無從嗣敬。去歲審聞九重求舊，一札賜書，起安石於東山……」以上參見《宋會要輯稿》，職官七十三，〈黜降官一〇之一〉，「嘉泰四年十二月十六日」條；史彌堅修，盧憲纂，《嘉定鎮江志》，卷十五，〈宋潤州太守〉，頁 14 下；潛說友，《咸淳臨安志》（收入《宋元方志叢刊》，北京：中華書局，1990，據清道光十年〔1830〕錢塘汪氏振綺堂刊本影印），卷六十七，〈人物八〉，頁 10 上 –11 上；王逢，《梧溪集》（收入《景印文淵閣四庫全書》，臺北：臺灣商務印書館，1983，據國立故宮博物院藏本影印），卷一，頁 23 下；《宋會要輯稿》，職官七十四，〈黜降官一一〉，「嘉定三年二月九日」條；劉宰，《漫塘集》，卷八，〈通知鎮江傳侍郎〉，頁 1 下 –2 上；潛說友，《咸淳臨安志》，卷六十七，〈人物八〉，頁 10 上 –11 上；劉宰，《漫塘集》，卷八，〈通茹尚書烈〉，頁 11 下，此信標題有誤，「茹」當為「俞」。

64. 楊邁見諸史籍的事蹟甚少。據《至順鎮江志》附引的《咸淳臨安志》，知他於開禧年間曾任府學教官，嘉定三年（1210 年）他圍丹徒縣大慈鄉灘地成官沙田，「歲入夏秋絲麥禾菽，各有定數」，以充實府學經費。另據《嘉定鎮江志》，此時的府學教授應為楊邁，惟未見確切任職起迄。參見俞希魯纂，楊積慶等人校點，《至順鎮江志》，卷十一，〈學校‧租稅〉，頁 444。史彌堅修，盧憲纂，《嘉定鎮江志》，卷十六，〈參佐‧學職〉，頁 21 下。

65. 劉宰，《漫塘集》，卷二十，〈嘉定己巳金壇粥局記〉，頁 19 上。

有更多著墨，此處聚焦王遂對劉宰粥局賑饑的幫助。

　　王遂與劉宰抱有類似的社會關懷，王氏家族在地方上亦向來樂善好施。劉宰因鎮江府與府學挹注資源，得以擴大粥局規模。然而，前來就食的人數卻隨之激增，在老幼、疾患、婦女之外，甚至也有少壯前來，經費再度吃緊。王遂時任江淮制置使司幕僚，獲悉情況後，便向新上任的制置使黃度請求協助，撥平江府米二百石支應粥局。黃度出任該職時，宋廷就委予賑饑饑民、平定盜賊任務。[66] 黃度主張賑饑急於緝盜，故而上任後，在轄區全面推動救荒賑饑，「活饑民百六萬八千三百餘人，厥費錢以緡計四十六萬有奇，米以石計九萬五千有奇。流民仰哺於官，布滿僧舍，而來者不絕，又收養之，置場十九，被其惠者滋眾。」[67] 其規模遠大於劉宰金壇粥局。由於王遂之請，黃度同意自平江府撥支米二百石，讓金壇這次賑饑也得以圓滿完成。日後，黃度因守建康有功，於嘉定五年十月五日，除權禮部尚書兼侍讀再任。劉宰致「啟」盛讚他在江淮制置使任內賑饑活民的偉績，[68] 黃度於嘉定六年逝世，

---

66. 黃度字文叔，紹興新昌人，隆興元年中進士。據其行狀記載，嘉定二年宋廷以「江淮洊饑，金陵尤甚，盜發濠楚」，任命他為「龍圖閣待制知建康府兼江東安撫行宮留守、江淮制置使」。黃度於請對時，指出：「盜賊固所當急，饑民尤不可緩。若饑民不能全活，則盜賊得以為資。賑恤之令所宜速行，興發之請亦宜速應……今事勢已亟，米運難俟積粟，藏鏹不可不發。」袁燮，《絜齋集》(收入《景印文淵閣四庫全書》，臺北：臺灣商務印書館，1983，據國立故宮博物院藏本影印)，卷十三，〈龍圖閣學士通奉大夫尚書黃公行狀〉，頁 22 下。

67. 袁燮，《絜齋集》，卷十三，〈龍圖閣學士通奉大夫尚書黃公行狀〉，頁 23 下。

68. 「方遠近之寇，首尾相銜，而饑饉之民，頭顱不保……使綿亘三十州之民命盡獲更生，懸絕一千里之盜區相繼撲滅，可謂難矣，又有甚焉。」劉宰，《漫塘集》，卷十六，〈賀江淮黃制置度除禮書再任〉，頁 6 下–7 上。此後劉宰有詩謝黃度舉薦，《漫塘集》，卷四，〈病鶴吟上黃尚書度并序〉，頁 14 下–15 上。

享年七十六歲。

在各級官府捐糧濟助下，此次賑饑金壇的對象得以持續增加，最多每日近四千人就食，劉宰對賑濟過程有簡要的記載：

> 事始於其年十月朔，而終於明年三月晦。經始之日，孩稺數不盈十，後以漸增，閱月登三百。乃十有二月，合老者、疾者、婦人之襁負者踰千人，比月末倍之。開歲少壯者咸集，則又倍之。間以陰晴異候，增損不齊，其極也日不過四千。[69]

為容納不斷增多的就食者，施粥的場所也從東嶽廟轉到慈雲寺。[70] 東嶽廟在金壇縣治東北二里，[71] 慈雲寺則在縣衙東南百步，初建於梁大同初年，開禧中重修，寺院雄偉，場地寬敞。[72] 隨著人數增加及場地調整，劉宰也建立各項管理規則，以便運作：

> 就食者先稺，次婦人，後男子，俾先後以時，出入相待，為其擁也。孩稺之居養者，朝暮給食，非居養而来者，日不再給，為其難於繼也。居養之人聽從去来，疾病者異其寢處。至自旁邑與遠鄉者，結屋以待之。而不限其必入裹糧以歸之，而不阻其後来，慮積久而疾疫熏

---

69. 劉宰，《漫塘集》，卷二十，〈嘉定己巳金壇粥局記〉，頁 19 下。

70. 「始置局於縣之東偏廣仁廢庵，中於嶽祠，終於慈雲寺。」劉宰，《漫塘集》，卷二十，〈嘉定己巳金壇粥局記〉，頁 19 下。

71. 俞希魯編纂，楊積慶等校點，《至順鎮江志》，卷八，〈神廟〉，頁 347。

72. 劉宰，《漫塘集》，卷二十一，〈慈雲寺興建記〉，頁 19 上 –21 下。俞希魯編纂，楊積慶等校點，《至順鎮江志》，卷九，〈僧寺〉，頁 382。

染也。[73]

在賑饑活動結束後，劉宰詳細記錄各種錢糧、器物的支用情況：

> 米以石凡九百六十有二，錢以緡凡二千二十有二，而用糴米者過半，薪以束大者三千九百，小者一萬四千二百。葦蓆以藉地，障風雨及葬不幸死者，凡三千四百六十。食器三百，循環給食，中間隨失隨補，凡一千三百九十皆有奇。草薦、紙衾與花費瑣瑣不載。[74]

嘉定二年（1209 年）金壇的粥局，是官民共同合作達成的。此次施粥始於十月一日，迄次年三月十五日，為時近半年。[75] 實際規劃與執行日常供應膳食的鄉人有鄧允文、張昂、徐椿。徐椿是劉宰堂兄劉德勤的女婿，家境清寒而以孝友聞於鄉；[76] 其餘人物生平不詳。值得注意的是宗教群體也參與此項活動。如布金寺主持祖傳是此次粥局的執行者，他在嘉定元年（1208 年）受吏部尚書曾喚之聘，主持曾家功德墳寺；[77] 初期參與者石元朴則是茅山道士，生平亦不詳，唯劉宰在〈祭茅山石道人文〉指他「志在濟物，弗私其身。醫非師授，誠感於神。扶曳而來，疾痛頻呻。飲之食之，砭劑必親。」[78] 顯然是一位懷抱濟世精神，專精醫術的道士。

---

73. 劉宰，《漫塘集》，卷二十，〈嘉定己巳金壇粥局記〉，頁 19 下 –20 上。

74. 劉宰，《漫塘集》，卷二十，〈嘉定己巳金壇粥局記〉，頁 20 上。

75. 劉宰，《漫塘集》，卷二十，〈嘉定己巳金壇粥局記〉，頁 19 下。

76. 劉宰，《漫塘集》，卷三十，〈李氏墓誌銘〉，頁 20 下 –21 下。

77. 參見俞希魯編纂，楊積慶等校點，《至順鎮江志》，卷九，〈僧寺〉，頁 383。

78. 劉宰，《漫塘集》，卷二十七，〈祭茅山石道人文〉，頁 16 上 –16 下。

　　此次施粥雖取法於家族的救濟經驗，卻是超越家族，由地方望族、僧道及一般庶民等各階層人士共同參與推動的。值得重視的是，由於災期甚長，就食者多，為避免眾人聚集，滋生瘟疫，擴大災情，劉宰對施粥場地的安排、就食的次第及動線，乃至居養、防疫等措施，都有周詳的規劃，其成效較北宋大觀黃州董助教及乾道臨安府施粥的情況，皆有實質提升。[79]

　　這次金壇賑災的過程，更突顯新執政者對地方災情的態度。這是劉宰第一次在家鄉推動大規模賑饑，雖有鄉里前輩的範例，及自己在紹熙五年參與的經驗可循，但官府積極、主動關切更是關鍵。這次災荒的範圍包括浙西、江淮諸路，災區遼闊，因而受到宋廷的重視；金壇與鎮江既在災區之中，遂蒙其惠，先後由提舉常平留恭提撥二百石、俞烈提供三百石，以及黃度撥付二百石，讓金壇的救濟圓滿達成。值得注意的是，在這三位重要地方官員撥糧背後的關鍵，是當時的軍政環境與朝廷政策。此時史彌遠剛取代錢象祖、衛涇出任宰相，此一人事調整固然推動宋金和議，穩定政局，然而江淮社會仍然動盪。朝廷在整編潰敗的邊境軍民的同時，為避免因災荒使饑民與流民集結，釀成禍患，更積極主導大規模的救災行動，以穩定社會秩序。

　　相對地，劉宰此時遭逢岳父逝世，加上剛辭官鄉居，受限於家境與人脈，只能以有限的民間力量推動賑饑，因求援於官府，才逐步化解困難。長達半年的賑濟活動過程，金壇鄉親既捐助財物，並持續參與日常賑濟事務；劉宰除聯絡官府救助外，更在組織運作與管理籌謀上盡心費力，是此次賑饑活動中的主要角色。

　　這次救災的過程，對劉宰而言更具深意。首先，他體認到要守護鄉里，經費與人力是關鍵。他雖有救助鄉里的熱忱與信念，也有組織動員的經驗，

---

79. 張文，《宋朝社會救濟研究》（重慶：西南師範大學出版社，2001），第二章，頁109–110。

但災荒的持續與受災群眾增多，均非個別人員或家族能獨任其責，除請官府協力外，尤需集結眾人之力方能實現，但要讓鄉里權勢之家及士庶認同其作為，尚需著力於開展人脈、宣揚理念，才能有所成效。

二、第二、三次賑濟

　　從嘉定二年（1209 年）的救災過程中，劉宰在獲取官府資助之餘，也感受凝聚鄉親同樣重要，因此曾應鎮江知府史彌堅之邀，整理編纂鄉里先賢資料，寫成《京口耆舊傳》一書；並於撰寫鄉里親友墓誌傳記，表揚救濟的善行，激發關懷鄉里，凝聚地方群力。[80] 關於《京口耆舊傳》的編纂過程，於本書附錄一另有詳述。

　　到嘉定十七年（1224 年）劉宰第二次賑饑，其所展現的民間主導性明顯增強。這次施粥的對象，仍以家鄉金壇為主，捐助者也是鄉人。嘉定十六年（1223 年）金壇遭遇罕見水災，又因夏天變冷導致農作物歉收，饑荒逐漸嚴重。[81] 次年二月上旬，劉宰才得知災情，此時災民僅數百人，他先以其父所遺十年田租換米，在嶽祠的空廡舂米施粥。[82] 不料饑者日增，至三月底已超過萬人，劉宰擔心無力獨撐粥局，打算停止。此時，在家守父喪的好友趙若珪得知消息，嚴詞反對，並埋怨劉宰未及早告知：

---

80. 劉宰記鄉親時表揚善行的例子很多，死於開禧元年（1205 年）的楊樗年，見《漫塘集》，卷三十三，〈楊提舉行述〉，頁 21 上 –26 上。 及他的姻親孫大成於嘉定四年（1211 年）辭世，《漫塘集》，卷三十三，〈孫府君行述〉，頁 28 下 –29 下。

81. 劉宰，《漫塘集》，卷二十二，〈甲申粥局記〉，頁 8 下；卷二十七，〈甲申粥局謝嶽祠祝文〉，頁 17 上。

82. 劉宰，《漫塘集》，卷二十二，〈甲申粥局記〉，頁 8 下。

> 凡吾邑之民，所以扶老攜幼，去其室廬，以苟勺合之食者，所願更旬
> 餘無死，則庶乎麥秋。今而棄之，是將濟而奪之舟中，縋而絕之綆也，
> 而可乎？[83]

趙若珪不僅捐助金穀，更出面請求鄉親相助，而於四月初增置粥局設備。由
於粥品的米質不遜於中下之家精鑿的良米，遠近就食者激增，每日從萬人至
一萬五千人之多，直至四月大麥熟才結束。[84]

　　此次發動者，除劉宰外，當以趙若珪最為重要。若珪是金壇鄉賢趙時侃
與湯氏之子，[85]於丁憂居時，適逢災荒，即捐家產並積極與鄉親救災，劉宰
說：「嘉定甲申，歲大飢，有飯飢者，事半而力不贍，君實繼之。士失其養，
君捐良田十五畝以助。」[86]更於災後將贊助者的姓名刻石立碑，劉宰特別舉
漢朝華子魚力勸名士鄭泰保護隨行避難者的義事為例，感謝趙若珪的義舉：

> 玉甫之為義，豈直子魚比哉！至於玉甫之意決於此，一鄉之人應於彼，
> 與得之見聞者，力所可至，皆不謁而獲，此豈智力所及。孟子曰：「今
> 人乍見孺子將入於井，皆有怵惕惻隱之心。」又曰：「人心所同然者，
> 理也，義也。」尤於此驗之。[87]

---

83. 劉宰，《漫塘集》，卷二十二，〈甲申粥局記〉，頁9上。

84. 劉宰，《漫塘集》，卷二十二，〈甲申粥局記〉，頁9下。

85. 見劉宰，《漫塘集》，卷三十一，〈故知安吉縣趙奉議墓誌銘〉，頁3下–6上；卷三十
　　二，〈故寧國通判朝奉趙大夫墓誌銘〉，頁1上–3下。關於趙若珪的家世，詳見本書
　　第八章的討論。

86. 劉宰，《漫塘集》，卷三十一，〈故知安吉縣趙奉議墓誌銘〉，頁4上。

87. 劉宰，《漫塘集》，卷二十二，〈甲申粥局記〉，頁10上。

賑濟結束後，劉宰向賑濟場地的嶽祠致祭，並簡述施粥的過程：

> 夫羸老、廢疾、婦人、孺子所萃，其聲孔嘩，其氣甚惡，非神道所宜，
> 宜降大戾。而歷日五十有六，役工數十，服食薪水之供，夜以繼日，
> 而無湯火疾厄之虞；聚食之人，日以萬數，而無紛爭踐踏傷殘之患；
> 與朝暮之雨至，辰巳而晴，民免於泥濕，皆非人力所及。是以知閭廟
> 之神，不惟不加之罪，而又默相之。[88]

從祝文顯示，他們舉辦一場為期甚長的賑饑活動，在人員、動線、執行
場地與人力組織等層面，都有周詳的規劃與妥適的執行，讓長達五十六天的
施粥得以圓滿達成。

浙西提舉常平劉垕得知劉宰的善舉，親自訪查，並褒揚其事蹟。劉宰在
回信中略述救濟過程，並請劉垕重視濟貸兼施的荒政善後方案：

> 竊謂金壇故歲之水，蓋六十年間所無。使者之來金壇，亦七十年所未
> 見。當饑饉之餘，而委皇華之照，未知何以慰之。以某管見，今農時
> 已深，荒政多不如速，溪流易涸，移粟遠不如近，常平計非有餘，善
> 後之策，濟不如貸，但計一月濟糶之數，更加劑量，而併以貸之，則
> 民間鼓舞。而使臺荒政便可結局，且不為徒費，實公私兩利，乞詳酌
> 施行。[89]

劉垕可能因曾捐三拾阡官會的劉宰同鄉、時任權浙西提舉司幹辦公事陳某引

---

88. 劉宰，《漫塘集》，卷二十七，〈甲申粥局謝嶽祠祝文〉，頁 17 下。
89. 劉宰，《漫塘集》，卷九，〈通浙西劉提舉垕〉，頁 19 下–20 上。

介，而對劉宰在金壇的粥局表達關切。[90]

劉宰雖然沒有說明他如何募得大量鄉里庶民捐獻的食物、器材，但從他在〈甲申粥局記〉提到趙若珪捐米以外，「且為書圓封之，又為書博封之，以請於鄉之好事者」來看，[91]其勸募的方式殆以「疏」的文體，請鄉民捐施。此次救災雖未留下「疏」文，但《漫塘集》中有六件疏文，都與勸募助人或興建路橋等公共利益與福祉有關。

從〈甲申粥局記〉與〈甲申謝嶽祠祝文〉二份記文，[92]可以看到嘉定十六、七年（1223、1224 年）的賑濟活動，不論捐助或執行都是金壇人士，展現了民間強大的社會力。記文所附捐助者包括：劉宰捐出其父二頃田數年之積殆五十斛；趙若珪獻米肆拾參石；新任知金壇縣事的梧州人趙善郢捐官會伍拾阡、米拾伍石；[93]金壇富聲響的家族、旅外官員、鄉貢進士、國學進士，

---

90. 此時劉屋可能有多人，由於資料零散，不易確定（《宋人傳記資料索引》），所述待考訂。任浙西提舉的劉屋應為四明人，可能與衛涇的幼子衛柳同為蓋經的女婿，生平經歷不詳。僅知他在嘉定十五年（1222 年）十一月為朝奉大夫，後除大理丞、提舉浙西常平茶鹽司，曾築鹽官捍海塘。施諤纂修，《淳祐臨安志》（收入《宋元方志叢刊》，北京：中華書局，1990，清光緒九年〔1883〕《武林掌故叢編》本影印），卷十，〈山川三〉，頁 8 下。到十七年改為朝散大夫主管建康府崇禧觀，見范成大，《吳郡志》，卷七，〈官府〉，頁 20 上。尚見衛涇，《後樂集》，卷十七，〈故安康郡夫人章氏行狀〉，章氏死於嘉定十七年 (1224 年)。另一劉屋是劉熉之子，曾任江寧縣。

91. 劉宰，《漫塘集》，卷二十二，〈甲申粥局記〉，頁 9 上 –9 下。

92. 劉宰，《漫塘集》，卷二十七，〈甲申粥局謝嶽祠祝文〉，頁 17 下。

93. 趙善郢知金壇縣，起於嘉定十三年十二月，至十七年四月止。見俞希魯纂，楊積慶等校點，《至順鎮江志》，卷十六，〈金壇縣‧令〉，頁 643。善郢任上曾增縣學生員及懲戒淫祀，劉宰有〈代邑士上趙百里善郢〉詩一首，見劉宰，《漫塘集》，卷二，〈代邑士上趙百里善郢〉，頁 29 上 –29 下。

乃至一般邑人、道士及寺院住持，合計捐米五百七十九石一斗，官會六百四十六千，柴八千束及廚具一批。[94]

其中，除趙善郢有官府身分外，在外任官的鄉親有十二人、鄉貢進士及士人三十三人，另有一般邑人十五人（參見附錄六〈甲申金壇粥局捐贈資料表〉）。除牛大年、趙若珪以外，均是低階官員或通過鄉試的士人。可見這是一次不分階層，結集眾多鄉親一起推動的慈善活動；眾多通過鄉試的士人，雖無官職，卻有一定的身分與社會地位。按宋代法律規定，他們和官戶一樣在差役方面可以享有部分減免的優待。這一群以爭取舉業為志的地方士人，既有知識也享有政策優惠，是社會的精英群體，當是此次推動賑濟的主力。[95]此外，布金寺的續任住持僧慧鑒則始終擔負執行賑濟常規性的工作，在賑濟活動中居功厥偉。此次賑濟在劉宰及趙若珪等人發動下，有效凝聚各階層的鄉親，捐助龐大數額的米糧，劉子健教授稱譽這次粥局是當時世界最大盛舉的賑饑活動。[96]

第三次賑災是在理宗紹定元年（1228年）。這是前一年鄰近地區水患所衍生的。寶慶三年（1227年）夏秋間，鎮江水災嚴重，米價高漲。金壇受災雖較鄰近地區緩和，仍有鄉民受害，劉宰先以家裡的存糧在嶽祠施粥，原本

94. 見繆荃孫，《江蘇通志稿》，卷十五，〈金石記〉，頁 15 下 –20 上。該碑拓片收藏於北京大學圖書館，較為清晰。

95. 高橋芳郎，〈宋代の士人身分について〉，《史林》69:3 (1986)，頁 351–382。李弘祺，〈宋代的舉人〉，收入國際宋史研討會秘書處，《國際宋史研討會論文集》（臺北：中國文化大學史學研究所，1988），頁 297–314。梁庚堯，《宋代科舉社會》（臺北：臺大出版中心，2015），第十一講，頁 192–204。

96. 劉子健，〈劉宰和賑饑——申論南宋儒家的階級性限制社團發展〉，收入氏著，《兩宋史研究彙編》，頁 348–354。

以為受災規模不大，或許很快即可完成，但麥未熟，災情持續，於是由待闕鄉居的好友王遂與國子監進士趙崇𡵚、鄉貢進士王虎文等「復合眾力」接續賑饑；又獲知鎮江府馮多福捐米百斛相助，到四月丙午完成賑饑的工作。[97]

　　這次金壇受災較輕，動員人力與物力不及前二次，但依然是官民協力完成的。其中尤以知府馮多福在軍情緊急的情況下，仍關注地方民情，協助救災，讓劉宰特別感念。馮多福是福州人，寄居常州，紹熙四年（1193 年）陳亮榜進士。嘉定四年（1211 年）曾知奉化縣，[98] 寶慶三年（1227 年）五月以中奉大夫直寶謨閣知鎮江軍府事，兼管內勸農使，節制防江水步軍馬、鎮江都統司諸軍在寨軍馬。[99] 當時李全在淮東的亂事擴大，對江淮威脅嚴重，宋廷為強化備戰，命馮多福兼任知府，負軍事重責。劉宰透過王遂請求知府協助金壇救災，他即慷慨撥捐百斛米糧相助。[100] 不意他卻在次年紹定元年（1228 年）十二月乞辭離任，在職僅一年半。馮多福上任以來，劉宰前後致送三封書箚，隱約述及災害與捐米事，如在迎接的信中強調「京口古重鎮，為今北門。民之彫弊亦無如今日，保障繭絲，大卿必知所處」；[101] 而於送馮多

---

97. 劉宰，《漫塘集》，卷二十七，〈戊子粥局謝嶽祠祝文〉，頁 18 上–19 上。

98. 胡榘、羅濬纂修，《四明奉化縣志》，收入《寶慶四明志》（收入《宋元方志叢刊》，北京：中華書局，1990，據清咸豐四年〔1854〕《宋元四明六志》本影印），卷十四，〈敘縣·學校〉，頁 6 上–6 下、卷十四，〈敘水渠堰碶閘橋梁津渡附〉，頁 20 下–21 下；馬澤修，袁桷纂，《延祐四明志》（收入《宋元方志叢刊》，北京：中華書局，1990，據清咸豐四年〔1854〕《宋元四明六志》本影印），卷七，〈城邑攷上〉，頁 36 下、卷十四，〈學校攷下〉，頁 48 下。

99. 參岳珂編，王曾瑜校注，《鄂國金佗續編》（收入《鄂國金佗粹編續編校注》，北京：中華書局，1989，以元至正二十三年〔1363〕刻板的明印本為底本點校），卷十六，〈碑陰記〉，頁 1370–1373。

100. 劉宰，《漫塘集》，卷二十七，〈戊子粥局謝嶽祠祝文〉，頁 18 下。

福奉祠的信中則說：「雖日討軍實而訓之，然常念生民之勞止。欲濬防而增壘，聿新耳目之觀；恐剝床而及膚，彌重腹心之擾。雖急符之屢下，終成矩之不移。東西旁郡之民，猶仰之如父母；南北沿江之地，信隱然若金湯。」[102]

　　至於另二位協助賑饑的親友，趙崇𡵋是太學生，生平不詳。王虎文為金壇富室，是北宋王渙之的曾孫，[103] 其祖父王楙遷居金壇，到父親王光逢時家境富裕，家藏先祖遺留古書畫甚多。[104] 虎文為光逢三子，是鄉貢進士；嘉熙中被知縣徐拱辰任命為金壇縣學的學職人員，協助修建縣學。[105]

三、賑饑中官民角色與社會力

　　從以上敘述可見，官府與民間的協力合作，是順利推動各項公共建設及慈善活動的要素。特別在金壇三次賑濟的過程中，既能觀察到官、民在賑災中角色的變化，也看到民間巨大能量的展現。由於《漫塘集》保留金壇賑濟的資料最全，因此藉此一事例討論基層社會官民推動社會活動所扮演的角色，作為本章的結論。

　　這三次賑災，受災範圍、時間及就食人口有別，也影響賑濟規模。第一次的受災地區範圍遼闊，金壇僅是一小部分，粥局為期半年，人數最多時，每日近四千人；[106] 糧食大部分為官府提供。第二次時金壇是主災區，前後施

101. 劉宰，《漫塘集》，卷九，〈回鎮江馮大卿前人〉，頁 11 下。
102. 劉宰，《漫塘集》，卷十五，〈送馮守多福奉祠歸啟〉，頁 10 上 –11 下。
103. 王渙之與兄漢之原為衢人，後遷居丹徒，漢之後人遷金壇。事見劉宰著，王勇、李金坤校證，《京口耆舊傳校證》，卷二，頁 59。
104. 劉宰，《漫塘集》，卷二十四，〈跋聽雨圖〉，頁 17 下 –18 下。
105. 劉宰，《漫塘集》，卷三十二，〈王居士壙誌〉，頁 26 下 –27 上。俞希魯纂，楊積慶等校點，《至順鎮江志》，卷十一，〈金壇縣縣學〉，頁 456–457，王遂作記。

粥計五十六天，共得捐米五百七十九石一斗，官會六百四十六千，柴八千束。除知金壇縣趙善郢外，幾乎都是當地仕紳共捐；就食者最高記錄是單日一萬五千人。第三次金壇受災係遭鄰近地區波及，規模雖較小，但有部分外來就食者，施粥約四十餘日，具體就食人數不詳；協力者及米糧數量，除知府馮多福外也不詳。

在南宋的賑饑活動中，官民扮演不同角色，是普遍的現象。但從劉宰推動的三次賑饑，可以看到南宋中晚期內外環境變動因素，導致官民角色有差異。嘉定二年（1209 年）鎮江爆發災荒時，正值宋金由戰轉和，既有避禍流移的難民，也出現朝廷在戰後整編軍人歸農措施而引發的騷動。此時，劉宰剛乞辭鄉居，尚難整合當地中產之家，致成效有限，轉向官府求援。剛起復的右丞相史彌遠鑑於內外情勢轉變，深恐各股勢力集結，影響江淮的社會秩序乃至政局的穩定，乃由中樞主導救濟大計；官方在這次賑饑中著實扮演重要的角色。

嘉定十七年（1224 年）與紹定元年（1228 年）的二次金壇賑災，民間不僅動員能力增強，捐助米糧也加多，展現充沛的社會力。這是因為劉宰從第一次賑災中吸取經驗，強化人脈，趙若珪等友人也出面相助，並向鄉民勸募錢、米、物資，讓民間力量勝於官府；這種情況實與淮南情勢的發展，密切相關。自嘉定十年（1217 年）起，宋、金、蒙三方關係複雜；加上李全的武裝力量橫亙在江淮之間，且游移於各政權，叛服無常，致淮東局勢日趨緊張。宋廷為強化淮南邊備，不斷透過州縣聚斂錢糧，乃至動員運糧、疏濬運河，以因應變局，鎮江首當其衝，官府自無餘力關注地方災情。[107] 當此關鍵時刻，劉宰團結鄉親，發揮群力自救，展現充沛的社會力。

---

106. 劉宰，《漫塘集》，卷二十，〈嘉定己巳金壇粥局記〉，頁 20 上–20 下。

107. 見本書第六章。

　　任何因天候釀成的災荒，都對地方社會構成衝擊。一般而言，若是小規模的災害，救災是地方官府的責任；一旦饑荒蔓延，災區擴大，甚至發生人民流徙時，中樞或路級官員將視受害程度，出面主導救災工作。從南宋許多侍從、執政乃至道學名儒，如朱熹、劉珙、陳宓、真德秀、李道傳、吳淵、留恭、劉爚、吳潛、黃震等人留下的相關文獻，都可以看到災荒實況，及官方主導救災活動的具體作法。官方實施的救災，涉及的面向很廣。董煟在《救荒活民書》中歸納官府的救荒方法，包括「常平以賑糶，義倉以賑濟；不足，則勸分於有力之家，又遏糴有禁，抑價有禁」等多種類型；具體的運作內容包括災情勘查、蠲免租稅役、貸種、籌措與調運米糧及物資、捕蝗、治盜、分配經費與人力的調度等，並透過獎懲制度，落實執行。[108] 在這種情況下，民間以捐助、賑糶、搬運等為主，屬於輔助性的角色。不過，災荒救濟事出緊急，所需經費與物資都是常規所不及的額外費用，除常平倉外，往往擠壓官府財政的正常運作；特別當國防軍事孔急時，災害救助與國防何者為先，每每成為總領所與各地方官府、乃至朝廷與地方之間，彼此爭奪資源的所在。因此在南宋一般都是受災規模較大、範圍較廣，引發社會紛擾，且所需費用與物資難以由州縣負擔者，才由路級以上的官府啟動救災機制。

　　範圍較小或較短期的災荒，地方家族或佛道寺廟等民間團體是救災主力。佛道寺廟的行政資源雖然不如官方，但基於信仰，更能凝聚人力，靈活運作，故一直在救災賑濟活動中具有舉足輕重的分量。此外，個人和家族也常出於不同動機，在鄉里救助鄉親及外地流落者。如災荒時，在官府透過保明賞格、

---

108. 董煟，《救荒活民書》（收入《景印文淵閣四庫全書》，臺北：臺灣商務印書館，1983，據國立故宮博物院藏本影印），卷中，頁 1 上 –26 下。關於勸分在宋代的實施、演變，及南宋士人對勸分的意見，見李華瑞，《宋代救荒史稿》（天津：天津古籍出版社，2014），頁 525–544。

勸分的鼓勵下，名門富豪往往出面呼應或配合官府捐錢糧或參與救災。也有
豪富家族，在儒學或宗教理念的宣導、教化下，主動施粥濟食。熙寧年間的
金壇人陳亢，[109] 與紹興六年（1136 年）的金華人潘好古，[110] 都是以個人或家
族，推動規模較大救災賑饑的例子。陳、潘家族都是沒有功名的地方富豪。
其餘資產較小的家族，則僅能發揮較小規模的賑濟活動。

　　同樣是以民間力量救助受災者，劉宰在金壇的賑饑，與宋代常見的情況
有別，他的財力及資產遠不及上述陳、潘等富人，但他是進士出身，居鄉期
間，既與各級官員頻繁聯繫，也透過各項方式與鄉親互動，關懷鄉里，在官
方與民間均持續維持高知名度與豐厚人脈。災荒發生時，他起而號召鄉親結
集眾力，並有效組織、應變，更能合官府共同行善，是以不論救助人數及持
續時間，都超越個人或家族所發揮的規模與成效。

　　施粥賑饑在情勢緊迫時，是最直接有效的救人方式；但除了大規模動員
人力、籌集米糧物資及各項器材外，對就食的場地空間、動線、衛生等多項
因素，都需納入考慮並確實執行，才能實質嘉惠災民。因此在籌財、動員的
同時，也須周詳規劃，並建立管理、組織調度等運作機制。從《漫塘集》留
存的簡要文字敘述，也可以看到劉宰除了人脈寬廣，善於爭取經費外，更富

---

109. 劉宰著，王勇、李金坤校證，《京口耆舊傳校證》，卷六，頁 180–181。

110. 呂祖謙述潘好古的善舉說：「紹興丙辰（六年，1136），歲大侵，麥米斗千錢。公既發
　　廩不足，則盡厚貲，致他郡粟，下其直十之三以貸之……甲戌（紹興二十四年，
　　1154），盜發旁郡，流殍交道，里民窮空，競持破磑敗絮來質，主帑者以白公，公曰：
　　『第與之。』居數日，填溢棟宇，公有喜色，益市官粟，舟相銜下，以平貴糶，比閭
　　不復知有艱歲……其他如代官逋，弛私責，恩鰥寡，逮困疾，旁及棺槥，燴藥、橋
　　梁、井泉之屬，給予除治亡所靳。」見呂祖謙撰，黃靈庚、吳戰壘主編，《呂祖謙全
　　集》（杭州：浙江古籍出版社，2008），卷十，〈朝散潘公墓誌銘〉，頁 151–154。

有應變、組織運作與管理的能力，這是三次施粥能順利進行的重要因素，過程中所展現的民間力量，亦不遜於官方舉辦之大型賑饑活動。[111]

　　劉宰推動的集眾賑饑活動，誠然創造歷史記錄，但檢視南宋相關救災資料，並未見到相同或接續執行的事例，所以如此，似與宋代士人追求功名的社會風氣有關。在宋代特別是南宋社會，眾多士人及其家族固然在居鄉待闕或辭官鄉居時，關心鄉里並進行諸多善舉；但在宋廷科舉任官的制度下，士人以追求功名、仕進與得君行道為志，居鄉只是他們等待再出發的據點。一旦重返仕途，遠離家鄉，則鄉里的既有人脈及組織群體、乃至推動的事業，都難以持續、發展。因此，即使像周必大所述吉州永新縣譚氏與當地富家於災荒疾疫時，合作分攤責任進行例行性賑恤的案例，在南宋也不普遍，反而看到小規模的社倉，以及工程不大的公共建設及義役等互助組織，普遍行於全國。[112] 因此，劉宰的賑饑之舉，雖突顯其個人特質，但也反映在舉業任官為重的南宋社會，居鄉的士人雖是地方社會的主流群體，卻仍難以發展出更具組織性、持續性的地方社團。[113]

---

[111]. 張文，《宋朝社會救濟活動研究》，第一章，頁 109–110。乾道元年（1165 年）臨安災荒時期粥賑濟為期三個月，日就粥者不下數萬人，殆為宋代官府執行最大規模的賑饑活動。

[112]. 梁庚堯，《宋代科舉社會》，第十二講，〈官戶、士人與地方事務〉，頁 219–222。

[113]. 劉子健，〈劉宰和賑饑──申論南宋儒家的階級性限制社團發展〉，收入氏著，《兩宋史研究彙編》，頁 348–354。

第五章

連結家國

劉宰對他居止所在之鎮江的關懷，在發起三次大規模賑饑活動，及與鄉親共同推動公共建設之外，更藉表彰鄉賢陳東與向官府傳遞鄉里輿情，反映百姓心聲。這些建設行動或意見傳達，足以顯示劉宰關懷鄉里的全面性。但從表彰鄉賢與反映輿情的作為，更突顯鎮江社會在南宋中晚期政局變化中的處境，以及與國家的緊密關係。

第一節　表彰鄉賢

宋代推動文治與寬容言論，激發士人致力舉業，並發展出參政與議政的風氣，在政局變動之時，議論朝政的風潮尤為炙盛。其中人數眾多的太學生，自恃為「有髮頭陀寺，無官御史臺」，常集結成群體，針對朝政、國是發聲，甚至形成政治運動。[1]

徽、欽、高三朝，是兩宋內外政情驟變的時候。太學生集結群力，伏闕上書，聲勢尤為浩大，其中由鎮江的太學生領袖陳東所發動的群眾運動，其聲勢和影響最為深刻。陳東雖因此招來殺身之禍，但隨著政治環境的轉變，死後卻被塑造成為國犧牲的烈士、朝野推崇的標竿。到南宋寧、理宗期間，

---

1. 羅大經撰，王瑞來點校，《鶴林玉露》（北京：中華書局，1997，以日本慶安本為底本點校），丙編，卷二，〈無官御史〉，頁271。

宋、金、蒙三方和戰情勢丕變，鎮江鄉親及其族裔再以陳東為題，塑造、傳播其形象，並藉以凝聚鄉里意識。劉宰在這波形塑陳東鄉賢形象的運動中，又扮演關鍵的角色。

關於陳東生平及身後評價，美籍學者蔡涵墨教授 (Charles Hartman) 與新竹清華大學李卓穎教授，利用現存明本《陳少陽先生盡忠錄》（以下簡稱《盡忠錄》）所收豐富題跋及南宋相關史料，撰成〈平反陳東〉。[2] 該文深入探討陳東的生平事蹟，及南宋士人在不同時期，藉記、序、題跋等文體，對陳東進行與政治環境連結的評價，是最深刻討論陳東形象變化的論著。本章則聚焦於劉宰及其鄉親對陳東事蹟的表彰，側重鎮江士人如何透過書寫與行動，形塑陳東的形象；雖多資取蔡、李二人的觀點，但論述重點有別。

陳東四十二歲獲罪被殺，他所留下的《盡忠錄》中，有五卷是輯錄後人的序跋等懷念或評價性的文字；另有五卷為陳東上呈欽宗與高宗、朝官、家人的書信及詩詞作品，是認識他生平事蹟的主要資料。

《盡忠錄》所附《宋史·陳東傳》及其庶弟陳南大約在紹興四年（1134年）後所撰的行狀二文，對認識陳東的生命歷程至關重要；[3] 陳南的行狀尤為重要史源。陳南撰的行狀凡二千七百字，是在陳東由罪犯到被褒揚之後所寫，除了詳記其生平與家庭狀況外，兼記兩宋之際政情變化與陳東形象的轉換；其中關於陳東家族及他受教成長過程的記載，不見於其他傳記。另據蔡、李對陳東題跋的研究顯示，劉宰的姻親范克信（允誠）也曾撰寫陳東的傳記。[4]

---

2. 蔡涵墨、李卓穎，〈平反陳東〉，《文史》2017:2 (2017)，頁 157–222。

3. 脫脫等撰，《宋史》，卷四百五十五，〈陳東傳〉，頁 13359–13362。陳東，《陳少陽先生盡忠錄》（北京：線裝書局，2004，據明正德刻本影印），卷六，〈附錄·行狀〉，頁 4 下 –12 上。

　　除《盡忠錄》外，劉宰有二篇詳細記載陳東的傳記，也是了解陳東生平的重要史料，其一是《京口耆舊傳》卷五的〈陳東傳〉，[5] 另一篇稍微簡要的〈陳修撰祠堂記〉，則約為嘉泰四年（1204 年）劉宰家居時，應鎮江府學教授許溪之邀所撰，較范克信及《京口耆舊傳》所記為早。結合這四份陳東傳記，能更完整地認識陳東的生平及形象變化。

　　陳東是鎮江人，十七歲入府學，二十七歲入太學，一生努力的目標就是「必欲取科第為親榮」。但在太學的十五年間，屢試上舍均不利，直到獲罪被殺仍是太學生。相較於舉業，他在學期間更為關心的主軸，是政宣以來的朝政與外患議題，更曾率眾批判蔡京等人亂政。高宗在南京繼位後，陳東應召，又力主親征、重用李綱，並呼籲斥退主和的黃潛善、汪伯彥。黃、汪大恚，遂於建炎二年（1128 年）藉機殺害陳東。陳東死後留下二女及一遺腹子，長女嫁楊中和，次女嫁處州麗水尉潘好謙。[6] 次年春，宋廷封陳東為承事郎，並官有服親一人；由於遺腹子陳嗣宗尚幼，宋廷改賜庶弟陳南服親恩命，[7]

4. 范克信，字允誠，六世祖遷居丹陽。慶元五年（1199 年）以特恩授迪功郎，任許浦水軍準備差遣；嘉定初任江淮制置使幕僚，禦敵有功，改任廣西經略司幹官，嘉定十年（1217 年）死於靜江府，享年六十九歲。范克信是劉宰母親的族人，《漫塘集》所記克信墓誌銘內容豐富，但未見他曾撰陳東傳記。儘管該文的確切時間與內容不詳，但可推估應在許浦水軍準備差遣遭罷後鄉居所撰，因此約在開禧初年。劉宰，《漫塘集》，卷二十九，〈故廣西經略司幹官范承事墓誌銘〉，頁 6 下 –10 下。

5. 劉宰著，王勇、李金坤校證，《京口耆舊傳校證》，卷五，頁 151–164。另《嘉定鎮江志》附收《咸淳鎮江志》的人物部分有陳東事蹟，但極為簡略，不成傳記，見史彌堅修，盧憲纂，《嘉定鎮江志》，〈附錄〉，頁 17 下 –18 上。

6. 劉宰著，王勇、李金坤校證，《京口耆舊傳校證》，卷五，頁 151–164。

7. 陳東，《陳少陽先生盡忠錄》，卷六，〈行狀〉，頁 10 上；卷七，〈官陳東弟南省勑〉，頁 7 下 –8 上；卷七，〈加贈陳東朝請郎誥〉，頁 8 上 –8 下。子陳嗣宗乾道六年

並贈錢五十萬。紹興三年（1133 年）追贈陳東為朝奉郎秘閣修撰，賜田十畝，[8] 並免稅。[9]

　　陳東是陳震的嫡子，母親蔡氏於他六歲時逝世，遂由繼母吳氏扶養長大。吳氏生二子陳坦與陳南。陳震卒時，陳東自太學奔喪，謀合葬雙親不成。陳東死後，其弟將他祔葬於雙親之墳。[10] 此外，〈行狀〉也記他死前以家書交代後事之舉，這些家書也收入《盡忠錄》中。[11]

　　關於高宗即位後，詔陳東赴行在，以及陳東上書內容與死事，〈行狀〉和〈陳修撰祠堂記〉都有記載，二文雖互有繁簡，但均僅記批評宰執黃潛善、汪伯彥主南幸之說，並力主還都親征，而未涉及李綱。[12] 但在《京口耆舊傳》與《宋史》陳東本傳，[13] 此議則與李綱有所連結，[14] 顯見四份文件記載的內

（1170 年）十一月任新差知滁州清流主管學事、勸農營田公事，贈右通直郎。

8. 陳東，《陳少陽先生盡忠錄》，卷六，〈附錄‧行狀〉，頁 9 上 –9 下；卷七，〈賜錢詔〉，頁 5 下；卷七，〈賜田敕〉，頁 6 上 –6 下；卷七，〈追贈朝奉郎秘閣修撰誥〉，頁 6 下 –7 上。

9. 淳熙十年（1183 年），新任知鎮江府耿秉，免陳東賜田之稅，說：「如可贖兮百身，尚何較於田稅，猶將宥之十世，寧不念其子孫。」史彌堅修，盧憲纂，《嘉定鎮江志》附收《咸淳鎮江志》，〈附錄〉，頁 18 上。

10. 陳東，《陳少陽先生盡忠錄》，卷六，〈附錄‧行狀〉，頁 11 下 –12 上。

11. 陳東，《陳少陽先生盡忠錄》，卷四，〈家書〉，頁 4 上 –5 下。

12. 陳東，《陳少陽先生盡忠錄》，卷六，頁 7 下 –8 上。劉宰，《漫塘集》，卷二十，〈陳修撰祠堂記〉，頁 14 上 –18 上。

13. 「八月十五日，至行在所⋯⋯聞李綱罷，黃潛善、汪伯彥以舊恩專柄任。東以為此治亂之機，不可默，亟上書留綱，不報；再上書并及時政，乞還都京師，下詔親征，以繫天下心、作天下氣，又不報。」見劉宰著，王勇、李金坤校證，《京口耆舊傳校證》，卷五，頁 155。

14. 「高宗即位，五日相李綱，又五日召東至。未得對，會綱去，乃上書乞留綱而罷黃潛

容有所差異。證諸《盡忠錄》卷三所收建炎元年（1127 年）八月十七日、十九與二十五日陳東三次上書的內容，與《京口耆舊傳》、《宋史》所記相近，此或與嘉定元年（1208 年）十月，李綱的孫子李大有將家藏陳東資料彙整刊行，將上書及相關資料公諸於世有關。李大有在序言說：「秘撰之與先祖，未嘗識，而至為之死，是書不出，九泉不瞑目矣。」[15]

　　政治形勢轉變後，陳東反成為愛國的象徵。自建炎三年（1129 年）起，宋朝廷不斷贈官、贈錢及田地，甚至降旨令有司到墓地致祭。[16] 而且在形象改變後，先前與他有關係的當代名臣（如李綱、許翰、吳敏、陳公輔、洪疑、趙子崧、李獻、滕康）即相繼撰文悼念，並記與他相關的事蹟，隨後包括汪應辰、李訦、蘇庠、劉槃、孟忠厚、周必大、楊邁、樓鑰、劉宜孫等人，也撰作記文與題跋，推崇其愛國形象與事蹟。這一連串追悼文字的敘述內容不斷累積繁衍，交織形成以陳東事蹟為中心的龐大文獻網絡。甚至與陳東無直接關係者的後人，也透過題跋，將其先人和陳東連結。如嘉定六年（1213

善、汪伯彥。不報。請親征以還二聖，治諸將不進兵之罪，以作士氣；車駕歸京師，勿幸金陵。又不報。潛善輩方揭示綱幸金陵舊奏，陳言綱在中途，不知事體，宜以後說為正。……東初未識綱，特以國故，至為之死，識與不識皆為流涕。」見脫脫等撰，《宋史》，卷四百五十五，〈陳東傳〉，頁 13361–13362。

15. 陳東，《陳少陽先生盡忠錄》，卷九，〈序〉，頁 1 上 –2 下。

16. 陳東，《陳少陽先生盡忠錄》，卷七，〈諭宰執〉，頁 6 上。「每歲寒食，郡為上冢，或給錢付縣官致祭，集其子孫宗族，胙飲甚厚。」俞希魯編纂，楊積慶等校點，《至順鎮江志》，卷十二，〈墓·丹陽縣〉，頁 499。景定年間（1260 年），與陳東有血緣關係，擔任沿江制置大使、江東安撫使知建康府的馬光祖，更在丹陽陳東墓旁建祠，可見恩澤甚厚。馬光祖自題：「有宋修撰陳東神道，彌甥馬光祖書。」馬光祖的母親葉氏是陳東的女婿潘好謙孫子的妻族，因此特別為陳東建祠。馬光祖修，周應合纂，《景定建康志》，卷十四，〈國朝建炎以來年表〉，頁 45 上 –46 下。

年），知建寧府李訦在〈跋陳歐二公行實〉文中，指出自建炎三年（1129 年）二月起高宗下詔罪己，贈官陳東、歐陽澈，令有司常存卹其家，乃至求直言等詔令，都出自他的祖父、時任直學士院李邴之手，並強調這些詔書顯示「高宗之所以聖」及「修撰之所以忠」的內容，明顯將李邴與陳東作連結。[17]

此外，為陳東收屍歸葬的四明友人李嘉仲（李猷），更有意識保存與他相關的資料，「復珍其往來遺帖，求縉紳識其事，以廣其傳。」[18] 到紹興十二年

---

17. 陳東，《陳少陽先生盡忠錄》，卷十，〈跋陳歐二公行實〉，頁 8 下 –9 上。李邴，字漢老，崇寧五年（1106 年）中進士，建炎二年（1128 年）十一月為尚書兵部侍郎兼權直學士院。見李心傳，《建炎以來繫年要錄》，卷十八，「建炎三年三月甲申」條。李邴以詞命敏捷，號文章家，一時大詔令均出其手。及苗劉之叛，面諭順逆禍福之責；亂平，拜參知政事。後以宰相呂頤浩議不和，請祠。紹興十六年（1146 年）死。淳熙初，賜諡文敏，嘉泰元年（1201 年）周必大應其孫李訦之請撰神道碑。周必大，《文忠集》，卷六十九，〈資政殿學士中大夫參知政事贈太師李文敏公邴神道碑〉，頁 12 下。李邴原賜諡「文敏」，後改「文肅」，見真德秀，《西山先生真文忠公文集》（收入《四部叢刊正編》，臺北：臺灣商務印書館，1979，據上海涵芬樓借江南圖書館藏明正德刊本影印），卷四十二，〈通議大夫寶文閣待制李公墓誌銘〉，頁 10 下 –21 下。〈行實〉跋文的撰者李訦是李邴五子李緋的兒子，字誠之，號臞菴，生於紹興十四年（1144 年），以祖恩入仕，歷知黃州、袁州。見《宋會要輯稿》，兵二十六，〈馬政雜錄下〉，「嘉定五年七月七日」條；職官七十四，〈黜降官一一〉，「嘉定五年八月十三日」條。嘉定六年（1213 年）由朝議大夫敷文閣待制知建寧府。夏玉麟、郝維嶽等修，汪佃等纂，《建寧府志》（收入《天一閣藏明代方志選刊》，上海：上海古籍書店，1982，據浙江寧波天一閣藏明嘉靖二十年〔1541〕刻本影印），卷六，〈名宦〉，頁 3 上 –3 下。嘉定十三年（1220 年）卒。真德秀，《西山先生真文忠公文集》，卷四十二，〈通議大夫寶文閣待制李公墓誌銘〉，頁 10 下 –21 下。李訦在《盡忠錄》作「李統」，誤，見陳東，《陳少陽先生盡忠錄》，卷十，頁 8 下。

18. 陳東，《陳少陽先生盡忠錄》，卷十，〈遺帖〉，頁 1 上 –2 上。

（1142 年），陳東的庶弟陳南與女婿潘好謙，也著手整理他死前最後家書及其他遺文，並刻石記錄。[19] 不過，孝宗朝名儒曾季貍在記文中指出，南宋初期政治敏感，這類悼念的文字是犯忌的，只能私下密藏；若非政治環境改變，實難保存乃至流傳。[20]

　　隨著政治環境改變，陳東的形象與地位有所提升之後，蒐集曾被密藏的陳東相關資料，並將之彙整成文稿、刻石與出版文集的活動，於焉興起。第一個彙整出版的是名為《盡忠錄》的文集，由李綱的孫子、任職泉州市舶司的李大有於嘉定元年（1208 年）在邵武刊行，內容多為李綱蒐藏的資料。之後，福州人孫君遇也曾親歷京口，蒐集陳東資料，編成《陳東文集》，並請魏了翁寫序，[21] 在福州出版。[22]

---

19. 陳東，《陳少陽先生盡忠錄》，卷十，〈跋家書後〉，頁 2 上 –3 下。這份家書則歸於潘好謙之子潘景虁家。陳東，《陳少陽先生盡忠錄》，卷七，〈清波雜志〉，頁 10 下 –11 下。

20. 「許公雖著是詞，未敢誦言於世。其後弟尚書郎忻，手錄以藏之，蓋有待而後出也。許公既薨，其弟尋亦下世，故其詞寂無傳焉。後四十年，尚書郎猶子進之，得所錄遺薰於篋中，磨滅殆不存矣。一日出示季貍，曰：『進之將以是鑱諸石，子盍為我識之。』季貍矍然驚曰：『是詞之不亡，殆天意乎！安可使之無傳也。』」陳東，《陳少陽先生盡忠錄》，卷八，〈讀許右丞哀辭〉，頁 5 上 –6 上。哀詞見卷八，〈右丞襄陽許翰哀辭〉，頁 1 上。曾季貍，字裘父，號艇齋，臨川人，曾鞏弟曾宰之曾孫，嘗遍從南渡初年諸儒呂居仁、徐師川遊，與呂祖謙、張栻、朱熹、陸游、趙蕃均以詩文相交，殆逝於光宗紹熙年間。

21. 魏了翁指孫君遇博學多聞，喜遊歷，「遊淮楚，客京口，嘗訪陳公家里，得其言行甚悉。既為之譜系，併以思陵前後詔旨、臣寮奏陳、前輩題識與范傳李記，列諸篇帙。」《陳東文集》的篇幅似勝過李大有所編。魏了翁，《鶴山先生大全文集》，卷五十四，〈陳少陽文集序〉，頁 16 下 –17 上。

22. 參見蔡涵墨、李卓穎，〈平反陳東〉，《文史》2017:2，頁 176。

　　陳東愛國形象的凸顯與拔高，更是鎮江人的榮光。形塑典範形象最具意義的作為，莫過於興建祠堂，並藉著定期祭拜，彰顯鄉賢永恆的價值；不過要走出家族，進入地方祀典，需要經過一段時間的醞釀與討論。

　　慶元四年（1198 年）在府學發動下，鎮江正式建立陳東祠堂並崇祭。劉宰在〈陳修撰祠堂記〉中指出此事經歷頗有波折。祠堂是由鎮江府學教授陳德一發動興建，[23] 他認為：「古者鄉先生歿而祭于社……若修撰陳公，非京口所謂先師鄉先生歟！社非職所及，學非吾事歟！乃肖公像，祠之孔子廟西序。」[24] 顯然將太學生出身的陳東，視為鄉里教育的典範。不過，繼任的袁孚可能以陳東未在鄉里教學為由，將他自孔廟撤除。[25]

　　到嘉泰四年（1204 年），繼袁孚任教授的許溪又將陳東入祠；[26] 他擔心再發生興廢無常的現象，特別請劉宰寫祠堂記文，揭示陳東在南宋初年肇興

---

23. 陳德一，字長明，連江人，紹熙四年陳亮榜進士，慶元四年任鎮江府學教授。他曾將佛寺與豪民陰占沙田、蘆地歸府學，並以所得經費，獎助入京考試的府學生。史彌堅修，盧憲纂，《嘉定鎮江志》，卷十，〈學校·丹陽縣學〉，頁 4 上 –4 下。俞希魯編纂，楊積慶等校點，《至順鎮江志》，卷十一，〈學校·租稅〉，頁 448–449。

24. 劉宰，《漫塘集》，卷二十，〈陳修撰祠堂記〉，頁 14 下 –18 上。

25. 袁孚為臨安人，也是紹熙四年（1193 年）陳亮榜進士，在嘉泰年間任鎮江府學教授。他曾撤去張浚在鎮江為高宗親書〈裴度傳〉所刻的石碑，但也擴大在鎮江建學的范仲淹祠堂。劉宰，《漫塘集》，卷二十，〈陳修撰祠堂記〉，頁 14 下 –18 上。史彌堅修，盧憲纂，《嘉定鎮江志》，卷十，〈學校·鎮江府學〉，頁 2 上。

26. 許溪是江西樂安人，亦是紹熙四年（1193 年）陳亮榜進士，嘉泰年間任鎮江府學教授。後曾知池州青陽縣，大約嘉定八年（1215 年），真德秀稱讚他：「學問淹該，材力強濟」，有功於青陽縣政。嘉定十六年（1223 年）任承議郎監行在榷貨物督茶鹽。真德秀，《西山先生真文忠公文集》，卷十二，〈薦本路十知縣政績狀〉，頁 21 下。劉宰，《漫塘集》，卷三十四，〈故吉州王使君夫人蔡氏行狀〉，頁 13 下 –21 上。

國運的無私貢獻。劉宰語重心長地指出:「昔人有言,死之日是非乃定。若修撰陳公之事,是非豈昧昧然者,而祠宇廢興猶反覆於百年之後,況當時搢紳於朝廷之上者,其能公是公非歟?」[27] 藉著與國運連結,確定他在鄉里的永續地位。

陳東祠堂建立後,堂內也展示陳東畫像,以使後人感受其精神;劉宰在〈題陳少陽畫像〉說:「陳公以布衣叩閽,恨不手鋤奸佞。今雖死,垂紳正笏,生氣凜凜,奸佞者盍少避,恐不減段太尉無恙時。」[28] 繼任府學教授的楊邁,為了增添建祠堂的意義,更於嘉定三年(1210 年)七月刊刻陳東相關奏議手稿,存於學宮,楊邁指出:「公,潤人也,祠堂於學,而遺稿弗著,非闕典歟!」[29] 並在篇首冠上高宗贈的詔令,表明「公之死本非聖心,皆誤國用事者私意」。[30]

嘉熙三年 (1239 年),知鎮江府吳潛命府學教授劉卿月在先聖廟之西建先賢祠,將陳東改入祠中,與鎮江三位重要名宦蘇頌、王存、宗澤並列,顯然視之為鎮江代表性的鄉賢。[31] 此時府學尚保存〈陳秘撰奏議〉六十六版,可見它持續受到地方官學重視。[32]

陳東的家鄉丹陽,更早確定他為鄉賢典範。嘉定二年,縣府即在蘇頌晚年居住的相公堂創建「三賢堂」,崇祀蘇頌、陳東與蘇庠。陳摹在〈丹陽學宮

---

27. 劉宰,《漫塘集》,卷二十,〈陳修撰祠堂記〉,頁 18 上。

28. 劉宰,《漫塘集》,卷二十四,〈題陳少陽畫像〉,頁 3 下。

29. 陳東,《陳少陽先生盡忠錄》,卷十,〈跋奏議〉,頁 3 下。

30. 劉宰,《漫塘集》,卷二十四,〈題陳少陽畫像〉,頁 3 下。

31. 俞希魯編纂,楊積慶等校點,《至順鎮江志》,卷十一,〈學校・儒學〉,頁 430。

32. 〈奏議〉可能就是楊邁刊刻的原版。俞希魯編纂,楊積慶等校點,《至順鎮江志》,卷十一,〈學校・書籍〉,頁 439。

三賢堂記〉中有長文分述三人的事蹟，及縣令於春秋祭孔後祭祀之事。[33] 劉宰也撰有贊文，說：

> 君子之道，或出或處。其出也，股肱朝廷，綱維區宇；其處也，激萬
> 代之清風，立當時之砥柱。堂堂衛公，為世碩輔。業廣功崇，鸞停鳳
> 翥。就養琴堂，幅巾容與。飄飄後湖，潔身霞舉。永謝蒲輪，考槃茲
> 土。寒驢風月，短篷煙雨。出處之德，異世同譜。悼其窮，不已其忠。
> 磨青天，貫白虹；挫佞骨，摧奸鋒。使宇宙重開，日月再中。處兮膠
> 庠之下士，出兮社稷之元功。維桑與梓，有來必興，嗟嗟乎陳公。[34]

徐文度知丹陽後，將三賢堂遷於縣學西廡。[35] 寶祐五年（1257 年）縣令趙與懍改建三賢堂，增濂、洛諸儒，更名為眾賢堂。[36] 其後又將濂、洛諸儒從祀孔廟，仍祀三賢，增洪興祖，名四賢堂。[37] 直到清光緒十一年 （1885年），丹陽縣將陳東與其他二十二位鄉賢並祠於學宮的鄉賢祠中。[38] 另有專祠

---

33. 陳東，《陳少陽先生盡忠錄》，卷九，〈丹陽學宮三賢堂記〉，頁 4 下 –7 上。陳葦，在《嘉定鎮江志》作「校書陳謨」，劉宰，《漫塘集》作「陳模」，均為同一人，不知何者為是。見史彌堅修，盧憲纂，《嘉定鎮江志》，卷十二，〈宮室·公廨〉，頁 8 上。

34. 俞希魯編纂，楊積慶等校點，《至順鎮江志》，卷二十一，〈雜錄〉，頁 884。劉宰的贊文原刻於梁間，可惜後來遭毀。

35. 徐文度是嘉定二年（1209 年）抵任，見史彌堅修，盧憲纂，《嘉定鎮江志》，卷十七，〈宰貳〉，頁 9 下。

36. 俞希魯編纂，楊積慶等校點，《至順鎮江志》，卷十一，〈學校〉，頁 453–454。

37. 陳東，《陳少陽先生盡忠錄》，卷九，頁 7 上 –7 下。俞希魯編纂，楊積慶等校點，《至順鎮江志》，卷十一，〈學校·丹陽縣〉，頁 453–454。

38. 劉誥等修，徐錫麟等纂，《重修丹陽縣志》（臺北：成文出版社，1983，據清光緒十一

陳東的「陳少陽祠」，是明正德十四年（1519 年）巡按葉忠命其後裔陳育將
五聖廟改為祠，每年清明及八月二十五日致祭；清康熙年間移建小東門內，
後被毀，光緒元年（1875 年）由裔孫重建。[39] 此外，元代金壇縣學於先賢祠
西舍祠先儒八人，陳東與劉宰、王遂並列其中。[40]

　　讓陳東的形象更為綿延擴散的是，他的後人邀請名人或鄉賢，為其遺稿
題辭，而且隨著政治環境的變化，闡述的內容產生了動態的發展。陳東遺留
文獻不多，幸經他的庶弟陳南和女婿潘好謙整理而得以保存。[41] 不過，到他
的形象與地位提升之後，這些家藏的文獻，卻成為地方長官或有力人士覬覦
的珍物，相繼被取走。因此，家中只剩下〈上高宗皇帝第三書〉（簡稱〈第三
書〉）一篇。嘉定十五年（1222 年），陳東的曾孫陳煜將這件珍稀文物裝裱成
軸之後，邀請地方名賢題辭，進一步掀起懷念、表彰陳東的風潮。劉宰是第
一個署名撰文者。

　　劉宰在陳東留存的遺墨上撰文，深切控訴遺稿被掠奪的遺憾，說：「贖死
何由可百身，遺書猶足警來人，當時珍重千金字，此日淒涼一窖塵。」[42] 劉
宰在跋中，強調〈第三書〉的重要性，更具體直陳奪走陳東靖康六書、建炎
三書及到應天後致家人手札的人物：上述奏疏為知鎮江府馬大同，透過丹陽
名宦楊樗年取走；家書則為鎮江通判楊九鼎所得，後來雖歸還潘氏，但並未

　　年 [1885] 刻本影印），卷十一，〈祠祀〉，頁 2 下 –3 上。

39. 劉誥等修，徐錫麟等纂，《重修丹陽縣志》，卷十一，〈祠祀〉，頁 5 下。參與人邵寶所
　　撰祠記，參見陳東，《陳少陽先生盡忠錄》，卷九，〈宋少陽先生陳公祠記〉，頁 7 下 –
　　10 上。

40. 俞希魯編纂，楊積慶等校點，《至順鎮江志》，卷十一，〈學校〉，頁 455。

41. 陳東，《陳少陽先生盡忠錄》，卷十，〈跋家書後〉，頁 2 上 –3 上。

42. 劉宰，《漫塘集》，卷一，〈書陳少陽遺墨後〉，頁 15 下 –16 上。

還給陳家。劉宰強調寫題跋的用意是：「不但欲公家世世子孫知所愛重，亦欲馬氏、楊氏、潘氏之子孫聞之惻然，諸稿或可復歸云。」[43] 可惜物歸原主的訴求並未兌現。

劉宰提到的四個人，是鎮江的官員、鄉紳及陳東親屬。馬大同，字會叔，嚴州建德（今浙江建德）人。紹興二十四年（1154 年）進士，官至戶部侍郎，三年十二月至五年九月，知鎮江府。[44] 後任戶部侍郎，生卒年不詳，《景定嚴州續志》簡要記其生平，並予以正面評價。[45] 但另有資料或評為「強毅自任」，[46] 或指他「用法峻」、「以深刻稱」。[47] 至於奪取陳東文物的部分，未見相關記載。

直接從陳家取走陳東上書資料者，是鎮江的名宦楊樗年。馬大同與楊樗年關係雖不清楚，但樗年通判揚州時的長官是錢之望，依《宋會要輯稿》所載，錢氏知揚州是紹熙三至五年（1192–1194 年）間，與馬大同知鎮江的時間相近。[48] 取走陳東家書的楊九鼎，鹽官（今浙江海寧）人，以父蔭入官。[49]

---

43. 陳東，《陳少陽先生盡忠錄》，卷十，〈跋建炎第三書〉，頁 10 上 –10 下。

44. 史彌堅修，盧憲纂，《嘉定鎮江志》，卷十五，〈宋潤州太守〉，頁 13 上。

45. 錢可則修，鄭瑤纂，《景定嚴州續志》，卷三，〈人物〉，頁 18 上 –18 下。

46. 脫脫等撰，《宋史》，卷四百八，〈汪綱傳〉，頁 12304。

47. 脫脫等撰，《宋史》，卷三百九十三，〈林大中傳〉，頁 12014。

48. 錢之望知揚州的時間，據《宋會要輯稿》所載，是在紹熙三年（1192 年）十月由直寶文閣除直龍圖閣再任，可能已歷一任。（見《宋會要輯稿》，職官六十，〈久任官〉，「紹熙三年十月二十五日」條）但他到五年（1194 年）八月遭降為顯謨閣，（見《宋會要輯稿》，職官七十三，〈黜降官一○之二〉，「紹熙五年八月十六日」條）又樗年行述稱他因整治瓜洲漕運的糧道有功，被知州錢之望與「部使者趙公師𨏣、陳公損之上公政於朝。」（劉宰，《漫塘集》，卷三十三，〈楊提舉行述〉，頁 23 下）不過，次年即慶元元年（1195 年）四月，任淮東提舉的陳損之與淮東運判趙師𨏣因貪瀆被罷，錢

開禧二年（1206 年）通判鎮江，[50] 後曾知無為軍與襄陽府。[51] 嘉定十一年
（1218 年）改任四川總領財賦。次年四月，興元叛兵張福、莫簡作亂時遇
害。[52] 據周煇《清波雜志》稱：「（陳東）被逮之際，作遺書付其家，區處後
事甚悉；其帖今在其外孫括蒼潘景夔家。」[53] 說明楊九鼎曾將手札歸還潘好
謙之子。潘好謙是陳東的女婿，呂祖謙即指：「初朝廷錄陳公睢陽之節，官其
子弟、若婿，而公與焉。」[54] 後乾道五年（1169 年）通判鎮江，死於淳熙二
年（1175 年），享年五十九歲。其子潘景夔與弟景尹均師從呂祖謙。潘景夔
初任德清尉，[55] 開禧二年知鹽官縣。[56] 潘景夔可能在知縣任上與返鄉丁母憂
的楊九鼎有所聯繫，楊將手札歸於潘景夔，與周煇所說家書藏於潘家吻合。

　　此後的題跋，內容則與晚宋內外情勢緊密連結，將訴求的主軸聚焦於晚

　　之望降直徽猷閣，十月罷宮觀，這三人被淮人視為三客。（見《宋會要輯稿》，職官七
　　十三，〈黜降官十之二〉，「慶元元年四月二十七日」條）錢之望罷職後，樗年有可能
　　代理，但他以母親年高請辭居家，這些資料都可確認楊樗年在揚州任職的時間大約與
　　馬大同、錢之望相近。

49.　馬光祖修，周應合纂，《景定建康志》，卷二十七，〈官守志四‧諸縣令〉，頁 14 上。

50.　史彌堅修，盧憲纂，《嘉定鎮江志》，卷十六，頁 14 上。

51.　《宋會要》作：「開禧二年九月十一日，楊九鼎丁母憂，宋廷特與起復。」開禧二年
　　當為三年。見《宋會要輯稿》，職官七十七，〈起復〉，「開禧二年九月十二日」條。
　　《宋會要輯稿》，職官七十七，〈黜降官一二〉，「嘉定五年五月十九日」條。

52.　《宋史》，卷四百二，〈安丙傳〉，頁 12192。《宋史》，卷四百三，〈張威傳〉，頁
　　12215。《宋史》，卷四百六，〈崔與之傳〉，頁 12260。

53.　陳東，《陳少陽先生盡忠錄》，卷七，頁 10 下–11 下。

54.　呂祖謙，《東萊呂太史文集》，卷十二，〈潘朝散墓誌銘〉，頁 12 下–15 上。

55.　董斯張，《吳興備志》（收入《景印文淵閣四庫全書》，臺北：臺灣商務印書館，1983，
　　據國立故宮博物院藏本影印），卷七，頁 33 上–33 下。

56.　潛說友，《咸淳臨安志》，卷五十一，〈秩官‧鹽官縣〉，頁 24 下。

宋內外及宋與金、蒙和戰，乃至反對相權獨斷朝政的議題上，進一步將陳東
塑造成與南宋國運相連結愛國犧牲的典範人物。[57] 如王遂與劉宰的女婿張介，
分別在題跋中表彰陳東的卓著貢獻。嘉定十五年（1222 年）四月，知當塗縣
王遂接續劉宰寫題跋，他藉跋文闡明陳東上奏書文與祖宗德澤無窮、人心義
理不泯、夷狄入侵及江浙興業的關係，並強調陳東在以言為戒的環境中，倡
言無忌，甚至遭殺而不悔；與當前士人對朝政的關心，有如「秦人之視越」，
令人憂心。[58]

張介在淳祐六年（1246 年）八月所撰跋文，則從義利與天地、人物、國
家、命運的關係著眼，認為陳東所為「聖賢之心，抗言犯難，之死靡他」，正
符合張栻所言「無所為而為」的理念。[59] 王遂與張介的跋文，從不同層面闡
述陳東勇於赴義、死而不悔的事蹟，切合道學理念，凸顯鄉賢典範的形象。

劉宰雖沒有在跋文中和王遂一樣抒發愛國之情，但在給友人潘時舉的詩
中則充分揭示。他在詩前的序言說：

> 陳少陽率太學生伏闕上書，六賊遂退，天下快之。少陽猶以後書論李
> 邦彥、白時中等，言不用，拂衣去。近傳：太學伏闕書，是歟非歟，
> 非山間林下所得知，獨怪朝廷不用其言，諸君猶苟安於學。豈以靖康

---

57. 蔡涵墨、李卓穎，〈平反陳東〉，《文史》2017:2，頁 157–222。

58. 陳東，《陳少陽先生盡忠錄》，卷十，〈跋第三書〉，頁 9 下 –10 上。

59. 陳東，《陳少陽先生盡忠錄》，卷十，〈跋遺稿〉，頁 20 下 –21 上。張介是劉宰的女
    婿，他弱冠舉於鄉，赴省試不第，返鄉任鄉先生。嘉熙中，應金壇知縣徐拱辰邀，
    「為學職，籌建興學事宜」。參見劉宰，《漫塘集》，卷三十一，〈故韋氏孺人墓誌銘〉，
    頁 12 下 –14 上。俞希魯編纂，楊積慶等校點，《至順鎮江志》，卷十一，〈學校·金壇
    縣〉，頁 456。

時事，視今日緩急異耶？為賦五十六字，質之同志者：

少陽一疏折群姦，拂袖歸來日月間。誤國小人猶法從，叩閽諸子自賢
關。是非頗亦通千古，義利那能立兩間。若向西湖浮畫舫，好傾卮酒
酹孤山。[60]

　　劉宰的學友潘時舉，曾從朱熹游，所輯錄朱子語錄，[61] 頗為黃榦所稱。[62]
嘉定十五年（1222 年），以太學上舍釋褐，終為無為軍教授，[63] 是一位恪守
道學理念的朱學門人。劉宰這首詩的具體時間不詳，當在嘉定十年（1217
年）宋金再發生衝突以後。當時朝臣爭議與金和戰，陸學大儒袁燮力詆主和
之非，太學生也伏闕上書。[64] 十二年（1219 年），袁燮因臺諫彈劾遭罷，激
發三百位太學生為他餞別，震動朝野。[65] 不過這場學生運動的規模，顯然無

---

60. 劉宰，《漫塘集》，卷二，〈寄潘子善上舍時舉〉，頁 18 上 –18 下。

61. 晁公武撰，孫猛校證，《郡齋讀書志校證》（上海：上海古籍出版社，1990），讀書附
　　志卷下，〈晦庵先生語錄〉，頁 1209。

62. 黃榦，《勉齋先生黃文肅公文集》（收入《宋集珍本叢刊》，北京：線裝書局，2004，
　　據元刻延祐二年〔1315〕重修本影印），卷二十，〈書晦菴先生語錄〉，頁 6 下 –7 上。

63. 陳耆卿，《嘉定赤城志》（收入《宋元方志叢刊》，北京：中華書局，1990，據清嘉慶
　　二十三年〔1818〕刊《台州叢書》本影印），卷三十三，〈人物門‧本朝〉，頁 22 上。

64. 嘉定十二年五月己亥，太學生何處恬率眾伏闕上書，以工部尚書胡榘欲與金和，請誅
　　之以謝天下。（脫脫等撰，《宋史》，卷四十，〈寧宗本紀〉，「嘉定十二年五月己亥」
　　條，頁 773。不著撰人，汪聖鐸點校，《宋史全文》，卷三十，「嘉定十二年五月己亥」
　　條）對何處恬的伏闕反和，劉宰在其後致書時，即肯定他的行為說：「執事疇昔以太
　　學諸生上書論天下事，慷慨激烈，士無問識不識，讀其書、味其意，往往壯其氣、高
　　其節。」劉宰，《漫塘集》，卷六，〈回何幹處恬書〉，頁 7 下。

65. 真德秀，《西山先生真文忠公文集》，卷四十七，〈顯謨閣學士致仕贈龍圖閣學士開府

法與靖康、建炎相比。

南宋中晚期，由於內外情勢的激烈變動，讓位居在邊防重鎮的鎮江士人，對環境、時局特別敏感，透過為陳東立祠、刊刻著作、撰寫題跋等一連串活動，不僅藉以表彰鄉賢，凝聚鄉里意識，更連結觸及國家命運的和戰議題。在塑造陳東形象的過程中，劉宰或許不是首發者，但他不僅藉以形塑陳東為鄉里典範人物，並在過程中凸顯家國一體的連結，顯然是引領平反陳東議題且全程推動的重要人物。

第二節　為鄉代言

嘉定二年（1209 年）劉宰辭官後，仍透過書啟等文字，與歷任鎮江知府、淮東總領等封疆大臣及轄下金壇、丹陽兩縣的親民官有綿密互動，並藉以反映輿情，祈請官府調整施政，嘉惠鄉里。其中，較零散或個別的議題在〈附錄一〉有所說明。本節先聚焦討論他向鎮江知府反映對地方社會有重大影響的三項鄉里輿情，其次敘述錢賦徵收等對鄉親生活造成困擾的吏治問題，以便認識晚宋鎮江社會及劉宰所扮演的角色。

第一件〈代金壇縣申殿最錢箚子〉，是他約在寶慶元年（1225 年）為金壇縣向鎮江府的申訴文，時任知縣是葉峴。[66] 劉宰指出知府要求金壇縣補繳

袁公行狀〉，頁 1 下 –27 上。

66. 葉峴是葉夢得的後人，於嘉定十七年（1214 年）四月蒞任，寶慶二年（1226 年）七月前離任，見俞希魯編纂，楊積慶等校點，《至順鎮江志》，卷十六，〈宰貳〉，頁 643。葉峴蒞任後與劉宰互動頻繁，劉宰有三封啟箚，其中〈回葉知縣峴到任啟〉提到經總制錢，說「經總制數千緡之入，驟益於一朝；前後政三四年以來，已同於常賦。」導致「州家迫甚，縣計索然……吏胥之追逮略盡，田里之濟卹未聞。」此事當與他上箚子有關。劉宰，《漫塘集》，卷十五，〈回葉知縣峴到任〉，頁 19 下 –20 下。

十三年四月至十四年三月場務的三千四百七十貫，是主持此項業務剛離任的南廳通判張佺齡，任由吏人與場務人員通謀舞弊所致，[67] 請知府責成通判南廳改正錯誤，並要求相關人吏不得「妄立殿最補虧等名」。當李全在淮東坐大，成為宋廷新患的緊要時刻，知府趙善湘如何處理這個案子不得而知。[68] 但「箚子」所述的內容，卻深刻揭示了當時鎮江府涉及基層政務運作的弊端。

〈代金壇縣申殿最錢箚子〉內容超過一千四百字，文中指出鎮江府通判南廳朱拱臣行文所轄丹陽、丹徒、金壇三縣，[69] 要求依朝廷規定支付淮東總領所定額的經總制錢。鎮江通判是宋廷規定負責鎮江府總領所錢糧，「置籍拘催，主管催發」的單位。[70] 鎮江府經總制錢需繳的數額在嘉定七年（1214年）以前是十一萬七千七十五貫，[71] 到嘉定十三年（1220年）增加到十二萬一千二百九十四貫三百九十六文；各縣雖然已繳十一萬三千六百貫，但尚虧欠七千七百九十五貫九十六文，知府要求三縣補繳。[72]

内容見本節下文所述。

67. 張佺齡於嘉定十二年（1219年）四月到任，十四年（1221年）春離任。見俞希魯編纂，楊積慶等校點，《至順鎮江志》，卷十五，頁605。

68. 趙善湘雖於嘉定十七年（1224年）召除大理少卿，可能仍兼知府，見俞希魯編纂，楊積慶等校點，《至順鎮江志》，卷十五，〈刺守〉，頁590。

69. 劉宰，《漫塘集》，卷十三，〈代金壇縣申殿最錢箚子〉，頁15下–19下。朱拱臣於嘉定十四年四月到任。俞希魯編纂，楊積慶等校點，《至順鎮江志》，卷十五，頁605。

70. 《宋會要輯稿》，職官四十一，〈總領所‧雜錄〉，「嘉泰二年閏十二月二十一日」條。嘉泰二年（1202年）十月一日，宋廷特指明：「諸州起發總領所財賦以通判為主管官」，參見不著撰人，汪聖鐸點校，《宋史全文》，卷二十九下，「嘉定二年冬十月壬申朔」條。

71. 史彌堅修，盧憲纂，《嘉定鎮江志》，卷五，〈賦稅〉，頁11下。

72. 劉宰，《漫塘集》，卷十三，〈代金壇縣申殿最錢箚子〉，頁15下–16下。

　　三縣長官對此通知的應對有別。知丹徒縣倪祖義是尚書倪思的兒子，經極力爭取後，認繳一千錢。知丹陽縣劉某因得罪上司，不敢申辯，認繳三千三百餘。金壇知縣厲思明十二年到任後旋即因病逝世，不及申辯，因此要認繳三千四百七十貫文。劉宰指出嘉定十三年解繳金額，較嘉定十年（1217年）以來三年的額度均高，「比之遞年，並有增羨，何緣虧欠？」[73] 而且前任通判黃士特向戶部申請繳金減額，獲得同意，如今反增加各縣負擔，[74]「豈有通判廳合解總領所之錢，則減於前；本府三縣合解通判廳之錢，反增於前之理？」[75] 何況，三縣一向僅負責總經費的二至三成，其餘由鎮江府倉庫場務承擔，也就是這筆應繳給總領所的經總制錢，鎮江府與所轄三縣是依比例攤分的，即使有虧，也應由府、縣按比例分攤，不宜全由三縣支應。

　　劉宰進一步指出，發生這種不合理情況，是「通判張佺齡，憒不解事，惟吏言是用；吏人乘勢欺隱，及妄有支破，又與在城倉庫場務合若干人等，通同作弊，致有上件虧欠。」[76] 通判廳的人吏，既不敢責成知府所轄在城倉庫場務補虧，而另創「殿最窠名、專困三縣」，且不顧總領所的禁約，仍機巧催督，甚至要求三縣在正額之外，增添不等數額；又擔心縣衙執行不力，直接由府派人到縣催繳，「勾追典吏，繃弔禁繫，訊次之牒，月不下數十紙。所差專人更迭往來，了無空日。每一吏人追到倅廳，非使用一二百千不得下縣。一專人到縣，非乞受四五十千不肯上府。」[77] 在府衙以比較殿最為名，向各

73. 劉宰，《漫塘集》，卷十三，〈代金壇縣申殿最錢箚子〉，頁 17 上。

74. 黃士特於嘉定十年（1217 年）三月到任，嘉定十二年（1219 年）閏三月二十八日降一官，劾罷。參見俞希魯編纂，楊積慶等校點，《至順鎮江志》，卷十五，頁 604。《宋會要輯稿》，職官七十五，〈黜降官一二〉，「嘉定十二年閏三月二十八日」條。

75. 劉宰，《漫塘集》，卷十三，〈代金壇縣申殿最錢箚子〉，頁 17 上–17 下。

76. 劉宰，《漫塘集》，卷十三，〈代金壇縣申殿最錢箚子〉，頁 17 下。

縣催繳下，金壇受害最深：

> 況丹陽地當孔道，田瘠民貧。金壇僻在一隅，商賈不至，此錢何自而
> 來？⋯⋯目今兩縣未免取之受輸之寬餘，又責之吏人、鄉司與當案人
> 吏，每名月納不下二三十千（鄉司最多，其他數目不等），下至一小貼
> 司亦月納數千，而吏輩趁辦其他板帳、及移用酒錢等常賦自若，此何
> 異縱狼虎食人而分受其肉！[78]

由於官府急切催繳錢賦，導致「民窮無告，民冤莫伸」，敬請「若非使府
體恤三縣，速作措置，則縣道日不可為。」[79]

為杜絕增稅催繳的弊端，紓解縣衙的困境，劉宰建議知府，讓各縣就前
三年解錢數中最多的一年，作為繳交的數額，「責令通判廳人吏。此外，不得
妄立殿最補虧等名，另項專人追擾。」[80] 既然各縣以最高額上繳，通判廳也
不能藉欠總領所常賦為名催繳；府衙若能協調改進，誠為地方社會的福祉。[81]

從這份請求知府處理經總制錢的箚子來觀察，經總制錢在戰時體制下屬
於國防軍務經費，由總領所調整經費額度，知府、通判負責調整及分配各縣
支應額度後，由縣衙執行徵收。因此劉宰對經總制錢的額度沒表示意見，而
是向知府控訴徵調經費執行的公平性，以及地方官吏在執行時嚴重騷擾百姓
的吏治問題。

77. 劉宰，《漫塘集》，卷十三，〈代金壇縣申殿最錢箚子〉，頁 18 下。
78. 劉宰，《漫塘集》，卷十三，〈代金壇縣申殿最錢箚子〉，頁 18 下 –19 上。
79. 劉宰，《漫塘集》，卷十三，〈代金壇縣申殿最錢箚子〉，頁 19 上。
80. 劉宰，《漫塘集》，卷十三，〈代金壇縣申殿最錢箚子〉，頁 19 下。
81. 劉宰，《漫塘集》，卷十三，〈代金壇縣申殿最錢箚子〉，頁 19 下。

　　第二件則是紹定二年（1229 年）秋天，劉宰回覆知鎮江府趙范徵詢關於開鑿金壇境內七里河通江南運河的意見。趙范是晚宋抗金名將趙方的次子，紹定二年六月接任知鎮江府後，向劉宰致禮問候。劉宰在回信中感謝趙范戮力平息淮東李全的亂事：

> 茲審錫命帝宸，陞華匠監。大江之左，正依玉節之光；二浙以西，更借金城之衛。……蓋兵之可用，古獨稱於京口；而謀之未寢，今猶慮於淮南。望公之來，真以日而為歲；聞令之下，皆滌慮以洗心。貪夫骨寒，黠吏膽落。乖爭侵暴，足知屏息於閭閻；風采精神，信可折衝於樽俎。願益體古人愷悌慈祥之意，以一洗積年愁恨歎息之聲，庶成保障之功，即正樞機之任。[82]

並趁機向知府表達胥吏騷擾鄉里百姓的情形嚴重：「年來鄉郡吏絡繹於縣，而縣政日弛；縣吏絡繹於鄉，而鄉民日病。以攘奪禁民，而取之行鋪者，不啻白奪；以取受禁吏，而索之胥輩者，有同常賦。……常潤之間，民生凜凜，大非久安長治氣象。」[83] 期待趙范紓解民苦。

　　是年秋天，趙范預計從丹陽到金壇，開鑿一段利於鹽糧軍備運輸的漕運。他考慮到工程需調動當地百姓參與，恐引發民怨，特別向劉宰等地方仕紳徵詢意見。劉宰在回信中肯定知府莅政的實踐力，更希望持久：「然善始者易，圖終實難，更惟推持久不倦之誠，奮日新又新之志，使凜然不可犯之中，又有隱然不忍欺之意，則民生幸甚，朝廷幸甚。」[84] 至於開鑿河道，則說：「某

---

82. 劉宰，《漫塘集》，卷十七，〈通鎮江趙守范箚子〉，頁 1 上 –2 下。

83. 劉宰，《漫塘集》，卷九，〈回知鎮江趙大監范〉，頁 8 上 –8 下。

84. 劉宰，《漫塘集》，卷九，〈通知鎮江趙大監前人〉，頁 9 上。

熟讀前所賜台翰，似有下詢民瘼之意。管見一事，詳之別紙，乞賜采覽。」[85]
這份意見在〈回趙守問開七里河利便箚子〉中有具體陳述。[86]

　　劉宰在文中首先感謝趙范為開鑿七里河，徵詢鄉人意見：「某等伏準公箚
下問開七里河事，其為利甚公，而恐妨民之私；其為慮甚遠，而恐擾民於近。
幕畫已悉，而詢訪下及於邦人，此道甚古，此意甚厚，某等雖至愚極陋，其
敢自默！」[87]七里河在鎮江多被稱為「珥瀆河」，當在丹陽縣南七里，從運河
口至橫塘堰一段。依《宋會要》記載，宋神宗熙寧二年（1069 年）初，因武
進縣尉凌民瞻的建議，廢呂城堰，在常州望亭堰置閘。常州守臣王說曾建議
利用珥瀆河，開鑿一段連通常、潤的運路，朝廷命虞部郎中胡淮提舉、凌民
瞻督役，兩浙提刑元積中總其事；元積中更親自勘查常、潤運河。後因官員
被劾罷，工程中輟。[88]趙范上任後，為加速平亂，擬循王說之議，開鑿丹陽
運河至金壇的通路，特別徵詢地方人士的意見。劉宰的覆文中，主要是分析
施作方式與經營、動員民力的差異，供知府參考。

　　劉宰指出便利民間航行和漕運的施工程度，需要考慮因素及動用人力差
異極大，他說：「竊謂為民旅目前計，則但開橫塘堰，下至運河口，俗號七里
河，其事小，其役省，不調丁夫，亦可集事。」[89]若要開通便利百姓輕舟來
往，只需要委任官員到當地雇人開挖二、三丈，估計每丈所需錢米數，總計
需人工、錢料多少，公告合理日支價格，相信百姓會自相糾結應募承包，不
出一個月即可完工。但這一作法，「無功於綱運，亦無益於久遠。」[90]至於要

85. 劉宰，《漫塘集》，卷九，〈通知鎮江趙大監前人〉，頁 9 上。
86. 劉宰，《漫塘集》，卷十三，〈回趙守問開七里河利便箚子〉，頁 19 下 –21 上。
87. 劉宰，《漫塘集》，卷十三，〈回趙守問開七里河利便箚子〉，頁 19 下 –20 上。
88. 俞希魯編纂，楊積慶等校點，《至順鎮江志》，卷二，〈地理‧堰〉，頁 53。
89. 劉宰，《漫塘集》，卷十三，〈回趙守問開七里河利便箚子〉，頁 20 上。

開鑿延伸到金壇長達四十四里，且能夠運鹽錢米糧的漕運河道，由於工程浩大，需要徵調龐大人力，則應當避免妨害農事，及氣候炎熱造成瘟疫。加上這段河道長、地勢高低落差大，要保持河道暢通，需要在橫塘、珥村兩個堰之外另設二個閘口調節水位：

> 自七里河以至金壇，中有兩堰，北曰「橫塘」，南曰「珥村」。兩堰之間地勢特高，水至不聚，所以置堰制水之平，使北不下運河，以洩於江；南不下金壇，以洩於湖，其制甚善。但河太淺狹，又有堰無閘，所以不通綱運。今使府欲為綱運計，則不但橫塘堰下之河當開，自運河口至金壇之荊城，凡四十四里之河亦不容不開。河道既開，更須於橫塘、珥村各置閘兩座，以便開閉。此其事大役繁，當此盛夏，豈惟妨農，亦恐屯聚久饑之民，日久不散，氣息熏蒸，疫癘滋起，有失大卿子愛斯民之意，故曰必須農隙。[91]

劉宰雖沒有表明自己支持的方案，只說「管見如此，更乞於二者之中，詳酌施行。」[92] 但文字傳達的弦外之音，是他較傾向於招募人力、進行小規模的開挖工程。至於趙范採取何種方式，未見明確史料。不過，從一些零散的資料推測，趙范可能為及早平息李全亂事，及配合軍事戰略以連結江南運河，決定採行利於綱運的開鑿方式，建造從金壇到丹陽長達七十里、可直通漕運的水道。但不久趙范守喪罷職，工程暫停；[93] 端平中再鑿，名為金壇運

90. 劉宰，《漫塘集》，卷十三，〈回趙守問開七里河利便箚子〉，頁 21 上。

91. 劉宰，《漫塘集》，卷十三，〈回趙守問開七里河利便箚子〉，頁 20 上 –20 下。

92. 劉宰，《漫塘集》，卷十三，〈回趙守問開七里河利便箚子〉，頁 21 上。

93. 張內蘊、周大韶同撰，《三吳水考》（收入《景印文淵閣四庫全書》，臺北：臺灣商務

河。[94] 從《至順鎮江志》所記丹陽縣有橫塘與珥村兩堰看來，這段運河可能是參照劉宰的建議修建。[95] 劉宰在端平年間，相繼在河上建造珥陵、黃堰和左港三座橋，以便利兩岸居民往來，可以為證。[96]

　　第三件則是劉宰於端平元年（1234 年），為表彰知鎮江府韓大倫嘉惠鄉民所撰的〈鎮江府減秋苗斛面記〉。[97] 紹定三年（1230 年）六月，趙范起復後，調知揚州；十二月宋廷任命韓世忠的孫子韓大倫接任知鎮江。先是，劉宰在致信給當時貶居靖州的魏了翁時，即述說鎮江因李全之亂影響甚深，「某屏處只如前日，無足勤念。邊事未知底止，李全豎子猶得恐喝於淮南。大率淮浙間人如燕巢幕上，況鄉邑去江最近，憂端實多，帥守極力誅求，民生更有可念者。」[98] 因此劉宰迎接韓的蒞任，以「聞聖上以淮土繹騷，京口實扼其衝，而先蘄王實廟食茲土，肆煩千騎，亟為此來，肇敏戎功，以光先烈。」期待知府以實際措施，嘉惠長期困頓的鄉里，並說：「年來官賦益苛，鄉鄰之生理益困，雖瓶有餘粟，懼不得獨飽，比老稚之迎於境上者來歸，爭傳好語，殘生餘日，遂得及於寬政，曲踊距躍。」[99]

印書館，1983，據國立故宮博物院藏本影印），卷二，頁 5。下紹定三年（1230 年）二月，趙范因母親胡氏逝世而丁憂守喪，不過由於李全亂事擴大，波及揚州，宋廷下召起復趙范任知府，隨即改知揚州，繼續執行牧平李全之亂的任務。劉宰，《漫塘集》，卷三十五，〈故齊國太夫人胡氏行狀〉，頁 7 下 –12 下。

94. 穆彰阿、潘錫恩等纂修，《大清一統志》，卷九十，〈鎮江府一〉，頁 15 下。

95. 俞希魯編纂，楊積慶等校點，《至順鎮江志》，卷二，〈地理‧堰〉，頁 54；卷七，〈山水‧河〉，頁 282。

96. 俞希魯編纂，楊積慶等校點，《至順鎮江志》，卷二，〈地理‧橋梁〉，頁 39。

97. 劉宰，《漫塘集》，卷二十三，〈鎮江府減秋苗斛面記〉，頁 21 下 –22 下。

98. 劉宰，《漫塘集》，卷十，〈通鶴山魏侍郎了翁〉，頁 16 上。此處帥守當指趙善湘。

99. 劉宰，《漫塘集》，卷十三，〈回鎮江守韓監丞大倫到任〉，頁 2 上。

韓大倫蒞任後，推動多項寬減百姓負擔的舉措，如倚閣陳年歲苗，免除總領所吏攤上戶和糴錢，都獲得劉宰高度讚揚，如說：

> 去歲官租，悵寒鄉之多負；比辰郡檄，飭闔境以停催。新令星馳……誰其新穀未升，許以陳苗盡閣。允茲曠典，耳目所未見所未聞；宜爾宅生，手足不知舞不知蹈。某官體上聖渴想於良牧，念先王血食於此邦，已責寬征，德意既孚於關市；輕徭薄賦，惠風更暢於鄉閭。謂出納之吝，雖曰有司之能；而積累之贏，或重他時之害。遂令計此有羨，填彼未輸。既無始作俑之嫌，何異人忘弓而得。繫者釋而家人率至於感泣，逃者歸而里胥不得以誰何。[100]

又稱：「訴以誣金，不謂小人之望；免其受杖，仰欽大府之寬。敬承公牘之頒，凜若私心之懼。」[101] 盛讚新任知府既減稅又寬新租，為鄉里社會帶來生氣，有如天降甘霖。結合紹定四年（1231 年）春，他在李全亂平後回黃幹門人、時任知荊門軍之張元簡的信中，說明平定李全之亂的最後階段，韓大倫為減緩鎮江社會承受來自宋廷之壓力所做的努力：

> 韓監丞來鄉郡，懇懇為民，所以明辨於繭絲保障之間甚至。方羽書交馳，大使（指趙善湘）復移司於此，征徭雜出。軍期文字周匝，鄉落供億不前，微韓使君則巷無居人矣。[102]

---

100. 劉宰，《漫塘集》，卷十五，〈代邑人謝韓守大倫放苗〉，頁 12 下–13 上。

101. 劉宰，《漫塘集》，卷十五，〈回韓守公牘報免總所吏攤上戶和糴錢〉，頁 13 下–14 上。

102. 劉宰，《漫塘集》，卷十一，〈回荊門守張寺簿元簡〉，頁 24 上–24 下。

顯示李全亂事擴大以來，鎮江百姓遭逢重大生存壓力。

《漫塘集》有一首題名為〈雅去鵲來篇〉的長詩，用烏鴉和喜鵲為喻，述說鎮江百姓面對前後知府執政期間，於賦役催徵手段的極端差異，致一般百姓與負責催徵的戶長、里正生存環境，遭逢巨大轉折的心情感受。詩文前後相繫，文字深刻，但文長達六百四十四字，僅節錄部分為證：

> 昨日雅鳴繞庭樹，道上行人色驚懼。試呼行者問如何，身為戶長催殘稅。稅殘自昔稱難理，三年尤非四年比。加之逐保有逃戶，每一申明官長怒。……向來差役多輕重，戶長之中中產眾。比來里正多義役，各欲供須有全力。搜羅中產無孑遺，戶長人人家四壁。……千錢代輸猶可出，今日方輸又明日。父兮母兮叫不聞，遺體鞭笞同木石。日日雅鳴期會到，血洒公庭深不掃。遂令著處聽雅鳴，魂飛魄散心如擣。和氣致祥乖致異，己甘旱魃來為祟。忽驚雅散鵲交飛，高枝報喜仍低枝。萬口歡呼聲動地，府今盡放三年稅。曳鈴走卒天上來，立張大牓當衢市。點胥駭愕頓兩足，戶長仰天攢十指。瘡痍未愈失呻吟，感激過深仍涕洟。又說新租亦寬限，四年舊欠寧不爾。……使君從善真如流，仁人之言為慮周。畫諾一時良易易，幾人共拜更生賜。人意會同天意感，急足未回時雨至。[103]

這首詩未標示確切時間，因此對詩中所指的知府難以掌握。不過，結合劉宰給親友（如魏了翁、張元簡）及地方長官（趙范、韓大倫、魏文中、陳采等）的書信，清楚顯示淮東亂事擴大，對鎮江官府與社會帶來的巨大衝擊；

---

103. 劉宰，《漫塘集》，卷四，〈雅去鵲來篇〉，頁 10 下 –12 上。

而他給張元簡的信，更具體指明韓大倫在緩和鎮江百姓壓力的貢獻，那麼這首詩當撰於紹定四、五年（1231、1232 年）間。

除了降低百姓稅賦之外，使鎮江百姓感受更為深刻的，是韓大倫著力於建立可以行之久遠的制度。其中之一就是依照文思院所頒的規制，秋苗只准於正苗一石之外，加三斗八升之數，並刻石為記。〈鎮江府減秋苗斛面記〉撰於端平元年（1234 年）清明日，當時正值平定李全之亂後，宋廷進一步推動聯蒙滅金等一連串軍事行動，急需財政挹注之時；有此舉措，殊實不易。劉宰雖嘉許韓大倫的變革，也擔心繼任者難以遵守，在〈憶昨行寄呈劉法曹〉詩中說：

> 只今太守龔黃比，千里癢痾如切己。公事勤勞絕燕私，私錢大半供公使。……除弊幾十九，積羨踰三千。三千寧足州家用，祇恐從今還作俑。明年四斗三升之上更增科，三十六都之人將奈何？[104]

劉宰在信箚中，特別強調記文刻於石碑的重要意義：

> 矜念一邑九鄉無告之民，盡革三斗八勝並緣之弊。二斛頒下，萬眾歡呼。……惟往事有當懲創，而細故尚須講明。小民所輸，僅止斗勝，則斗勝亦所宜更；點吏所增，常始勻合，則勻合亦所宜戒。竊乞明述旨意，詳載文移。庶勒之堅珉，可垂於永式；而播之雅詠，盡揜於前聞。[105]

---

104. 劉宰，《漫塘集》，卷四，〈憶昨行寄呈劉法曹〉，頁 24 下 –25 上。

105. 劉宰，《漫塘集》，卷十七，〈回韓守減苗斛箚〉，頁 4 上 –4 下。

同時，劉宰在賀韓大倫除淮東總領所的啟文中，除總結韓氏各項業績之外，特別闡述這項成就：「平斗斛以受輸，已盡掃積年之弊；揮翰墨以垂訓，更曲為後日之防。泛觀識慮之深長，想見彌綸之密勿。」[106]

劉宰在〈鎮江府減秋苗斛面記〉中細數歷來地方官吏收稅賦過程，滋生難以釐正的弊端。鎮江府雖兼有若干改善措施，但官員不察，時日一久，弊病再生，百姓受害甚深：

> 州縣受常賦之輸，有耗有費，未免取贏於正數之外，而所取復有分隸，藉賢牧守欲使惟正之供，而勢有不可，所在皆然。乾道間，南徐郡太守宣城陳公天麟，始於正苗一石之外，定為三斗八升之數，仍使民自行，概吏不得上下其手，一時稱便。其後數雖有定，而斛斗更易，官吏並緣增加，視正數幾倍蓰。民或有詞，上官問視常歲數何如，曰如舊，則委不問。而斛斗之增大，顧以為細故弗察，民是以無告。[107]

韓大倫則在推動各項嘉惠百姓措施之餘，更在徵稅標準上建立制度，作為永式。劉宰於碑記中，特別揭示鄉里百姓不忘韓公恩德：

> 今太守韓公到郡，思所以廣上恩、寬民力，戒飭受輸，官吏毋求多，於常數之外惟謹。亦既底績，又思所以為此郡無窮之計，乃盡索府縣倉斛斗，一準文思院所頒更新之。於是在官則三斗八升之數不虧，而民間輸送一石，視常歲殆不止獲三斗八升之利。千里宅生，歡呼起舞。既而合辭請於郡民劉某，丐書其事於石，以無忘公之德。[108]

---

106. 劉宰，《漫塘集》，卷十五，〈賀韓守除總即〉，頁 15 下。

107. 劉宰，《漫塘集》，卷二十三，〈鎮江府減秋苗斛面記〉，頁 21 下 –22 上。

韓大倫推動一連串的善政，鎮江百姓受惠最深。他也因治績受到肯定，晉升為總領淮浙兵餉兼知鎮江府。[109]

上述三項聚焦性的議題，皆是劉宰站在民眾的立場，向鎮江知府表達軍備緊急時，官府在稅賦、米糧及開鑿河道等影響社會民生層面的作為，可能為百姓帶來壓力。除此之外，劉宰也常對知鎮江府或總領所的幕僚傳達地方輿情，或讚揚其造福鄉里的舉措。鎮江當江淮交通要衝，商業運輸繁忙，又是位處江南的邊防重鎮，戰事發生後，軍力調動與戰備徵集、運送，成為地方社會一項沉重負擔。嘉定以後，宋廷先後受金蒙戰事及李全武裝勢力坐大的衝擊，淮南既首當其衝，鎮江後勤補給的壓力隨之加重；減低稅賦與勞役的負擔，是地方社會對知府與總領所官員的殷切期待。劉宰即經常透過信函，關切、盼望或感謝地方長官減緩民間負擔的德政。

從劉宰的〈謝王料院林免起夫運上供米綱〉，可以看到鎮江百姓對承擔上供米的轉輸，怨懟甚深。這一則啟文的時間，當在嘉定十二年（1219年）秋。劉宰感謝的是時任判淮東總領所糧料院的王抃。[110] 糧料院是總領所的重要屬官，其職權是：「凡王人、將帥與其屬之俸祿，京口禁旅與惟揚、真、楚之戍，其帛幣芻糧之供，參法考令，無舛而後行。官資升降審之外幣，以帳書之。士馬招徠，及營廄之有物故者附之。」[111] 也就是承擔總領所軍用錢糧、裝備之運補、調撥的重責大任。當時金壇縣上供軍需備戰，所需一萬九千石的調集供運，利用漕運最為便捷。但逢乾旱季節，水量不足，河運難以順利

---

108. 劉宰，《漫塘集》，卷二十三，〈鎮江府減秋苗斛面記〉，頁 22 上 –22 下。

109. 劉宰，《漫塘集》，卷二十三，〈鎮江府減秋苗斛面記〉，頁 22 下。

110. 王抃是奉議郎，嘉定十二年六月上任，見俞希魯編纂，楊積慶等校點，《至順鎮江志》，卷十七，〈寓治〉，頁 699。《漫塘集》作王林，誤。

111. 俞希魯編纂，楊積慶等校點，《至順鎮江志》，卷十七，〈寓治〉，頁 698。

執行時，大軍的糧餉運輸，需專由鎮江轄下的百姓承擔，且須限時完成任務。劉宰對這種過度擾民的現象十分感慨，說：「惟時下邑，合解上供，適此旱乾，難於漕運。是任是負，藉使盡投三十六都之人；載馳載驅，安能驟致萬九千石之米？徒為民擾，無補軍需。」[112] 鎮江府雖了解百姓無力負荷龐大糧餉的陸運，但礙於供應軍糧為首要任務，無力推卸總領所的命令，遂轉嫁成為百姓的負擔。此時任判糧料院的王抶，出面阻止陸運擾民的措施：

> 雖郡之政弗涉於餉臺，且君之官不列於幕府，然頗關首尾，易借齒牙，猶慮其有從有違，且度其不憤不發。爰微故實，得古書之一言；公肆詆訾，忘官守之異事。果承勇往，力戒急徵。遂下州家，盡收星火之令；亟止陸運，俾須水澤之盈。[113]

劉宰深為感激王抶厚待鄉民的作為，說：「罔水行舟，聊激君子之怒；息肩弛擔，竟賴仁人之言。千里宅生，一誠感德。」顯示總領所糧料院的指令，化解百姓陸運沉重負擔，劉宰因此特別撰文致謝。

理宗繼位後，宋北疆所面臨的情勢更為嚴峻。尤其在李全勢力坐大以來，宋廷強化江淮軍事部署與防守戰力，讓臨邊地方官府及百姓直接承受巨大的壓力。從劉宰在寶慶三年（1227 年）五月致鎮江知府馮多福的信箋中，也可以感受到他對局勢發展的擔憂，與對知府的期待，他說：「日來邊遽數至，國事方殷，此邦政令久乖，民力已困，內欲薄賦以寬民，外欲飭備以固圉，難哉難哉！」[114] 又說：「況京口古重鎮，為今北門。民之彫弊亦無如今日，保障

---

112. 劉宰，《漫塘集》，卷十五，〈謝王料院林免起夫運上供米綱〉，頁 18 下。

113. 劉宰，《漫塘集》，卷十五，〈謝王料院林免起夫運上供米綱〉，頁 18 下 –19 上。

114. 劉宰，《漫塘集》，卷九，〈回馮大卿前人箚子〉，頁 11 上 –11 下。

繭絲,大卿必知所處。」因此,對他的蒞任期望甚殷,「日承輟自上卿,來鎮
京口,蓋國家所倚以為長城之衛,主上所恃以無北顧之憂者,微閣下之令德,
無以稱之;微閣下之長才,無以任之。」[115]

在江淮情勢緊急的時刻,馮多福除知鎮江府外,尚兼領管內勸農使、節
制防江水步軍馬、鎮江都統司諸軍在寨軍馬等職,身負多重軍政重任。[116] 馮
多福上任後,夾在軍需籌措、軍力動員與民力維護之間,壓力極大,乃於紹
定元年(1228 年)十二月請辭。劉宰在〈送馮守多福奉祠歸〉中感佩馮多福
堅持維護民生、以民為念,說:

> 某官公心體國,實意為民。言之可行,逆於耳而必受;事之無益,迫
> 以勢而弗為。出分顧憂,時方備禦。謂穎川閱車騎之盛,徒移容儀;
> 而晉陽成保障之功,在寬根本。故凡施設,必審後先。雖日討軍實而
> 訓之,然常念生民之勞止。欲濬防而增壘,聿新耳目之觀;恐剝床而
> 及膚,彌重腹心之擾。雖急符之屢下,終成矩之不移。東西旁郡之民,
> 猶仰之如父母;南北沿江之地,信隱然若金湯。藉未疇固圉之庸,何
> 遽遂投閒之願。[117]

上述劉宰向知府或總領所反映地方士庶心聲的實例,都與錢賦徵收、差
調力役有關,這顯示南宋面對強鄰侵擾,為強化國防,維護政局,不斷向百
姓增調賦役,加上胥吏催剝,致民力受困。由於地理因素,鎮江百姓對淮南
局勢的發展十分關切。劉宰雖受官戶庇蔭,可以減低部分稅賦,但也和鄉親

---

115. 劉宰,《漫塘集》,卷九,〈通知鎮江馮大卿多福〉,頁 10 上。

116. 岳珂編,王曾瑜校注,《鄂國金佗續編》,卷十六,〈碑陰記〉,頁 1370–1373。

117. 劉宰,《漫塘集》,卷十五,〈送馮守多福奉祠歸〉,頁 10 下 –11 上。

一樣，有感於來自朝廷的賦稅負擔，及亂事擴大對家園的危害與威脅。因此不僅常藉機為鄉里發聲，更對能體恤民間疾苦，嘉惠鄉梓的官員，表達感謝。

除了向鎮江知府傳達鄉里意見，劉宰也常向金壇縣親民官反映鄉里輿情。現有《漫塘集》保留劉宰與金壇地方官的信箚較少，且多集中於理宗親政以前，這段時期李全盤據淮東，聲勢不斷擴大，對宋廷內外政局影響至鉅。透過有限的信箚，可以看到劉宰向百里侯傳達鄉親心聲之舉。

嘉定十七年（1224 年）四月，新任知縣葉峴到任，劉宰在所回的啟文中，訴說鄉里百姓遭受賦役之苦及胥吏追討的沉痛心情：

> 經總制數千緡之入，驟益於一朝；前後政三四年以來，已同於常賦。加以州家迫甚，縣計索然。編民死徙幾半，而急征累歲逋負之租；綱運交發已足，而責償到倉折閱之數。吏胥之追逮略盡，田里之濟卹未聞。欲槌髓剝肌，遂除於他日；必明目張膽，力辨於此時。願采狂夫之言，益究大賢之業。[118]

文中對金壇多年承受經總制之害，感受深刻。這當是促成他代縣衙上呈〈代金壇縣申殿最錢箚子〉給趙善湘，請求知府紓解民困的重要因素。寶慶二年（1227 年）七月新任知縣魏文中抵任後，他同樣陳訴鄉里親友承受胥吏苛剝，痛斥縣衙失政：

> 賢人在上，引類方觀鵰路之開；君子學道，愛人自詭牛刀之試。惟今桑梓必恭之地，頗有杼柚其空之憂。里正時窘於誅求，戶長或困於白

---

118. 劉宰，《漫塘集》，卷十五，〈回葉知縣峴到任〉，頁 20 上 –20 下。

納。縣胥漁取，訟言月解之均數；郡吏狼貪，相與日來而不止。儻非
正始，何以圖終？二千石之賢，固常存於惻怛；一再見之頃，尚勿靳
於敷陳。[119]

　　繼魏文中知金壇縣的是三山人陳采，字疇若。他於紹定二年（1229 年）
十月到任，五年（1232 年）十月離任。《漫塘集》中未見劉宰與他直接通信，
但〈金壇縣廳壁記〉及劉宰給繼任者林佑卿的啟文，顯示陳采在軍務與時局
緊張的時期主持金壇縣政，卻能體察民意，政績相當卓越。[120] 記文也顯示金
壇縣在理宗即位以來，受困於邊務，處境與先前有明顯的差異，是了解金壇
地理環境與縣政的重要資料。
　　在記文中，劉宰述說金壇的地理形勢，造就勤樸的縣政與民風：

　　其地北受丹徒、丹陽，東受武進，西受句曲。諸山之水，皆匯於邑之
　　南，又南匯於洮湖。田多下濕，夏秋積潦瀰漫，其上田十日不雨即涸，
　　故其民儉而勤。邑隸潤，距郡為最遠，東南走諸臺非孔道，故其民愿
　　而少訟。士大夫以其民之儉且勤，而足以相養也；以其民之愿而少訟，
　　而足以相安也；以其溪可漁，泉可釀，酒冽魚肥，而足以相娛樂也。
　　又以其憑高而望，遠山出沒於蒼煙白鳥之外；放舟而游，紅蕖泛灩於
　　青蒲綠葦之間，可以滌滯慮而暢幽懷也。咸居之安，樂之不能去，可
　　不謂佳邑歟！[121]

119. 劉宰，《漫塘集》，卷十五，〈回魏知縣文中到任〉，頁 21 下。
120. 劉宰，《漫塘集》，卷二十三，〈金壇縣廳壁記〉，頁 12 上 –14 上。
121. 劉宰，《漫塘集》，卷二十三，〈金壇縣廳壁記〉，頁 12 上 –12 下。

不過到蒙、金在淮南發動戰事及忠義軍坐大後，縣政有極大改變。他說：
「前此軍務方殷，為邑者救過不暇，政是以龐。蓋犴獄人命所繫，而去來弗
知；帑庾邦賦所聚，而支移莫考；征榷之地所以與市民交關，而庭戶闃然，
晝無人跡，則他可想。」[122] 劉宰指出，陳采任職後，本著「政事修則財用足」
的理念，大力改變縣政，尤著力於整飭與百姓關係密切的胥吏：

> 乃明會計，而財用之入於官者，吏不得乾沒；乃定推排，而財用之出
> 於民者，吏不得並緣。人識其情偽，戶知其虛實，而軍興調造，劑量
> 由衷，吏不得上下其手。人用不擾而財亦以裕，廢者以興，敝者以新，
> 而向之頹敗不可為之邑，更為清明官府。[123]

扼阻胥吏危害鄉里是劉宰對陳采最大的肯定。因此，陳采請劉宰為縣衙治廳
貫廊的拙齋寫贊語時，劉宰即撰〈拙齋頌〉為賀。[124]

到紹定五年（1232 年）十一月，新知縣林佑卿蒞任時，劉宰藉讚揚前任
知縣陳采處事有方，期望他衡酌吏情，持平為政，「舊令尹之政，既井井可
觀，賢大夫之來，諒繩繩不改。然吏之取於民者日巧，而郡之責於邑者日苛，
持平於上下之間，致察於從違之際。仰惟明鑒，動有成規。要令九鄉三十六
都之人，皆被明公之賜；庶幾四善二十七最之考，不為他邑所先。」[125]

劉宰也對來金壇任縣丞、縣尉與主簿的官員表達鄉里心聲，期盼基層的
親民官能體察民情，導正弊端，惠嘉鄉梓。他對主簿張文之說：「顧田里愁歎

---

122. 劉宰，《漫塘集》，卷二十三，〈金壇縣廳壁記〉，頁 12 下 –13 上。

123. 劉宰，《漫塘集》，卷二十三，〈金壇縣廳壁記〉，頁 13 上 –13 下。

124. 劉宰，《漫塘集》，卷二十五，〈拙齋頌〉，頁 16 下 –17 下。

125. 劉宰，《漫塘集》，卷十五，〈回林知縣佑卿到任〉，頁 22 下。

之相聞，由官簿勾稽之不審。賦已輸而追者旁午，前未竟而後者紛來。非得
明敏之才，曷掃因仍之弊。」[126] 對劉師成主簿說：「顧吾邑勾稽之職，久墮吏
姦；非賢明敏之資，曷瘳民瘝。然其汨我也以始，其逢我也以私，惟益務於
謹微，使莫能以投間。庶善良有恃，不盡折於豪強；亦望實孔昭，可遂階於
遠大。」[127] 同時也期待縣尉潘彙征能傾聽民意，杜絕吏患，「蕞爾此邦，紛然
宿弊。良民怖吏若虎，黠吏驅民若羊。要須綵棒之威，一新群聽；庶應金沙
之瑞，即上要津。」[128]

此外，透過劉宰對鎮江府與金壇縣的相關記事，也可以看到他對家鄉政
務的重視。《漫塘集》保留六十六份題記，與鎮江、金壇相關的記文凡二十六
篇。其中，在衙署、學校的九件記文，對各級官署、州縣官吏與民間的複雜
關係，有清楚的敘述。如他在〈金壇簿廳壁記〉中即生動地寫出縣衙中主簿、
縣尉與胥吏，催收民間賦稅時的多重糾葛，以致「歲見吏驅民過吾門者踵相
躡。」但到劉姓主簿上任後，卻是「吏驅民過門者絕少」的景象。主簿謙虛
地說，不是自己能幹，而是「彼寬逋欠，省追胥以紓民者，守若令也，而吾
適濫巾其間，故幸以免。」[129]

小　結

從劉宰與鎮江府及金壇縣官員通信或文字往來的內容看，劉宰與知府討
論、交流的事務多針對民生，如河道開通、地方稅賦及徵糧、運遞等具體事
務，發言內容多是為金壇鄉親發聲，在書箚或啟文中所稱「九鄉三十六都」，

---

126. 劉宰，《漫塘集》，卷十五，〈回張簿文之到任〉，頁 24 下。
127. 劉宰，《漫塘集》，卷十五，〈回劉簿師成到任〉，頁 25 上 –25 下。
128. 劉宰，《漫塘集》，卷十五，〈回潘尉彙征到任〉，頁 26 下。
129. 劉宰，《漫塘集》，卷二十，〈金壇簿廳壁記〉，頁 28 下。

即指金壇。相對地，他與縣級長官的書信內容，則多陳述胥吏影響地方吏治及縣政。他也常藉長官上任後的啟文，訴說鄉里的困境，期待新任的親民官能體察民情，以具體作為嘉惠鄉里百姓。

　　劉宰鄉居期間，長期結合鄉親發動賑饑及推動建設，造福鄉里，並藉由標舉鄉賢陳東愛國犧牲的形象，凝聚鄉里意識；甚至向官府反映地方輿情，以化解民怨，溝通官民意見，奉獻心力。這些言行與作為，不僅深受鄉親尊崇，且受到各級官員的信任與倚重，聲聞宋廷。理宗繼位後，劉宰成為朝廷延攬賢良任官的指標，二次受延請入京任官，死後更於寶祐二年（1254 年）十月戊戌，獲宋廷頒賜「文清」的謚號，[130] 並被列入鎮江府的先賢祠中。[131] 劉宰的著作《京口耆舊傳》及《荒政編》都保存於府學之中。[132] 而在金壇縣學及茅山書院旁所立的先賢祠，他也與周敦頤、程顥、程頤、朱熹等名儒，並祠於尊賢舍中。[133] 這些褒祠，都體現劉宰的人格特質，以及他奉獻家國的勛績。

---

130. 不著撰人，汪聖鐸點校，《宋史全文》，卷三十五，「寶祐二年十月戊戌」 條，頁 2838。

131. 俞希魯編纂，楊積慶等校點，《至順鎮江志》，卷十一，〈學校〉，頁 430。

132. 俞希魯編纂，楊積慶等校點，《至順鎮江志》，卷十一，〈學校〉，頁 430。

133. 俞希魯編纂，楊積慶等校點，《至順鎮江志》，卷十一，〈學校〉，頁 458、469。

第六章

直言國政

　　劉宰既非出身世家，又無顯赫官職，以孱弱之身長年鄉居，一生所關懷及參與推動的事業，多聚焦於他居止所在的鎮江。不過，劉宰的仕歷及鄉居後的社會網絡與書箚內容顯示，他與不少寧、理二朝宰執、高官聯繫，甚或受到這些官員倚重，並針對重要朝政提供建言與評議。

　　寧、理二朝，特別從開禧二年至嘉定二年（1206–1209 年），及理宗繼位之後的十年間，是南宋內外關係政局與人事變激烈的時代。開禧、嘉定之際，不僅宋金戰和關係驟變，更牽引宋廷執政者從韓侂胄、錢象祖遞嬗到史彌遠等人事與朝政的重大變動。[1] 劉宰雖是低階官員，卻能向立場不同的執政者發表國政建言。理宗繼位親政期間，他更藉受召的機會，針對重大內政外交議題，向中樞乃至邊閫直陳所見。值得注意的是，這兩段時期的執政者立場迥異，劉宰卻能持續發聲，顯示他既受執政者尊重，對國事的關切也始終如一。綜觀劉宰一生，既紮根鄉里，亦關切國政，可說是一位居鄉懷國的士人。

第一節　籌議開禧、嘉定軍政大計

　　劉宰中進士後，雖任州縣幕職官，但因同年張嗣古、知交兼姻親王遂、

---

1. 參見虞云國，《南宋行暮：宋光宗宋寧宗時代》（上海：上海人民出版社，2018），第三章及第四章第一節，頁 221–298。

岳父梁季珌等諸位親友居中媒介，而與權臣韓侂胄的宰執、侍從有不同程度的聯繫，且先後針對開禧北伐及韓侂胄死後的重要政務議題，向北伐要角鄧友龍及主宰後韓侂胄政局的錢象祖提供建議。

約開禧二年（1206 年）六月，劉宰向鄧友龍直陳對北伐議題的憂心。鄧友龍字伯允，長沙人。嘗從張栻游，以道學之士自居，乾道八年（1172 年）進士，歷官起居舍人、秘書監、侍御史等職，慶元五年（1199 年）四月監都進奏院。嘉泰三年（1203 年）任淮西轉運使，值淮西制置使上報金國饑饉，數十萬饑民流徙於唐、鄧、穎、蔡、壽、亳等地，[2] 友龍遂倡議恢復，「韓用事久，思鉤奇立功以自蓋，得之大喜」，[3] 故招之入京。開禧元年（1205年），[4] 與陳自強奏請以韓侂胄為平章軍國事，[5] 又指金為韃靼所困，饑饉連年，請求出兵；一連串恢復的主張，堅定韓侂胄北伐之謀。[6] 二年四月，宋廷命友龍以御史中丞任兩淮安撫使，兵部尚書薛叔似為湖北京西宣撫使；[7]並調集三衙兵，命鎮江都統制陳孝慶出兵泗州、江州統制許進復新息縣（今河南息縣）、光州忠義人孫成復褒信縣（今河南息縣）。[8] 宋廷旋即下詔北伐，

2. 李心傳撰，徐規點校，《建炎以來朝野雜記》，乙集，卷十八，〈丙寅淮漢蜀口用兵事目〉，頁 825。

3. 周密撰，張茂鵬點校，《齊東野語》，卷十一，〈鄧友龍開邊〉，頁 204。

4. 魏了翁，《鶴山先生大全文集》，卷十二，〈夜直玉堂〉，頁 14 下。

5. 《宋史》，卷四十七，〈寧宗本紀〉，「開禧元年六月壬子」條，頁 738；卷四百七十四，〈韓侂胄傳〉，頁 13775。

6. 羅大經撰，王瑞來點校，《鶴林玉露》，甲集，卷四，〈鄧友龍使虜〉，頁 62–63。

7. 不著撰人，汪聖鐸點校，《宋史全文》，卷二十九下，〈寧宗〉，「開禧二年四月甲子」條，頁 2508。

8. 不著撰人，汪聖鐸點校，《宋史全文》，卷二十九下，〈寧宗〉，「開禧二年四月己巳」條，頁 2508。

宋金戰事爆發。[9]

　　鄧友龍出任兩淮安撫使後，為籌謀開邊，曾請監督進奏院的吳漢英協助籌劃恢復，[10] 而於宋兵復泗州時上表稱賀，[11] 並奏請捕殺金兵有功的北人為官。[12] 這時劉宰守喪期滿，出任浙東倉司幹辦官。他在赴京期間，致書鄧友龍，表達對時局的憂心；認為在國力不振、準備不足時倉促興兵，是行險徼倖的舉動：

> 竊以治內治外，固有定序；知彼知己，要先反求。時方病於才難，國未臻於財裕，乃援匈奴五單于爭立之事，欲收樊噲十萬眾橫行之功。旁求狙詐之徒，肆為誕妄；故縱鼠竊之盜，俾事奪攘。徒令大義之虧，莫副遺民之望。甚矣向來之過計，宜乎嘖有於煩言。其在於今，則異於是。我雖懷猶豫之意，彼已為壯往之謀。聚師河南，竟立出征之號；貽書境上，公為詰問之辭。輕兵來往之無常，互市關防之愈密。倘務折衝固圉，要在同寅協恭。竊聞上而執政之臣，了不任方來之患；下而列曹之彥，惟知咎既往之非。秋高馬肥，既已在於目前；狗苟蠅營，曾不慮於意外。豈所謂進思盡忠，退思補過；何以異危而不持，顛而不扶。[13]

---

9. 不著撰人，汪聖鐸點校，《宋史全文》，卷二十九下，〈寧宗〉，「開禧二年四月丁亥」條，頁 2509–2511。

10. 劉宰，《漫塘集》，卷二十八，〈故兵部侍郎吳郎中墓誌銘〉，頁 10 下 –17 下。

11. 樓鑰著，顧大朋點校，《樓鑰集》，卷一百三，〈資政殿大學士致仕贈特進婁公神道碑〉，頁 1785–1794。

12. 《宋會要輯稿》，兵二十，〈軍賞〉，「開禧二年六月十四日」條。

13. 劉宰，《漫塘集》，卷十六，〈上鄧侍郎友龍〉，頁 2 上 –3 上。

　　況且朝野對和戰舉棋不定，兼以民生疲困、國基不穩，驟然興兵，實為肇禍生事之舉：

> 或盟誓當堅，則須釋敵人之疑；若間隙已開，則亟為邊壤之備。釋疑於敵，則生事者合正其罪；為備於邊，則在位者當同其憂。庶彼雖藉口以為辭，而我可協力以抒難。安有養成騎虎之勢，猶欲復持首鼠之端。況和戰雖有兩塗，而修攘初非二道。必敵國仰如父母，庶制梃可撻甲兵。而今也謀帥率用武臣，安知田里之愁歎；增戍多築營壘，第令征役之紛紜。連薨獸駭而安坐不知，粒米狼戾而賤棄不顧。青蚨之用殆折八九，耕牛之存十無二三。千里長淮，未穩枝巢之託；百年故壤，曷來簞食之迎。且立國以來，恃兵為重，必先固本，乃可圖功。流傳細柳之屯，數賦采薇之遣，……由來爵賞之行，蓋示功名之勸，或出畀鈇鉞之任，惟顧金錢；或入榮旌節之加，徒起刀筆。是使捐軀之士，居多解體之人。[14]

　　就在劉宰獻言進諫時，宋金兩淮戰局已變。宋兵潰敗，鄧友龍遭罷，改以丘崈接任其職。[15]次年十一月起鄧友龍又因首開邊釁，陸續遭到奪職、除名、安置循州的處分。[16]

---

14. 劉宰，《漫塘集》，卷十六，〈上鄧侍郎友龍〉，頁3下–4上。

15. 不著撰人，汪聖鐸點校，《宋史全文》，卷二十九下，「開禧二年六月甲辰」條，頁2510。

16. 《宋會要輯稿》：「朝請大夫鄧友龍降三官，送興化軍居住。友龍以御史中丞宣撫江淮，召歸，先與宮觀，繼有是責。越明年十一月，臣僚復論友龍首開邊釁，幾致誤國，再追五官，南雄州安置。既而又論侂胄盜權用兵之罪始於友龍，止從降竄，於理

　　隨著兩淮戰局的逆轉與潰敗，鄧友龍的政治生命迅即結束；及吳曦降金，韓侂胄更陷入困境，而於開禧三年（1207 年）十一月被弒身亡，朝政轉由錢象祖、衛涇及史彌遠主宰。十二月二十日，錢象祖升為右丞相兼樞密使，衛涇、雷孝友並參知政事，林大中為簽書樞密院事，史彌遠任同知樞密院事，也開啟宋金由戰轉和、宋廷宰執人事巨大變動的嘉定新政局。

　　新執政團隊形成後，劉宰曾代錢象祖籌劃標誌新政的國務運作藍圖。劉宰與錢象祖、衛涇早有淵源，二人掌權後，即致書啟相賀。劉宰在上衛涇的啟中，自稱門牆下士，說：「（衛涇）幾年家食，名齊太丘之高；一日朝紳，國增九鼎之重。凡樽俎笑談之頃，惟社稷安危之憂。若時憸人，汨我成憲，雖發霍氏之事，始藉延年；而用元齡之謀，卒由如晦。入贊洪鈞之運，益隆丹宸之知。」[17] 而在賀錢象祖的啟文中，除一般的頌揚之辭，更表明出於愛助之私，建議當前最切要的政務，是結束長達十三年的權臣執政，讓權力回歸中書：「東宮國本，中書化原。左右未純乎正人，則國本未安；政令猶出於多門，則化原猶紊。千萬世無疆之計，宜審于今；十三年已失之權，盍還其舊。」[18] 這一想法與錢象祖一致，因此由劉宰代擬奏章，上呈寧宗。

　　劉宰代錢象祖所擬奏箚，大約是在嘉定元年（1208 年）五月，宋廷新的人事布局初定後。他代擬二件改進政治運作的方案，意在扭轉韓侂胄掌權以來，侵奪宰執權力的現象；期待未來人事任用歸於專職，讓政務修明。奏箚首先指陳韓侂胄破壞體制造成的嚴重後果：「國家萃幾務於中書，而總之以二三大臣，此其任甚重，其責甚專。昨自憸人弄權，率意妄作，政令之施設，

　　　未當，遂除名，改循州安置。」見《宋會要輯稿》，職官七十四，〈黜降官〉，「開禧二
　　　年六月二十六日」條。

17. 劉宰，《漫塘集》，卷十六，〈上衛參政涇〉，頁 6 上 –6 下。

18. 劉宰，《漫塘集》，卷十六，〈上錢丞相〉，頁 4 下 –6 上。

始有不由中書；人才之用捨，始有不由廊廟。」¹⁹ 呼籲寧宗回歸既有制度的
運作方式：

> 故臣願陛下自今以始，凡舉一事，凡用一人，若大若小，若內若外，
> 必與臣等公議而公行之。凡特旨內降，一切不出。或猶有蹈常襲故者，
> 容臣執奏，一切不行，庶幾國是不搖，倖門不啟。或臣等議有未盡，
> 行有未當，給舍得以繳駁，臺諫得以糾正，必無偏黨，上累聖知。²⁰

其次，是調整人事任用及運行模式。他指出政局變動之初，不免以非常
強烈手段剷除敵黨和招攬賢良。但要確立用人升遷的制度，須任用專業，才
能行之長久：

> 比者憸黨既除，朝廷虛位，一時遷轉不一，正自不得不爾。今小大之
> 臣，員數略備，遠外人物，收召方來。若猶更易不時，不惟職業廢墮，
> 賢路充塞，亦恐播之天下，不知朝廷擢用率本才能，但謂名器冒濫有
> 加前日，終無以作新耳目，興起事功，徒使方來者無所可容，已廢者
> 得以藉口。故臣願陛下自今以始，專以職業屬群工，期年之內，非有
> 功不遷，非有缺不補，庶幾大小之臣，各以職業自勉，不以苟且存心。
> 內治修明，外憂可弭。²¹

劉宰認為這兩項是丞相應有的職責，為避免未來紛擾，請寧宗確認並公

---

19. 劉宰，《漫塘集》，卷十三，〈代錢丞相奏箚〉，頁 21 下。
20. 劉宰，《漫塘集》，卷十三，〈代錢丞相奏箚〉，頁 22 上。
21. 劉宰，《漫塘集》，卷十三，〈代錢丞相奏箚〉，頁 22 上 –22 下。

告周知：

> 中書失職已十有三年。若非預此奏陳，異時求倖進而無門，欲速化而
> 無策者，必且以怗勢專權，間臣於陛下，陛下左右亦且以人主不得自
> 由之言證成之。方是時，臣雖欲自辯，有不可得，故不得不先為陛下
> 言之。陛下以臣言可行，則乞以臣此章誕告中外，俾皆精白一心，以
> 待朝廷之公選。[22]

　　劉宰代擬撰奏箚的內容，明顯是籲請寧宗導正韓侂冑掌權十三年間專權
獨裁，破壞中樞政務正常運作，造成政治體制崩解的亂象；他願遵循體制，
為官僚表率。韓侂冑雖無實質差遣，因能出入禁中，故得以竊取權柄。蔡幼
學與樓鑰都曾指出韓侂冑「出入林掖，肆為姦欺」[23]、「召見無時，將不能
遠」，[24] 衛涇明確指出：「臣、象祖等惟朝殿奏事，得侍清光，退後凡有事件，
多是繳入，非時無緣可得通達內外之意。所以向來韓侂冑因此得以竊弄威福，
稔成奸惡，幾危國家。」[25] 致其影響力得以超越宰執侍從。此外，韓侂冑更
透過臺諫宰制輿論，御筆專擅朝政：「凡所欲為，不復奏稟，偽作御筆批出，
同列憚其權勢，不敢爭執。」[26] 更藉獨班奏事、留身獨對等方式，影響寧宗
決策。特別在任平章軍國事之後，不僅位序在丞相之上，連尚書省印也納於

22. 劉宰，《漫塘集》，卷十三，〈代錢丞相奏箚〉，頁 22 下 –23 上。
23. 蔡幼學，《育德堂奏議》（收入《古逸叢書》，北京：中華書局，1987，據北京圖書館
　　藏宋刊原大影印），卷二，〈繳韓侂冑陳自強與在外宮觀指揮措置狀〉，頁 12 上 –14 下。
24. 樓鑰著，顧大朋點校，《樓鑰集》，卷二十九，〈再繳韓侂冑、彭龜年奏〉，頁 515。
25. 衛涇，《後樂集》，卷十二，〈繳進御筆箚子〉，頁 1 下。
26. 《宋會要輯稿》，刑法六，〈矜貸〉，「開禧三年十二月六日」條。

其府邸，宰相不再知印；[27] 因此錢象祖透過這份奏箚，籲請寧宗將事權回歸中書，並以公開透明的制度運作，導正政治歪風。

由於錢、衛二人迅即遭罷，政局驟變，這一奏箚的建議未見落實執行。嘉定元年（1208 年）六月衛涇遭罷外任，十月錢象祖雖拜左丞相，但到十二月卻又遭臺諫列論罷相，政務由新任右丞相史彌遠接掌。史彌遠既獲楊皇后及部分臣僚支持，實現殺韓的計畫，晉升宰執，其後更在皇太子的支持下，逐步伸展權勢，掌握政局；又循獨班奏事及任命臺諫的機會，步上韓侂冑的後塵，[28] 其權力運作模式，顯與錢、衛有別。因此，在史彌遠執政時期，這一理想性強的政治訴求，自然難以落實。

劉宰對影響士人入仕甚鉅之太學補試的建議，則在後來科舉的考試中得到部分兌現。透過科舉進入仕途，是宋朝在中國歷史上影響最深刻的用人制度。自北宋熙寧以來，宋廷用人、任官，存在著科舉與學校教育雙軌並行且互有消長的現象。到南宋由於太學員額較州縣解額更多（州郡解試常達數百人才解一人，而太學解額約七人取二人），且有各種免解授官的優待，遂吸引眾多士人參加太學補試。[29] 張維玲指出南宋的太學補試大體有二法：一是允許四方士人參加的「混補」法，大約實行於紹興二十一年至淳熙二年（1151–1175 年），以及紹熙元年至嘉泰元年 （1190–1201 年） 期間。淳熙四年（1177 年）推行的「待補」法，則對應考士人身分加以限制，此制實施於紹熙元年前，及嘉定元年（1208 年）迄南宋亡國這段時間。[30] 從這二種制度交

---

27. 李心傳，《建炎以來朝野雜記》，乙集，卷十三，〈平章軍國事〉，頁 710–711。

28. 韓冠群，《史彌遠與南宋中後期中樞政治運作 (1194–1260)》（北京：中國人民大學中國古代史博士論文，2015），第二章，頁 39–51。

29. 梁庚堯，《宋代科舉社會》，第四講，頁 72。

30. 參見張維玲，〈南宋待補與待補太學生〉，《中華文史論叢》2012:4 (2012)，頁 90–121。

替更迭運作，顯示宋廷在面對龐大士人群體為躋進功名窄門，在順應社會期待與汲取賢才之間，有過多方轉折。

劉宰從自身和親友爭取仕進的經歷，見證士人無休止地四處應試，不僅是個人與家庭的試煉、士風的考驗，對國家與社會秩序更帶來無盡的挑戰。因此想藉由增加解額、取消漕試，及回歸鄉貢、罷太學補試等方式，發揮「游士各反其鄉，場屋可清，朝廷可重，爭訟可省，風俗可厚」的成效。[31]

劉宰請求罷漕試與太學補試的箚子，長達一千九百字。他對南宋建政以來取士的政策，造成諸多亂象及朝廷的消極作為，有深刻的批評；[32]並提出兩項解決方案，一是罷漕司之試而增解額：

> 今之牒試，凡曰避親、曰隨侍、曰門客，鮮非偽冒者，而販鬻者居其半。士大夫皆知之而不忍絕之者，正以解額不均之故，故莫若罷漕臺之牒試，而增其額於諸州，取開禧三年諸州所申終場人為準（果欲行此，宜密而速），每三百人取一人。顧今天下士子多而解額窄者，莫甚於溫、福二州，且如福州終場萬八千人，合解九十名，舊額五十四名，與增三十六名；溫州終場八千人，合解四十名，舊額十七名，與增二十三名。他州準此，人多額窄則增之，人少額寬則仍之，度所增不過

---

31. 劉宰，《漫塘集》，卷十三，〈上錢丞相論罷漕試太學補試箚子〉，頁 15 下。

32. 「年來事無巨細，求者從、欲者得，有如嘉興免解之事，上庠混補之事，朝廷深知其不可行而不敢固拒。蓋游士率斂錢物入己，志在必行，百十為群，遍走朝路，或謗訕以脅制，或佞媚以乞憐，或俯仰拜跪以祈哀。朝廷顧惜大體，重失眾心，勉而從之，以幸無事，而朝廷之勢輕矣。夫朝廷之勢輕，則緩急之際必有令之不行、作之不應者，甚可懼也！」劉宰，《漫塘集》，卷十三，〈上錢丞相論罷漕試太學補試箚子〉，頁 13 上。

數州而已。自溫、福之外，所增不過三數人，通諸州所增之數，不過諸路漕司所罷之數，而士子之周流四方以營牒試者息矣。[33]

第二個方案是罷太學之補試，增加鄉貢人數：

今諸州學田日增，學舍日葺，而鄉校之去取無與於升沉，士子之去來無關於進取，往往有志者鮮入其間；而太學補試取一日之長，亦無以得州里之良士，故莫若罷太學之補試，而取其人於鄉貢。取開禧三年諸州終場人為準，每千人貢一人。溫、福二州向來解額太窄，出游者眾，非他郡比，今聚而歸之，恐人數驟多，則於終場合貢人數外，特增一半，謂如福州終場萬八千人，合取十八名，與更增九名；溫州終場八千人，合取八名，與更增四名。每州以一千人為準，若及五千人以上，則間舉多貢一名；不及千人，則許間舉貢一名；不及三百人者免貢。其合貢人數並取於月書季考，而或殿或罰，並依學令，必求其行藝無玷者。前期上其名於太學，至省試之後，太學缺員之時，簾引參學。其遠方不願參學者，與免文解一次。已貢入學而簾引不中，或簾引已中，一年之內無坐學月日者，罪及教授；而所貢得人者，教授亦與升擢。如此則太學所取皆鄉里所推之人，鄉校所養有登名太學之漸，鄉校之教養不虛設，太學之所取皆實材，而士之宿留都城以營補試者息矣。[34]

　　劉宰提出這個議題，是鑑於慶元二年（1196 年）及嘉泰二年（1202 年）

---

33. 劉宰，《漫塘集》，卷十三，〈上錢丞相論罷漕試太學補試箚子〉，頁 13 下 –14 上。

34. 劉宰，《漫塘集》，卷十三，〈上錢丞相論罷漕試太學補試箚子〉，頁 14 上 –15 上。

二次混試，特別是嘉泰二年到臨安參加太學補試的士子多達三萬七千餘人，是孝宗初期的三倍。舉辦如此大規模的考試，[35] 不僅忽視遠地士子的權益，並且導致臨安秩序混亂、舞弊層出，出現敗壞學風的現象。開禧元年（1205年）雖有調整，但未有效解決。[36]

劉宰提出的兩個方案，都是針對當前混補法造成的臨安社會亂象及士風敗壞，目的在於改善地方教育與舉業競爭力。雖然以史彌遠為首的新執政團隊，是否採行劉宰的建議，不得其詳；但從淳祐十年（1250年）十一月宋廷頒布的詔書，顯示劉宰的提議在晚宋仍受重視並獲得執行：

> 詔國家以儒立國，士習微惡，世道所關。端平初，增諸郡解額，寖漕闈牒試，正欲四方之士安鄉井，修孝悌，以厚風俗。比歲殊失初意，可令逐州於每舉待補人數內分額之半，先就郡庠校以課試，取分數及格者，同待補生給據赴上庠補試，其天府一體施行。[37]

值得注意的是，在宋廷長期倡導和鼓勵下，各州縣普設學校，書院學校已達三百一十所，地方教育成就卓著。[38] 此時，劉宰特別籲請增加鄉貢名

---

35. 《宋會要輯稿》，崇儒一，〈太學〉，「乾道二年二月」條。參見梁庚堯，《宋代科舉社會》，第四講，〈官學的演變〉，頁 60–65。

36. 朝臣檢討科舉成效見《宋會要輯稿》，選舉六，〈貢舉雜錄〉，「嘉定元年四月五日」條。亦參見張維玲，〈南宋待補與待補太學生〉，《中華文史論叢》2012:4，頁 108–109。

37. 不著撰人，汪聖鐸點校，《宋史全文》，卷三十四，「淳祐十年十月丙午」條，頁 2803。參見梁庚堯，《宋代科舉社會》，第四講，頁 65。

38. 陳雯怡，《由官學到書院：從制度與理念的互動看宋代教育的演變》（臺北：聯經出版事業公司，2004）。

額，並建立運作制度，既讓有心培育人才的州縣學校，能在爭取功名上扮演更積極的角色，更可以杜絕四方游士湧入京城，從事於一日之爭，帶來社會的紛擾。

對鎮江士人而言，若增加鄉貢名額，除有助於提升本地舉業競爭的機會之外，由於通過鄉試或進入太學的士人，均可以享受減免部分稅役及法律優待等條件，甚至改變社會地位。因此增加鄉貢名額，對爭取舉業的鎮江士人家族而言，不論名實均有助益；這或許也是劉宰提出此一方案的用心之處。

第二節　針砭理宗初期軍政

理宗繼位初期，南宋內外政局均遭逢激烈變動，劉宰於二次被延攬任官的機會，透過書信及奏箚，針對史彌遠進退、平定李全之亂與收復三京等三項晚宋軍國大政，表達他的看法。

理宗繼位至親政前後十餘年間，南宋的政局因內政、軍事與外交相互糾結、激盪，所造成的震撼遠勝於金海陵王南侵迄高宗禪位，及寧宗繼統以來的黨爭與北伐，對往後政局的影響深刻且長久。其中濟王案就讓甫即位的理宗與長期主宰朝政的宰相史彌遠受到嚴重批判，甚至引發朝臣對立；形象大壞的史彌遠雖想化解，但效果不彰。史彌遠逝世前後，宋廷面對金、蒙關係及淮東武裝勢力的變化，與理宗親政後的朝政更化，一連串內外形勢的糾結與更迭，構成理宗初期最嚴峻的挑戰。當此重要轉折時期，鄉居鎮江的劉宰，既深刻感受到戰事對鄉里的威脅，也關注人事動盪對朝政的牽引，因而秉持耿直的態度，於宋廷二次招賢的過程中，對時局國政、人事議題提出針砭與諫言。

首先是關切宰相史彌遠的進退。嘉定十七年（1224 年）閏八月寧宗崩殂，丞相史彌遠與楊皇后合謀擁立原為皇姪的沂國公趙昀即帝位，是為理宗。

而曾被認為有望繼位的皇子濟國公趙竑被封為濟王，賜第於湖州。史彌遠為化解朝臣對皇位繼承的疑慮及形塑新政景象，以「褒揚名儒，以興起士大夫之心」為名，發動詔舉賢良，表彰名儒的行動。[39]

不料，寶慶元年（1225 年）一月八日，湖州人潘甫、潘壬等人假山東忠義軍領袖李全之名，擁立濟王趙竑為帝，發布榜文，討伐史彌遠擅權廢立之罪；但因外援不足，迅即潰敗。史彌遠派人逼迫趙竑自縊，對外宣稱其病逝，並追捕事變餘黨。[40] 濟王冤死，真德秀、魏了翁等道學朝臣，掀起一連串批判史彌遠的風潮，史彌遠也透過臺諫壓制輿論，釀成對立之局。劉宰就在政局紛擾時刻，參與對史彌遠的諍諫。

從寶慶元年四月二十三日宋廷下詔任劉宰為籍田令起，劉宰向宋朝廷上呈十餘篇奏狀，並在寶慶元年九月以降，即朝臣與史彌遠對追贈濟王與正名定罪的對立態度明確之後，致予史彌遠、王塈十二封書箚。寶慶元年九月間，正當濟王案激發朝野對立的時刻，劉宰上表力辭奉議郎添差建康通判的同時，直接致書史彌遠，籲請效法他的父親史浩在光宗朝辭退相職之舉。書箚全文達一千二百餘字，內容都觸及當時政治環境，語意雖略顯隱晦，但勸退的態度相當明確。

劉宰首先提出史浩在孝、光兩朝功績卓著，卻急流勇退，博得世人尊崇，使家世傳衍；也指出史彌遠輔佐寧、理二宗凡十九年，功勳媲美其父，選擇此時辭退，將是身名兩全的最佳時刻：

39. 不著撰人，汪聖鐸點校，《宋史全文》，卷三十一，「嘉定十七年九月乙亥」條，頁 2615。方震華，〈轉機的錯失──南宋理宗即位與政局的紛擾〉，《臺大歷史學報》53 (2014)，頁 7–8。關於史彌遠與楊皇后合謀立理宗一事，討論的論著尚多，可參見韓冠群，《史彌遠與南宋中後期中樞政治運作 (1194–1260)》，第二章，頁 52–69。

40. 方震華，〈轉機的錯失──南宋理宗即位與政局的紛擾〉，頁 16–17。

欽惟大丞相於先越王，秉國鈞軸，其位遇同，輔道先帝，翼贊嗣皇，其眷倚同。先越王再處臺司，不俟溫席，晚歲駕安車，策靈壽杖，為孝皇一出，天下顒顒，謂且留相天子。曾未幾時，即榮袞繡之歸。是以福祿壽考，極於人臣，德業勳勞，傳於子嗣。今大丞相弼亮兩朝十九年矣，而不敢一日釋此重負，自同於先越王，何哉？豈非以勳名已盛，權勢已隆，欲奉身而退，不可得乎？某竊謂為此說者，左右前後自為身計者之謀，非所以為大丞相計也。大丞相爵賞之用，無黨無偏；刑罰之行，無怨無惡；尊賢使能，不驕不吝，故在位雖久，而上下未有厭斁之心。一朝褰裳而去，主上必曰：「是嘗建大功、定大業，禮貌不可以不隆。」公卿百執事亦曰：「是嘗持國家紀綱，守朝廷法度，待士大夫以至公無私，禮不可以不厚。」恩誼終始，身名兩全，當世之士，必有能作為歌詩頌贊，寫之琬琰，繪之縑素，使萬世之下歆艷嘆慕，以為不可及者。[41]

劉宰直指史彌遠周圍的官員，為迎合上意、謀取私利而不願說真話，自己則為報答恩情，誠懇提出建言，期望他效仿其父急流勇退：

今議不及此，而惟狃目前，咈然忿異議之來，而幸其同則止；戚然慮事變之作，而幸其平則止。縻之以爵祿，而恩意有時而窮；壓之以刑威，而勢力有時而屈；防之以知術，而事常出於意料之表。當是時，左右前後之人，志得意滿，皆將自擇其身之利，而大丞相獨誰與同其憂乎？某病廢以來，得自適其適，雖無爵位之安，而危不迫其身；雖

---

41. 劉宰，《漫塘集》，卷七，〈上史丞相一謝除籍令及改秩添倅〉，頁 2 上 –2 下。

無富貴之樂，而憂不入其心。每願持此以獻於有位者，而無其階。伏念左右前後之人，希容悅者多，能不逆畏其忤而直致其辭者寡，輒因敘謝裁，具短啟申獻。倘幸置坐側，時一覽觀，以致其思，是大丞相拔士疏賤，不為無益；某受大丞相超擢之恩，不為無報。不然，異時追憾左右之不能盡言，某亦自悔其不及言，無益矣。是以不量位分，馨竭愚誠。大丞相果能從赤松之游，尋綠野之勝，從容天台、四明之間，以訪先越王經行之舊，某雖衰疾不任衣冠，猶冀幅巾短褐，拜謁道左，以自附於賓客之下陳，不勝愛助之至。若乃言不成文，書不如式，則野人之常，併丐矜察之。[42]

　　在濟王案掀起朝野激烈對立的時刻，劉宰在信中舉史浩晚年辭退一事，是有深意的。史浩在光宗朝並未出任要職，除《宋會要》外，宋朝的官方典籍也未記載其事；他卻在孝、光宗之際頗受重視，也使其家人印象深刻。曾教授史彌遠、史彌堅兄弟的孫應時，更為這段歷程留下見證。

　　此事的簡要過程是，淳熙十六年（1189 年）二月，宋孝宗內禪，退處重華宮，次月授史浩太師。紹熙元年（1190 年）四月，宋廷以孝宗想見舊學之臣為名，敦促史浩入京覲見；史浩以病推辭，光宗特詔調養，期盼擇時入京。次年二月，正式下詔優禮，令「疾速赴闕」，[43] 且遣內臣致藥邀行。史浩在孫子史定之陪同下進宮，約停留一個月；期間四次朝見光宗與孝宗，並向光宗進奏「立天下之大本，平天下之隱難，收天下之人望，伸天下之直氣」等軍國要務。[44] 史浩此行甚受時人重視，甚至傳聞將再獲重用。孫應時在致史浩

---

42. 劉宰，《漫塘集》，卷七，〈上史丞相一謝除籍令及改秩添倅〉，頁 3 上–4 上。

43. 《宋會要輯稿》，禮五十九，〈群官儀制〉，「紹熙二年二月二十一日」條。

44. 徐自明著，王瑞來校補，《宋宰輔編年錄校補》（北京：中華書局，1986，以《敬鄉樓

的第四封信中即說：「仰惟慈皇渴念舊學，嗣聖倚諉大老，而師相壽康未艾，精神有餘，君臣俱榮，國家盛事，將不惟特講臨雍乞言之拜，或復有平章重事之留，矢謨戒德，尚惟留意。」[45] 不久又說：「道路皆言，且有平章軍國之拜。」[46] 同年三月，朱熹也向孫應時打聽史浩的動向，說：「史公入覲，不知復何所處？禮畢亟歸，亦佳事也。」[47] 可見此時許多人都關注史浩進京可能衍生的政治效應。不過，史浩並未任官，而於四月返鄉；宋廷加封食邑至一萬九千五百戶，實封八千五百戶。[48] 劉宰藉史浩不戀慕權勢的往事，期許史彌遠效仿的勸退文字，內容真切；但選擇政治肅殺之氣甚盛，時局緊張之際致書，時機格外敏感。

劉宰這封信箋，是透過嘉定八年（1215 年）間曾任知金壇縣，時任中書舍人的王塈轉呈的。從劉宰同時給王塈的書箋，可以看到他向史彌遠表達意見的用心及其過程：

> 某何物小子，乃爾僥冒！敘謝之書，若自同常人，一於道古今，譽盛德，則是亦常人爾，無乃孤非常之遇乎！凡齋心兀坐旬日，而後得一啟一劄致謝之外，並不敢及時事，只論出處進退之義。啟中猶援一二

叢書》本為底本校補），卷十七，頁 1267–1268。

45. 孫應時，《燭湖集》，卷六，〈上史越王書（四）〉，頁 3 下。

46. 孫應時，《燭湖集》，卷六，〈上史越王書（六）〉，頁 5 上。

47. 朱熹著，陳俊民校編，《朱子文集‧別集》（臺北：允晨文化，2000，以明嘉靖本為底本點校），卷三，〈孫季和八〉，頁 5157。參見陳來，《朱子書信編年考證（增訂本）》（北京：生活‧讀書‧三聯書局，2007），頁 352。黃寬重，《孫應時的學宦生涯：道學追隨者對南宋中期政局變動的因應》，頁 55–57。

48. 史在礦，《忠定王年譜》，收入《史氏譜錄合編》（天津：天津圖書館、天津古籍出版社，2001，據康熙間八行堂藏版影印），頁 17 下。

故事，劄中只以丞相先越王為說。既成，焚香告之天地，而後敢發。
區區只冀萬一有所感悟，竊計書雖未到，先越王在天之靈則已知之。
前承許為轉達，自揣非臺坐亦莫能達，謹併申省狀控浼，得不斥去，
實受成始成終之賜。[49]

　　從所述內容可以知道，劉宰在這敏感時刻致函史彌遠，不論是傳達的管
道和表達的意見，都經仔細思量。他在信中說不敢直接觸碰敏感的「時
事」——濟王案，而是援引史浩的事例，希望史彌遠能感悟出處進退之義。
用辭雖委婉，本意卻非常清楚；而透過與史彌遠關係密切的王塈轉交，也具
緩和緊張的作用。可惜書箚中提及的「啟」未見於《漫塘集》。

　　寶慶二年（1226 年）初，劉宰接獲史彌遠與王塈的回信。史彌遠回信之
詞雖然客氣，但顯然與劉宰的期待有落差。三年五月，他再一次向史彌遠致
謝時，仍說：「四明山水勝處，平泉之嘉花美木列植交蔭，皆欣欣然，若有待
畫錦焜燿，此其時歟！某病少愈，猶能手種樹，書躡青鞵布襪，聽役於長公
少公之間，惟所以命」，[50] 尚流露出一絲期待。不過從事件發展看來，史彌遠
既藉臺諫貶黜清議朝臣，言官也攻擊拒絕應召入朝的士人是為博取個人聲譽
而抗拒君命。[51] 如此一來，劉宰只得一再請辭免各項職任，不再涉及敏感的
時政。在寶慶三年（1227 年）十月，他賀王塈任史部侍郎時，只反映當時地
方行政敗壞的現象，祈請朝廷重視並加以導正，不再觸及勸退史彌遠的話語。

49. 劉宰，《漫塘集》，卷七，〈通王中書一塈〉，頁 10 下 –11 上。

50. 劉宰，《漫塘集》，卷七，〈三辭直秘閣〉，頁 6 下。

51. 脫脫等撰，《宋史》，卷四百二十二，〈李知孝傳〉，頁 12622。方震華，〈轉機的錯
　　失——南宋理宗即位與政局的紛擾〉，頁 21–23。韓冠群，《史彌遠與南宋中後期中樞
　　政治運作 (1194–1260)》，第二章，頁 65–69。

　　其次則是針對趙善湘剿滅李全過程的評議。蒙古興起及南侵之後，夾在宋、金、蒙之間的山東、淮海一帶受創甚深，社會秩序崩解，因而出現為數極夥的民間自衛武力，此後在三國關係發展演變中，逐漸形成以李全為首的武裝力量。他們為求生存，南向尋求宋廷的支援；宋廷為倚之抗金，也不斷以名位、錢糧攏絡，其勢力益形坐大，甚至萌生挾持柄兩端、據地自雄的企圖，宋廷從而圖謀分化其勢力，遂致雙方互信崩解。李全不僅發動兵變，殺害淮東制置使許國，掠奪楚州。更在山東招納亡命、造艦，積極備戰。[52]

　　紹定元年（1228年），當亂眾勢熾時，劉宰給浙東安撫使汪綱的信函中，曾期待他出任平亂之責。[53]三年二月，李全再策動楚州兵卒燒軍器庫，謀據揚州渡江，分兵行通、泰二州趨海；並以捕盜為名攻取鹽城，以爭取揚鹽之利。他甚至指責江淮制置使趙善湘違反丞相力主安靖之說：「奈何趙制置、岳總管、二趙兄弟人自為政，使全難處！」[54]此時的李全已如宋人戴栩所說：「淮甸之孽，雖逆名未彰，而逆節已露」，[55]叛宋企圖昭然若揭。不過李全為繼續獲取經濟支援，表面上對宋仍表恭順，致使宋廷在剿撫之間游離難定。[56]

---

52. 黃寬重，〈賈涉事功述評——以南宋中期淮東防務為中心〉，《漢學研究》20:2 (2002)，頁165–188。及黃寬重，〈經濟利益與政治抉擇——宋、金、蒙政局變動下的李全、李璮父子〉，收入氏著，《南宋地方武力——地方軍與民間自衛武力的探討》，頁275–306。

53. 劉宰說：「今淮塵未靖，國步孔艱，折衝固圉，非大卿尚誰望哉！以向來異議為嫌，某謂能料事於未然之前，則必能制變於已然之後。萬有一廟議出此，惟大卿勉之。不然自楚氛以來，公卿大夫無一人敢出北關者，非所以服盜賊小人之心也，高明以為如何？」劉宰，《漫塘集》，卷十一，〈回紹興帥汪大卿綱〉，頁5上。

54. 脫脫等撰，《宋史》，卷四百七十七，〈李全傳〉，頁13642。

55. 楊士奇、黃淮等編，《歷代名臣奏議》（臺北：臺灣學生書局，1964，據明永樂十四年〔1416〕內府刊本影印），卷三百三十八，頁3上。

　　而後李全轉投降蒙古，[57] 並揮兵攻破鹽城與泰州，進逼揚州，江淮震盪；參知政事兼樞密使鄭清之說服理宗與史彌遠，支持趙范、趙葵兄弟執行剿滅李全的計畫。理宗任命史彌遠的親家——原知鎮江府趙善湘為沿江制置使、建康留守，旋改為江淮制置大使，[58] 並起復守母喪的二趙兄弟：趙范知揚州、趙葵知滁州節度軍馬，正式下詔討伐李全。[59]

　　趙范、趙葵兄弟受命後，即入據揚州。李全雖攻揚州與真州，卻於次年正月戰死揚州城外新塘，餘黨擁其妻楊妙真渡淮，投靠蒙古。四月趙氏兄弟率諸軍分進李全所據淮安等州縣。[60] 從宋廷下詔討伐到亂事弭平，為時超過半年。[61] 前後動員十二、三萬軍人，花費一百二十餘萬石米糧。[62]

---

56. 方震華，〈軍務與儒業的矛盾——衡山趙氏與晚宋統兵文官家族〉，《新史學》 17:2 (2006)，頁 11–12。方誠峰，〈端平更化的內與外——兼論南宋政治的「雙重委託」格局〉，稿本。

57. 黃寬重，〈賈涉事功述評——以南宋中期淮東防務為中心〉，頁 165–188。黃寬重，〈經濟利益與政治抉擇——宋、金、蒙政局變動下的李全、李璮父子〉，《南宋地方武力——地方軍與民間自衛武力的探討》，頁 275–306。

58. 紹定三年十一月十八日，宋廷改沿江制置使為江淮制置大使，專責平亂，並許便宜行事，首任者為趙善湘，見周應合，《景定建康志》，卷二十五，〈官守志二·制置司〉，頁 24 上。又見脫脫等撰，《宋史》，卷四百一十三，〈趙善湘傳〉，頁 12400–12402。

59. 黃寬重，〈經濟利益與政治抉擇——宋、金、蒙政局變動下的李全、李璮父子〉，《南宋地方武力——地方軍與民間自衛武力的探討》，頁 294。韓冠群，《史彌遠與南宋中後期中樞政治運作 (1194–1260)》，頁 110–112。

60. 黃寬重，〈經濟利益與政治抉擇——宋、金、蒙政局變動下的李全、李璮父子〉，《南宋地方武力——地方軍與民間自衛武力的探討》，頁 294–295。

61. 李天鳴，《宋元戰史》(臺北：食貨出版社，1990)，頁 124。

62. 吳潛，《許國公奏議》(收入《百部叢書集成·十萬卷樓叢書》，臺北：藝文印書館，1968，據清光緒陸心源校刊《十萬卷樓叢書》本影印)，卷一，〈應詔上封事條陳國家

由於亂事擴大，江淮情勢緊張，趙善湘倉促間承擔重任，為全力平亂，急切徵集錢糧、甚至搜刮民田，以應軍需。[63] 劉宰對三趙為剿滅李全而騷擾百姓之舉迭有抱怨。李全死後，趙善湘詢問後續作法時，劉宰明白表示窮寇莫追的意見：

> 下問萬全之策，此雖尚書之戲言，然在某辱盼睞之私，寧能有懷弗吐？竊謂自古收用兵之全功者，必非有罪者俱斃，……尚書今已殲其渠魁，而不求有以散其餘黨，方合諸道將帥，嚴兵而固守之，使其絕逃生之望，而堅其致死之心，非計之得也。故某愚意，謂大帥不必絕江建臺，在指麾諸將而已；諸將不必合圍攻賊，在開其去路而已。彼塗窮必死之寇，幸而可去，如兔斯脫，而回顧其後，重兵臨之，若卵就壓，其不跋前疐後者幾希矣。斯其為全功，孰禦焉！不然，大帥奮然啟行，諸將躍然奔命，重圍四合，百萬齊驅，何敵不摧？何戰弗克？而彼惟致死以守堅城，則我師進退不可；閱日既多，師老財費，加之耕耨廢而禾稼無望，暴露久而疾疫將興，某不勝癙憂，敢因稟報，冒昧及之。[64]

趙善湘執意掃蕩餘黨，顯然與劉宰的期待有很大落差。直到六月九日宋

大體治道要務凡九事〉，頁 42 下。平定李全之亂，詳見李天鳴，《宋元戰史》，頁 106–124。

63. 《吹劍四錄》所載：「紹定間，趙善湘留守建康，急於財賦，不時差官下諸邑，孔粒以上根括無遺。」俞文豹撰，許沛藻、劉宇整理，《吹劍四錄》(鄭州：大象出版社，2019，以《知不足齋叢書》本為底本點校)，頁 224。

64. 劉宰，《漫塘集》，卷九，〈回江東安撫趙尚書前人〉，頁 3 下 –5 上。

軍才收復淮安，前後費時二個月。劉宰在趙善湘平定亂事時賀說：「蠢爾逋逃，敢行悖亂，方鹽城、通、泰莽為盜區，而京口、蘇、常皆虞寇至，築隄斷道，積土塞川。東郊峙芻，既乏徐夷之備；百萬積穀，且無湟中之儲。」[65]仍不免提及亂事為邊區民生、社會帶來負面影響；更在給幾位親友的書箋中，嚴厲批判趙善湘。如他曾向被貶歸靖州的魏了翁函報此事，說：「邊事未知底止，李全豎子猶得恐喝於淮南。大率淮浙間人，如燕巢幕上。況鄉邑去江最近，憂端實多，帥守極力誅求，民生更有可念者。」[66]也在致任浙西提舉袁肅的信箋中說：「餘寇之在淮安者已無幾，三趙欲全其功，故不欲開其走路。要之窮寇勿迫，歸師勿遏，此是古今通論。有自淮來者云：『今兵食日計萬石，倘幸一月之內克捷，亦須三十萬。更久當如何？』此為國家者所當深察也。」[67]與此同時，他給知荊門軍張元簡的書箋也說：「李全幸已誅，其妻逃去，則猶有可疑。二趙取山陽，猶未奏捷。自昔盜賊初起，必未能為大害，向後乃可憂，而謀國者與任事者皆狃於幸勝，有輕敵之心，奈何。」[68]四年十月，他甚至向同年好友、新任四川制置使李𡎐，訴說宋廷面臨李全死後金、蒙新情勢的發展，未有周詳考慮，給江淮帶來巨大災害：「淮東寇粗息，蓋舊敵再失機會，已無能為；新敵方向中原，未暇回顧，正是綢繆牖戶之時。而中外之慮不及此，燕巢幕上，令人癙憂。」[69]

---

65. 劉宰，《漫塘集》，卷十六，〈回金陵趙帥善湘惠酒兼賀誅李全〉，頁 9 上 –10 上。

66. 劉宰，《漫塘集》，卷十，〈通鶴山魏侍郎了翁〉，頁 16 上 –16 下。劉宰此函當為紹定三年十月左右作，魏了翁有〈答劉司令宰〉一文，見於《鶴山先生大全文集》，卷三十五，〈答劉司令宰〉，頁 15 下 –16 上。彭東煥，《魏了翁年譜》（成都：四川人民出版社，2003），頁 336，繫於紹定三年。

67. 劉宰，《漫塘集》，卷九，〈回提舉袁秘丞肅一〉，頁 23 上 –23 下。

68. 劉宰，《漫塘集》，卷十一，〈回荊門守張寺簿元簡〉，頁 23 下 –24 上。

　　劉宰居止的鎮江，是鄰近揚州、真州等淮南戰區的要衝。這樣的地理位置，固然讓他憂心境內外戰事衝擊時局與國政，但亂事對鄉里民生的破壞，顯然是他更為關切之事。從他對趙善湘、趙范、趙葵平李全之亂的相關意見看來，他尤其擔心擁有便宜行事之權的制置使，為了擴大成果而急切動用民力、徵調軍備，為鄉里帶來巨大禍害。特別是李全死後，趙善湘仍動員大軍，窮追餘黨，其背後龐大軍需的維持、轉輸，均造成沿邊百姓沉重的負擔。況且這時正是春耕的重要時節，戰事的拖延不僅損耗國力，更是鄉里的災難。

　　劉宰最後一個關注的國是議題，是影響晚宋國運甚鉅的軍事行動——端平入洛。韓侂冑所推動的開禧北伐，是南宋君臣為雪國恥所進行的一次軍事冒險。從前述劉宰給力贊北伐的鄧友龍的信箚，已明白他憂心在國力不振之下倉促發動戰爭，可能招來屈辱求和。經歷開禧北伐大敗的沉重教訓之後，新掌朝政的史彌遠「正侂冑開邊之罪而代其位，其說不得不出於和」，[70] 以致到嘉定四年（1211 年）宋人得知蒙古圍攻燕京，華北騷動，各地出現眾多據地自保的自衛武力，金朝的喪鐘已然敲響時，仍力持和議。直到嘉定十年（1217 年），宣宗仍企圖藉南侵獲取資源，宋廷才調整策略，改為接納並組織山東忠義軍，抗禦金朝。後因蒙古有假道及滅金之請，引發朝臣對聯蒙古滅金的討論，與南宋國運相繫的和戰問題，再度成為爭議焦點。不過即使群臣熱烈討論當前情勢，主政的史彌遠仍謹慎面對。[71]

---

69. 劉宰，《漫塘集》，卷十，〈回四川制置李侍郎前人〉，頁 7 下。參考王德毅，《李燾父子年譜》（臺北：中國學術著作獎助委員會，1963），頁 206–207。

70. 魏了翁，《鶴山先生大全文集》，卷十八，〈應詔封事〉，頁 28 上。

71. 黃寬重，《晚宋朝臣對國是的爭議——理宗時期的和戰、邊防與流民》（臺北：臺大出版中心，1978），頁 14–32。韓冠群，《史彌遠與南宋中後期中樞政治運作 (1194–1260)》，第三章，頁 103–113。

　　理宗繼位後，因濟王案招來清議批評、李全坐大引起疑忌，以及蒙古要求聯合滅金等內外情勢的轉變，讓史彌遠轉謀以武力處理金與李全兩股勢力，且藉邊帥自行與蒙古或豪傑結盟的彈性政策，籌謀聯蒙滅金。趙善湘與統領趙范、趙葵兄弟平定剿滅李全之亂後，依功敘獎：趙善湘進兵部尚書，江淮制置大使，知建康府，依舊安撫使。趙范為權兵部侍郎，淮東安撫使，知揚州兼江淮制置副司。趙葵換福州觀察使，右驍衛大將軍，淮東提刑，知滁州兼大使司參議官；[72] 趙葵拒絕新任命，改為寶章閣待制、樞密副都承旨。[73]

　　此時，金人棄汴梁、退守蔡州，理宗轉謀進取。紹定五年（1232 年），蒙古派使臣王檝要求聯兵滅金，京湖安撫使兼知襄陽的史嵩之上奏聯蒙之議。此時趙氏兄弟傾向與金朝合作，反對聯蒙。[74] 理宗仍令史嵩之執行滅金的軍事行動；六年十月史嵩之命荊鄂副都統孟珙和江海率二萬軍隊、三十萬石米糧赴蔡州。端平元年（1234 年）一月陷蔡州，金亡。[75]

　　先是紹定六年二月，理宗徵詢趙善湘對聯蒙滅金的意見，趙表示：「中原乃已壞之勢，恐未易為力，邊頭連年干戈，兵民勞役，當休養葺治，使自守有餘，然後經理境外。今雖有機會，未是時節。」[76] 善湘的意見顯未切合理宗期待，乃改任提舉萬壽宮。[77] 同年十月，理宗一面派史嵩之策軍執行聯蒙滅金，並任命趙范任權工部侍郎，沿江制置副使，趙葵出任兵部侍郎，淮東

---

72. 脫脫等撰，《宋史》，卷四十一，〈理宗本紀〉，「紹定四年四月丁丑」條，頁 1。

73. 脫脫等撰，《宋史》，卷四百一十七，〈趙葵傳〉，頁 12502。

74. 方震華，〈軍務與儒業的矛盾──衡山趙氏與晚宋統兵文官家族〉，頁 17–18。

75. 李天鳴，《宋元戰史》，頁 162–165。

76. 不著撰人，汪聖鐸點校，《宋史全文》，卷三十二，「紹定六年二月辛酉」條，頁 2676。

77. 馬光祖修，周應合纂，《景定建康志》，卷十四，表十，頁 38 下。

制置使，全子才為淮西安撫副使。[78] 趙范、趙葵兄弟實際負責邊防事務，籌謀恢復大計。[79]

端平元年（1234 年）一月，金朝滅亡，成就史嵩之極高的聲譽，但他於聯蒙滅金後，進一步與蒙古接觸，顯與二趙之意相違。趙氏兄弟乃力謀於蒙古兵北撤，中原空虛之際，揮兵收復開封、洛陽、歸德等三京故地，並北守黃河，西據潼關，倚之抗蒙，以奠定長久立國之基。此議獲丞相鄭清之與理宗的支持，遂不顧眾多朝臣的反對，於五月八日任命趙范為兩淮制置大使、節制沿邊軍馬兼沿江制置副使，作為北伐的總指揮。由於此一軍事行動過於倉促，且正當性不足，除了招來極多朝臣的激烈反對外，奉命協同北伐的京湖與四川制置使史嵩之、趙彥吶也不肯出兵相應，只有淮東制置使趙葵統帥五萬軍隊及淮西安撫副使全子才率一萬餘人，分別由泗州及廬州出發，[80] 展開繼開禧北伐後，具有雪恥復國之重大歷史使命的入洛軍事行動。[81]

紹定六年（1233 年）二月，當金都汴京被蒙古圍攻，金哀宗為謀生路，率殘兵離汴赴蔡之際，理宗召趙善湘入京奏事。趙善湘事先徵詢劉宰對恢復故土的看法，劉宰在回啟中，稱讚趙善湘「大功不刊，赫然威名，震於夷夏」

---

78. 脫脫等撰，《宋史》，卷四十一，〈理宗本紀〉，「紹定六年十月丙戌」條，頁 799。《宋史》，卷四百一十七，〈趙范傳〉，頁 12509。

79. 方震華，〈軍務與儒業的矛盾──衡山趙氏與晚宋統兵文官家族〉，頁 14–15。

80. 李天鳴，《宋元戰史》，頁 170–182。參見方誠峰，〈端平更化的內與外──兼論南宋政治的「雙重委託」格局〉，稿本。

81. 李天鳴，《宋元戰史》，頁 168–190。方震華，〈軍務與儒業的矛盾──衡山趙氏與晚宋統兵文官家族〉，頁 16–21。黃寬重，《晚宋朝臣對國是的爭議──理宗時期的和戰、邊防與流民》，頁 14–32。陳高華，〈早期宋蒙關係與端平入洛〉，收入中國社會科學院歷史研究所宋遼金元史研究室編，《宋遼金史論叢》（北京：中華書局，1985），頁 203–230。

之功，但對朝廷有意推動經理中原、匡復故土的大計，則不表樂觀：

> 如聞中土生聚，實苦北敵繹騷。兼以新師，已圍古汴，竊恐必有援匈
> 奴五單于爭立之事，欲遂用樊噲十萬眾橫行之謀。且謂人心久歸，可
> 為扼吭搗虛之計；而又天示常象，已開除舊布新之祥。倘遂舉義旗而
> 長驅，必有奉壺漿而來迎，可期三輔復見漢官儀，無令諸公徒效楚囚
> 泣。此其為說甚壯，且其陳誼甚高。[82]

他分析當前各項政經條件後，對於朝廷在社會經濟凋敝之際，倉促推動
恢復之舉，感到憂心：

> 然而草茅之人，深為根本之慮。蓋年來穀食滋貴，而目前楮幣浸輕。
> 幣輕則賞或不行，食貴則糧恐弗繼。況降卒散漫於城市，恐狼心之尚
> 存；而齊民憔悴於里閭，或狗盜之不免。要須在我有可勝之勢，乃能
> 乘彼不可失之機。所望隆寬，不遺愚者之千慮；庶幾盛際，弗虧王道
> 之萬全。某漫浪江湖，駸尋歲月⋯⋯輒因燕賀，私述瘋憂。言之不文，
> 惟勿加之罪，事或近似，冀有味其言。[83]

劉宰的意見或許促使趙善湘向理宗面奏時，態度轉持保守，這一來雖讓
趙善湘避開參與入洛的行動，卻也因而被罷。

端平元年（1234 年）七月左右，當宋入洛軍向北方進發時，劉宰接獲宋
廷除直寶謨閣兼太常丞的詔令。[84] 此時，鄉居鎮江的劉宰已感受到宋廷將積

---

82. 劉宰，《漫塘集》，卷十六，〈回金陵趙帥善湘〉，頁 11 上。
83. 劉宰，《漫塘集》，卷十六，〈回金陵趙帥善湘〉，頁 11 上 –11 下。

極展開軍事的氛圍，在向丞相鄭清之致謝啟時，提出忠告：

> （朝廷）更欲招來遺逸，益廣規恢。而某病乃棄官，夫豈潔身而去；少而不學，亦非應變之長。期不負於陶成，惟少殫於忠告。不可失者，誠中原今日之機會，不可搖者，尤南渡累朝之本根。豈應恃一二才俊之人，而輕用億萬生靈之命，且空帑庾之陳積，以供軍旅之急須。已凜乎乏興之憂，況遲之經久之後。誶曰及此閒暇，儲之會通，或新敵捷出而因糧，或姦民乘間而投隙。竊恐方來之患，有非陬度可知。宜飭臨邊之臣，先為固圉之計。必我疆我理，舉無太息之聲；庶自北自西，皆起來蘇之望。又近輔之所講畫，遠臣之所奏陳，要切之言，存亡攸繫，曾未施設，已廣流傳。亦恐獻議者甫離吻頰之間，而間諜者洞見腹心之蘊。要須申戒近密，深謹隄防。庶幾境土復還，混華夏而一統；勳名震耀，歸社稷之元臣。必有廬石介誦慶曆之詩，豈止述周人美山甫之雅。某愧書生之不識時務，幸智者之或擇狂言。[85]

此時，宋軍正積極展開行動，於七月二十日抵達汴京，二十八日因蒙古軍後撤，得以進入洛陽，完成收復三京的壯舉。宋舉朝歡騰，不僅調遣米糧，且獎賞有功將士。[86] 不料蒙古軍隨即反攻，宋軍潰敗，八月二十五日倉促班師。九月六日趙范奏劾趙葵與全子才等退兵之罪。此時，劉宰感謝丞相在「邊陲未靖，甲兵之間日至」的非常時刻，仍來邀入京，也對鄭清之與喬行簡並

---

84. 劉宰，《漫塘集》，卷五，〈辭免除太常丞第一狀〉，頁 12 上 –13 上。

85. 劉宰，《漫塘集》，卷十四，〈除直寶謨閣宮觀尋除常丞謝鄭丞相〉，頁 29 上 –29 下。

86. 不著撰人，汪聖鐸點校，《宋史全文》，卷三十二，「端平元年七月癸卯」至「八月丙子」條，頁 2689–2691。李天鳴，《宋元戰史》，頁 182–188。

相導致權責難分感到疑慮，更關切入洛之後的政情發展，說：「昔人謂寒日邊
鼙急，此惟其時。正諸將敗軍之罪，恤沿邊征戍之勞，以警其餘，以固吾圉，
以輯天下安靜和平之福，此通國所望。」[87]此時殆為端平元年（1234 年）九
月，正值宋廷追究出師潰敗之責，劉宰顯然期望朝廷嚴正處理。

　　但宋廷追究二趙入洛，賞罰失之過寬，邊將對付蒙古和歸正北人的立場
亦不一，以致邊防政策執行反覆。[88]劉宰在同年九月給同年老友、時任禮部
尚書李塈的書箚中，表達他心中的困惑，指出「勝負兵家之常，而賞罰要當
明白。前時三京之入，但乘其虛，頒賞之厚，震蕩耳目。汝蔡之敗，喪失幾
何，而悉委不問。豈不欲四海之聞知，抑不欲自沮三軍之氣耶，尚書以為如
何？」[89]顯然是不滿於宋廷獎懲不公，對士氣帶來負面影響。

　　宋廷發動的端平入洛之役，對晚宋政局的發展有深切的影響。劉宰對此
事的發言雖較李全之亂簡略，但從他對各級朝臣的書箚，可看到一位退居鄉
里的長者，對宋廷籌劃匡復中原的軍事行動表達深層憂慮。他關切宋廷未經
周詳的規劃即展開軍事冒險，不僅影響國家生存與發展的機運，更使基層百
姓的生計與生命受害甚深。這與鎮江的緊鄰戰場的地理環境關係密切，戰爭
對百姓身家性命與財產的威脅，遠非居上位者或外地人員所能領會，劉宰因
此為鄉里百姓大力發聲。這一唇齒相依的切身感，當是他的言論與其他地區
與層級之士大夫最大差別所在。

---

87. 劉宰，《漫塘集》，卷七，〈荅鄭丞相劄子謝除太常丞〉，頁 9 下。

88. 黃寬重，《晚宋朝臣對國是的爭議——理宗時期的和戰、邊防與流民》，頁 77–125。
　　方震華，〈軍務與儒業的矛盾——衡山趙氏與晚宋統兵文官家族〉，頁 20–23。

89. 劉宰，《漫塘集》，卷十，〈回李尚書前人〉，頁 9 上。

小　結

　　寧、理二朝，宋廷內外政局均面臨諸多挑戰，特別是開禧到端平這一段時期最為激盪。皇位繼承所衍生的權位爭鬥，以及因金蒙政權遞嬗而起的邊禍，共同造成宋廷的政局與人事動盪。劉宰對寧、理二朝重大內外軍政議題，均能懇切直言，不僅層面繁多，更能切中時弊，但似乎均未能落實，其中緣由顯然關乎政局轉換以及劉宰的人際關係。

　　劉宰於寧宗朝對軍國大政發表意見，集中在開禧、嘉定這段宋金和戰政策與執政者更迭的時期，此時他在紹興任官，既近臨安、又與當朝官員關係密切，意見較為直接，特別是兩篇代錢象祖擬的奏箚，直接涉及政治議題，顯見其受倚重；可惜由於政局急速轉變，建言難以兌現。到理宗時期，他以賢良身分被召，先後針對史彌遠進退、李全亂事和端平入洛，直陳所見。但表達的方式和內容，顯示他與當政者關係並不密切，因此用詞相對客氣，也難以實質影響決策；在與親友的書箚中，他才較為直接、尖銳地訴說戰爭對鎮江社會的影響，表露出對國事與鄉里的關懷。

第七章

生命的光輝：二次奉召與請辭

　　從理宗即位到親政的十餘年間，宋廷內外政局相繼遭逢巨大變動，前後執政者的政治立場也迴異，但為更新朝政，理宗在寶慶、端平年間，兩次下詔招攬名賢入京任官。由於多位執政官員均肯定劉宰長期推動鄉里建設與慈善活動，更關懷國政、發表多項建言，言行足為楷模，向宋廷推薦而召他入京。這是他人生垂暮之年無限的榮光，不過他都婉辭任命。《漫塘集》中保留他與宋廷丞相、中央及地方官員、好友的書箚，內容完整，是關於宋代官員任命、請辭的罕見資料。本章透過梳理劉宰奉召過程，以及他與朝廷和各級官員往返的奏箚、書啟等文字，以了解其人際關係及出處進退的態度；若結合前章第二節所述，可以更清楚認識理宗初期內外政局的變化與人事更迭的實況。

第一節　寶慶召賢與請辭

　　寶慶元年（1225 年），劉宰的被薦任官與理宗繼位後朝政發展密切相關。當時宋廷藉「褒表名儒」召喚享有清譽的士人官員，塑造新政治景象，嘉定十七年（1224 年）起下詔加傅伯成、柴中行、楊簡官銜，召鄒應龍、真德秀、曹彥約等人入京，升魏了翁為起居郎。[1] 其後劉宰也因史彌堅、薛極及史彌遠親信中書舍人王塈的推薦而奉召。[2]

　　寶慶元年（1225 年）四月二十三日，宋廷下詔任劉宰為籍田令，正式啟動奏薦任官的程序，也開啟他以書信奏箚與宋廷及史彌遠、王塈長達一年多的文書溝通。這些文獻保留在《漫塘集》中，計有辭免狀十件、致史彌遠箚子三封、致王塈箚子九封，此外尚有數封向師友表明心意的書信。這些資料相當完整地呈現他在這一時期被召任官的過程。

　　從宋廷徵召劉宰赴京任官起，王塈就成為宋廷、丞相史彌遠與劉宰聯繫的窗口。劉宰獲宋廷任命為籍田令後，共上呈三件辭免狀；他在第一狀說明自嘉定初年乞辭歸鄉後，為病所困，「所感日深，百藥不效，以迄於今，形容變改，語音僅存。竊自循省，豈堪綴班行之末」，故未敢奉召，但慎重收藏朝廷所頒省箚文書，作為傳家寶。[3] 第二狀則強調自己容貌如鬼，個性疏率，「必不可與珠玉並登王府。」如果朝廷為矯俗之弊，他願推薦自己熟識、「事

1. 不著撰人，汪聖鐸點校，《宋史全文》，卷三十一，「嘉定十七年九月壬午」條，頁2616。

2. 劉宰於獲薦後分別向三位推薦者致謝。他在〈通史尚書前人時閒居滄洲〉中對史彌堅說：「尚書念提封之舊，而忘其陸沈，欲曲成之，故當聖天子求士之初，首加論薦。朝廷觀人以所主，復不加攷察，俾綴縉授紳之後，某實何人，有此殊遇？」（劉宰，《漫塘集》，卷八，〈通史尚書前人時閒居滄洲〉，頁 7 下。）次年夏天，劉宰在〈回趙御幹〉文中感謝薛極的推揚，說：「傳聞大參屢借助於丞相之前，不知山林之人，何以得此？竊料大參以一世風俗為己任、惡世俗之貪求，以某粗無求於人，故見取耳。」此處「大參」即當為時任參知政事的薛極。（劉宰，《漫塘集》，卷六，〈回趙御幹〉，頁 22 下。）而在〈通王中書二塈〉中感謝王塈與丞相的知遇之恩，也說：「一朝自天有命，使不用舉主而官陞朝，不歷親民而佐會府，此國家非常之恩，大丞相特達之知，中書推轂之力。」（劉宰，《漫塘集》，卷七，〈通王中書二塈〉，頁 12 上。）

3. 劉宰，《漫塘集》，卷五，〈辭免除籍田令第一狀〉，頁 1 上。一般官員通常將朝廷頒布的書箚寄留在州縣庫。

親以孝，律己以廉，莅官以勤，臨民必恕」的州縣幕職官羅愚、周師成、杜範、潘彙征等人，以及洪秉哲與戴埜二位特立獨行、不願求於人的士人，請朝廷擇賢任命，「皆足以使頑夫廉，懦夫有立。」[4] 宋廷駁回辭狀，並要求急速赴京供職；劉宰再進辭狀。[5] 八月十四日，宋廷改任劉宰為奉議郎、添差通判建康府，他又遞狀說明由選人的籍田令，躐陞為朝官的通判，雖是個人的榮耀，但未依祖宗成規，經歷縣政或面對試用、舉薦即接受，「是前日之辭為飾詐，今日之受為擇利，罪在不赦。」請朝廷收回成命；這次則將省劄寄存於金壇縣庫。[6]

　　九月間，劉宰向王塈致函，並請他代致史彌遠信劄。在信劄中，劉宰既感謝提拔，也說明請辭的原因；內容雖簡繁有別，但一再強調：「某病既不可強，而義亦非所安，只得懇切具申，萬望致曲，使即遂寢免，毋致再有行下，使喋喋不已，坐罪不測。」[7] 另外有信向丞相史彌遠表明承荷甄收，得以擢陞，「於國家為曠典，於士大夫為創見，於某為非常之遇。」但「（某）骨寒命薄，病不可強。夷塗當前，自縶其足，惟大丞相推天涵地育之仁，深哀而曲貸之。某得全其疾病之軀，而遂其丘園之性，實重受生成之賜，身雖九殞，其何敢忘？」[8] 此時劉宰亦有長信力勸史彌遠效法其父史浩辭相歸鄉一事，見於前章。[9]

4. 劉宰，《漫塘集》，卷五，〈辭免除籍田令第二狀〉，頁 4 上。

5. 劉宰，《漫塘集》，卷五，〈辭免除籍田令第三狀〉，頁 4 上 –5 上。

6. 劉宰，《漫塘集》，卷五，〈辭免特改奉議郎添差建康倅第一狀〉，頁 5 上 –6 上。

7. 劉宰，《漫塘集》，卷七，〈通王中書一塈〉，頁 10 下。

8. 劉宰，《漫塘集》，卷七，〈上史丞相謝除籍令及改秩添倅〉，頁 1 下 –2 上。

9. 劉宰，《漫塘集》，卷七，〈上史丞相謝除籍令及改秩添倅〉，頁 2 下 –3 下。詳見第六章，〈直言國政〉，第二節。

　　此時宋廷對濟王案的處置招致朝臣批評，李全勢力也在山東坐大，面對敏感時局，史彌遠企圖藉由鼓勵建言及招攬賢良入朝，建立政局新形象，並化解對立。然而不僅道學碩儒楊簡、傅伯成相繼婉辭入朝，李燔也不仕，史彌遠標榜更革朝政的號召遂告落空。在朝的道學代表人物真德秀、魏了翁及與理學淵源不深的洪咨夔、胡夢昱，更嚴詞批評史彌遠處置失當。此舉激起史彌遠不滿，說：「禮侍強辨不已，洪、魏和之，胡尤無狀。」[10] 於是黨附史彌遠的言官起而彈劾魏了翁、真德秀、洪咨夔，貶黜徐瑄、胡夢昱等人。[11] 監察御史李知孝甚至藉機抨擊受召入朝的名士：

> 趣召之人，率皆遲回，久而不至，以要君為高致，以共命為常流。可行而固不行，不疾而稱有疾，比比皆是，相扇成風，欲求難進易退之名，殊失尊君親上之義。願將趣召之人，計其程途，限以時日，使之造朝；其有衰病者，早與改命。[12]

　　限期進京或及早改命，對受召士人而言可說是頗為嚴格的要求。寶慶元年冬末，劉宰在致王塈的書信中感謝丞相厚愛，[13] 他雖辭意甚堅，但為避免

---

10. 劉克莊撰，辛更儒箋校，《劉克莊集箋校》（北京：中華書局，2011），卷一百六十八，〈西山真文忠公行狀〉，頁 6514。

11. 見方震華，〈轉機的錯失——南宋理宗即位與政局的紛擾〉，《臺大歷史學報》 53 (2014)，頁 20–25。

12. 脫脫等撰，《宋史・李知孝傳》，卷四百二十二，頁 12622。

13. 劉宰說：「繼又於遞中領所賜教，及丞相答翰，知中書忠於為人，終始不渝。大丞相寬以逮下，賤微不棄，尤極感歎！」劉宰，《漫塘集》，卷七，〈通王中書一塈〉，頁 10 下 –11 上。

「牢辭不已」的態度過於決絕，恐怕得罪公議、招致紊亂朝儀的指控，故特
向王塈表明自己的本意是請辭；惟擔心有違人情，遂另呈一份請假的狀文作
為緩衝，請王塈斟酌定奪：「若見得丞相能洞達此心，不以牢辭為忤，則望竟
為上丐免之牘；或覺意有未順，則且以後狀致訪醫之請，庶目前不太拒違。
三兩月後，卻可從容布露。」[14] 最後以訪請名醫治疾為由，「儻數月之後，稍
覺痊可，即祗拜恩命，以效奔走；或疾證已深，藥力不及，亦當續具實情，
申取指揮。」[15] 在王塈的協調、解釋下，十月十三日宋廷同意「給假二月將
理，候假滿日，起發之任。」[16] 顯示在嚴肅對立的環境中，史彌遠對劉宰仍
抱持期待。假期屆滿後，劉宰再遞狀說明病危已深，百藥無效，即使有良方
也非經年不可，為恐稽留成命，特奏再請准予「守本官致仕」或「改仕嶽差
遣一次」，以便病癒之後，仍可為朝廷效命。[17]

　　請假期間，劉宰透過家僕與同鄉好友趙若珪、符伯壽居中牽線，與王塈
有綿密聯絡。寶慶二年（1226 年）春、秋間，他先後給王塈三封信，首先說
明朝廷准假造成尋醫的壓力，期待中書能「始終全覆之」；[18] 次信則表示用藥
過量加重病情，致假期已屆仍無起色，決定再具狀請朝廷准予守本官致仕或
求嶽祠。[19] 寶慶二年十二月中旬，劉宰再次致信王塈，特別希望借助他與史
彌遠的關係，化解濟王案所衍生一連串政治整肅的刑獄，「濟獄已竟，正朝廷
力行好事之時。向來施行太過，如胡評事等事，宜亟有以轉之，在中書良易

---

14. 劉宰，《漫塘集》，卷七，〈通王中書二塈〉，頁 12 下 –13 上。

15. 劉宰，《漫塘集》，卷五，〈辭免特改奉議郎添差建康倅第二狀〉，頁 6 下。

16. 劉宰，《漫塘集》，卷五，〈辭免特改奉議郎添差建康倅第三狀〉，頁 7 上。

17. 劉宰，《漫塘集》，卷七，〈回王中書一前人〉，頁 14 上。

18. 劉宰，《漫塘集》，卷七，〈回王中書一前人〉，頁 14 上。

19. 劉宰，《漫塘集》，卷七，〈回王中書二前人〉，頁 14 下。

耳。」[20]盼望身為史彌遠親信的王塈，能夠發揮適當的影響力，以緩和政治的衝擊。

　　寶慶元年冬，宋廷於郊祭後追贈劉宰的父親劉蒙慶為承事郎、元配陶氏與繼室梁氏為孺人，劉宰特焚黃獻祝文，[21]並向王塈致謝。[22]寶慶三年（1227年）一月二十三日，宋廷仍不允劉宰守本官致仕或祠廟差遣的請求，但為表示對劉宰的禮遇，改「依舊奉議郎除直秘閣、主管建昌軍仙都觀，任便居住」。[23]王塈更藉專使遞送省箚之便，給劉宰一信，希望他能接受任命。[24]劉宰再上狀，表明不敢接受直秘閣一職：「惟臣子之直中秘，乃國家以表外庸，要須治郡而著循良之稱，按部而有澄清之效，倘不由此，弗輕畀之」，同時自己與授直秘閣的賢者相比，學問品階差異極大，「深惟洪造之曲成，蓋授同升之近比，其實才品有異，又且輩行不同。彼真養素於丘園，此特臥痾於田里，至學問源流於諸老，詞章楷模於後來，皆其所優，非某能及，倘恩榮略等，將負乘致譏」，故懇請朝廷收回直秘閣的恩命，「姑令某以奉議郎、主管建昌軍仙都觀，任便居住。」[25]並致信王塈，表示將遵照其意見，接受「改秩書祠之命」，不敢再辭；獨不敢接受直秘閣的職位，「中秘寓直，朝廷所以旌監司郡守之有勞效者。某實何人，而敢冒此。藉有趙昌父例，某

---

20. 劉宰，《漫塘集》，卷七，〈回王中書二前人〉，頁 14 下 –15 上。

21. 劉宰，《漫塘集》，卷二十六，〈皇考朝奉焚黃祝文〉，頁 17 上 –17 下；卷二十六，〈前室安人陶氏焚黃祝文〉，頁 18 上 –18 下；卷二十六，〈繼室安人梁氏焚黃祝文〉，頁 18 下。

22. 劉宰，《漫塘集》，卷十四，〈郊贈謝王侍郎暨啟〉，頁 27 上 –27 下。

23. 劉宰，《漫塘集》，卷五，〈辭免除直秘閣宮觀第一狀〉，頁 8 上 –9 下。

24. 劉宰，《漫塘集》，卷七，〈回王中書一前人〉，頁 13 上 –14 下。

25. 劉宰，《漫塘集》，卷五，〈辭免除直秘閣宮觀第一狀〉，頁 8 下。

寒鄉晚學，豈敢望昌父萬一。」希望借王塈之言，讓朝廷「即賜矜允」。[26]

劉宰信中所提的趙昌父，正是當時也被朝廷徵召，富有時譽的名賢玉山人趙蕃。劉宰與趙蕃鄉居期間多所聯繫，並互贈詩文，[27] 理宗即位後，「宰相以先生名聞，有旨除大社令，三辭不拜。特改奉議郎直秘閣，主管建昌軍仙都觀，又三辭不允。」最後以「承議郎依前直秘閣致仕」，紹定二年（1229年）逝世，享年八十七歲。劉宰在所撰〈章泉趙先生墓表〉中，對趙蕃學行極為推崇。[28] 故他在給王塈的信中，雖認為能繼趙蕃之後同樣被授予「奉議郎直秘閣，主管建昌軍仙都觀」是一項榮譽，但自認學行不如趙蕃，故愧而婉辭。接著，劉宰上呈感謝史丞相除直秘閣宮觀的箚子，仍表明：「惟是中秘寓直，朝家所以旌外庸。某疾病之餘且甫茲更秩，其敢冒居！已瀝愚忱，再乞寢免，終冀矜從。」[29] 並再向王塈稟明自己向丞相奉啟、箚各一通，「內箚子欲見感激之真情，手自書寫，放蕩之餘，筆縱字大，惟丞相以情亮之，以度外處之。」[30] 更感謝王塈居中溝通協調之助，說：「丞相之施於某者固厚，而中書所以推輓於前後，維持於左右者至矣，某非木石也，寧能無一語以謝。」[31]

寶慶三年（1227年）三月二十三日，宋廷頒下省箚，依然不同意辭免直秘閣。劉宰僅願接受奉議郎、主管建昌軍仙都觀，五月間再報王塈及丞相，

---

26. 劉宰，《漫塘集》，卷七，〈通王中書前人〉，頁 17 上。

27. 劉宰，《漫塘集》，卷六，〈通趙章泉蕃〉，頁 2 上 –2 下。嘉定七年（1214 年）劉宰曾託好友王送致函趙蕃。

28. 劉宰，《漫塘集》，卷三十二，〈章泉趙先生墓表〉，頁 13 上 –13 下。

29. 劉宰，《漫塘集》，卷七，〈上史丞相三〉，頁 6 下。

30. 劉宰，《漫塘集》，卷七，〈通王中書一塈〉，頁 18 上。

31. 劉宰，《漫塘集》，卷七，〈通王中書一塈〉，頁 18 上。

仍不接受直秘閣的貼職。[32] 同時向參知政事知樞密院事宣繪、薛極、葛洪等人致謝，[33] 並有啟謝王、趙二位知縣。[34] 同年冬天，王塈升任吏部侍郎，劉宰祝賀之餘，對當前郡國之政、士風與地方行政的發展深表憂慮，期待王塈接任後能積極導正。劉宰所述顯示當時朝廷雖力行寬厚政策，但地方官卻苛徵聚斂，讓他心情複雜沉重。信中雖然未見具體指控，但他對時政的走向與發展，抱持悲觀的心情，故特別向身負重任的好友提出深沉忠告，但又怕衍生枝節，請王塈看完即銷燬。[35]

---

32. 劉宰，《漫塘集》，卷七，〈通王中書一塈〉，頁 18 上；卷七，〈上史丞相三辭直秘閣〉，頁 5 下 –6 下。劉宰同時賀史彌遠除少師，見卷十四，〈秘閣奉祠謝史丞相兼賀除少師〉，頁 24 上 –25 上。史彌遠除少師按《宋史》本傳為寶慶二年（1226 年），見《宋史》，卷四百一十四，〈史彌遠傳〉，頁 12417。次年二月曹國公，見《宋史》，卷二百一十四，〈宰輔表五〉，頁 5610。

33. 《漫塘集》，卷十四，錄劉宰謝宣繪、葛洪、薛極三位參政。但在寶慶元、二年僅宣繪、薛極曾任參知政事，葛洪是紹定元年（1228 年）十二月才除參知政事。（《宋史》，卷二百一十四，〈宰輔表五〉，頁 5609–5610。參見徐自明撰，王瑞來校補，《宋宰輔編年校補》，頁 1429–1431。）三人任參知政事，時序有別，在《漫塘集》中未予區分。又薛極的姻親陳稽古是金壇洮湖名族，劉宰對陳氏置義莊與賑饑多所表揚，見附錄一〈文集中的劉宰世界：兼論其書信、傳記撰述的史料價值與利用〉，第三節，「以傳記撰述傳遞價值理念」。

34. 劉宰，《漫塘集》，卷十四，〈謝王趙二知縣〉，頁 27 下 –28 上。

35. 「侍郎當明良會遇之時，而居朝夕論思之位，宜有公正之論，深長之策，為國家祈天永命之地。某疏賤，它不當言，竊怪今之世，君相之所舉行，無非寬大之政；公卿之所建明，無非忠厚之說，而郡國之政，一於聚斂，其苛細如牛毛，迫急如星火，豪等同乎寇攘，巧取甚於販夫販婦；其求之廣，獲之豐，宜帑庾有贏，足為方來之備，又往往朝夕凜凜，有不足之憂，不知何故？深恐一朝有警，此輩身謀不暇，何暇為國家計？惟侍郎深念及此，言之君相，有似此等處，早為之處，無使某他日冒知言之名，

　　宋廷此次徵召劉宰入朝任官，前後歷時二年。寶慶三年（1227 年）四月，宋廷終以「奉議郎、主管建昌軍仙都觀」結案。[36] 劉宰在稍後有詩述懷：「水邊舟子競招招，陌上車塵晚更囂。祇有幽人無箇事，藕花深處弄輕橈。岸柳風摧更綠饒，檻花當暑自紅嬌。流行一氣元無息，松柏何妨獨後彫。」[37] 他選擇在政局與人事的急遽變動環境中，及早辭免，以避免紛擾；相對於楊簡、趙蕃的態度，也顯得較為平靜。所以如此，或是作為聯絡窗口的王墍能得到史彌遠與劉宰的信任，發揮相當的調和角色所致，從劉宰給王墍九封信箚及史彌遠三封信箚的內容，就可以看出這點。劉宰既敢於諫請史彌遠辭相位，也請王墍代向丞相委婉陳辭，甚至希望王墍影響宋廷對濟王案懲處的態度。同年九月，劉宰也曾力勸因濟王案請辭禮部侍郎的真德秀：「願且靜以處之，事非大不可為，未須苦苦立異。」[38] 顯示劉宰既盼望交情深厚的王墍能夠調停此事，也期待負有時譽的真德秀、魏了翁等人以大局為重，勿有過激行動。

　　不過，這樣的期待，因大理評事胡夢昱奏請追贈濟王，引起史彌遠的反彈。在臺諫官極力抨擊下，所有批評朝政的官員都受到不同等級的懲處；僅負有時譽的真德秀、魏了翁、洪咨夔等人因理宗的維護，暫時得以居家授徒並致力學術。朝廷與清議對立的鴻溝已成，難以化解，特別是劉宰期許可以扮演調和的王墍也轉而附和史彌遠，壓抑道學，讓劉宰感到失望。因此除了在寶慶三年（1227 年）冬天致書王墍，再次表述自己的看法外，由於身分、

　　天下幸甚。某以受知異於他人，區區圖報，亦當視他人有異，輒因賀牘，懵致愚忱，覽訖即付丙丁是望。」劉宰，《漫塘集》，卷七，〈通王侍郎前人〉，頁 20 下 –21 上。

36. 劉宰，《漫塘集》，卷五，〈辭免除直秘閣宮觀第一狀〉，頁 8 上 –9 下。

37. 劉宰，《漫塘集》，卷一，〈乙酉夏述懷二絕〉，頁 21 下。

38. 劉宰，《漫塘集》，卷十，〈回真侍郎前人〉，頁 11 下。

立場已定，既有的情誼終因政治的現實而疏離。[39] 反之，劉宰轉而與深居在野或外任官員的真德秀、魏了翁、李壾等人，有密切的聯絡。

第二節　端平再辭與平亂

紹定四年（1231 年）以後，宋廷內外形勢有明顯的轉變，新的政局也在醞釀中。先是李全於紹定四年一月戰死後，其餘黨退回山東，蒙古卻繞過金軍的防線，以借道伐金為名，進犯四川北部，儼然形成新的外患。[40] 情勢的變動促使史彌遠調整態度，六月起以祝賀皇太后七十五歲生日的「慶壽恩」為名，先後敘復被貶的真德秀、魏了翁與洪咨夔。[41] 接著為因應蒙古的假道衝擊，任命李壾為煥章閣直學士、四川安撫制置使兼知成都。[42] 而後又詔魏了翁知遂寧府及潼川府路安撫使、知瀘州等職，[43] 並任真德秀知泉州。[44]

紹定六年（1233 年）十月二十四日，權相史彌遠死，理宗親政。禮部員

---

39. 劉宰，《漫塘集》，卷七，〈通王侍郎前人〉，頁 20 上 –21 上。

40. 李天鳴，《宋元戰史》，〈第一章　金國滅亡前的宋蒙戰爭和汴洛之役〉，第五節，頁 129–161。

41. 見脫脫等撰，《宋史》，卷四十一，〈理宗本紀〉，「紹定四年六月己未」條，頁 794、「紹定四年八月辛酉」條，頁 794。林日波，《真德秀年譜》（武漢：華中師範大學碩士學位論文，2006），頁 130。彭東煥，《魏了翁年譜》，頁 341。

42. 王德毅，《李燾父子年譜》，頁 206。李天鳴，《宋元戰史》，頁 142–150。參見平田茂樹，〈從邊緣社會看南宋士人的交往和資訊溝通——以魏了翁、吳泳、洪咨夔的事例為線索〉，收入余蔚、平田茂樹、溫海清主編，《十至十三世紀東亞史的新可能性：首屆中日青年學者遼宋西夏金元史研討會論文集》（上海：中西書局，2018），頁 19–20。

43. 彭東煥，《魏了翁年譜》，頁 356。

44. 林日波，《真德秀年譜》，頁 131。

外郎洪咨夔建請招攬名賢：「（崔）與之護蜀而歸，閒居十年，終始全德之老臣，若趣其來，可為朝廷重。真德秀、魏了翁皆陛下所簡知，當聚之本朝。」[45] 不久洪咨夔與王遂並拜監察御史，襄贊右丞相鄭清之罷黜權奸，並招攬被罷或在野的賢良之士。正如《宋史・鄭清之傳》所說：「上既親總庶政，赫然獨斷，而清之亦慨然以天下為己任，召還真德秀、魏了翁、崔與之、李埴、徐僑、趙汝談、尤焴、游似、洪咨夔、王遂、李宗勉、杜範、徐清叟、袁甫、李韶，時號『小元祐』。」[46] 在標舉更化朝政的情勢下，劉宰再度成為宋廷徵召的對象。

端平元年（1234 年）三月十七日，宋廷下詔任劉宰「除直寶謨閣，依舊宮觀，令吏部理未陳乞磨勘年月日與依條轉官給告者。」[47] 劉宰即上狀，明確表示得病三十年來，「屏伏田里，未嘗尸一日奔走之勞。向叨祠命，已愧曠功，並不敢支請俸給，今又畀之。」實與宋廷「惟名以勸功，官以序功，祿以食功」之法相違，特陳請辭免。[48]

四月二十一日，宋廷下詔不允，並頒下「朝奉郎直寶謨閣，主管建昌軍仙都觀」的官告。劉宰則以自己既無學問，又無節行可述，與先朝「不由實歷而躐陞秩序者，非其學問過人，必其節行超俗」的慣例相違，再度請辭。[49]

---

45. 脫脫等撰，《宋史》，卷四百六，〈洪咨夔傳〉，頁 12265。

46. 脫脫等撰，《宋史》，卷四百一十四，〈鄭清之傳〉，頁 12420。

47. 劉宰，《漫塘集》，卷五，〈辭免除直寶謨閣宮觀仍令吏部理未陳乞磨勘年月日依條轉官給告第一狀〉，頁 9 下 –11 上。時間亦見脫脫等撰，《宋史》，卷四百一，〈劉宰傳〉，頁 12168–12169。

48. 劉宰，《漫塘集》，卷五，〈辭免除直寶謨閣宮觀仍令吏部理未陳乞磨勘年月日依條轉官給告第二狀〉，頁 11 上 –12 上。

49. 劉宰，《漫塘集》，卷五，〈辭免除直寶謨閣宮觀仍令吏部理未陳乞磨勘年月日依條轉官給告第二狀〉，頁 11 上 –12 上。

宋廷仍不允，反改任為太常丞，認為劉宰的才能及謙退堪比孔子的門徒漆雕開，「世方瀾倒，獨落落乎其有風飆」，契合皇帝期待，故「拔之槃澗，丞我奉常」，即頒下除太常丞的官告。[50] 劉宰上狀表明，「延閣之名，猶可冒受以養痾；容臺之屬，必不可偷安而家食」，衡量自己健康與名器之後，不能接受太常丞之職，只敢「祇受朝奉郎，直寶謨閣、主管建昌軍仙都觀」的官告。[51]宋廷仍不允劉宰所辭。他再度以身患重疾，既無法「修陛見之恭」，也「不堪奔走」，請「仍畀一祠廟差遣」。[52] 沒想到宋廷竟派使者催促劉宰赴京供職，丞相鄭清之也專函相邀。劉宰領受朝命與丞相之邀，回報接受太常丞之職，打算赴京，為此題寫四首絕句，描述被召的心情，[53] 並專函答謝鄭丞相，表明承六、七位士人君子美言推輓及丞相力邀，「鎮江府備坐省箚，發到轎乘人從等，且委官及門，趣某起發。此昭代曠典，尤非某所可當」，[54] 準備在病情稍緩之後「星夜奔走赴闕」。[55] 在謝啟中既讚揚鄭丞相「以帝舊學，佐時中興」，也謙遜地表示「欲招來遺逸，益廣規恢。而某病乃棄官，夫豈潔身而去；少而不學，亦非應變之長。期不負於陶成，惟少殫於忠告。」並提出不少對時事的建言。[56]

　　十月二十三日，劉宰在鎮江官府吏員的扈送下離開金壇，二十八日到平

50. 洪咨夔著，侯體健點校，《洪咨夔集》（杭州：浙江古籍出版社，2015，以日本內閣文庫藏宋刻本為底本點校），卷十八，〈直寶謨閣宮觀劉宰除太常寺丞制〉，頁452。

51. 劉宰，《漫塘集》，卷五，〈辭免除太常丞第一狀〉，頁12上–13上。

52. 劉宰，《漫塘集》，卷五，〈辭免除太常丞第二狀〉，頁13上–14上。

53. 劉宰，《漫塘集》，卷一，〈甲午秋作四絕題窗間〉，頁31上–31下。

54. 劉宰，《漫塘集》，卷七，〈答鄭丞相謝除太常丞〉，頁8上。

55. 劉宰，《漫塘集》，卷七，〈答鄭丞相謝除太常丞〉，頁8下。

56. 劉宰，《漫塘集》，卷十四，〈除直寶謨閣宮觀尋除常丞謝鄭丞相〉，頁28下–29上。

江，由兩位同年好友知平江府張嗣古以及提舉浙西常平事曹姓秘丞接待。但在宴會上，劉宰兩次將二位同年混淆，他擔心「恍惚瞀亂，有紊朝儀」，「且將為頌臺之羞」，[57] 急忙返回金壇，尋訪醫藥，在返途中寫下〈吳門道歸書懷〉詩：

> 投閒三十年，日與木石俱。暮景際休明，搜羅逮樵漁。洪造賜甄收，群公交薦書。殷勤奉明詔，婉孌辭田廬。一寒不自揣，五窮暗揶揄。行行步京畿，迎勞多軒車。眼青見故人，皆歎此老臞。形容不自惜，奈此氣昏愚。席間迷舊識，筆底誤新書。十目所共睹，一語良非虛。儻昧知止戒，不反田園居。去去入脩門，寒步接天衢。深虞眩聞見，狂易滋發舒。籲天寫真情，浩歌賦歸與。[58]

並上狀請「容其退歸，庶幾保全莫景，以苟殘生」，[59] 宋廷仍僅同意「給假將理」。[60] 到年終，他特致信箚給任侍講的真德秀，說明此事原委並請諒解：

> 某比荷諸賢極力推輓，俾以荒唐不學之人，而廁頌臺禮樂之屬，控辭不獲，扶病就道。甫至平江而舊疾復作，精神昏亂，言語顛錯，十手十目之地，不能自隱，蓋氣血積衰之故。自度死期已迫，必不可以進汙周行，即已回舟訪醫，且具因依申省，仍以告命繳申，乞即差替。[61]

---

57. 劉宰，《漫塘集》，卷五，〈辭免除太常丞第四狀〉，頁 14 下 –15 下。

58. 劉宰，《漫塘集》，卷三，〈吳門道歸書懷〉，頁 22 上 –22 下。

59. 劉宰，《漫塘集》，卷五，〈辭免除太常丞第四狀〉，頁 15 下。

60. 劉宰，《漫塘集》，卷五，〈辭免除太常丞第五狀〉，頁 15 下。

61. 劉宰，《漫塘集》，卷十，〈回真內翰前人〉，頁 15 上 –15 下。

經半年調養後，劉宰再遞狀請辭，希望朝廷「許令守本官致仕」。[62] 理宗特別委派殿中侍御史王遂返回金壇，關心劉宰病情，仍期待他入京供職。劉宰再以年老疲病，不堪任事為由，「敢祈敷奏，曲赦殘生」。[63] 宋廷卻遷劉宰為將作少監，制詞稱他「論天下事，目無全牛，投刃可以中桑林之節，材抑偉矣」；因此，宋廷「超越拘攣，絫丞奉常徑貳繕監，迎之致敬有禮矣。」[64] 劉宰又上四狀述說病況嚴重，請求辭免，並在第四狀中綜合陳述近況：

> 竊念某昨所陳，賤軀風眩之疾感受已五、六年。今歲自四月至七月，亦一再發。甚者閏七月初十日，因縱步所居敷化里田野間，俄爾顛仆。比鄰驚異，亟褒子姪扶至臥榻之上，昏憒竟夕，生意復延。今若迫於君命，趨造周行，萬一旅進朝參，斯疾驟至，隕越於軒陛之下，朝廷始信某言不妄，亦已後時。[65]

若朝廷不信，「乞行下鎮江府金壇縣廉訪某今歲閏七月內疾作事狀，一言不實，甘伏罔上之誅。」[66] 宋廷對劉宰一再陳詞請免，仍未核可，唯《漫塘集》未見後續發展的資料。

不過，《宋史》及《京口耆舊傳》的〈劉宰傳〉，在召除將作監之後，尚有「直敷文閣知寧國府」一職；而《京口耆舊傳》更敘明他是在協助平定鎮江防江兵之叛後改除此職。[67] 關於劉宰與鎮江防江兵變的關係，不僅《宋史》

---

62. 劉宰，《漫塘集》，卷五，〈辭免除太常丞第五狀〉，頁 15 下 –16 上。

63. 劉宰，《漫塘集》，卷五，〈回王殿院遂宣諭玉音劄子〉，頁 17 上。

64. 洪咨夔著，侯體健點校，《洪咨夔集》，卷二十三，〈劉宰除將作少監制〉，頁 576。

65. 劉宰，《漫塘集》，卷五，〈辭免除將作少監第四狀〉，頁 19 下 –20 上。

66. 劉宰，《漫塘集》，卷五，〈辭免除將作少監第四狀〉，頁 20 上。

本傳未記，《漫塘集》所記也相當隱晦。其實防江軍之變，不但是端平年間鎮江境內重大兵變，劉宰更是親歷與平亂的見證者。

南宋為維護立國基業，建立了江淮二重邊防體系，尤視江防為國家存亡的要務，建構了江防水軍和多層次的江防要塞體系。黃純艷教授在〈南宋江防體系的構成與職能〉一文做了整體性的分析與討論。[68] 李萍分析《嘉定鎮江志》內容時，亦介紹防江軍。[69] 可惜由於史料零散，對於鎮江防江軍的設置、發展與變亂，未見相關研究，本文謹綜合整理現有史料，試釐清發展脈絡，以了解劉宰的角色。

依據《嘉定鎮江志》的記載，在開禧二年冬，楚州向宋廷奏報金兵有意侵犯清河，建議強化江防。三年二月，新任江淮制置使的葉適也奏請宋廷整合既有江防效用與堡塢，形成江防之勢。[70] 由於邊臣呼籲重視江防、強化水軍防禦能力，宋廷遂責成知鎮江府宇文紹節提出防江規劃，並由知府招募：

> 能水武藝效用並廂軍，共一千六百人充本府防江水軍。又關撥都統司溫州、福州防秋把隘海船四十五隻及勸客船二十七隻，招到梢碇水手八百餘人，通二千四百八十餘人。辟差統領將佐措置軍器衣甲，屯駐焦、金山一帶，防捍江面，與都統司人船編排字記，於沿江上連下接，

67. 脫脫等撰，《宋史》，卷四百一，〈劉宰傳〉，頁 12169；劉宰著，王勇、李金坤校證，《京口耆舊傳校證》，卷九，頁 287。

68. 黃純艷，〈南宋江防體系的構成與職能〉，《河北大學學報》2016:5 (2016)，頁 1–12。

69. 李萍，《嘉定鎮江志研究》（上海：上海師範大學史學理論及史學史碩士論文，2016年），〈第三章　《嘉定鎮江志》的內容分析〉，頁 38。

70. 葉適撰，劉公純、王孝魚、李哲夫點校，《葉適集》，卷二，〈定山瓜步石跋三堡塢狀〉，頁 12–15。

各擇緊要隘口地分防守。[71]

　　這是為應付緊急戰況，整合都統司與地方軍所進行的規劃。開禧三年五月，宋廷正式將這支軍隊命名為鎮江府駐紮御前防江軍，員額兩千人；但為攔截「私販海湖舟船」的走私活動，仍保留部分員額於江淮制置使，由鎮江府措置。[72]初期泊焦山，但未有營房。趙師𦊆任知府時，在石公山東蓋一千三百間營房，設置教場，訓練士兵。另在丹徒縣包港置營寨，有一百五十人駐守。[73]此時宋金議和，江面平靜，宋廷解散海船及稍碇水手。到嘉定六年（1213 年）八月，樞密院下令總領所及都統劉元鼎將所轄軍兵與設備移撥都統司水軍、官員歸鎮江府統轄，例如丹徒包港原有一百五十人，撥一百二十人隸都統司，丹徒僅留駐圌山寨的三十人。[74]由於鎮江府所轄兵員老弱，又被挪充雜役，與廂兵無異，防禦能力大幅降低。

　　嘉定七年（1214 年），新任知府史彌堅憂心防江軍改隸都統制後，州兵不振，於是積極汰弱招強，共招到八百人，請宋廷撥舊有營舍，並利用地方餘羨，重整營房教場；設置威輔堂、止戈亭等，以為校閱訓練之地。[75]同時鑿通海鮮河，將部分駐防在揚州江岸的江北戰艦、船隻，移置鎮江的江南各寨。[76]也就是鎮江防江軍起初轄於安撫使兼知府，後大部分納入都統司的水

---

71. 史彌堅修，盧憲纂，《嘉定鎮江志》，卷十，〈兵防‧防江軍〉，頁 11 下 –12 下。

72. 史彌堅修，盧憲纂，《嘉定鎮江志》，卷十，〈兵防‧防江軍〉，頁 12 下。

73. 史彌堅修，盧憲纂，《嘉定鎮江志》，卷十，〈兵防‧防江軍〉，頁 12 下。《宋史》，卷四百一十五，〈傅伯成傳〉，頁 24143。劉克莊撰，辛更儒箋校，《劉克莊集箋校》，卷一百六十七，〈龍學竹隱傅公行狀〉，頁 6485。

74. 史彌堅修，盧憲纂，《嘉定鎮江志》，卷十，〈兵防‧防江軍〉，頁 12 下。

75. 史彌堅修，盧憲纂，《嘉定鎮江志》，卷十，〈兵防〉，頁 15 下 –17 下。

軍，部分移撥鎮江府所轄；納入都統司的員額是二千人，而隸於鎮江府最多是八百人。

　　隨著宋金關係緊張，宋廷對防江軍益加重視。例如鄂州武昌縣於嘉定十五年（1222 年）升為壽昌軍後，即設置防江水軍，有員額一千八百二十六人，以御前防江水軍壽昌軍駐紮為名。[77] 嘉定十六年（1223 年）九月，興國軍也設置御前防江水步軍，由劉武俊為水軍統制兼統轄防江步軍。[78] 嘉定十七年（1224 年）十一月，建康府亦置防江軍，以三千三百名為額，在雪窖、耆闍山設寨，並聽沿江制置司節制。[79] 各地防江軍名額，雖迭有變化並增加，但都由都統司移作御前軍，由制置使節制。吳潛在嘉熙三年的奏狀中指出，端平入洛之後，宋蒙戰事趨於緊急，各都統司的員額相繼被移轉為邊防府軍所轄戰力，鎮江水軍五千人即是由都統司移撥員額，顯示二類水軍的隸屬關係已趨模糊。[80]

　　至於鎮江防江軍在端平二年（1235 年）叛變的原因，由於記載不明，難以窺探實情。但同為防江水軍，有隸於都統司所屬的屯駐軍，也有由知府統轄的地方軍，彼此隸屬關係、業務、職務待遇乃至兵源均有差異，然工作性

---

76. 史彌堅修，盧憲纂，《嘉定鎮江志》，卷十，〈兵防〉，頁 23 下。

77. 見佚名，文廷式輯，《壽昌乘》（北京：中華書局，1990，收入《宋元方志叢刊》，據清文廷式輯光緒三十三年〔1907〕武昌柯氏息園刻本影印），〈營寨〉、〈糧廩〉、〈尺籍〉等目，頁 16 下 –20 下。

78. 《宋會要輯稿》，職官三十二，〈殿前司・都統制〉，「嘉定十六年九月十日」條。

79. 馬光祖修，周應合纂，《景定建康志》，卷十四，〈建康表十國朝建炎以來為年表〉，頁 37 上；卷二十三，〈城闕志四・雪窖〉，頁 26 下；卷二十三，〈城闕志四・營寨〉，頁 30 上 –30 下；卷三十九，〈武衛志〉，頁 4 下 –5 上。

80. 吳潛，《許國公奏議》，卷二，〈奏乞增兵萬人分屯瓜洲平江諸處防拓內外嘉熙三年〉，頁 1 上 –5 下。

質與地理環境相近，關係複雜，不免發生摩擦。同時備戰日久，防務的調度或訓練日趨鬆懈，可能也是致亂的因素。劉克莊為時任江西東安撫使、知建康府、行宮留守、沿江制置使的陳韡撰寫神道碑，對鎮江兵變的原因有較詳細的說明：

> （端平二年六月）是月，鎮江防江水軍蔡福興等入城縱掠。先是，殿旅失伍，因而撫之。其子弟在軍中者謀為變，覬黃榜招安得厚賞，托言軍吏減剋以怨眾，從者千六百人。[81]

端平二年（1235年）六月，正是原知鎮江府何處久轉知嘉興府，由總領所韓大倫兼權知府的時候，在人員輪調的空檔，屯於建康、鎮江境上的防江軍，顯然利用時機與環境，藉胥吏減課糧餉為詞，發動變亂；其本意或在招安取賞，但官府處置猶疑，致亂事擴大。後因陳韡積極攻剿，亂軍無法在建康的句容茅山一帶活動，遂轉犯金壇，攻入鎮江，大肆破壞。

劉宰在亂事平定之後有三封信，分別向任江東安撫使兼知建康府的陳韡、轉知嘉興府的何處久以及新任知府吳淵，提到鎮江兵變的緣由及受害程度。在回覆何處久詢問的信件中，說：「鄉郡前日之變，雖群小造謀非一朝，而使明使君在上，賞罰信明，綱網不紊，則亦潛消默制，何致無忌憚如此。一呼而起，使百年文物煨燼，江山寂寥，識者不能不重歎。」[82] 顯然十分感慨於鎮江重要建設與文物被隳壞。他特別感謝陳韡從建康領軍平亂的貢獻：

---

81. 劉克莊撰，辛更儒箋校，《劉克莊集箋校》，卷一百四十六，〈忠肅陳觀文神道碑〉，頁5786。林煌達，〈陳韡仕宦轉變與發展〉，稿本，頁13–14。
82. 劉宰，《漫塘集》，卷九，〈回嘉興何知府前人〉，頁13下。

比者鄉邦不幸，戍卒弄兵，郡猶有守有將，有吏有兵，而坐視莫敢孰何，惟聽其肆。某擇地假息，儻非哀告大府，辱亟驅虎旅，一洗梟巢，則於今京口三邑之民，與凡巖栖谷飲之士，猶未知宅生之所，而其淪胥以亡者又可勝計耶！某疾甚，既不得率先鄉之耆老跪謝階庭，復不克與鄉之能言之士作為聲歌，磨崖深刻，以詔不朽，以此負負。[83]

更在回新知府吳淵的信箚說：「某比者鄉閭不幸，戎伍挺災，火盜相因，家室莫保。灞上將軍之如戲，固失防閑；潢池赤子之無知，亦幾扇動。肆煩趣駕，以任撫綏之寄；甫遂合符，即收蕩定之功。」[84]

這些信箚內容雖然隱晦，卻也透露鎮江防江軍致亂為有跡可循。據劉克莊在〈陳韡神道碑〉所記載，因御前軍失秩，使防江軍子弟、官軍減少糧餉，激起眾怒，遂集結千六百人掀起叛亂，企圖藉此獲得招安的說法，與劉宰的觀察一致。但何處久離任後，鎮江會發生亂事，則可能與由總領所兼權鎮江府的韓大倫有關係。韓大倫自紹定三年（1230年）十二月改任鎮江知府，三年後改任淮東總領所，此時再權知府，已連續四年半在鎮江任職。[85] 他嫻熟地方軍政，個性沉穩，且較重視地方社會穩定，勇於拒絕上級的要求，因此獲得百姓的擁戴，但寬緩處世的個性在赴任後即已顯露。紹定四年（1231年），劉宰給知荊門軍張元簡信箚中，在讚賞韓大倫之餘，同時說他：「但御吏稍寬，待頑民與良善不異，恐政久則玩。」[86] 說明韓大倫的柔弱個性，在久任後面對掀起動亂的士兵，處置態度相對猶疑，反而致亂事擴大。由於韓

---

83. 劉宰，《漫塘集》，卷十一，〈回江東帥陳侍郎韡〉，頁9上–9下。

84. 劉宰，《漫塘集》，卷十七，〈回吳守淵到任〉，頁6上–6下。

85. 俞希魯編纂，楊積慶等校點，《至順鎮江志》，卷十五，〈太守·宋太守〉，頁590。

86. 劉宰，《漫塘集》，卷十一，〈回荊門守張寺簿元簡〉，頁24下。

大倫在鎮江府任上頗有嘉惠百姓的具體德政，劉宰曾多方讚譽，或因此隱晦指陳韓氏釀成此次兵亂。

防江軍大肆破壞鎮江後，轉而威脅到境土相鄰的南宋邊防重鎮建康。此時，久歷戰事、戰功輝煌的陳韡知建康府。[87] 他反對招安的妥協政策，認為「此策若行，何以為國？」[88] 力主以武力剿滅，於是積極調動軍隊，部署剿亂：

> 調四統制王明等由水路，張仙等由陸路，李大聲由間道出賊背。賊入句容茅山，四將會攻，賊乘高迎戰，將士撤居民門扉，蒙之而進。力戰大破之，生擒七百餘人。蔡福興走至金壇，捕斬之。拊定其在寨者。[89]

防江軍最後在金壇被剿滅。

鎮江防江軍之亂，最後由新任知府吳淵戡平，並重建衙署。吳淵字道父，建康溧水人，是吳柔勝的三子，吳潛的兄長，嘉定七年（1214 年）進士。紹定三年（1230 年）十一月知平江府，四年七月改浙西提刑。理宗親政後，因反對鄭清之的恢復之舉，出知江州，改江淮、荊、浙、福建、廣南都大提點坑冶。端平元年（1234 年）四月被劾罷。入洛之役失敗後，吳淵於端平二年（1235 年）五月復職。理宗在徵詢輔臣意見後，即任命吳淵接任何處久。[90]

87. 林煌達，〈陳韡仕宦轉變與發展〉，稿本。

88. 劉克莊撰，辛更儒箋校，《劉克莊集箋校》，卷一百四十六，〈忠肅陳觀文神道碑〉，頁 9 下。

89. 劉克莊撰，辛更儒箋校，《劉克莊集箋校》，卷一百四十六，〈忠肅陳觀文神道碑〉，頁 9 下。林煌達，〈陳韡仕宦轉變與發展〉，稿本，頁 13–14。

90. 脫脫等撰，《宋史》，卷四百一十六，〈吳淵傳〉，頁 12466。俞希魯編纂，楊積慶等校

吳淵在途中得知鎮江軍兵變，為爭取時間，馬上調集舟師溯江而上，迅速平亂，安撫百姓：

> 公聞（兵變）叱徒御督舟師布帆，易大江若平陸，不一日達境，攬轡勇往直前。時狂黨方奮挺刃，恣剽奪，或離或伍，跆藉衢陌，不自意公之猝至也。睢盱睊睊，第第狼顧，公氣壓其兇，誠誘其諴，不謀聲色，人訖按堵。於是大加撫馭，搜什伍，藥傷憊，已責弛，征賁泉，予糧火，炮舊壞，萬室渠渠，凡絲忽可以惠厥州者，罔不用其極。[91]

等情勢穩定後，又展開重建廳堂衙府的工作：

> 始乎宣詔頒春，終乎麗譙儀門。營翼儼如，廊廡肅如。廳事雄屹，榱桷蟬媛。前後有堂，東西有廳。軒曰「近民」，閣曰「高閒」，左揭「仁壽」之名，右標「道院」之目。書塾誃室，前後區別。吏坐曹廨，次序環植。版築剛㮚，鐵石犀壽。自下而高，廉級益峻。由左而右，碾庇孔臁。合所建置，咸無闕焉。[92]

點，《至順鎮江志》，卷十五，〈太守‧宋太守〉，頁 590。

[91] 俞希魯編纂，楊積慶等校點，《至順鎮江志》，卷十三，〈公廨‧治所〉，劉宰之記文，頁 521。

[92] 俞希魯編纂，楊積慶等校點，《至順鎮江志》，卷十三，〈公廨‧治所〉，劉宰之記文，頁 521。吳淵平亂後，在府門南子城建譙樓，（《至順鎮江志》，卷十三，〈公廨‧治所〉，頁 524–525）但曾毀鎮江府朱方門裏山岡下的火祅廟。原因是端平二年，防江寨中軍作亂時，向神祈禱，神許之。遂於亂平後毀壞其廟。（《至順鎮江志》，卷八，〈神廟‧廟〉，頁 328）但府治西南的總領所各項建設，在軍亂中焚燬大半，此時並未重建，元後已無存。（《至順鎮江志》，卷十三，〈公廨‧治所〉，頁 529）

衙署重建大約始於端平二年（1235 年）秋，到三年十二月吳淵改任兵部侍郎，由桂如琥接任，並繼續營建，嘉熙元年（1237 年）六月吳淵再任後完工，由劉宰作記，以昭永久。[93]

劉宰是鎮江防江軍作亂的重要見證人，也是協調平定金壇亂事者。現有防江軍亂事的記載，大部分見於《漫塘集》及《至順鎮江志》所留劉宰記文，不過他在此役的角色與事蹟，在《宋史》本傳及《漫塘集》中都未記載；倒是因友人王遂所撰的行狀所記較詳，而被保留在《京口耆舊傳·劉宰傳》中：

> 防江軍作亂，自邑而郊，焚掠甚慘，晬睨金壇，闔邑奔避。公獨與家人寧居，激尉任事，集近郭隅兵備之，號令調給，皆公主之。事上聞，朝廷援廣東近比以鄉郡屬公，命出復寢。[94]

文中說宋廷擬「援廣東近比」，是指同年三月廣東摧鋒軍，因不滿平定江西陳三槍之亂有功無賞，又拖延其返鄉行程，而發動叛變，導致廣東震撼。幸賴年屆七十八、鄉居的吏部尚書崔與之，倉促出任廣東經略安撫使，兼知廣州，主持郡務，並會同陳韡等人於境外阻止，才平定亂事。[95]七月起，宋廷更七次任命崔與之為參知政事，揭示理宗禮賢誠意。然而，崔與之自嘉定七年

---

93. 記文撰於嘉熙元年十月，見俞希魯編纂，楊積慶等校點，《至順鎮江志》，卷十三，〈公廨·治所〉。全文近一千二百字，但未收入《漫塘集》中，《全宋文》亦未收。

94. 劉宰著，王勇、李金坤校證，《京口耆舊傳校證》，卷九，頁 287。

95. 黃寬重，《南宋地方武力——地方軍與民間自衛武力的探討》，第一章，〈廣東摧鋒軍〉，頁 42–45。參見王瑞來，〈崔與之事跡繫年補考〉，收入朱澤君主編，《崔與之與嶺南文化研究》，頁 20；龔延明，〈南宋清廉官崔與之仕履編年考釋〉，收入朱澤君主編，《崔與之與嶺南文化研究》，頁 40。

（1214 年）已罹疾，深感長年的病痛，難負軍國重任，遂堅辭朝命。[96] 劉宰與崔與之同為理宗親政後，朝廷亟欲延攬入朝的名賢。崔與之既辭不受官，劉宰也無意願，宋廷雖再除劉宰直敷文閣、知寧國府，皆不拜，最後進直顯謨閣，「奉祠玉局」。[97] 故時論有稱：「一時聲譽，收召略盡，所不能致者，宰與崔與之耳！」[98]

小　結

宋理宗繼位後，宋廷為化解對立、強化向心力，推動二次召賢。為家國奉獻勳績歷一甲子的劉宰，成為被徵召的對象，再度開啟他入京任官的契機；他也針對內政外交糾結困頓的朝政，貢獻卓見，甚至以行動參與平亂，讓他在生命最後十年展耀光芒。不過面對受召的榮耀，他仍一再辭免，可見他持守遠離權位的態度。

從劉宰二次被召與請辭的過程，可以看到幾個值得討論的現象。首先，招攬的行動是經執政者舉薦、評估後才決定人選，被召者自有一定的政治、社會聲譽。劉宰長期居鄉的表現頗受朝野尊崇，其受召並非純靠人際關係，顯示當時召賢的運作，具有一定的政治與社會基礎，而非閉門造車。

其次，居中聯絡的媒介者受朝廷與被召者雙方所信任，而能精準傳達訊息，居中協調，在兩次召賢行動中扮演重要角色，第一次的王塈是權相史彌遠的親信，早年知金壇縣時與劉宰相識，是劉宰信任的知己，這一層關係讓劉宰敢於直言朝政，甚至對史彌遠有尖銳的建言。第二次專司聯繫者則是甫

---

96. 朱瑞熙，〈勤政廉政的一生——南宋嶺南名臣崔與之〉，《崔與之與嶺南文化研究》，頁 385–399；王明蓀，〈崔與之的體痛與心志〉，《崔與之與嶺南文化研究》，頁 400–413。

97. 劉宰著，王勇、李金坤校證，《京口耆舊傳校證》，卷九，頁 287。

98. 脫脫等撰，《宋史》，卷四百一，〈劉宰傳〉，頁 12169。

獲理宗與丞相信任的摯友王遂，彼此雖無頻繁通訊，但王遂與劉宰關係之深，遠非他人可比。

然而召賢是否成功，最為關鍵的仍是被召者本人。從劉宰二次被召的過程，可以看到政情環境與人際關係，影響劉宰態度最深。主持寶慶召賢的丞相史彌遠久居相位，因濟王案招來清議批判，遂試圖藉由延攬形象清新的劉宰，標示新政。但從劉宰人脈所揭示的政治傾向，顯示他與史彌遠關係較疏遠，亦無意受召，但他並未斷然推拒，僅是一再藉詞拖延；同時也勸真德秀等清議者改變決絕心態，並請王塈居中化解疑慮、設法消彌濟王案帶來政局的對立，顯然對執政者仍有期待。直到王塈劾論真德秀等人，雙方對立之勢明確，劉宰發覺無力改變，才斬斷仕意。

理宗在端平年間親政後，積極調整人事與政策，再次推動召賢，規模較寶慶時期更大。劉宰得與大批遭貶的名儒顯宦同時被薦，自屬殊榮。但劉宰此時已逾古稀之年，老態畢露，請辭之意更強；但可能難辭宋廷召賢盛意，一度奉召上路，惟半途因疾而歸，雖然理宗責王遂銜命催促，他仍執意辭免。然而從他與魏了翁、李壄等友人乃至丞相鄭清之的通信可見，他對鄭清之等人發動的入洛之師多有評議，對事後處置尤感失望，因此即便參與平定防江軍之亂及亂後重建等護衛家國的事功，他仍決意不出任新職，與崔與之一同成為理宗親政後「有功而不居其位」的少數賢者。

「召賢」的舉動是具政治上的象徵意義，從劉宰在理宗朝兩次婉辭的過程，似彰顯劉宰、崔與之等人的情操，而有損朝廷威信。不過，從宋廷禮請並不斷提升榮銜的本身，既顯程序的嚴謹，尤彰顯君王禮遇賢良的政治動作，即使未能全如所望，仍有正面意義。

第八章

鎮江的人物、家族與社會

　　南宋的鎮江，因江河漕運交通之便，促進經濟的發展，也蒙立國形勢的轉變，成為國防重鎮；當地百姓卻也因鄰近邊區，深受煙硝戰火之擾，且因應國防軍需而屢受徵調，更為漕運需求而犧牲水利灌溉。顯見鎮江的地理位置，為社會帶來利弊相倚的矛盾與衝擊，也使社會發展有所侷限。透過人物活動，可以使我們一窺鎮江社會的實景。記述南宋鎮江社會較為全面的是兩本鎮江方志：《嘉定鎮江志》及《至順鎮江志》。但受限於方志體例與撰述的性質，對社會現象的描述，較為固定且偏於靜態，且只收錄有仕歷及貢獻的名望之士，不涉及眾多平民百姓，記述內容也詳略有別。顯見方志所載的傳記，難以完整呈現鎮江社會的樣態。

　　相較之下，閱讀劉宰所撰的《京口耆舊傳》和為鄉親撰寫的傳記，更有助於認識鎮江社會。劉宰記述他的親友，角度與內容雖不免偏頗，但人數眾多，包含各級官員與平民，並且兼及傳主的家族成員，內容豐富、詳實、多元，較兩本方志更能了解傳主個人成長、家族發展乃至社會現象。特別是《漫塘集》所記鎮江及鄰近地區鄉親，更貼近南宋中晚期的鎮江社會的實況。

　　在劉宰所記七十二位鄉親中，除去家人之外的五十八位鄉里親友，涉及的身分層級與形象多元。有官職身分者共二十一位，其中曾任通判以上的中級官員九位，州縣幕職等官員十二位；另有二十四位平民。十三位女性中，

除一位身分不明外，有七位是官員的夫人，另五位是平民之妻。他們和劉宰的關係十分多樣，傳文的內容亦繁簡有別；然其主要作用既在表彰逝者的德行與其功業，也著意於和在世親人的連結與感受，因此撰記的內容，依墓主的生平、境遇與事功，側重於家世傳承、教育子弟、致力舉業、孝友傳家、親善鄉里、救助親友、推行慈善、清廉持身、公正執法、抗禦不公等足以垂範後世的事蹟。[1]

劉宰在所撰的人物傳記中，更關注在宋廷用人政策下，影響個人、家族與社會至鉅的舉業發展。宋廷拔擢人才的途徑與任官制度，揭示由進士入仕，既是個人生命與家族發展的重要轉折，也是地方興文教的指標，舉業遂成為檢視個人與家族的成就及社會地位的要項。本章透過人物傳記描繪傳主，並從功名仕進的角度，分述鎮江家族發展的準則；前二節分別討論家族成員由中舉、蔭補及其他管道取得官位的「發展中家族」，與尚未在舉業中取得具體成績的「待發展家族」。第三節則試圖連結這些人物與鎮江社會，並經由比較觀察，探討區域發展特色。

第一節　舉業發展中家族

劉宰的鎮江親友人物傳記中具有官員身分者共有二十一位，連同七位夫人，共二十八位。這些男性傳主，不論透過科舉或蔭補成為朝廷命官，在鎮江都是功名競爭上的成功者，是為舉業發展中的家族。然而在宋代，官員職級有階層上的差異；不論由何種途徑入仕，初次任官者多為州縣幕職官，包括縣丞、縣尉、主簿等基層親民官，或是監當官，皆屬於低階選人官僚。其

---

1. 黃寬重，《宋代的家族與社會》，頁 67–272；陶晉生，《北宋士族——家族・婚姻・生活》（臺北：中央研究院歷史語言研究所，2001）；林明，《從四明墓志看宋代平民家族》（臺北：國立政治大學歷史學研究所碩士論文，2019）。

後經歷不同地區或職位的歷練，通過考績及規定的年資，且獲得上一級官員的薦舉及吏部的審核後，才能晉升為通判乃至知州等具京、朝官身分的中層官員，甚至宰執、侍從等高階官員。在官職遷轉過程中，員額編制的限制，使得士人更須結合個人身家背景、才華能力，以及人際關係等社會資源，才得以在眾多的競爭者中脫穎而出。[2] 因此對入仕的個人或家族而言，掌握官僚體系的遊戲規則，是突破改官瓶頸的重要門檻。

一、進階官員的家世與歷練

與劉宰關係密切的鎮江鄉友，僅張鎬與趙時侃二人曾在南宋中期任侍從及路級高官，但劉宰未為他們撰寫墓誌、傳記。《漫塘集》留存九位中層官員的傳記，包括金壇人王萬樞、趙時佐與趙若珪叔姪、湯宋彥；丹徒人楊樗年與楊恕父子；丹陽人紀極、鍾將之與鍾穎父子等六個家族。另有王萬樞妻蔡氏、趙時侃妻湯氏及趙必愿妻湯氏三位女性，合計十二人。除紀極關係不明外，其他人都是劉宰或其家族的好友。

王、趙兩家都是鎮江卓有聲譽的名門，與劉宰關係均十分密切。王萬樞曾是劉宰的長官，趙時侃則是出身宗室的好友；這二人的兒子王遂和趙若珪與劉宰理念相近，彼此互動更密，是劉宰鄉居期間與外地官員傳遞訊息，及推動多項社會慈善事業的重要友人。由於關係密切，劉宰對王萬樞及其妻子蔡氏、趙時侃的弟弟趙時佐、長子趙若珪及其妻湯氏五人之生平歷程與事蹟的描述，特別詳細。

王萬樞字贊元，是北宋名臣王韶的孫子。曾四次應舉不第，以父蔭任官，

---

2. 參見鄧小南，《宋代文官選任制度諸層面（修訂本）》、胡坤，《宋代薦舉改官研究》。參考王瑞來，〈小官僚大投射：羅大經的故事〉，收入氏著，《近世中國——從唐宋變革到宋元變革》，頁 260–277。

先娶范氏，淳熙五年繼娶知梅州蔡樗之女。曾任平江府崑山縣尉、秀州崇德
縣丞、知滁州來安縣（今安徽來安）、淮南轉運司幹官、通判建康府、知興國
軍等職，其中在建康府與興國軍的政績尤著。他任建康府通判時，曾發倉廩
助濟災民，活民甚眾，獲二任知府鄭僑與張杓的賞識；知興國軍三年，尤積
極任事，如減免渡河歲課與賦稅零額，給予農民藥劑，懲治為惡鄉里的奸民，
釋放無辜繫獄者，調和家庭關係，資助舉人、官吏路費與喪葬費，興建學校、
官衙，整治城池等，善政甚多。[3] 尤以解除興國百姓長期繁重負擔的「淮衣」
之徵，更具意義。「淮衣」為淮南東路軍衣的簡稱，於北宋朝廷創置，屬於中
央向地方徵調財賦的項目，行之於江東西、兩浙等地，原是地方州軍互相均
濟，兌換不同物產，代發上供錢物的有償調撥。到南宋仍承襲，但由有償的
和買轉為無償徵斂，變成興國軍百姓的一項負擔。[4] 王萬樞赴任前，即籲請
宋廷調整不合理陳規，獲准減免一半，另一半也由轉運司補助，地方的負擔
遂獲解除。劉宰說：「蓋非公言之於臨遣之初，則無以悟上意；非公持之於治
郡之日，則無以杜方來。成始成終，繫公一力，興國人畫像祠之。」[5] 任滿，
宋廷以「吉州為江左大州，兵賦所仰，亟以命公。」改調知吉州，不幸途中
病死。[6]

　　劉宰為王遂生母蔡氏撰寫的行狀，對她在王萬樞死後主導家族及諸子舉
業、任官等重要事蹟，都有豐富的記述，傳文達二千八百字。她在二十六歲
時嫁給王萬樞為繼室，婚後獨撐家務，盡心照顧家人，厚待親友族眾，尤關
心萬樞任官以來的交友與政務，並冷靜處理金兵進犯的傳聞，穩定社會秩序，

---

3. 劉宰，《漫塘集》，卷二十八，〈故知吉州王公墓誌銘〉，頁 2 上。

4. 包偉民，《宋代地方財政史研究》，第三章，頁 104–106。

5. 劉宰，《漫塘集》，卷二十八，〈故知吉州王公墓誌銘〉，頁 2 上。

6. 劉宰，《漫塘集》，卷二十八，〈故知吉州王公墓誌銘〉，頁 3 下。

拒絕不正常的餽贈，及資助淪為官妓的婦女從良，是賢內助。[7] 王遂任官後，蔡氏隨之就養，生活恬淡；嘉定十六年（1223 年）她七十歲大壽時，婉辭賀典，並請當地長官以民生疾苦為先。[8]

劉宰尤其表揚蔡氏破除怪力亂神的態度。她懷王遂時，婦醫說這一胎是女兒，但有辦法可轉女為男。蔡氏認為：「男女是分，豈人力所能為？」[9] 即請王萬樞斥去巫醫。嘉定十四年（1221 年）蔡氏與王遂居鄉時，鄉人自徽州婺源引進當地神祇，刻成木偶，打算興建廟宇；鄉親擔心王遂向州縣衙門舉發，企圖以禍福說服蔡氏，她說：「神聰明正直，豈加禍非辜？不然，是淫昏之鬼，斥去宜矣。」反而激勵王遂舉報。[10] 劉宰讚揚蔡氏的舉動「足以息邪說、正人心，有烈丈夫所不能者」。[11]

劉宰為趙時侃二位家人所作的傳記也很詳細。趙時侃，字和仲，是趙廷美的後裔，到他的曾祖父趙公稱知鎮江府時，定居京口；父親是趙亮夫。時侃於慶元二年（1196 年）中進士，曾知滁州、臨安府，官至工部侍郎。[12] 他的異母弟趙時佐，字宣仲，[13] 以蔭補出任和州含山縣尉。其後歷任江州彭澤（今江西彭澤）丞，調知湖南益陽縣（今湖南益陽）、江陵府石首縣（今湖北

---

7. 劉宰，《漫塘集》，卷三十四，〈故吉州王使君夫人蔡氏行狀〉，頁 15 下 –18 上。

8. 劉宰，《漫塘集》，卷三十四，〈故吉州王使君夫人蔡氏行狀〉，頁 18 下。

9. 劉宰，《漫塘集》，卷三十四，〈故吉州王使君夫人蔡氏行狀〉，頁 15 下。

10. 劉宰，《漫塘集》，卷三十四，〈故吉州王使君夫人蔡氏行狀〉，頁 20 下。

11. 劉宰，《漫塘集》，卷三十四，〈故吉州王使君夫人蔡氏行狀〉，頁 21 上。

12. 史彌堅修，盧憲纂，《嘉定鎮江志》，卷三，〈攻守形勢〉，頁 11 下 –12 上。

13. 劉宰在〈故令人湯氏行狀〉中說趙亮夫的元配褚夫人葬金壇，繼室為曹夫人，見劉宰，《漫塘集》，卷三十五，〈故令人湯氏行狀〉，頁 12 下 –17 下。而〈故寧國通判朝奉趙大夫墓誌銘〉則說趙時佐丁所生母沈氏憂，則沈氏或為庶妻，劉宰，《漫塘集》，卷三十二，〈故寧國通判朝奉趙大夫墓誌銘〉，頁 1 上 –3 下。

石首）等職，在石首縣任上政績卓著。當地藕陂市是洞庭湖北側著名通商大鎮，但爭訟頻傳；趙時佐追捕地方豪橫鄭光國，定其罪。在通判婺州任上，按常程徵收課稅經總制錢，避免吏人操弄。後因不願行賄，未能晉職，憤而辭任。紹定六年（1233 年）死。[14]

趙若珪是趙時侃的長子，字玉父，未冠入國子監。以父任調隆興府司參軍，改辟為主管浙西安撫司書寫機直文字，協助父親解決繁難吏治，調監慶元府三石橋酒庫、嚴州壽昌令和安吉縣等職。任知安吉縣前，即考察當地的環境，編成〈桃州會編〉，列出縣政得失，然於紹定二年（1229 年）赴任前驟逝，享年四十三歲。[15] 趙若珪個性慷慨、孝敬雙親，善與人交，對貧弱飢寒鄉人尤為盡心。嘉定十七年（1224 年）金壇大飢，他力助劉宰推動大規模賑饑行動，劉宰讚說：「嘉定甲申，歲大飢，有飯飢者事半而力不贍，君實續之。士失其養，君捐良田十五畝以助。士不知教，君與鄉之先達，日程其能以屬之，故人心之感如此。」[16]

趙若珪的母親湯氏，是南宋初期知樞密院事湯鵬舉的曾孫女。父親湯國彥在她年幼時逝世，她操持家務，得伯父湯邦彥的歡心，[17] 促成與趙時侃的婚事。婚後，她奉侍公婆，並助趙時侃在武進縣尉及句容令任上締造佳績。嘉定初年，宋廷調趙時侃守滁州，時淮邊不穩，湯氏以「君子不辭難，不以家事辭王事」，[18] 鼓勵他赴任；及趙時侃知臨安府，趙若珪晉升京官，趙若琚

---

14. 劉宰，《漫塘集》，卷三十二，〈故寧國通判朝奉趙大夫墓誌銘〉，頁 2 上 –2 下。

15. 劉宰，《漫塘集》，卷三十一，〈故知安吉縣趙奉議墓誌銘〉，頁 5 上 –5 下。

16. 劉宰，《漫塘集》，卷三十一，〈故知安吉縣趙奉議墓誌銘〉，頁 4 上。

17. 湯邦彥官至左司諫，是孝宗朝名臣。劉宰著，王勇、李金坤校證，《京口耆舊傳校證》，卷八，頁 251。《京口耆舊傳》的時間疑誤，邦彥死年或在淳熙五、六年（1178、1179 年）間。

中進士，一門三春，她反心存戒慎。其後趙時侃與趙若珪相繼病逝；面對生命無常，只說：「修短有數，可若何？」[19] 而將趙時侃的遺澤恩，轉給趙時侃庶弟；又勉次子趙若琚赴淮南路轉運使之召：「遠方以糧運為急，汝幸以世臣子，列屬其間，宜亟往就職，以報國恩。又汝父兄繼亡，宜勉旃以立門戶，久留無益也。」[20] 展現大家閨秀明理知分的胸懷。

　　湯氏的叔父湯宋彥（1144–1212 年）行狀和墓誌也由劉宰執筆撰寫。湯宋彥為鎮江名賢湯鵬舉的孫子，[21] 以鵬舉蔭補恩，授湖州司戶參事。後歷任知紹興府餘姚縣、通判慶元府（今浙江慶元）兼掌舶務等；任湖北安撫司參議官時，因勞致死。[22] 劉宰撰文時以實例表揚他促進家族和諧，[23] 如其兄湯邦彥因使事獲罪而死，宋彥助其女嫁妝，分良田六十畝給諸姪，又將任子恩給邦彥之孫。第二次任子，則給予大弟之子，再次任子又授予三弟之子，劉宰盛讚他：「世衰道微，士大夫家以父祖遺澤相貿易，有同市道。公獨以兄弟之子猶子，擇未命者以義授之，可不謂難歟！」[24]

　　楊、鍾兩家父子四人的出身、仕途與鄉里角色，頗有差異。楊氏家境富裕，樗年雖致力舉業，然未中第，後娶外戚錢忱之女，奏補為幕職官。[25] 因

---

18. 劉宰，《漫塘集》，卷三十五，〈故令人湯氏行狀〉，頁 12 下。

19. 劉宰，《漫塘集》，卷三十五，〈故令人湯氏行狀〉，頁 15 下。

20. 劉宰，《漫塘集》，卷三十五，〈故令人湯氏行狀〉，頁 16 上。

21. 劉宰著，王勇、李金坤校證，《京口耆舊傳校證》，卷八，頁 248–251。

22. 宋彥卒年，劉宰在行狀作壬申（嘉定五年，1212），墓誌銘則作壬午（嘉定十五年，1222），墓誌銘誤。

23. 劉宰，《漫塘集》，卷三十四，〈故湖北參議湯朝議行述〉，頁 11 上 –11 下。

24. 劉宰，《漫塘集》，卷三十四，〈故湖北參議湯朝議行述〉，頁 12 下。

25. 〈楊提舉行述〉中關於錢氏所述多誤，稱「吳越錢氏故太師駙馬都尉唐國公先葬于東霞山，實邇公居……遂聯姻，實少師瀘州軍節度使榮國公忱之曾孫女。」《漫塘集》，

充裕國賦有功，改知常州武進縣；丁父憂家居時，逢鎮江大旱，淮東總領所錢良臣與知鎮江府沈复合請起復，後以浚湖紓解民困有功，改通判揚州。在揚州任上，組織強勇軍、督捕蝗害，並規劃通往古運河與長江咽喉要衝的瓜洲水閘，便利糧運；獲知州長官聯名向朝廷力薦，改知真州，後改知和州，再除提舉福建市舶，開禧元年（1205 年）死。[26] 次子楊恕，慶元三年（1197年）以蔭補將仕郎。初任監錢塘縣買納鹽場；其後歷知華亭、淳安及監三省樞密院門、太府寺簿、通判慶元府，知潮州、臨江軍、大宗正寺丞，及提舉淮南東路常平茶鹽司公事等職。寶慶元年（1225 年）死於京口寓舍。[27]

楊樗年相當重視子弟教育，曾建寶經堂以聚書教子。[28] 此外，他個性豪邁，厚待宗親鄉黨，救助貧窮士人，被尊為京口長者，劉宰曾記述：

> 猶記舶使無恙時，月旦必大合族，具冠帶，序少長，擊鮮釃酒，從容竟日。座有言某飢不自食、某寒不自衣、某病須醫、某吉凶須助，雖甚疏遠或無一日雅，舶使必稱力周之。故方是時，族無貧人，姻舊鄉鄰緩急皆有告。[29]

卷三十三，〈楊提舉行述〉，頁 22 上）實則太師駙馬都尉是錢景臻，封康國公、贈太師，會稽郡王，葬於丹徒縣。錢忱（1083–1151 年）任瀘州節度使，娶唐氏，終少師潼川軍節度使，封榮國公。子錢端禮。劉宰著，王勇、李金坤校證，《京口耆舊傳校證》，卷二，頁 65，「錢氏少師曾孫錢忱之女」亦誤。

26. 劉宰，《漫塘集》，卷三十三，〈楊提舉行述〉，頁 21 上 –26 下。參劉宰著，王勇、李金坤校證，《京口耆舊傳校證》，卷二，頁 65。

27. 劉宰，《漫塘集》，卷三十二，〈故提舉宗丞朝散楊大夫壙誌〉，頁 23 下 –24 下。

28. 劉宰，《漫塘集》，卷二十二，〈楊氏寶經堂記〉，頁 14 上 –15 下。

29. 劉宰，《漫塘集》，卷二十二，〈楊氏寶經堂記〉，頁 15 上 –15 下。

可見楊樗年照顧親族，不遺餘力。

丹陽鍾將之（1125–1196 年）、鍾穎父子均由科舉入仕，政績卓著。鍾將之，字仲山，紹興十八年（1148 年）與朱熹同榜進士。歷楚州淮陰尉、盱眙軍、泰州教授、常州教授、知和州歷陽縣等職。歷陽縣因軍屯與民田交錯，紛擾不止，他極力溝通、化解糾紛。[30] 通判滁州時，與知州石宗昭籌劃救災得宜，民免於受飢。鍾將之在淮南邊地，致力修建學校，振興教育的作為，深獲文學名臣楊萬里和理學家石宗昭的肯定。[31]

鍾穎（1159–1232 年）母親早死，自幼由外祖父扶養成長。先以父親恩蔭補官，慶元二年（1196 年）中進士第，改任秀州袁部鹽場，泰州馬塘催煎官；奏減灶以紓亭民、濬河以便商販，鹽利大興。嘉定十二年（1219 年）通判濠州，他有感於濠州地處極邊，遂著力修繕城壁、訓練民兵，調處軍民，強化守禦；當金兵進犯時，道路受阻，他自創憑證，以利錢糧通行，並率部將石俁與韓存，以寡弱部眾成功退敵，解淮西之圍。[32] 因功改差鎮江府通判，避籍不就，歸鄉經營庭園。[33] 理宗即位後，改通判隆興府，既寬綏經總制錢期限，調整和買絹額度，減低百姓負擔；又重修東湖書院，振興教育，成效卓著，擢任知建昌軍。紹定五年（1232 年）一月死。鍾穎勇於任事，廉潔飭身，雖家產不豐，仍能捐良田、置義莊，支持宗族發展。[34]

紀極是丹陽望族，也以蔭補入仕。他歷任南劍州劍浦（今福建南平）尉、

---

30. 劉宰，《漫塘集》，卷三十，〈故通判滁州朝散鍾大夫墓誌銘〉，頁 8 上。

31. 劉宰，《漫塘集》，卷三十，〈故通判滁州朝散鍾大夫墓誌銘〉，頁 8 下。

32. 鍾穎為感念二位軍將拯救城池於危難，特建廟以祀，見劉宰，《漫塘集》，卷二十一，〈濠州新建石韓將軍廟記〉，頁 11 上 –13 下。

33. 劉宰，《漫塘集》，卷二十一，〈野堂記〉，頁 29 下 –31 下。

34. 劉宰，《漫塘集》，卷三十一，〈故知建昌軍朝議鍾開國墓誌銘〉，頁 26 上 –30 下。

平江府崑山縣丞、知建康府溧水縣、知饒州樂平縣（今江西樂平）等職。他在知樂平縣時，修葺學校，整建房舍，供糧賑災，醫治病民，甚至囊石護堤，降低百姓受水患之苦；政績甚獲江東提刑真德秀稱許，百姓也立祠刻石以記其德。後改差廣德軍（今安徽廣德）通判，上任前因病逝世。[35]

劉宰所記鎮江中級官員親友的入仕途徑及歷程，有二個值得觀察的現象。其一，除鍾將之、鍾穎父子出身進士外，其餘諸人多由蔭補入仕，顯示進士出身固然是追求仕進的重要途徑，但在鎮江要爭取中層官員的機會，未必優於蔭補。且這些蔭補得官的家族與當朝名宦——楊氏與外戚錢氏、趙氏與湯氏、湯氏與蔣氏、湯氏與趙必愿——有婚姻關係，明顯可見鎮江中層官員家族在仕途競爭上確具優勢；不過到南宋晚期，除王遂仕歷較顯外，其他家族未見後續發展。

其二，除趙若珪與湯宋彥外，其他諸人都曾任職邊境地區，如王萬樞（來安、全椒）、趙時佐（和州金山縣、江陵府石首縣）、鍾將之（滁州、和州）、鍾穎（通州、泰州、濠州）、楊樗年（真州、揚州）、楊恕（潮州、淮南東路節度使司、盱眙軍）、紀極（南劍州、溧水縣）；但與鍾將之、鍾穎父子久任邊地相比，以蔭補入仕諸人，邊地只是其職務歷練的一環。

在這些中層官員的傳記中，劉宰也以具體事例，表述他們對國家與鄉里的貢獻。如王萬樞減免興國軍民眾淮衣之徵；趙時佐在婺州募勇士；趙若珪協助推動鄉里救災；鍾將之在和州平息軍屯田與民田的糾葛，及提升淮邊舉業競爭力；鍾穎在濠州抗金有功；楊樗年、楊恕父子建寶經堂教育鄉里子弟及救助貧困士人；紀極阻止調派崑山海船到長江禦侮；對湯宋彥，則強調分家產及任子恩給家人等。至於善待家人、教育子弟、平息糾紛等家族事務的

---

35. 劉宰，《漫塘集》，卷三十三，〈紀通判行述〉，頁 29 下 –31 下。

記述，則與其他地區士人官僚及夫人頗相類似。

二、低階官員的抉擇

　　《漫塘集》中所見劉宰書寫任低階官員的鄉里友人事蹟，共有十二人，其中有七人是進士入仕，三人是武舉出身的武職官，二人是特恩補官；加上四位女性，共十六人。其中六位（張汝永、張汝开、孫泝、王元實、范克信、張鎮妻韋氏）為劉宰的姻親；同年有五位，其中進士同年是趙崇恧，其餘四位為鄉試同年（張汝永、張汝开、張鎮、陳景周）；諸葛埴本人與翟起宗的父親翟汝霖則是劉蒙慶的學生。這些傳主固然因獲得官職而讓家族晉升為官戶、翻轉社會地位，但他們從舉業到任官的歷程頗為曲折艱辛，政務、政績比中級官員簡要；至於記述內容的繁簡，則視其仕歷及與劉宰關係的親疏而定。

　　這些低階官吏各有自身的成長背景及發展際遇。本節依關係、身分，分三群介紹事蹟較詳者，包括出身富豪的張汝永、張汝开兄弟及孫泝三人，任武職的范如山、范克信和王元實三人，及學友陳景周、諸葛埴與翟起宗三人。

　　張汝永和張汝开是張損的兒子。張損和楊樗年兩家，都是金壇富豪，以聚書、教育鄉里子弟及捐錢賑濟而贏得讚譽。劉宰就說：

> 近時州縣學官，又往往不飭教事。雖有秀民良子弟，聞見寡陋，亦無以成其器質之美。若吾鄉之楊氏、張氏，皆傾家貲以來當世士。凡士之有聲場屋者，雖在數千里外，必羅致館下，使與諸子及鄉之後進遊。聚書之富、致客之盛、遇客之厚，悉時所罕見。蓋不但家塾之教立，而譽髦斯士猶足髣髴乎黨庠術序之盛。[36]

---

36. 劉宰，《漫塘集》，卷三十二，〈故監行在北酒庫張宣教墓誌銘〉，頁 8 上 −8 下。

　　張損字德久，家世富饒，惟舉業不順，晚年才以特奏名授吉州文學。他聚書於名為「省齋」的書館，作為教育子弟並提供鄉里師友交游之地，「用能成其身，亦以成其子。」[37] 在他極力培養下，四子中有三位中舉任官。張汝永（1160–1230 年）是長子，字端衰，[38] 淳熙十三年（1186 年）與弟汝亼、父親和劉宰一起通過鄉舉，但到嘉定七年（1214 年）五十五歲才中進士；出任和州含山縣（今安徽含山）主簿，督建金牛城有功，被辟為監藩封激賞酒庫；他希望任親民官以實踐理念，遂轉任鄰近金壇的溧陽縣丞。紹定三年（1230 年）逝世。元配蔣氏，繼室李氏，共育有一女二子。[39]

　　張汝开，字端衡，是張損的季子。他二次舉於鄉，到嘉定十三年（1220 年）五十六歲才中進士，首任家鄉附近的建康句容縣尉。任滿改監四明穿山鹽場，又調監行在北酒庫，端平二年（1235 年）逝世。妻余氏生一子，無嗣；一女嫁劉宰姪兒劉用厚，乃命用厚從姪更名燁為繼。張汝开一生篤守儒學，拒斥鬼神、道教，是劉宰的同道。[40]

　　孫沂，字彥與，是丹徒富人孫大成的三子，自幼協助父親經營產業。後與兄孫泳均受教於劉宰的堂兄劉桂嵒，致力舉業，四次鄉舉均獲首選，嘉定四年（1211 年）中進士，時年四十。首任平江府吳縣（今屬江蘇蘇州）主簿。先後丁父母憂，服除後授台州仙居縣（今浙江仙居）尉，以重修名為擇水城的石堰有功，改常熟縣（今江蘇常熟）丞，政績顯著；然有感於中舉十八年仍任幕職官，積勞致疾，因而乞歸，端平元年（1234 年）逝世。有一子二女，次女嫁劉桂嵒之孫劉子敬。劉宰說他：「親養既克，束書起家。四上賢

37. 劉宰，《漫塘集》，卷三十一，〈故溧陽縣丞張承直墓誌銘〉，頁 14 下。

38. 劉宰，《漫塘集》，卷三十一，〈故溧陽縣丞張承直墓誌銘〉，頁 14 下。

39. 劉宰，《漫塘集》，卷三十一，〈故溧陽縣丞張承直墓誌銘〉，頁 15 上。

40. 劉宰，《漫塘集》，卷三十二，〈故監行在北酒庫張宣教墓誌銘〉，頁 8 上 –12 上。

書，再為舉首。發策決科，探囊索有。政行三邑，選止七階。退為克己，進
不關懷。」對他入仕後仍在浮沉基層，頗為感慨。[41]

　　劉宰為三位武職鄉友撰寫墓誌，皆凸顯低階武官久任邊區的辛勞及貢獻。
首先是歸正人范如山，字南伯，邢臺人。父親范邦彥原為北宋的太學生，金
兵南犯時，因母老無法離家；後中金朝進士，任新息縣令。紹興三十一年
（1161 年）金海陵王南侵，邦彥開城迎宋兵，舉家南遷。南歸後，范邦彥首
任湖州長興縣令，范如山添差監湖州都酒務，隨侍父側；及邦彥通判鎮江，
遂定居京口。當時志在恢復的荊南帥張栻，以如山熟悉北方形勢，辟差辰州
瀘溪縣令，改攝江陵公安縣。慶元二年（1196 年）死。[42]

　　范如山與辛棄疾都是歸宋的豪傑，紹興三十二年（1162 年），稼軒娶范
如山之妹；稼軒長女亦嫁如山之子范炎，二人關係甚為密切。[43]范如山的妻
子張氏是鉅鹿人。范邦彥決意投宋時，勸她回鄉，她以「婦人既嫁從夫，捨
夫安之？」毅然隨夫家歸宋。范如山久在外地任職，張氏承擔家務，讓二子
接受教育。長子范炎任官後，張氏鼓勵他廉潔從政，並囑以減輕百姓負擔，
讓「家家春風」。[44]

　　劉宰母親的族人范克信是另一位武職官員。范克信字允誠，二十歲通過
鄉試，慶元五年（1199 年）四十五歲，以特恩任許浦水軍準備差遣，但因與
新任長官不合遭罷。嘉定初，任淮東戎幕，勤任職，曾改造戰車禦敵，以功

41. 劉宰，《漫塘集》，卷三十一，〈故常熟縣丞孫承直墓誌銘〉，頁 32 下。
42. 劉宰，《漫塘集》，卷三十四，〈故公安范大夫及夫人張氏行述〉，頁 21 上 –23 上。
43. 辛棄疾與范如山之妹結婚時間，鄧廣銘作紹興三十二年，蔡義江作乾道五年（1169
　　年）。見鄧廣銘，《辛稼軒年譜》，頁 4、頁 29–30；蔡義江、蔡國黃，《辛棄疾年譜》
　　（濟南：齊魯書社，1987），頁 63–65。
44. 劉宰，《漫塘集》，卷三十四，〈故公安范大夫及夫人張氏行述〉，頁 24 下。

升從事郎，轉廣西經略安撫司幹辦公事、同措置買馬，以招馬有方，獲羈縻州的信任。嘉定十年（1217 年）死。[45]范克信頗為照顧家族，其父范逷曾創義田以維護祖墳，克信更增給經費；范氏三兄弟中，長兄負責家務，他和二哥致力舉業。後因買馬有功，獲推恩，他先讓兄姊之子；他也樂於幫助朋友，例如鄉友及范仲淹的後裔逝世於外地，無法歸葬，他即協助買棺並送回家鄉安葬。[46]

范克信兄弟與劉蒙慶是同鄉好友且是姻親，是以劉宰既為克信寫墓誌銘，也為其妻趙氏寫行狀。劉宰在趙氏墓誌中強調她豁然大度，成全丈夫好宦遊與尚義、喜賓客的個性，承擔家務、教育子弟，是維繫家道的主力。[47]

另一位武職官員是張汝永的妹夫王元實，字輝之，宜興人。先世以儒為業，元實則入武學，淳熙十四年（1187 年）中舉，首任淮邊要衝安豐軍霍丘縣（今安徽霍邱）尉。秩滿後調升荊湖北路澧州石門（今湖南石門），改任臨安縣臨桃源酒庫；其後相繼在武岡軍綏寧縣（今湖南綏寧）及江陵府、鎮江府都統司等宋金交界，或與溪洞相鄰的邊境任職。當時宋金邊境戰事迭起，蘄州（今湖北蘄春）、黃州（今湖北黃岡）受擾甚重，元實協助主帥處理邊務，著有勞績。後因反對移屯軍隊至承州（即高郵軍，今江蘇高郵）和楚州，而請辭歸鄉，紹定元年（1228 年）死。[48]

另三位則是高齡中舉，僅一任官歷的同年與學友。首先是與劉宰關係至密的鄉試同年陳景周，他是北宋丞相陳升之族裔，父親陳嘉言致力培育子弟。

45. 劉宰，《漫塘集》，卷二十九，〈故廣西經略司幹官范承事墓誌銘〉，頁 6 下 –10 下。

46. 劉宰，《漫塘集》，卷二十九，〈故廣西經略司幹官范承事墓誌銘〉，頁 8 上 –9 上。

47. 劉宰，《漫塘集》，卷三十四，〈故廣西經略司范經幹孺人趙氏行述〉，頁 25 上 –26 下；卷二十九，〈故廣西經略司幹官范承事墓誌銘〉，頁 6 下 –10 下。

48. 劉宰，《漫塘集》，卷三十，〈故王武德墓誌銘〉，頁 23 下 –25 下。

景周自小即篤志於學，並二次通過鄉舉，但到嘉定十六年（1223 年）五十七歲才中進士，出任溧陽縣尉。[49] 溧陽縣是建康府大縣，民風剽悍，政務繁雜。景周個性耿直，清廉自持。當時丞相史家有莊園在溧陽，掌事的都催與當地豪橫相結，憑勢陵轢鄉里。景周到任後掌握訊息，壓制這些惡勢力，因而受到報復。紹定二年（1229 年）他在離任前夕暴卒，享年六十三歲。死後，豪橫更要脅不能買棺木及行葬禮；幸得當地寓公相助，才由三個姪兒扶柩歸葬。[50] 當時知縣為章鑄。[51] 劉宰對景周暴卒感慨甚深，但記載其逝世的過程則相當隱晦。從事後的發展看來，陳景周之死或許與丞相史彌遠的莊園有關。史彌遠死後，宋廷爆發一連串推動平反、追究政治責任的事件，陳景周之死的細節才隨之曝光，與劉宰在墓誌所記有極大的差別。[52]

　　金壇人諸葛埴，字子埴，二十五歲時奉父命，師從劉蒙慶。三十七歲舉鄉試，晚年獲特奏名進士，曾任淮邊重鎮安豐縣（今安徽壽縣）主簿。當時宋廷籌劃北伐，邊境多事，縣令屢更，諸葛埴代理縣務，備極辛勞。任滿調江陵府糧料院，未上任而死。諸葛埴感於族人、鄉黨受困里役，乃提倡義役，化解鄉里糾紛。[53]

　　翟起宗，字元振，父親翟汝霖是劉蒙慶的學生，母周氏。起宗十八歲即通過鄉舉，到嘉定十年（1217 年）四十八歲以累舉恩入仕時，母親驟逝。[54]

49. 劉宰，《漫塘集》，卷三十一，〈故溧陽縣尉陳修職墓誌銘〉，頁 7 上 –8 下。

50. 劉宰，《漫塘集》，卷三十一，〈故溧陽縣尉陳修職墓誌銘〉，頁 8 下。

51. 時人疑知縣為陸游之子陸子遹，實則陸子遹知溧陽縣在嘉定十一年正月至十四年四月（1218–1221 年）。見馬光祖修，周應合纂，《景定建康志》，卷二十七，頁 33 下。

52. 關於陳景周之死與地方政治勢力的關係，童永昌有更全面而清晰的討論。參見童永昌，〈縣尉陳氏之死：南宋晚期的財政危機與地方社會〉，稿本。

53. 劉宰，《漫塘集》，卷三十二，〈故監江陵府糧料院諸葛承直墓誌銘〉，頁 5 下 –6 下。

服除後，任黃州麻城縣（今湖北麻城）主簿。時值宋金再啟戰事，麻城城邑
隳壞。起宗率民保守山寨並輸糧援軍，穩定時局；真除縣令後，整頓官衙、
坊市，重建縣學，並祠司馬光與二程於學，[55] 寶慶二年（1226 年）死。[56]

　　劉宰記述四位低階官員夫人的內容，多來自她們的家人。她們和前節所
述中級官員相比，出身並不顯赫，在家中也多扮演相夫教子的角色。但劉宰
撰記時，也因應傳主本人或丈夫的個性、家境與仕途發展差異，顯現若干特
點，如他對同年且為親家張鎮的夫人韋氏，表述裨益世教人心的事蹟。[57] 寶
從謙的夫人霍氏，則是影響丈夫處世的賢內助。[58] 二位范姓武職官員，遊宦
經歷豐富，個性豪邁慷慨；他們的夫人則豁達大度，承擔家務，教育子弟。[59]
四人中，張鎮和范克信是劉宰的姻親。但劉宰母親早死，韋氏晚年隨同張鎮
到歙縣任職，二人與劉宰的互動不多，可記的事蹟少。但女婿張介強調其母
破除迷信陰陽之事，與劉宰理念切合，反成為傳文中著墨的重點。[60]

　　劉宰筆下十二位長期在基層官職浮沉的同鄉好友中，最明顯的現象是高
齡中舉、多歷邊職，而且長期浮沉基層，歷事多艱，坐困下僚。有四位超過
五十歲（陳景周五十七歲、張汝永五十四歲、張汝开五十五歲、衛翼五十四
歲）才中進士，而翟起宗與諸葛埴更到晚年才以特奏名入仕。任職邊區者有

---

54. 劉宰，《漫塘集》，卷三十，〈故知麻城縣翟承事墓誌銘〉，頁 17 下－18 下。

55. 劉宰，《漫塘集》，卷二十一，〈黃州麻城縣學記〉，頁 25 下－27 下。起宗應王遂的要
　　求將三先生列入祠學。

56. 劉宰，《漫塘集》，卷三十，〈故知麻城縣翟承事墓誌銘〉，頁 17 下－18 下。

57. 劉宰，《漫塘集》，卷三十一，〈故韋氏孺人墓誌銘〉，頁 12 下－14 上。

58. 劉宰，《漫塘集》，卷二十八，〈霍氏墓誌銘〉，頁 5 下－6 下。

59. 劉宰，《漫塘集》，卷三十四，〈故公安范大夫及夫人張氏行述〉，頁 21 上－25 上；卷
　　三十四，〈故廣西經略司范經幹孺人趙氏行述〉，頁 25 上－26 下。

60. 劉宰，《漫塘集》，卷三十一，〈故韋氏孺人墓誌銘〉，頁 13 上。

七位，如李紳（楚州山陽）、范如山（真州督酒務、瀘溪、江陵公安）、范克信（廣西經略司）、翟起宗（黃州麻城）、王元實（安豐軍霍丘、武岡軍綏寧、江陵、鎮江府都統司）、張汝永（和州含山）、諸葛塤（安豐軍安豐縣、江陵糧料院）。武職入仕的范如山、范克信和王元實，更長期任職於邊區。晚年才以特奏名入仕的翟起宗與諸葛塤，則僅擔任對南宋而言是極邊的黃州麻城縣主簿與安豐軍安豐縣主簿之職。除孫泝外，衛翼、陳景周和張汝开、張汝永四位也都任職於鄰近江邊的建康地區，且長期浮沉基層。只有宗室同年趙崇忐，二十七歲中舉，但未任實職。

　　這些親友在沿邊地區任職的比例偏高，顯然與他們的出身及居住環境有關。例如張汝永、汝开兄弟是京口地區的望族，但他們中舉時年歲已高，族人也不曾在中樞任職。在員多闕少的南宋，這樣的出身並不突出，加之缺乏高層奧援，要到競爭極激烈的沿海或鄰近京城的富盛地區任職，並不容易。他們的家境富饒，又具官戶身分，在鎮江已是鄉里名望之家，到地理相鄰、民情相近的淮南地區任職，可以就近照顧父母，並與家族維繫關係。因此到淮邊任職，並無違和、貶抑的感受，反而是生涯中的有利選擇。張汝永與張汝开選擇溧陽和句容任職，所考慮的和劉宰一樣，即是方便與家族鄉里的聯繫。

　　淮邊與江南雖僅一江之隔，對大多數沿海及地處富庶的江浙士人而言，除了擔心邊境爆發戰事、危及生命外，氣候與地理條件差異甚大，生活適應不易，也是重要考慮。像出身寒微的餘姚人孫應時，為求仕進，於淳熙十三年（1186 年）到海陵縣（今屬江蘇泰州）任縣丞，這時海陵已六十年無戰事，他仍視之為人煙稀少、田土荒蕪的不毛之地；至歲末，更備感寒冷寂寞。[61] 可見，在富庶地區成長的士人官僚，若非情勢所迫，絕少願意到邊地

---

61. 孫應時，《燭湖集》，卷十六，〈海陵歲暮〉，頁 20 上。黃寬重，《孫應時的學宦生涯：道學追隨者對南宋中期政局變動的因應》，頁 51–52。

任職。這些現實因素,讓鎮江與閩浙士人對到淮邊任職的心情和接受度,顯有落差。

在南宋有經濟能力的家族,都以提升子弟舉業環境爭取功名為要務。由於經濟、教育文化發展上的差異,鎮江人在進士錄取名額及仕途競爭上,固然難與沿海及富庶地區抗衡;不過,相對於飽受戰火威脅的淮南邊境而言,鎮江經濟發達,士人中舉名額也多。況且淮南離家較近,境土相連,共同形成南宋國防的屏障線,兩地頗有唇齒相依的一體感,因此鎮江士人反而有較高的意願到淮南或臨邊地區任職;從劉宰筆下多數選擇到淮邊安豐、山陽等地任職的鄉友,就可以看到京口士人面對現實的因應態度。

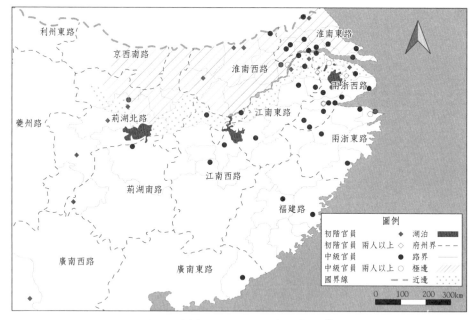

圖四　劉宰鎮江親友任職分布圖[62]

---

62. 此圖由鄒武霖碩士繪製。

第二節　舉業待發展家族

　　劉宰為鄉里不仕友人寫了二十四件墓誌傳記，加上六位女性，共三十位。這樣的數量，在他所寫的傳記中占比相當高，這和他久居鄉里有關。[63] 劉宰辭官後的三十年間，參與推動於鄉里事務，鎮江是主要活動場域；和絕大多數以追求功名為志，來往於中央與各地方任官、就學的士人，僅短暫鄉居，有明顯的差異。劉宰參與地方事務既多，與眾多平民百姓或不仕士人來往、互動甚於他人，因此留下較多不仕親友撰寫的墓誌資料。

　　透過劉宰的記述，有助於認識鎮江庶民多元豐富的生命歷程，以及他們如何因應環境的挑戰，又採取何種發展策略以提升社會地位，從而對鎮江社會有更全面的掌握。但受限於墓主事蹟及劉宰與他們的關係，內容繁簡有別。本節按關係與鄉里角色，舉不同案例加以說明。

　　這三十位親友中，有六位是他的姻親：孫大成是劉宰妹妹的公公，[64] 徐處士的兒子徐藻是劉宰長子汝琦的岳父，[65] 蔡希孟是劉宰堂兄劉桂喦的女婿，[66] 江模的弟弟江遂良是劉宰姪孫劉宗朝的岳父。[67] 高與之的女兒嫁劉宰次子汝遇，雷震之子應龍娶劉宰姪女。[68] 除江模、蔡希孟事蹟較少外，可以

---

63. 童永昌博士透過 CBDB 宋代墓誌銘作者撰寫對象，發現兩宋墓誌銘數量最多而且無官者占比超過 15% 的前三十位作者，幾乎全是南宋作者。劉宰撰寫平民墓誌銘的比例雖不算多，但同鄉的占比卻很高。這一觀察雖尚屬初步，仍待深入探討，但值得重視。十分感謝他協助，提供數據。

64. 劉宰，《漫塘集》，卷三十三，〈孫府君行述〉，頁 26 上 –29 下。

65. 劉宰，《漫塘集》，卷三十一，〈徐處士墓誌銘〉，頁 22 上 –24 上。

66. 劉宰，《漫塘集》，卷三十一，〈蔡希孟墓誌銘〉，頁 21 上 –21 下。

67. 劉宰，《漫塘集》，卷三十二，〈江進士墓誌銘〉，頁 7 上 –7 下。

68. 劉宰，《漫塘集》，卷三十二，〈高與之墓誌銘〉，頁 3 下 –5 上。

從其餘四人的記載，看到一般平民家族教育子弟的作為，以及在地方社會的樣態。

孫大成家族與劉宰家族既有師生關係，更締結婚姻，他的次子孫泳娶劉宰的妹妹，幼子孫沂曾受學於劉宰堂兄劉桂嵒，次女嫁給桂嵒的孫子劉子敬，兩家關係十分密切。[69] 大成字振道，出身丹徒書香世家，以經營產業致富，是劉宰所述「好義而不顧其私」的善人。他年幼時患病，因丹藥痊癒，此後喜聚方書，且製藥醫治鄉友；旱荒時解衣推食，嘉惠飢凍者。致富後，他安排長子孫淵主持家業，二子孫泳和孫沂致力舉業，自己則追求清淡、樸實的道風。嘉定四年（1211 年）長子孫沂中進士時病逝，享年七十二歲。[70] 劉宰雖批評道家生活的人：「終日營營，自謂足以為子孫計，而專利以賈怨，巧取以速陰禍，有身之不能保者」；[71] 「為道者則以禮為械，以家為累，飄然遠引。自謂足以了生死事，而己私未克，性地不明，有形神將離而眷眷不能釋者。」[72] 卻讚揚孫大成「為善不為利」而且「臨死生大變，卓然不惑」，與一般謀利者或道者截然有別。[73]

劉宰記孫大成妻張氏墓誌，除著力陳述她協助丈夫行善外，[74] 兼述她照顧大成的姊妹，祭祀祖先、招呼賓客及操持家務，成就諸子的舉業等事蹟，

---

69. 劉宰，《漫塘集》，卷三十二，〈故常熟縣丞孫承直墓誌銘〉，頁 32 上 –32 下。

70. 劉宰，《漫塘集》，卷三十三，〈孫府君行述〉，頁 28 上。

71. 劉宰，《漫塘集》，卷三十三，〈孫府君行述〉，頁 28 下。

72. 劉宰，《漫塘集》，卷三十三，〈孫府君行述〉，頁 28 下 –29 上。

73. 劉宰，《漫塘集》，卷三十三，〈孫府君行述〉，頁 29 上。

74. 劉宰稱：「凡公之為，好義而不顧其私，達生而不狃於事，彌縫於內而經理於外，使力足以遂其志，張氏與諸子有助焉。」劉宰，《漫塘集》，卷三十三，〈孫府君行述〉，頁 28 上。

顯示她善於調和內外、承擔家務，是成就夫婿的賢內助。[75] 此外更凸顯二個重點：一是張家居於四方舟車交會的繁華地區，家人致力舉業，輔以醫術，是貴富之家，不曾事蠶繅，但婚後張氏親自督責媵侍從事紡績，而不以為苦。二是張氏信佛，卻職守儒家主敬之說，與一般學佛者不同。[76]

　　徐處士不見名諱，金陵句容人。他幼年志於學，雙親死後改謀營生，創業有成後力闢書館藏書，召請名士教子。寶慶元年三子徐藻中進士，開啟家族起家的契機。他晚年將田產盡予諸子，不問家事，「幅巾杖屨，徜徉里閭，時以圍棋自娛」，其輕財好施，聲聞鄉里。[77]

　　句容人高天賜，字與之，父親高志崇勤儉持家，以便二子專心舉業。天賜不忍父親獨任重責，遂承擔家業；致富之後，父子依親疏急緩，力助鄉人，饑荒則發放米糧施賑，澤及鄉親。[78] 高氏父子對鄉里更大的貢獻，是戮力開通句容到京口的道路。自句容前往鎮江，須穿越險峻的山路，到丁角鎮又須涉水，交通不便。志崇決意打通阻險的山路，並在山谷間建數十座橋梁，費用高達一萬三千緡，「聞者縮頸」。[79] 天賜依從父願，克服困難，打通道路，兌現承諾，「巖壑高下皆成坦塗，行道之人無不舉首加額」，是鄉里極大福音。[80]

---

75. 劉宰，《漫塘集》，卷二十九，〈故張氏孺人墓誌銘〉，頁 5 上 –6 下。

76. 劉宰，《漫塘集》，卷二十九，〈故張氏孺人墓誌銘〉，頁 5 上。

77. 「有以匱告，必稱力賙之，或不謁而予。歲儉穀貴，富者遏糶，君輒傾所有，平價以糶，其無資者貸之，甚者與之，人賴以濟。」徐處士嘉定十年（1217 年）以八十六高齡逝世。劉宰，《漫塘集》，卷三十一，〈徐處士墓誌銘〉，頁 23 下。

78. 劉宰，《漫塘集》，卷三十二，〈高與之墓誌銘〉，頁 3 下 –4 上。

79. 劉宰，《漫塘集》，卷三十二，〈高與之墓誌銘〉，頁 4 下。

80. 劉宰，《漫塘集》，卷三十二，〈高與之墓誌銘〉，頁 4 下。關於高志崇鑿通句容到鎮江府的道路，造福鄉民的事蹟，亦見於《至順鎮江志》。

金壇人雷震的父親是雷彥強，母親吳氏。吳氏死，彥強再娶，但繼母偏祖親生兒子，逼迫雷震就養於表兄家；父親死後，雷家戶籍由官戶淪落為民戶、墳地荒蕪，窮極潦倒。當時的風尚，是以財富評量家族的社會分量與地位。雷震面對此一現實，積極振興家業，修復祖墳，進而安排次子雷選和三子雷應龍專心舉業。等雷選通過鄉舉為待補太學生後，他特呈請官府重新釐定戶籍，恢復官戶，以改變鄉里的評價。嘉定元年逝世，享年七十七歲。[81]

從劉宰為其伯父與父親學生陳武齡與湯頤年所撰事蹟，同樣可以看到平民家族致富之後，以教育子弟發展舉業為志的現象。首先，蒙慶學生陳武齡的事蹟，顯示一位由儒轉商的鄉人，在致富後積極培養子孫延續儒業，並推動多項鄉里慈善事業，以維護家族聲譽的經歷。[82] 再來是湯頤年，字養正，在丹陽望族中與劉宰父祖輩關係最為密切。頤年是高宗朝工部侍郎湯東野三弟東明的第三子。[83] 湯東明經營產業致富後，致力有利於舉業的家族環境，與為兒子舉業費心的劉祀合作，羅致名士教育三個兒子喬年、修年、頤年，兩家子弟一齊成長，情誼慎重。頤年好讀書，尤熟《漢書》、攻詞賦。淳熙十六年曾參與禮部試不中，仍繼續舉業；到嘉泰四年，仍以「束髮受命先君，俾從事於此，一朝棄之，是忘其先也」而堅持赴考，終因病重而死。[84]

湯氏家族資產雄厚，除學習舉業外，更以具體行動照顧救助鄉里宗族，使「內族外姻，戚休均己」。[85] 頤年承繼家風，既撫育從姪湯尊祖成長，以延續其家脈，亦捐良田資助在蘇州的表兄及其家人長達十四年，更資助姻親贖

81. 劉宰，《漫塘集》，卷三十二，〈雷翁墓碣〉，頁 30 上。
82. 劉宰，《漫塘集》，卷三十一，〈西園陳居士墓誌銘〉，頁 18 下 –21 上。
83. 劉宰著，王勇、李金坤校證，《京口耆舊傳校證》，卷五，頁 142–148。
84. 劉宰，《漫塘集》，卷三十三，〈湯貢士行述〉，頁 17 上。
85. 劉宰，《漫塘集》，卷三十三，〈湯貢士行述〉，頁 18 上。

回祖產及協助無力喪葬的族人。這些義行，使頤年在鄉里受到的尊崇超過二位兄長。劉宰感念湯家三兄弟的義舉，在為頤年寫行狀的同時，兼記喬年、修年的行誼，「以終友於義，以慰鄉人之思。」[86]

劉宰對兩位鄉賢墓誌的記述，則可看到他們傳奇的一生。其一是同年好友陳景周的父親陳嘉言。陳嘉言，字聖謨，是北宋丞相陳升之伯父陳大猷的後裔，他的父親陳琳，曾透過韓世忠向朝廷條奏福建槍仗手利害，獲授迪功郎，惜未仕即與妻偕死，留下雅言與嘉言兩位幼子，分別由從父及姑丈扶養。兄弟心繫彼此，十五年後重聚，定居京口，為謀重振門戶，積極為子求師。淳熙四年（1177年）起，雅言與嘉言的三個兒子相繼通過鄉舉或入太學。嘉言欣慰兄弟歷經流離的苦難，尚能白首同居，也延續諸子儒業，認為「見先人於地下，可無憾矣！」嘉泰四年（1204年）死，享年八十一歲，妻姚氏。[87]

劉宰與嘉言熟識，故能記下嘉言兄弟的感人事蹟。如嘉言與兄長在真州時，大水突然淹來；在驚濤駭浪中，他發現姪兒留在房舍，遂奮不顧身，衝入房中營救姪兒。紹興三十一年（1161年），淮南流民蜂擁入鄉求食，嘉言捐出自家物資並說服鄉人救助，同時資助族弟陳天麟偕家人脫離山陽。劉宰認為嘉言輕財重義、智謀過人，善於排解糾紛，兼之博學多聞，當能成就一番事業；可惜缺乏合宜的職位，致難以施展長才。[88]

另一位金壇奇士錢弼，字聖俞，是吳越錢家的後裔。錢弼個性豪邁，學識廣博，雖以舉業爭取功名，仍雅好兵書，通曉天文律曆。紹興二十六年（1156年），他參與鎮江鄉試，當時知鎮江府林大聲包庇福建鄉親，冒名應試，鄉人憤慨，意圖阻擋，與護送林大聲的隨扈爆發衝突。林大聲以犯上的

---

86. 劉宰，《漫塘集》，卷三十三，〈湯貢士行述〉，頁20下。

87. 劉宰，《漫塘集》，卷三十三，〈陳府君行述〉，頁12上–13下。

88. 劉宰，《漫塘集》，卷三十三，〈陳府君行述〉，頁15上–16下。

罪名抓捕錢弻等七人，並擬擴大羅織；錢弻與被捕者均堅不牽連他人。後來言官究責，林大聲遭罷，錢弻等人的義行獲得鄉里讚譽。[89] 紹興三十一年（1161 年）金完顏亮南侵臨淮，鄉里震恐，錢弻以為無事，果如其言。孝宗繼位後，亟謀恢復，網羅知兵之士，乾道六年（1170 年）虞允文任相，錢弻呈所著韜鈐之說，並建議延攬中原人物及結交東西二敵，允文薦以洞明韜略運籌決勝科，無果；其後被薦又未報。回鄉後，致力減除鄉人稅役負擔，並婉拒知府薦舉。慶元五年（1199 年），以累舉恩授鄂州蒲圻縣西尉兼新店專湖市鎮煙火公事，惜在上任前逝世，享年七十三歲。子錢純、績均預鄉舉，女適同縣丁游。[90]

錢弻個性慷慨、豪邁，能文能武，是一位鄉里奇人，劉宰讚曰：

> 輕財重義，勇於為人而疏於謀己，篤學老不衰。內而教子，外而教人，一視無所偏厚。聞人有過，面責無所避，學者嚴事之，雖素慢易者，遇公有加禮。南游並海，北盡兩淮，古今勝踐多所經歷，遇山川形勝及昔人戰伐之地，輒徘徊不能去。一觴一詠，不忘當世。[91]

錢弻與劉宰家族關係密切。劉宰的從兄劉桂喦幼時曾從錢弻授業，其子錢純則受學於劉宰。

---

89. 劉宰，《漫塘集》，卷三十三，〈錢賢良行述〉，頁 8 下 –9 上。《京口耆舊傳》論及紹興二十六年（1156 年）知府林大聲包庇閩人引起的糾紛，及知府推官田述的舉措，可以與錢弻的行述印證。劉宰著，王勇、李金坤校證，《京口耆舊傳校證》，卷二，頁72。

90. 劉宰，《漫塘集》，卷三十三，〈錢賢良行述〉，頁 9 上 –10 下。

91. 劉宰，《漫塘集》，卷三十三，〈錢賢良行述〉，頁 10 下 –11 上。

　　劉宰為教育鄉里子弟三十年，啟迪眾多英才的鄉先生艾謙及其夫人李氏所撰寫墓誌，則標舉艾謙的教學理念與實踐。艾謙，字益之，其父親艾欽文以醫為業，於紹興三十一年金兵南犯時，曾救治無數兵民。[92] 艾謙自幼聰穎，致力舉業。父親死後，為承擔家務，致科考失利，遂轉以培養鄉里後進為志。他教學認真，態度嚴謹，被延請到郡學為學正、學錄，勇於破除陋習，以高標準引導學生，弟子葛文昌於嘉定十六年（1223 年）中進士。[93] 艾謙淡泊功名，名居處為澹軒，被尊為澹軒先生。他晚年尤執守理學理念，積極維護儒家價值，並導正受佛道影響的喪葬習俗。嘉定元年（1208 年）他逝世後，家人即遵循儒家禮儀為他行喪葬禮。[94]

　　劉宰也表彰其夫人李氏相夫教子的事蹟。她以家務為重，「孝以事舅姑，和以處娣姒，順以事其夫，嚴以教其子。」[95] 艾謙在世時，進膳服之宜，保養其身體；丈夫死後，用心督諸五子讀書。長女適婚時，富貴人家謀結姻緣，她慧眼選擇後來中進士的高炎為婿。長子艾慶長登寶慶二年 （1226 年） 進士，其他諸子也相繼舉於鄉，「子謝母慈，弟德娣教，鄉人榮之。」[96] 寶慶二年死，享年六十九歲。[97] 她是支持艾氏父子二代致力舉業的推手。

　　劉宰也在錢弼的女婿丁游和陸從龍與陸坦之父子的墓誌中，記下三位終

---

92. 另按《至順鎮江志》載康王祠：「紹興壬午 (1162)，郡民大疫。艾欽文素業醫，夢神授香蘇飲方，待補是藥可愈。乃置錡釜煮藥於庭，病者至，使飲之，無不差。遂捐己貲建祠於廟之西廡也。」時間點與劉宰所記稍異。見俞希魯纂，楊積慶等人校點，《至順鎮江志》，卷八，〈神廟‧祠〉，頁 319。

93. 劉宰，《漫塘集》，卷三十，〈故澹軒先生艾公及其妻李氏墓誌銘〉，頁 4 下 –5 上。

94. 劉宰，《漫塘集》，卷三十，〈故澹軒先生艾公及其妻李氏墓誌銘〉，頁 6 上。

95. 劉宰，《漫塘集》，卷三十，〈故澹軒先生艾公及其妻李氏墓誌銘〉，頁 5 上 –5 下。

96. 劉宰，《漫塘集》，卷三十，〈故澹軒先生艾公及其妻李氏墓誌銘〉，頁 5。

97. 劉宰，《漫塘集》，卷三十，〈故澹軒先生艾公及其妻李氏墓誌銘〉，頁 2 下。

生追求功名，久困場屋，卻難以遂願的失意鄉人。

丁游字國賓，出身金壇望族，曾祖和祖父都有詩名；父親早逝；他自幼依從長兄。淳熙四年 （1177 年） 即通過鄉選，可惜不第；親歷場屋四十三年，仍持志舉業。嘉定十三年（1220 年）雖疾病纏身，仍要奮力一搏，說：「子獨不見戰馬乎？聞鼓聲聲，雖老矣伏櫪，猶踴躍不自已。吾猶是也。」[98] 但終告失敗，旋即逝世，享年六十四歲。劉宰藉銘文哀嘆他奮力舉業卻仍歸於失敗的一生，說：「由富而貧，而業益豐；由壯而衰，而氣益充。秋高鼓鼙，戰馬忘老；銍艾維時，良苗就槁。嗚呼國賓，命乎時乎；二子軒然，其在茲乎。」[99]

陸從龍，金壇人，字子雲，號復齋，是晚唐甫里先生陸龜蒙的後裔。他致力舉業，於淳熙十年（1183 年）中鄉舉，此後五次應考均不第。理宗寶慶元年，以累舉恩獲特奏名進士，同年死，享年八十五歲。[100]陸從龍的長子坦之，字千里，自少即受教於父親。慶元元年（1195 年）敗於省試；後應舉超過三十年仍無成。理宗寶慶元年，與父親同獲特奏名進士，並授信州文學，時年五十七歲。丁父憂，服除，任太平州蕪湖縣尉，未赴任亦死，享年六十二歲。劉宰感慨他困頓場屋的一生，說：「蓋士之窮如此，民之不幸如此，重可哀也。」妻陳氏、諸葛氏，有一子二女。[101]

此外，劉宰也記為人慷慨、淡泊名利又戮力教育子孫的富人茅拱，[102] 及在延陵鎮擔任榷酒務，篤守職務、被譽為隱於市的士人巫大方，[103] 乃至承繼

---

98. 劉宰，《漫塘集》，卷二十九，〈丁滄齋墓誌銘〉，頁 4 上。

99. 劉宰，《漫塘集》，卷二十九，〈丁滄齋墓誌銘〉，頁 4 下 –5 上。

100. 劉宰，《漫塘集》，卷三十一，〈故蕪湖縣尉陸迪功墓誌銘〉，頁 9 下 –10 上。

101. 劉宰，《漫塘集》，卷三十一，〈故蕪湖縣尉陸迪功墓誌銘〉，頁 9 下 –10 上。

102. 劉宰，《漫塘集》，卷三十，〈茅進武墓誌銘〉，頁 18 下 –20 下。

衣缽與醫術，服務鄉里，且醫行與醫德頗受讚譽的醫僧宗可。[104]

　　除前述孫大成妻張氏、艾謙妻李氏外，劉宰尚為姻親徐汝士的妻子李氏、鄉友翟起宗的母親周氏和袁清卿的妻子邵氏，依每人的背景與個性，撰寫她們的墓誌。如強調翟起宗母親周氏「生而柔惠，媲德相攸」，[105]並協助先生照顧家族親人及教養子弟。[106]記堂兄劉德勤的姻親李氏時，表彰她守寡教子，維繫家業的艱辛，「年盛而寡，子幼家貧，矢死靡他，賢哉若人」。[107]至於記劉蒙慶好友袁清卿的繼室邵氏，則揭示其曲折的婚姻，又敘述她如何善待清卿前妻之子，營造和樂家庭，成為維繫家道主力的賢妻良母。[108]

　　在劉宰所記二十三位不仕鄉人中，除諸葛鎰、巫大方、茅拱、雷震和醫僧宗可五人未見接受教育的記載外，其餘十八人均曾受教育且志在舉業（孫大成、徐處士、高與之、江模、蔡希孟、湯頤年、陳嘉言、陳武齡、艾謙、施俊卿、徐蒙、陸從龍、陸坦之、丁游、王光逢、王士朋、費元之及王洪），其中棄學轉營生有成的包括孫大成、陳武齡、徐處士（徐藻之父）、高與之、施世英等五人，但終身執意舉業者則有湯頤年、徐蒙、丁游、陸從龍、陸坦之、艾謙、蔡希孟、王光逢等八人。這些人中，家境富裕的有十一人，包括孫大成、徐處士、高與之、雷震、江模、湯頤年、陳武齡、施俊卿、茅拱、王光逢、陳嘉言，其中孫大成、徐處士、雷震、高與之、江模則與劉宰有姻親關係。至於他們營生致富的行業，除艾謙、孫大成、徐蒙與王士朋有行醫

103. 劉宰，《漫塘集》，卷三十，〈巫伯正墓誌銘〉，頁 1 上 –2 上。

104. 劉宰，《漫塘集》，卷三十一，〈醫僧宗可塔銘〉，頁 33 上 –33 下。

105. 劉宰，《漫塘集》，卷二十九，〈故翟文學母周氏墓誌銘〉，頁 1 下。

106. 劉宰，《漫塘集》，卷二十九，〈故翟文學母周氏墓誌銘〉，頁 2 上。

107. 劉宰，《漫塘集》，卷三十，〈李氏墓誌銘〉，頁 21 下。

108. 劉宰，《漫塘集》，卷三十二，〈袁清卿妻邵氏壙誌〉，頁 25 下。

的事蹟外，具體情況均不清楚。

這些墓主中，本人致力舉業，或營產業致富後仍以教育子弟、爭取功名為職志者，包括徐處士、雷震、孫大成、陳武齡、陳嘉言、艾謙、陸從龍、陸坦之、茅拱、巫大方、王光逢等十一人，其中徐藻、孫泝、陳景周、艾慶長、陸坦之五人，都是在父母親栽培下考上進士，進而提升家族的地位。可見鎮江和絕大多數宋代家族一樣，不論家境貧富，都以培養子弟讀書業舉，爭取功名為努力目標。

然而，對鎮江士人家族而言，追求科舉功名的成功率不高。面對激烈的科舉競爭，鎮江人每次考中進士的人數頂多二、三人，中舉對眾多鎮江士人與家族而言，顯然是極高的門檻，因此，常見在墓誌中將子弟中鄉舉或入太學，視為家族教育有成的事例。對大多數難以考中進士的鄉人而言，成為府州縣學生、中鄉舉或入太學，不僅具有士人的身分，更擁有減免部分稅、役如身丁錢、差役和科配的優待，且是擁有邁向功名的資格。[109] 這樣的身分對富裕家族固然是名利雙收、錦上添花；對貧困的家族而言，更具翻轉社會地位的意義。例如雷震在次子雷選通過鄉舉、成為待補太學生後，即呈請官府重新釐定戶籍，以改變鄉里評價。可見通過鄉舉或成為太學生，對絕大多數鎮江的平民而言，在翻轉社會地位上，具有重要意義。這是眾多鎮江人，不顧舉業路途如何坎坷難行、甚至未必如願，仍一代代孜孜不倦地沿著這條道路艱難前進的重要因素。

除了重視教育與功名之外，劉宰對不仕鄉友特別著墨的重點有二。其一是賑饑、濟貧、扶持鄉黨宗親及建設的善舉，例如孫大成、徐處士、高與之、

109. 高橋芳郎，〈宋代の士人身分について〉，《史林》69:3，頁 351–382。李弘祺，〈宋代的舉人〉，收入國際宋史研討會秘書處，《國際宋史研討會論文集》，頁 297–314。梁庚堯，《宋代科舉社會》，第十一講，〈官戶、士人的特權及其限制〉，頁 192–204。

湯頤年、陳武齡、施俊卿、陳嘉言、丁游、徐蒙、茅拱、衛翼、巫大方等十二人。他們義舉善行的規模雖然大小有別，但都促進家族與地方和諧，以實際行動展現造福鄉梓的社會情懷，與劉宰標舉儒家人飢己飢的理念相切合，這些善舉在《漫塘集》也以不同文體出現。這樣的論述既揭示劉宰的理念，也體現時人將參與救濟慈善及公益活動、和睦族人、敦親睦鄰等行誼，與提升社會聲望相連結的現象。[110]

　　其二是突顯儒家的主體理念。如孫大成以經營產業致富，平常則喜歡靜坐，不以家務繫懷，[111] 其實是「好道術，宅心事外」，[112] 劉宰雖指斥經商牟利及道家以禮為械、以家為累的行徑，卻以孫大成臨死前的言行，解釋大成的道與道家有別。[113] 此外，他也藉墓主行誼，試圖扭轉佛道對鎮江社會的影響，如描述陳武齡晚年反對以佛教儀式葬其子；[114] 艾謙執守儒家理念，死後遵循儒家葬禮。[115] 從這二個例子與婦女墓誌及相關記載結合觀察，可以看到當時佛道及民間信仰實深入鎮江社會。劉宰對這種風氣極感憂心，遂藉文字宣示他的看法，頗有扭轉世俗風氣的意圖。

第三節　從人物傳記看鎮江社會生態

　　掌握有意義的議題，擴展對南宋基層社會的研究視野，一直是學界努力的目標，但受限於文獻的零碎與不足，目前的研究尚有待突破。包偉民教授

---

[110]. 參見林明，《從四明墓誌看宋代平民家族》，頁 67–68。

[111]. 劉宰，《漫塘集》，卷三十三，〈孫府君行述〉，頁 27 下。

[112]. 劉宰，《漫塘集》，卷二十九，〈故張氏孺人墓誌銘〉，頁 6 下。

[113]. 劉宰，《漫塘集》，卷三十三，〈孫府君行述〉，頁 28 下 –29 下。

[114]. 劉宰，《漫塘集》，卷三十一，〈西園陳居士墓誌銘〉，頁 18 下 –21 上。

[115]. 劉宰，《漫塘集》，卷三十，〈故澹軒先生艾公及其妻李氏墓誌銘〉，頁 5 下 –6 下。

指出對鄉里保甲等農村基層管理組織的建構及宗族血緣組織的演變，已有較多探討，但仍待深入；他與學界同道也圖透過陸游田園詩，認識農村民眾的生活場景及建構退居型士大夫的形象等。[116] 本章透過劉宰撰寫鄉親的墓誌傳記，認識鎮江不同類型人物形象，進一步結合既有的研究成果，希望從鎮江士人家族的發展，對宋代基層社會有新的認識。

劉宰撰記的鎮江人物中，婚姻、同年、同學及師生情誼所占比例甚高。其中有姻親關係者，包括王萬樞、張汝玗、張汝永、范克信、王元實、孫泳、孫泝、孫大成、徐藻、高天賜、雷應龍、張鎮、徐椿、蔡希孟、江遂良，共十五人；師生關係包括錢弼、諸葛埴、施俊卿、陳武齡、湯頤年、翟汝霖等六人；同學、同年有陳景周、趙崇忠、張鎮、張汝永四人。以上扣除重複，則有二十三人。而由他們兼及夫人、親屬，如王萬樞妻蔡氏、孫大成妻張氏、張鎮妻韋氏、翟汝霖妻周氏、范克信妻趙氏、徐汝士妻李氏以及錢弼的女婿丁游、陳景周的父親陳嘉言，及金壇二個湯氏家族（湯鵬舉、湯東野）與趙時侃，合計達三十三人，超過鄉親人物之半，而且涉及職業身分相當廣泛，社會網絡多元而複雜。劉宰與他們互動頻繁，關係密切，所記事蹟相對具體。將鄉親的傳記與劉宰及其家族成長的歷程結合觀察，可以看到他和鎮江士人家族追求舉業、功名的過程與境遇有共通性，且能完整認識士人家族的舉業成長過程，以及所面臨的競爭與挑戰，有助於進一步理解南宋中晚期社會的樣貌。

首先，從劉宰撰寫各級官員的生平事蹟，可以看到官員家族發展的不同面向。此時的鎮江未見宰執、侍從等主宰朝政的高官，而劉宰所記九位中層

---

116. 包偉民，《陸游的鄉村世界》（北京：社會科學文獻出版社，2020）、林巖，〈晚年陸游的鄉居身分與自我意識——兼及南宋「退居型士大夫」的提出〉，《華南師範大學學報（社會科學版）》2016:1 (2016)，頁 29–42。

官員的先世或本人在《京口耆舊傳》中多有傳記，如王萬樞為王韶後裔，趙時佐、趙若珪叔姪為宗室，趙時侃任戶部侍郎，湯宋彥為湯鵬舉之孫，楊樗年為外戚錢氏之婿。他們與名宦聯姻，得以蔭補任官，且晉升途徑較之進士出身的鍾將之、鍾穎父子，甚或略居優勢。不過，這些互相聯姻的名門人數不多，且多轉宦各地，未能結成群體，向中樞朝政發展。[117] 同時除王遂外，這些官員後人在政壇上的影響力消退，反而出現低階官員或未仕士人家族，致力舉業獲取功名的現象，顯示鎮江的名門，在舉業競爭發展上難與四明、平江地區累世繁盛的世家相比；鎮江社會階層的垂直流動，也較四明地區為高。「仕宦不可常」、「富不過三代」、「耕讀傳家」等寓含社會流動的觀念，在南宋社會已普遍被接受。[118]

　　這些中層官員雖然無法形成群體向中樞發展的集團，但挾其地方名門的威望，彼此既聲勢相通、互動頻繁，對鄉里人事、事務，則能發揮較大的影響力，甚至結合地方鄉親，共同推動鄉里建設與慈善事業，如王遂、趙若珪等人在這方面就扮演積極的角色。

　　此外，不少晚年才中舉任職的低階官員，雖在地方社會已是仕宦之家，但於仕進之途卻是弱勢，因此多選擇在臨近鎮江的淮南或周邊州縣，久任低階的幕職官，以便就近照應家族及關注鄉里事務。他們與中層官員一樣，與鄉里關係均十分緊密。當天災人禍衝擊地方社會的秩序，而官府因禦敵而無暇顧及時，鎮江鄉親不分官民，出於對鄉里社會的關懷，遂挺身組成各類群體，以群力推動澤及鄉里的社會事業或建設，這正是鎮江士庶為守護鄉土所

---

117. 黃寬重，《政策‧對策——宋代政治史探索》（臺北：聯經出版事業公司，2012），〈四明家族群像〉，頁 67–200、〈四明風騷——宋元時代四明士族的衰替〉，頁 139–169。

118. 林巖，〈晚年陸游的鄉居身分與自我意識——兼及南宋「退居型士大夫」的提出〉，《華南師範大學學報（社會科學版）》2016:1 (2016)，頁 40–41。

展現的社會力。

其二，劉宰所撰墓誌資料中，低階官員與平民之男性三十七人，女性九人，共四十六人，占所有墓誌的比例甚高。然而不論官員或平民，均致力子弟教育，爭取功名。高官富室如楊樗年、張損、張綱建書堂，蒐集書籍；湯頤年建宗族小學、延名師教育子弟；劉宰先人與湯東野家族合籌經費，聘請名師；徐處士、茅拱、竇從謙也闢書館，重禮聘師教其子孫；其餘諸人則從啟蒙即起師從鄉先生授業；不少鄉先生的家人與學生甚至締結婚姻。可見致力舉業是南宋社會的普遍現象，正如梁庚堯教授所說：「正因為家族在科舉上的光榮必須由學帶來，所以在宋代社會裡，有那麼多的家族重視子弟的教育，無疑的，士人孜孜不倦、窮年累月的苦讀⋯⋯必須通過科舉考試才能夠成為家鄉的榮耀，為族人和鄉里所欽羨。」[119]

但鎮江士人的舉業之途並不順遂。鎮江的士人家族雖積極爭取入仕，除少數才俊之外，多數士人在通過鄉試或太學之後，仍需長期面對科考的試煉，在家庭支持之外，尚需選擇多樣的營生模式，以應對現實生活，無力全心應舉，顯示舉業對眾多鎮江士人而言，是一條迢迢難行的道路。因此，眾多皓首窮經的舉人久歷舉業後，才以高齡入仕，甚或屢試不第。面對中舉高門檻的事實，讓鎮江社會退而求其次，將通過具攀登進士資格的鄉舉或進入太學的子弟，視為教學有成的例子；相較之下，舉業富盛的四明地區，要考中進士才被視為起家。兩地的衡量標準，顯有差異。

其三，「女無外事」觀念在墓誌書寫中被強調，固然彰顯傳統社會對女性角色的印記，但也使眾多宋代女性的具體事蹟，被淡化或移置於丈夫的事功中，以致淡出人們的視野；不過，仔細探索，卻能深刻感受到劉宰刻劃女性

---

119. 梁庚堯，《宋代科舉社會》，第十五講，〈科舉文化〉，頁82。

在家中扮演人妻、人母角色，繁衍、光大家族的生命價值。像王萬樞的夫人李氏、趙時侃的夫人湯氏、范如山的夫人張氏、徐處士的夫人李氏、翟起宗的母親周氏，都在丈夫死後支持家業、撐起教育子弟的重任；王遂、翟起宗、孫汴、趙若珪和艾慶長等人都受惠於母親的教導，戮力舉業，開啟仕進之途，延續並成就家族的發展。這些現象，說明女性在傳統社會是促成家族起家的重要推手；女性在家族及社會的角色，仍值得學界再探究。

第九章

結論：區域差異與基層共相

　　本書透過《漫塘集》描繪鎮江鄉居士人劉宰的一生及其家國情懷。在學界重視高官名儒之事功與思想的傳統下，出身平凡且缺乏事功的中層士人，很難形成具有學術意義的研究議題，因而常被忽略。劉宰是這類士人中較為突出的例子；他長期鄉居，事功雖不顯赫，但人脈廣闊、心繫家國，既以行動推展公共建設、為鄉里代言，又建言國是，在南宋中晚期被視為士人的典範。且他所著的《漫塘集》內容豐富多元，除記錄他一生的行誼外，也描述鎮江在南宋中晚期的地理環境、社會景象和人民活動，有助於更深入掌握南宋鎮江社會動態發展；若進一步與當時內外局勢的發展連結，當能對南宋國家與社會，有更清晰的了解。因此，對於認識南宋士人官員的處境，和他們與政治社會環境的關係而言，劉宰生平所能提供的研究價值，絕不遜於高官名儒。

　　從劉宰的研究案例出發，筆者想結合學界研究成果，從南宋整體的視角，經由比較觀察，進一步探討兩個整合性的議題：區域發展的差異與基層社會經營的共相，期與學界對話，作為結論。

第一節　區域發展與舉業資源累積

宋代透過科舉考試大量拔擢人才，不但實現文治政策，更形塑了千年來中國社會文化的傳統。其中以州、府為單位分配名額的解額制度，及由省試擇優任官的雙重稽核機制，是宋代人才擢用制度的重要特色，目的在於有效選拔人才及平衡區域發展。解額分配制度實施後，宋廷基於地理環境與經濟發展差異，曾不斷檢討與調整，以避免出現區域舉業人才不均的現象，但效果並不顯著。南宋立基江南後的背海立國戰略部署，促成江南、沿海與臨敵邊境的地區分化，各地社會經濟發展失衡的情況擴大。學界對這方面的研究成果頗為豐富。[1]

研究宋代科舉卓然有成的賈志揚 (John W. Chaffee) 教授，是首位蒐集大量數據資料，探討兩宋區域發展與舉業不均議題的學者。其著作大量蒐集、整理並統計宋代各州進士人數，探討舉業的地域分布，其中對南宋的討論尤為深入。他參照施堅雅 (William Skinner) 教授的經濟發展分區觀點，將南宋科舉分成「成功」的江南與沿海區域、「不成功」的邊境區域兩類；在「成功」區的討論中，又以斯波義信教授的觀點進行局部修正，將該區域再分成沿海與江南。賈教授探討科舉成功的因素，除了以施堅雅的經濟發展觀點為基礎外，也將地方官僚貴族歷史的特徵、學術教育、書院傳統以及進士之外

---

1. 參見賈志揚，《宋代科舉》（臺北：東大圖書，1995），頁 199–230。荒木敏一，《宋代科舉制度研究》（京都：京都大學東洋史研究會，1969），頁 103–126。李弘祺，《宋代官學教育與科舉》（臺北：聯經出版事業公司，1994），頁 155–195、227–264。何忠禮，《南宋科舉制度史》（北京：人民出版社，2009），頁 70–88。穆朝慶，〈宋代科舉解額分配制度初探〉，《黃河科技大學學報》10 (2008)，頁 42–46。裴淑姬，〈論宋代科舉解額的實施與地區分配〉，《浙江學刊》2000:3 (2000)，頁 121–127。

的特殊考試等因素納入考量。[2] 該書詳實的論證與整合性的觀點，讓學界對南宋區域的差異，有更深入且完整的認識。其後雖有部分研究補充，如龔延明教授主編的「歷代進士登科數據庫」提供進士名錄的資料，[3] 但並未改變此一概略圖景。

賈志揚教授的詳實論證，主要奠基於各方志的進士題名資料，並加以整理分析。據其統計，南宋總計進士一萬八千六百七十四名，其中兩浙、兩江和福建五路——即江南和沿海兩個「成功」區——合計三十七府州軍，總人數達約一萬五千人，占南宋登科總名額的 80% 左右。[4] 而在「成功」區域內，沿海的十一府州共有進士七千三百零五人，幾乎等同其餘府州合計的七千六百九十六人，可見沿海地域的優勢。誠如賈教授的研究所示，交通不便的偏遠地區，如江南路的南安、袁州、虔州，及福建路的邵武軍、汀州等地，進士人數明顯偏少。這種區域不均衡的現象，應可用交通、經貿、朝廷政策等因素解釋。

在朝廷鼓勵政策下，南宋時期各地均積極透過教育爭取舉業入仕。由於競爭非常激烈，自然產生如賈教授所述的區域差異。例如，被認為「成功」的區域內，不少府州的交通便利、貿易發達，遠較南安、袁州、虔州、邵武軍、汀州等地繁榮，但舉業成績仍難與沿海十一州府相比。筆者在檢視鎮江的舉業發展，並檢核南宋各府州進士的錄取實況後，發現在沿江重要府州之間仍存有差異，值得進一步釐清探討。筆者所謂的重要府州，包括長江南岸諸州（像鎮江、蘇州、建康、池州、太平州、江州、興國軍、江陰軍），以及荊湖北路的鄂州、江陵府，共十州。這些府州不僅水陸交通方便，且在榷場

---

2. 賈志揚，《宋代科舉》，〈第六章　登科者的地域分布〉，頁 212–230。

3. 龔延明主編，「歷代進士登科數據庫」，http://examination.ancientbooks.cn/docDengke/

4. 這五路科舉占比高，除經濟、教育等因素外，當也與地方志留存較豐富有關。

及海外貿易均有重要地位，加以駐有重兵，為軍需補給重鎮。但總計其進士
及第者為七百四十八人，若扣除平江府三百一十七人，僅四百三十一人，顯
示這些城市的舉業成績與經貿的發達情形並不匹配。也許值得從政策乃至經
濟發展之外的角度，探討造成舉業成就差異的因素。

表一　兩宋沿江、沿海府州進士登科數 [5]

序　列	州　　名	龔延明主編，「歷代進士登科數據庫」(不含特奏名)			賈志揚據方志所統計數		
		總數	北宋	南宋	總數	北宋	南宋
沿江府州							
1.	潤州、鎮江府	272	127	145	263	137	126
2.	蘇州、平江府	565	226	339	530	213	317
3.	江陰軍	146	31	115	–		–
4.	江州	106	60	46	92	54	38
5.	興國軍	8	4	4	74	22	52
6.	江寧府、建康府	143	24	119	116	28	88
7.	池州	88	21	67	72	22	50
8.	太平州	93	41	52	92	39	53
9.	江陵府、荊南府	12	6	6	9	8	1

5. 資料出處：賈志揚，《宋代科舉》，〈附錄三　根據方志名錄編列的宋代各州進士總
　數〉，頁 289–298。龔延明主編，「歷代進士登科數據庫」。龔延明的進士登科記有具
　體錄取姓名，賈志揚僅見統計數字且缺「江陰軍」的統計。但細核數據與史料，龔延
　明主編的資料庫對兩宋興國軍所記的數字顯有訛誤。不過對本文而言，這兩份數據提
　供了整體脈絡下，鎮江士人發展的相對位置。

10.	鄂州	85	33	52	40	17	23
沿海府州							
1.	蘇州、平江府	565	226	339	530	213	317
2.	秀州、嘉興府	432	81	351	427	75	352
3.	杭州、臨安府	657	178	479	658	165	493
4.	越州、紹興府	621	191	430	474	153	321
5.	明州、慶元府	953	149	804	873	127	746
6.	台州	619	39	580	415	38	377
7.	溫州、瑞安府	1,199	88	1,111	1,208	83	1,125
8.	福州	2,942	561	2,381	2,799	550	2,249
9.	建州、建寧府	1,361	801	560	1,318	809	509
10.	泉州	898	331	567	926	344	582
11.	漳州	275	86	189	268	83	185

　　從鎮江個案放大觀察視角，筆者認為南宋立國形勢，深刻地限制了長江南岸重要府州的舉業與社會發展。鎮江與鄰近重要府州的地理共性是：雖居於長江南岸，卻緊挨臨近江北的兩淮、京西，其中兩淮尤近金蒙邊境，宋人視之為國防的極邊地區。本書各章所論鎮江地理環境和社會實況顯示，由於鎮江鄰近戰事頻繁的邊區，社會穩定性受到衝擊，影響當地士人對舉業及仕途的追求。這種現象以往未受學界關注，卻是觀察區域發展差異時，值得重視的因素。

　　鑑於學界迄今對宋代科舉考試的研究，仍聚焦於國家政策、制度及區域分布的討論，對路乃至州府等區域社會的研究仍嫌不足，很難進行全面的比較。在此僅討論鎮江和學界研究成果較豐富的明州（寧波、四明）這兩個各

具發展特性的地區，希望提出初步觀點，以拋磚引玉，期待學界對這個議題有進一步探索。

　　雖然鎮江和明州的史料與研究成果差異很大，但仍有許多層面值得比較觀察。首先，兩地的崛起都和南宋的立國形勢有密切關係。南宋建都杭州後，運河成為宋朝境內的聯繫要道，鎮江和明州均為運河轉運樞紐，也在宋廷國防部署中肩負護衛國境之責，因此成為兼具軍政與商業貿易的重鎮，地理重要性明顯提升。然而南宋的立國形勢，卻讓兩地的社會發展出現明顯差異。鎮江憑恃長江天險，成為抗禦敵兵南犯的前線，雖非直接臨敵，卻隨時處於備戰狀態，較直接感受到戰爭威脅，是消極抗敵求生存的基地。明州雖同為南宋抗敵的重鎮，但憑藉水運又遠離戰地，在守勢防備中具主動優勢；況且宋廷在此地設置市舶司，藉海外貿易充裕財政，在尋求發展契機上，更能發揮積極作用。而自北宋中期以來，此地社會長期穩定，農業、商業與教育活動均持續蓬勃發展，不僅創造舉業競爭的優勢，在學術文化方面也得以逐步累積能量；到南宋因更鄰近京畿，社會文化得與臨安相互呼應，共臻繁盛。因此，鎮江與明州雖在南宋同時崛起，軍政與商貿等方面的重要性也顯著躍升，卻因地理區位之別，以致社會資源乃至舉業成就的累積與發展，呈現明顯差異。

　　總體而言，宋代士人家族為爭取仕進，不論平民或富盛之家，都通過教育戮力尋求起家機會，這是社會的通象；只是因環境差異，各地成效有別。依賈志揚的統計，北宋時鎮江與明州進士數量約略相等，至南宋鎮江進士數量大體持平，明州則成長為北宋的六倍。[6] 入宋以後，明州經歷農商發展，

6. 依賈志揚的統計，鎮江在北宋有一百三十七人舉進士，略高於明州的一百二十七人；然到南宋，鎮江略減為一百二十六人，而明州則激增到七百四十六人，是北宋時的六倍，僅次於溫州的一千一百二十五人。按南宋明州進士，據戴仁柱的統計是七百四十

又受慶曆興學政策之賜，四明五先生透過學校教育，促使當地士人舉業仕進，並累積文化資源；建炎初期雖曾短暫經歷戰火破壞，但社會經濟很快復甦且迅速發展，進而帶動教育的發達，遂在舉業成績上拉開與鎮江的差距。

　　鎮江與明州的差異，在舉業、官場、文化乃至地方經營等方面，都充分顯現。首先是對「起家」標準的調整。在宋代，進士入仕既為個人創造仕途前景，更是家族獲取社會地位的起點，而被視為「起家」。在具競爭優勢的四明，中舉人數顯著成長，進士既是個人或家族奠定名望的基礎，也是累積仕途的利基；未舉者只能在鄉或旅外，繼續爭取仕進機會。在鎮江，雖然士人家族也前仆後繼地投身舉業，但每次考中進士的最多只有二、三名，對大多數的士人家族而言，進士是可望而不可及的門檻。從劉宰所記鎮江人物墓誌傳記來看，鎮江人雖均視舉業為個人或家族發展要務，卻多將通過鄉試或進入太學等具備爭取進士資格的家人，視為家族教育成功的象徵，其意義如同明州看待進士為「起家」一樣。舉人或太學生固然無功名、官職，但在宋朝優待士人的政策下，這一身分享有賦役及法律上的部分特權，受到官府及鄉里的尊崇，是地方社會的精英，在鄉里公益活動上，角色等同於明州的進士。[7]

　　其次是士人家族在官場上的能量。南宋的明州不僅進士人數眾多，更出現袁氏、史氏、汪氏、高氏、樓氏等累世舉業有成的富盛家族。現有研究顯示，上述家族有許多人出身進士，[8] 入仕任官人數也隨之激增，逐漸成為累

　　一人，筆者統計數是七百八十二人，見黃寬重，〈南宋兩浙路社會流動的考察〉，收入氏著，《宋史叢論》，頁 73–103。

7. 高橋芳郎，〈宋代の士人身分について〉，《史林》69:3，頁 351–382。李弘祺，〈宋代的舉人〉，收入國際宋史研討會秘書處，《國際宋史研討會論文集》，頁 297–314。

8. 這些家族舉進士的人數如下：高氏五人、汪氏十三人、袁氏十六人，共三十四人；史

世仕宦的名門望族。明州士人家族，又藉同學、同道乃至婚姻等紐帶，強化彼此關係。像累代婚姻促進彼此在仕途上互相提攜，共同打開邁向政治發展的途徑，也在鄉里公益與文化活動中發揮磁吸效應。[9]

　　在同學、同年及婚姻的基礎上，若朝中有高位者援引、薦舉，更有助於凝聚成政治、社會上的優勢群體，在政壇上發揮更大的影響力。在南宋中晚期久居相位的史浩、史彌遠父子，尤為關鍵人物。史浩任相後，不僅提攜袁燮仕途發展，也在淳熙八年（1181 年）辭相位時，向孝宗推薦袁燮、楊簡等四明士人。其後居高位者彼此推薦、援引的情況更為頻仍。在南宋，四明高門大戶在既致力舉業、爭取入仕，又互相薦舉、互為奧援的情況下，出現五位丞相、十位參知政事。其中史氏家族即出現三任丞相、二百位各級官員，[10]成為南宋政壇上最具優勢的政治集團，以致在寧宗朝出現「滿朝朱紫貴，盡是四明人」之說，四明顯然成為當時最具政治實力的地區。[11]

氏家族更多，有二十八人；而樓氏家族共三十三人，僅在寧、理宗時期的第八、九兩代，中舉者即高達二十二人；五個家族合計達九十五人。黃寬重，《宋代的家族與社會》，頁 67–200。戴仁柱 (Richard Davis) 著，劉廣豐、惠冬譯，《丞相世家：南宋四明史氏家族研究》（北京：中華書局，2014），頁 33–36。

9. 例如史浩與汪大猷既是同學，又是同年的進士；而袁燮、沈煥、舒璘、楊簡均為陸九淵的弟子，是闡揚陸學的代表人物。由於共學與共事的機緣，這些鄉里士人間頻繁締結婚姻，讓彼此聯繫更為緊密。樓氏與汪氏二家即是顯例：鄞縣汪氏從汪元吉起，即與樓郁相交，後來汪思溫之女嫁樓鑰之父樓璩，而其子汪大猷娶樓璩之妹，汪大猷之女嫁樓鑰之弟樓鐋。黃寬重，《宋代的家族與社會》，〈真率之集——士林砥柱的汪氏家族與鄉里文化的塑造〉，頁 170–172。

10. 戴仁柱著，劉廣豐、惠冬譯，《丞相世家：南宋四明史氏家族研究》，頁 36。黃寬重，《政策・對策：宋代政治史探索》，頁 140–141。

11. 張端義，《貴耳集》（收入《景印文淵閣四庫全書》，臺北：臺灣商務印書館，1983，

　　然而從第八章第一節的討論，顯見鎮江社會不僅鮮少累世豪富的家族，而且不論中舉年齡、人數、所任官職和人際關係，乃至競爭條件皆遠遜於沿海及江南地區士人；大部分中舉者多和劉宰一樣，在鄰近家鄉的極邊地區任職，以利就近照顧家園或獲得資助。這充分說明鎮江的政治與社會發展與四明相比有巨大的落差。

　　鎮江與四明在士人推動的文化與社會活動上，同樣呈現差異。從《漫塘集》所記，可以看到劉宰個人或鎮江親友有興趣的文化活動，僅是詩文往來或贈送書籍文物，偶見評論其價值。僅見的一次旅遊，是他與王遂陪同魏了翁去呂城鎮觀賞當地李氏所藏名帖。他們所關注的社會活動，則側重鄉里互助性的慈善或公益建設，以化解地方社會的矛盾、促進和諧為主，具強烈的現實性；而為陳東興建祠廟、舉辦鄉飲酒禮，也以表彰鄉賢及凝聚鄉里意識為主，和南宋其他地區社會活動的性質相同。

　　明州士人的社會或文化活動，不僅與鎮江近似，當地名門望族尚推動不少富有雅緻及理念色彩的文化活動。他們藉由豐厚多樣的古玩文物收藏彰顯身分，子弟自幼除學習儒業外，也接受書畫藝術薰陶，厚積文化底蘊。他們入仕以後，除詩文唱和外，更以文物書畫與同道交流。四明樓家即是顯例，自樓鑰的祖父樓异起，經三代努力，累積了諸多珍稀文物，以之與相同背景的士人交換知識、心得，既能提升其鑑識能力，也具有身分認同作用。樓鑰晚年為串建家族記憶，遂修建標誌家族傳承的樓閣，並著手刊印先人的重要著作，作為與同道交流的資產。從現存刊刻精美的巨帙《攻媿集》及其中內容，可見證四明富盛家族的文化素養，及傳承、光大家族傳統的理念。[12]

　　據國立故宮博物院藏本影印），卷下，頁 37 上。

12. 黃寬重，〈樓鑰家族的文藝蒐藏與傳承〉，收入氏著，《藝文中的政治——南宋士大夫的文化活動與人際關係》，頁 121–148。

　　此外，鄞縣城南的袁燮、袁甫父子，與同鄉楊簡、沈煥、舒璘等人，都
是發揚光大陸學思想的陸門健將；而史浩則以元老大臣之身，闢建竹溪、碧
沚書院，延致楊簡、沈煥、舒璘、袁燮等人講學，成為四明士人交流凝聚的
園地，及推廣陸學活動的中心。名門望族所推動的各項文化活動，為四明樹
立了深厚的學術文化氣息；興建紀念典範性鄉先生的鄉賢祠，並長期舉辦鄉
飲酒禮，在凝聚鄉里意識之外，更具有文化意涵。這顯示四明士人的鄉里活
動，在促進地方交流、經營人脈的用意之外，具有更高的理想性。[13]

　　更足以彰顯這些出身名門的高官名儒標舉儒家理念的，是以具體行動開
創鄉曲義莊等地方組織。由史浩成立並標榜廉恥等價值取向的鄉曲義莊，雖
承繼范仲淹義莊的精神，更重要的是走出個別家族，結合四明的人力與資源，
資助境內有儒家理念的士人。由於救助對象範圍擴大，需廣籌經費，幾經規
劃討論後，四明士人建立制度，覓得主持人以期行之久遠。另外在鄉曲義莊
中設置先賢祠，也成為當地士人的精神象徵，藉以支持義田發展；後來又獲
得官府的支持，終能實施長達百年，與個別地區或家族所設置的義莊相較，
更具長久性。這是四明世家大族與名儒高官所共同締造，具有理想性並呈現
地方特色的社會文化活動；鎮江固然有同性質的活動，但現實性較為明顯。[14]

　　就鎮江和四明的舉業、宦途和社會文化活動三方面的比較，我們可以總
結出，沿海州府和長江南岸臨邊地區的社會發展，存在相當顯著的差異。除
鎮江之外，長江南岸的重要府州中，只有平江府（蘇州）的進士人數多於鎮
江。蘇州雖在長江南岸，但臨海的地理區位，也可視為沿海地區，同時由於

---

13. 鄭丞良，《南宋明州先賢祠研究》（上海：上海古籍出版社，2013）。

14. 梁庚堯，〈家族合作、社會聲望與地方公益：宋元四明鄉曲義田的起源與演變〉，收入
中央研究院歷史語言研究所出版品委員會主編，《中國近世家族與社會學術研討會論
文集》，頁 213–238。劉宰推揚鄉賢陳東的事蹟與活動則凸顯個人與國家的連結。

江面遼闊，騎兵不易進犯，相對安全，交通與商業也高度發達。既使如此，蘇州的舉業成果也難與其他沿海州府相比，顯然臨邊的地理區位有一定的影響。此外，曾為江南重鎮、六朝古都，在南宋軍政地位高於鎮江的建康府，在舉業競爭上亦遜於鎮江；其他府州更不足道。上述事例，說明長江南岸的軍事、商業重鎮，因臨近邊區，承受戰爭威脅，社會穩定性不足，資源積累不易，其舉業和社會文化的整體發展，與遠離戰區的沿海及其他江南地區有所差距。

　　臨江與臨淮地區不僅經濟發展相異，地方社會的士人文化活動也各有特性。如果說士人家族的社會文化活動在四明呈現出高度理想性，在鎮江則顯現為現實性。理想與現實二個截然有異的價值觀，長期並存於宋朝的政治與社會中。趙宋建政以來，面對北亞民族的侵擾，戰力不足，只得採行務實性的守備戰略，兼亦求和以圖存。但為扭轉唐末五代以來武人擅政的局面，宋朝採取重文政策，積極拔擢士人入仕，且強化以德勝威的儒家意識，又高唱夷夏之防、標舉文德取代武功的理念，強化國家意識。面對此一立國事實，在兩宋長達三百二十年歷史中，經常出現執政者以務實圖存的和、守為主調，在野士人則高唱春秋大義、力主恢復故土的現象；到南宋，這種理想與現實的矛盾與擺盪更為明顯。[15] 從國家大政到鎮江與四明的地方社會，都存在理想與現實的差異性。因此在探討南宋地方社會時，也值得觀察不同地區，在實踐現實的社會議題時所呈現的差異性。

---

15. 本文的觀點實受業師陶晉生教授的啟發，參見陶晉生，《中國近古史》（臺北：東華書局，1979），〈緒論〉，頁5。另參見劉子健，〈綜論宋代士大夫理想與從政的類別〉，收入中央研究院第二屆國際漢學會議論文集編輯委員會編，《中央研究院第二屆國際漢學會議論文集歷史與考古組》（臺北：中央研究院，1989），頁823–834。

第二節　政治力與社會力共塑基層社會

學界前輩與同道，從不同角度、領域，運用不同資料，對宋代科舉考試崛起之士人群體的轉變，進行多層面的探討，對認識士人的角色與宋代政治社會的發展，助益甚大。

1982 年郝若貝 (Robert Hartwell) 教授提出士人從唐代貴族 (aristocracy)，到北宋的職業精英 (professional elite)，最後到南宋的地方精英 (local elite) 的三階段變化，揭開兩宋士人在政治社會層面中轉變的議題。郝若貝的學生韓明士 (Robert Hymes) 教授在 1986 年出版 *Statesmen and Gentlemen: The Elite of Fu-Chou, Chiang-Hsi, in Northern and Southern Sung* 一書，深入闡述江西撫州士人從北宋到南宋地方化的情況，並以「士人精英地方化」的觀點概括這一南北宋之間社會變化的主線。

韓明士對於此變化的主要論證，奠基在兩宋地方士人通婚模式差異上。他在書中指出，兩宋撫州精英家族通婚雖都看重官職、財富、名聲與前景，但南北宋的差異顯著。北宋多全國性範圍的聯姻，而南宋卻止於本州。同時，北宋士人家族傾向移居政治與經濟中心，而南宋則留在地方，並著力地方建設。而且由於南宋國家力量在地方上全面減弱，士人遂藉各方面的舉措，填補這些空缺。[16]

韓明士透過撫州地區的個案研究，所持的觀點與郝若貝相符，但討論更為具體深刻，極有助於學界深入認識兩宋政治發展及開闢研究新視野，卻也引發研究者從不同角度加以討論；四十年來，掀起一連串論辯。

在社會史領域，柏文莉 (Beverly Bossler) 和李錫熙 (Sukhee Lee) 的研究，

---

16. Robert Hymes, *Statesmen and Gentlemen: The Elite of Fu-Chou, Chiang-Hsi, in Northern and Southern Sung* (Cambridge: Cambridge University Press, 1986), pp. 84–91.

從不同層面構成對韓明士觀點的直接挑戰。柏文莉教授的研究以浙江婺州為例，否定了韓明士所論的兩宋婚姻模式。她認為，南北宋高官通婚對象不同，很大程度上是受資料影響所產生的錯覺。從北宋到南宋，真正的變化是：北宋的跨區域聯姻幾乎都在都城開封，南宋則分散在各地區中心。而家族選擇在地通婚，可能是士人群體擴大、精英家族增長自然發展的結果，而非家族婚姻策略的變化。[17]

　　李錫熙教授則以明州為例，反駁韓明士對國家在地方上力量式微的預設。他認為在明州地方治理上，國家與地方精英是協商 (negotiate) 而非零和競爭 (zero-sum game) 的關係。[18] 在協商的關係模式下，地方精英透過多重途徑進入政府體系，獲得國家的認可，取得官戶的身分與部分特權，確立其在地方的地位。[19] 同時地方官府仍積極參與鄉飲酒禮、鄉曲義田、義役等基層事務，並用資金補助等方式介入、甚至修改地方仕紳原先的計畫。[20]

　　在思想文化領域，余英時教授所著《朱熹的歷史世界》專著，則強調南宋道學名家雖在理學理論上各樹藩籬，也關心政局；為得君行道，在中央與執政的近習展開長期爭逐。該書意在強調兩宋士人致力經世致用的態度不分軒輊，對「精英地方化」之說進行商榷。[21]

　　與此同時，包弼德 (Peter Bol) 教授的研究，則側重南宋士人精英的地方

17. Beverly Bossler, *Powerful Relations: Kinship, Status, and the State in Sung China (960–1279)* (Cambridge, MA.: Harvard University Asia Center, 1998), pp. 87–93.

18. Sukhee Lee, *Negotiated Power: The State, Elites, and Local Governance in Twelfth- to Fourteenth-Century China* (Cambridge, MA.: Harvard University Press, 2014), p. 264.

19. Sukhee Lee, *Negotiated Power*, pp. 52–60.

20. Sukhee Lee, *Negotiated Power*, pp. 197–198.

21. 余英時，《朱熹的歷史世界：宋代士大夫政治文化的研究》（臺北：允晨文化，2003）。

轉向與道學運動之間的關係，從思想文化史的視角，強化了「士人精英地方化」的觀點。他以婺州為例，考察十二世紀中葉到十四世紀早期出現的地方志、文化地理書、鄉賢錄等三種書寫，指出這些書寫的共性是體現地方存在感，關注的興趣從整體國家轉為個別區域。士人藉由書寫此類地方史，創造當地精英的身分認同。在這個視角下所指涉的「地方化」，著重強調士人對自身身分和地方認同的建構，即士人精英的身分並非由政府所賦予，而是地方精英群體（特別是道學家和道學追隨者）自己定義的。[22] 這種由道學家主導的「地方化」趨勢，其理念與實踐在元代繼續發展，目的是在不同的地區，建立一種相同的高層次文化。[23]

在對宋代士人身分建構的討論中，魏希德 (Hilde De Weerdt) 教授獨闢蹊徑，不僅區分了作為宋代政治精英的士大夫與普通士人，而且將連接這兩個群體的社會網絡與南宋出現的訊息網絡連結，探討士人群體如何建構共同的政治目標，塑造共有的士人身分。魏希德指出，南宋士人雖然有地方化的傾向，但是透過地圖、地方志的傳播，他們對中央的想像以及認同仍維持不墜，以致對於國家的關注並未稍減。同時，士人有管道取得政府的歷史記錄、檔案、邸報，並用筆記、詩文等方式流傳。[24] 資訊的流通，讓南宋士人無論居鄉或在朝，都對朝廷產生認同，即使士人的活動重心轉向地方，仍未疏離與

---

22. Peter Bol, *Neo-Confucianism in History* (Cambridge, MA. & London: Harvard University Asia Center, 2008), pp. 35–37. 王錦萍，〈近二十年中古社會史研究的回顧與展望〉，收入鄧小南主編，《宋史研究諸層面》（北京：北京大學出版社，2020），頁 110。

23. 王錦萍，〈近二十年中古社會史研究的回顧與展望〉，收入鄧小南主編，《宋史研究諸層面》，頁 111。

24. Hilde De Weerdt, *Information, Territory, and Networks: The Crisis and Maintenance of Empire in Song China* (Cambridge, MA.: Harvard University Asia Center, 2015), p. 428.

國家的關係。

　　面對上述意見，韓明士則在 2015 年出版的《劍橋中國史》中，大幅修正其南宋士人精英地方化的觀點。他調整精英地方化是家族發展策略地方化的說法，提出了作為長期和短期兩個歷史發展之共同結果的「士人精英地方化」。在這個新的解釋下，長期發展過程是北宋以來士人文化的轉向，短期過程則是南宋不穩定因素的增加，讓士人為維持家族財富與安全，不得不將注意力轉向地方。[25] 韓明士重點論述了士人文化在兩宋由朝廷本位轉向士人本位的過程。他指出宋代商品經濟和印刷術的發達，帶來私有土地、商業財富以及教育文化資源的普及，進而衝擊了原有的精英。士人因具有自己的經濟基礎，進而催生豐富的地方網絡以及文化產業，故士人逐漸邁向地方化，是士人本位文化發展的結果。士人群體通過獲得私人財富和累代教育，積極、自主地定義士人身分，士人的地位遂漸由彼此的認同而非國家的賜與來界定。南宋的道學運動，正是士人從朝廷本位向士人本位文化轉向的深刻反映。包弼德教授在 2022 年出版關於婺州士人的專著，以南宋婺州士人社會的發展史證明了韓明士的這一觀點。[26]

　　在國家與社會關係層面，韓明士仍強調南宋與北宋有重要不同。北宋政權總的方向是國家主導改造社會，南宋政權則出現三個方面的權力下移，而吸引來自市場、地方豪強或士人精英等不同的民間力量取而代之。在這個議

25. John Chaffee and Denis Twitchett eds., *The Cambridge History of China*, vol. 5, Part Two: *Sung China, 960–1279* (Cambridge: Cambridge University Press, 2015).

26. Chaffee and Twitchett eds., *The Cambridge History of China*, vol. 5, Part Two: *Sung China, 960–1279*, pp. 631–638. 又見 Peter Bol, *Localizing Learning: The Literati Enterprise in Wuzhou, 1100–1600* (Cambridge, MA.: Harvard University Asia Center, 2022), pp. 16–17.

題上，包弼德在其新著中，一方面引用李錫熙、陳松、吳錚強等的研究，委婉地否定了國家從社會退場的論述，而強調南宋士人群體對國家和朝廷的認同；另一方面則指出，南宋士人同時又反對北宋用法律和制度來改造社會的國家主義，主張通過治學這一士人群體的共同事業，同時培養領導地方的「一鄉之士」和參與治國理政的「天下之士」。包弼德強調，在這一共識下，南宋士人群體對地方教育的投入，以及對地方網絡、公共事務的參與，呈現出極強的區域特性，具體表現為某些地區（如婺州）士人治學傳統的特別興盛。[27] 值得指出的是，包弼德對婺州士人地方生活的討論，並非全然落在國家與社會互動關係的層面，而是從「全國」和「地方」相對應的概念出發，在思想史層面，強調了婺州士人群體的治學在宋元之際從全國性轉向地方性傳統的變化。[28]

　　綜觀前輩與同道四十年來對宋代士人群體崛起與角色轉變的相關論述，可以看出目前學界大致的共識是：南北宋士人雖都對國家、朝廷具有認同，以各種方式關注全國性事務，但南宋士人更多致力於地方社會的建設和地方史的書寫，並將對該地區的認同與對士人身份的認同相互連結，因而呈現士人精英「地方化」的景象。如王錦萍所指出的，歐美學者們對精英地方化的解釋，有社會史和思想文化史兩個方向，形成彼此相關、又各有側重的表述。[29] 本書對上述爭論的回應，側重在社會史層面，特別是基層社會運作的實際樣態上——南宋士人致力基層社會各項公益建設與活動的方式為何？與官府之間的關係如何？目前學界對這些具體問題的認知，仍然相對模糊。

---

27. Peter Bol, *Localizing Learning*, pp. 17–19.

28. Peter Bol, *Localizing Learning*, pp. 26–27.

29. 王錦萍，〈近二十年中古社會史研究的回顧與展望〉，收入鄧小南主編，《宋史研究諸層面》，頁 108–120。

　　筆者擬藉劉宰在鎮江的事例，結合個人與同道的研究成果，提出南宋基層社會的建設與活動，是由士人形成優勢群體後聚集而成的社會力，與地方官府代表國家的政治力，相互合作、共同塑造的成果。社會力和政治力這兩個概念，我在多年前對宋代基層社會權力結構和運作的討論中已初步提出，[30]並在本書的研究過程中做了進一步的提煉和深化，期為學界提供一個新的分析框架，跳出國家與社會二元對立的模式，從兩者折衝協調的本質性關係，探討基層社會運作的共相和變化。

　　社會力是民間為化解社會矛盾、促進和諧，所凝聚形成的力量。當生存環境遭受衝擊或破壞，影響既有制度的正常運作，甚至妨害社會秩序時，與特定議題利害相關者往往自發性形成群體，經由協調、折衝，提出解決方案，並建立運作制度，以群力克服困難，穩定秩序。這種由民間自力發動的組織及活動，當與人類社會的發展同時並存。但長期以來，關於基層社會民間群體的組織活動情形，由於文字史料極少，難以納入史家視野，以致較難得到完整的認識。

　　不過，在中國歷史的發展中，藉由民間宗教信仰組成的社會力，曾發揮穩定社會秩序的作用，最顯著的就是從漢末到隋朝的中古時期。當時由於變亂相繼，政權分立且遞嬗頻繁，導致社會秩序受到嚴重破壞。期間豪門世族固然承擔維護地方秩序的重任，但此時興起並流行的道教與佛教，更適時發揮穩定基層秩序與人心的力量。傳入中國後迅速發展的佛教影響尤大，他們在民間社會宣播福田思想，號召信徒組成「義邑」之類的民間組織，籌募物料、徵集民力，推動各項長效型的公益建設及即時性的賑饑等活動。這種由民間自發組織凝集而成的社會力，是中國古代基層社會最為明顯且成為傳統

---

30. 黃寬重，〈宋代基層社會的權力結構與運作——以縣為主的考察〉，收入黃寬重主編，《中國史新論：基層社會分冊》（臺北：聯經出版事業公司，2009），頁 273–325。

的印記。由於文獻相當豐富，研究成果十分豐碩。[31] 不過，在儒學復興以及政治、經濟與社會環境產生重大轉變後，到宋代特別是南宋，佛教在基層社會的主導力明顯消退。[32] 例如劉宰三次賑濟活動中，救災經驗豐富的僧侶與道士雖扮演重要角色，但主導者仍是在宋代迅速崛起，並成為政治社會主體的士人群體。[33]

　　宋代士人群體的形成與成長，除了上述社會變遷的因素，更與宋朝建政後推動文治政策，並透過科舉考試拔擢大量文士進入官僚體系息息相關。眾多志在改變個人前途或家族地位的士人致力舉業，連帶使士人數量急驟增加，成為政治社會的主流群體，共謀朝政興革，掀起從慶曆到熙寧的一連串政治變革；但卻衍生頻繁政爭，加上承平既久，輕啟戰端，內政外交糾結，終導致靖康之難、政權覆亡的窘境。

　　宋高宗在江南重建政權，面對的挑戰十分嚴峻。朝廷為求生存而強化戰備，需財孔急，遂增加稅目、加重稅額，且將財賦匯集中央，因而弱化地方建設。主持基層縣政的親民官，多為初次任官的外來選人。他們在承擔既有

---

31. 劉淑芬，《中古的佛教與社會》（上海：上海古籍出版社，2008），頁 168–179。黃敏枝，《宋代佛教社會經濟史論集》（臺北：臺灣學生書局，1989），頁 119–199、413–442。也有詳細論述。

32. 張維玲博士對福建莆陽地區公共建設中，官、士、僧角色轉變的具體論述，即為顯證。張維玲，〈從反思碑記史料論南宋福建莆陽公共建設中官、士、僧的權力關係〉，《新史學》31:4 (2020)，頁 143–202。

33. 相對地，在同時期的北方，如王錦萍所論，佛教、道教在基層社會的主導力不僅沒有消退，反而在蒙元統治的政治背景下大大加強，救濟賑災等社會活動的主導者往往是僧道，而非士人。Jinping Wang, *In the Wake of the Mongols: The Making of a New Social Order in North China, 1200–1600* (Cambridge, MA.: Harvard University Asia Center, 2018).

地方庶務及基層建設之外，又被賦予加強徵稅以充實國防、穩定社會秩序等諸多重任。但要順利推動治理，除憑藉皇權威勢以強化統治外，尤需仰賴地方權勢之家的協調合作乃至支持，才能完成任務，締造業績。

在南宋急遽膨脹的士人群體，同樣面臨嚴峻的挑戰。由於教育日益發達，加上道學家積極宣揚儒家教化理念，投入舉業者的數量明顯成長。士人經歷考試的試煉，幸運者成為朝廷命官，蒞職各地，追求仕途發展；落第者回歸鄉里，以知識從事各種營生事業，成為基層社會的精英，參與鄉里事務與地方建設。在外地任官者中，部分不耐久任基層，晉升無望，或因病引年致仕，提早回歸鄉里；其他不論高低官員，仍需與鄉里保持聯繫。所以如此，與南宋官員選任制度及多變的政治環境關係密切。在這樣的政治情勢下，許多官員因員多闕少、守喪，乃至捲入政爭，而須返鄉待闕；家族是士人官僚起家的起點，鄉里更是他們東山再起、尋求復任的基地。回歸鄉里後的官員，既是朝廷了解地方吏治、輿情的訊息來源，也是地方親民官徵詢政務、掌握情資的重要對象。這種兼具官員與鄉里耆老的雙重身分，讓他們在政治權力運作的縣衙與擁有鄉里資源的社會力之間，扮演溝通、協調的重要角色。

南宋的基層社會，不僅士人群體擴大，其社會與經濟實力也更為雄厚。他們既是擁有資產的社會精英，且與鄉里豪富之家有著同鄉、同學之情，甚至相互通婚，形成更緊密的社會關係網絡，有利於掌握資源，影響基層社會。同時基層社會的運作，涉及的政治社會議題多元，並非單一方式或力量可以解決，因此官民關係既趨向複雜，當地士庶面對鄉里事務時，視事務的性質，組成跨越血緣、業緣形成群體，推動類型各異的活動與建設。士人群體既藉此化解地方官府因財力不足而無力推動基礎建設的窘境，更消除了北宋立國以來，朝廷藉各種舉措深化基層統治、企圖集權中央所帶來的後遺症，而為地方勢力創造發展的空間。

　　但不論士人或富豪，在集結在地力量推動鄉里建設時，實須與官府配合或獲得其支持。在南宋政治環境及立國環境下，代表朝廷執行統治權的基層親民官，固需仰賴地方權勢之家的協助，才能有效執行公權力、推動各項建設及教化事務，為其仕途發展創造具體業績；各種地方力量也要取得官府認可、支持，才得以取得合法地位，或有效推行各項活動。其中，地方志的編纂，以及祠廟、學校、鄉賢祠的設置，能夠凝聚地方士人關係，並有效形塑地方文化及推動教化；但相關的刊刻出版、人物選定、申請賜額與祭祀活動等項目，地方官府的主導性更強。[34] 同時，關於入祠鄉賢的人選，除強化地方意識外，也重視與國家的聯繫，陳東祠堂的設置經過與其奏議等文獻刊布，就是一個很好的例子。[35] 此外，地方財政資源固然有限，但官府擁有行政權，得以裁量地方事務，對相關資源亦有相當大調度空間，如楊邁將沙田撥給府學、莆陽官府轉移廢寺田產給地方學校及投入地方建設、[36] 以及王塈以沒入民田助成義役莊等事例，[37] 都說明地方官府對地方事務及財政具有調節乃至支配權。

　　南宋基層社會，同時存在由士人與豪強匯聚而成、具有實質影響性的社會力，及由官府掌握、具有行政與財政決策權的政治力。在面對公共事務時，

---

34. 鄭丞良，《南宋明州先賢祠研究》，第一章，頁 12、39–40。

35. 參見第五章第一節。

36. 楊邁之例見第四章第二節。福建莆陽的事例，見張維玲，〈從反思碑記史料論南宋福建莆陽公共建設中官、士、僧的權力關係〉，《新史學》31:4，頁 143–202。

37. 金壇縣令王塈助成義役莊的事例，見劉宰，《漫塘集》，卷二十一，〈遊仙鄉二十一都義役莊記〉，頁 27 下 –29 下。關於義役莊的議題，日本學者伊藤正齊與中國大陸學者譚景玉有專書論述，參見王錦萍，〈近二十年中古社會史研究的回顧與展望〉，收入鄧小南主編，《宋史研究諸層面》，頁 126–127。

這兩股力量常有互動，引發各種火花，其中不免因立場、價值的認知差異，而有矛盾與衝突，例如劉宰為賦稅、力役徵調及民生議題向官府抗議之舉。不過，在基層社會各項活動或建設的推動與運作過程中，就算士人群體、豪強或宗教組織得以凝聚成強大的社會力，仍不能自外於地方官府的政治力，兩者折衝、協調與相互配合，才有利於地方的整體發展。這種現象，從高柯立對蘇州的研究，也可以得到印證。[38] 顯示政治力與社會力透過協調、建立機制，進而推動、解決地方事務，構成此後基層社會運作的重要模式。

　　南宋基層社會各項事務的運作中，民間社會彼此合作，雖體現自主性，惟其運作機制與規模既有大小之別，其成效亦不穩定。由富豪或高官名儒所促成的各項組織或活動，往往建立明確制度，以利彼此合作遵行，資金也較充裕，因此實施較為長久；四明的鄉曲義田運作，即是較成功的範例。至於一般州縣社會的公益活動，多是地方社會為應對現實問題所組成，運作範圍較小，且易受主持者及親民官認知、支持態度乃至政策因素所影響，而難以持續發展。況且未仕士人的資望、人脈不足，人生目標亦仍以舉業為主；已仕者雖短暫鄉居，也仍以追求仕進為念，難以全心致力鄉里事務。因此，士人雖是南宋社會優勢群體，也關懷鄉里，凝聚群力，推動諸多公益建設與活動，但他們既以追求仕宦為職志，加上受政治環境變動頻繁等因素影響，這類由士人推動的公益活動遂難以建立長遠而穩定運作，也未必能達成發起時的初衷。

　　從上述由北宋到南宋地方社會與士人群體關係演變的大脈絡觀察，劉宰在鎮江親歷和推動的各項社會公益活動與福利事業，乃至關懷國政的言行，

---

38. 高柯立研究蘇州地方官與地方社會，雖綜述宋代，實則以南宋為主，見高柯立，《宋代地方的官民信息溝通與治理秩序》（北京：國家圖書館出版社，2021），〈第六章　宋代蘇州地方官與地方社會〉，頁 237–321。

之所以能夠產生重大的影響力，除了個人秉持的觀念和突出的領導力之外，當是他能夠在政局內外交迫的南宋中晚期、緊鄰淮邊的重鎮鎮江，有效結合社會力與政治力，並發揮最大的效益所致。

劉宰出身於致力舉業的普通士人家族且非高官，但從舉業到任官期間，憑藉個人的才學，結交同道，開展廣泛的人際關係與社會網絡。他的同年與岳父為他提供擴及中樞的政治資源，讓他成為當時鎮江地區代表性的風華人物，且得以在鄉居後，以耆老之身與各級官員綿密互動；同時因受邀參與編撰地方志及地方人物傳記，而得以厚植人脈，進而以理念結合趙若珪、王遂等鄉賢同道，為解決鄉親面臨的賦役等現實議題，組織人力，籌募資源，開展不同類型的公益事業。由於推動的活動與議題具有適時性、正當性，不僅能充分運用社會資源，更獲得當地親民官如金壇知縣王塈、縣尉杜範等人熱烈支持，彼此更建立深厚情誼。理宗即位後，劉宰在鎮江結合鄉親，推動社會各項公益建設與福利事業的成就、以及關懷國政的事蹟，受到當朝宰執推崇，在更化的旗幟下，透過具有情誼的王塈、王遂，二次徵召他入朝，成就其聲名。可以說，劉宰在鎮江推動各項社會慈善與公益活動的成功，是社會力結合政治力並發揮效應的有力說明。

地方官與鄉里士人的合作，不僅有益於地方社會，中央政府也同樣得利。南宋朝廷容許、甚至鼓勵地方精英積極參與當地事務，看似是國家勢力在地方上的衰退，其實是藉此取得更多協助統治的力量；同時，掌握政治力的執政者在面臨挑戰時，為強化統治的合理性，也企圖透過延攬各階層具有聲望者入朝，以求穩固政局。儘管劉宰一再拒絕，執政者仍數度下令徵召，看來徵召劉宰入朝之舉本身就具有宣傳的效益。[39] 即使劉宰始終未能入朝任職，

---

39. 如劉克莊答覆莆田潘姓知軍，請推薦二名僧人任轄境佛寺住持時，說：「選此等高僧居大剎，譬如朝廷召趙昌父、劉平國，雖未必來，畢竟是一段美談，亦可以愧實封、

朝廷仍藉此獲取「禮賢」的名聲，並向士人宣揚積極投入鄉里事務的意義。南宋朝廷的作法，契合劉子健所指，「包容」了更多勢力，讓國家治理更具強韌性。[40] 此種作法能夠成功，其前提是南宋的鄉里存在比過去更多的讀書人與鄉居待闕的官員，使得官、民之間的溝通更為順利；彼此可以互利雙贏，政治力與社會力的合作關係才會持續。

　　劉宰的生平同樣可說明全國與地方的關係。鎮江交通樞紐的地位，有利於劉宰的地方貢獻被轉化成全國性聲望。等到劉宰成為朝廷亟欲援引的對象，他在地方上的聲望與地位也就更為提升，促使各級官員更加重視他的意見，並努力與他建立私人情誼。資訊流通的便利，顯然使地方與全國更具一致性；以致士人認同地方並投入鄉里事業，可獲得與入朝參政近似的正面結果——生前的影響力及死後的聲名。[41]

　　然而，區域之間客觀條件差異造成的影響仍然明顯。如前所述，臨邊的鎮江，官府以應敵、戰備及供應軍需為急務，無暇顧及民生，以劉宰為主的士人群體，以推動各類現實性的社會救助活動，穩定秩序與民心為重；明州、婺州等沿海富裕地區，呂祖謙等士人在促進社會和諧外，更積極提升道學的內涵，藉以形塑地方認同。他們所關心與推動的工作，顯然與以安定、生存為要務的鎮江有所不同。

　　從這一點，我們既認識到南宋士人群體對社會的關懷，及致力改善基層環境的目標，具有全國的一致性；卻也因國家疆域遼闊，區域間經濟、社會與文化發展有所落差，各地士人所推動的各項建設與促進鄉里認同的活動，

助軍之髮。」顯示朝廷招賢同具宣傳效益。見劉克莊撰，辛更儒箋校，《劉克莊集箋校》，卷一百三十四，〈答鄉守潘宮講〉，頁 5366。

40. 劉子健，〈包容政治的特點〉，收入氏著，《兩宋史研究彙編》，頁 41–78。

41. 感謝方震華教授補充此一觀點。

內涵亦有所不同。從劉宰在鄉居期間，由實務面紓解鎮江社會民生窘境之舉，和沿海地區為實現道學理想所推動的事業，可見士人群體關懷鄉里的用心相同，但因應區域環境與生活資源的差異，其推行活動的方式、聚焦的項目與獲致的成效則有差別，這正是本書想要揭示的意義所在。

附錄一

文集中的劉宰世界：

兼論其書信、傳記撰述的史料價值與利用

　　宋代士人為追求業舉仕進，經歷學習、應試、任官各種不同階段，過程中因同鄉、同學、同年、同僚、同道之故，建立起不同層級與屬性的人際關係。這些關係，隨著時空及環境變化，逐步連結、轉化、擴散，形成疏密交織的社會網絡。此網絡與個人的生命經歷與事業發展緊密連結，在不同的人生階段中發揮影響。種種人際互動痕跡，往往可從宋代士人各類型的書寫活動中，一窺端倪；而文集作為宋代蓬勃發展的藝文載體，匯集了包括書信、記、序、詩詞及傳記（行狀、墓誌、神道碑）等等多樣的書寫記錄，尤是歷史研究者觀察士人人際網絡的珍貴資源。[1]

---

1. 黃寬重，〈樓鑰的藝文涵養養成及書畫同好〉，收入氏著，《藝文中的政治——南宋士大夫的文化活動與人際關係》，頁 149–187。及黃寬重，〈南宋中期士人的〈蘭亭序〉品題〉，收入氏著，《藝文中的政治——南宋士大夫的文化活動與人際關係》，頁 223–267。平田茂樹，〈南宋士大夫のネットワークとコミュニケーション——魏了翁の"靖州居住"时代を手がかりとして〉，《東北大学東洋史論集》12 (2016)，頁 215–249。以及〈從邊緣社會看南宋士人的交往和資訊溝通——以魏了翁、吳泳、洪咨夔的事例為線索〉，收入余蔚、平田茂樹、溫海清主編，《十至十三世紀東亞史的新可能

本書所關注的劉宰也不例外。劉宰生前著作豐沛，但摯友王遂彙集遺稿時，僅存十之四五。明正德年間，劉宰存世作品輯錄為《漫塘集》，共三十六卷，計有詩賦四卷，狀、箚、啟等書信類十三卷，雜文、序各一卷，記四卷，題跋、銘各一卷，祭文及墓誌傳記十一卷，[2] 其中又以狀、箚、啟等書信與人物傳記篇幅較多，內容也較豐富。現存《漫塘集》是本書得以探究劉宰如何居鄉而胸懷國家天下的重要線索，幫助我們了解一位辭官歸鄉的人是如何利用多元而豐富的人際網絡，連結親友、同鄉、地方官長、舊日同僚，以持續貢獻鄉里，也有機會參贊國政。在《漫塘集》之外，劉宰也曾為協助纂修《嘉定鎮江志》而整理撰寫《京口耆舊傳》，該書既是劉宰認識鄉里的媒介，也為我們保存了當時鎮江在地社會的精采風貌。為裨益讀者掌握劉宰鄉居事業得以開展的重要基礎，本書在劉宰生平與鎮江地方社會議題之外，以本文綜述劉宰書信與傳記撰述所呈現的個人人際與在地社會網絡。同時，本書〈附錄二〉、〈附錄三〉亦詳列《漫塘集》書信與傳記資料整理，供讀者參考，也可為後續相關研究利用。

第一節　以書信構築人際網絡

《漫塘集》收錄的書箚、啟、奏箚、辭狀、婚啟、禮啟等書信，合計達三百零五件。其中，「婚啟」與「禮啟」的內容較單純，書寫方式也格套化，暫不列入討論；其餘二百八十八件中，有辭狀二十六件（其中八件僅錄題目）、書箚一百五十四件、啟一百零八件。書箚反映的劉宰聯絡對象，包括中央執政官員（宰執、侍從）三十二件、地方高官（總領、知府、知州）七十件、一般官員（知縣、縣尉、州縣幕職官）四十二件、無官親友六件、不明

性：首屆中日青年學者遼宋西夏金元史研討會論文集》，頁 1–29。

2. 《漫塘集》，《四庫全書提要》另有《語錄》十卷，已佚。

者四件。啟的對象，有中央執政官員二十二件、地方高官三十九件、一般官員三十四件、不明者十三件。可見劉宰聯絡、交往的人員與層級均多，且高階官員占比甚高，這樣的交往情形，與當時活躍於政壇上的官員或名儒不分軒輊。

對象（官職）	書　簡	啟
執政高官（宰執、侍從）	32	22
地方高官（總領、知府、知州）	70	39
一般官員（知縣、縣尉、州縣幕職官）	42	34
無官親友	6	0
不明	4	13
總計	154	108

必須指出的是，《漫塘集》書簡、啟具有二項特殊情況。其一，《漫塘集》中有三十二件「書簡」及七件「啟」，是劉宰於寶慶與端平時期奉召赴京任官的相關文件。這些信件聚焦於他受召與辭免的過程，兼及理宗即位後二次重要政局與人事的變動，與其他書信相比，內容與議題相當集中，為本書第七章的主要材料。其二，《漫塘集》中「書簡」與「啟」兼用的問題。以往研究顯示，「啟」的文體常用以道謝、祝賀或請求，受限於四六文的體式，文辭較典雅，卻不免格套化；書簡的書寫內容則較隨意，討論的議題相對具體。[3]

---

3. 學界鮮少對於文集中「啟」文體的研究，曾棗莊的〈論宋啟〉一文是較全面概述的論文，見《文學遺產》2007:1，頁 47–57。此外，胡坤和王瑞來都有關於薦舉的例子，見胡坤，《宋代薦舉改官研究》，第五章，〈制度背後：宋代涉薦書啟與人際網絡〉，頁 267–322；及王瑞來，〈內舉不避親──以楊萬里為個案的宋元變革論實證研究〉，《北京大學學報（哲學社會科學版）》49:2 (2012)，頁 117–128。

不過《漫塘集》中若干「書簡」與「啟」表述的內容差別不大，一百零八件「啟」中有22件具體討論特定事務。[4] 可見劉宰對外聯絡時，似乎並沒有嚴格區分「書簡」與「啟」的差別，故「啟」這一看似形式化的文體，仍可能反映具體意見，值得注意與利用。

若連結劉宰書信所呈現的人際關係與當時的政治環境變動，可以觀察出其生涯處境、作為及人際關係的變化。劉宰生平大致可劃分為三個階段：第一階段為仕進時期，自紹熙元年中舉到嘉定元年（1190–1208 年）底決意辭官，共十九年；第二階段為鄉居時期，自嘉定二年春至嘉定十七年（1209–1224 年），共十六年；第三階段為復官與辭免時期，從理宗寶慶元年到嘉熙三年（1225–1239 年）逝世，共十五年。這三階段正是晚宋政局發展的關鍵，即寧宗、理宗二朝內外軍政變動激烈時期。合併考察劉宰在各時段通信對象、書信內容，並參照當時時勢背景，既能更深入認識劉宰不同階段的人際網絡，以及他如何對關切議題發揮其影響力，也可以看到南宋中晚期內憂外患的連結與動態。

《漫塘集》書信中時間可稽者計二百四十四道，筆者已予以定年，如本書〈附錄三〉所示。由現存可定年書信，可知劉宰通信對象共一百一十二人。

---

4. 如嘉定十七年（1224 年）以後接任金壇的知縣葉嶠、林佑卿、魏文中和縣丞王唐卿四人，劉宰回應他們到任的「箚」和「啟」中，「箚」的格套式讚譽文字較明顯，「啟」中反而提到地方吏治的具體事例。葉嶠，見《漫塘集》，卷十三，〈回葉知縣嶠到任〉，頁 4 上 –5 下；卷十五，〈回葉知縣嶠到任〉，頁 19 下 –20 下；王唐卿，見《漫塘集》，卷十二，〈回王縣丞到任唐卿〉，頁 19 上 –20 上；卷十二，〈回王丞唐卿到任〉，頁 23 上 –23 下；魏文中，見《漫塘集》，卷十三，〈回魏知縣文中到任〉，頁 5 下 –7 上；卷二十一，〈回魏知縣文中到任〉，頁 21 上 –22 上；林佑卿，見《漫塘集》，卷十三，〈回林知縣佑卿到任〉，頁 7 上 –8 下；卷十五，〈回林知縣佑卿到任〉，頁 22 上 –23 下。

以上述劉宰生平三階段區分，第一階段有三十九封，聯繫者十八人；第二階
段有五十二封，聯繫者二十八人；第三階段有一百五十三封、七十六人。下
文將就各階段劉宰通信對象，討論其人際網絡與各階段所關注議題。[5]

一、仕進時期

　　劉宰紹熙元年中舉，其後獲任首份官職江寧縣尉，並歷任真州法曹、泰
興令及浙東幹官等職，直到嘉定元年決議辭官歸鄉，前後共十九年，是他開
展仕途、奠定家業的階段。在《漫塘集》中，留有此時期三十九封書啟。其
中，有十二封致送州縣幕職官，其餘二十七封的致信對象則是知州與路級官
員，如趙時侃、倪思、李壁、辛棄疾等，甚至直接與當朝宰執鄧友龍、衛涇
和錢象祖等通信。此外，劉宰也曾代岳父梁季珌向丘寀及推薦者致謝啟。在
劉宰追求仕進的十九年中，開禧二年至嘉定元年（1206–1208 年）的三年間，
是南宋中期內外政局最為動盪的時期。從劉宰致當時執政者鄧友龍、衛涇與
錢象祖的書信，可以看到他對北伐、中樞朝政及取士政策等軍國大事的建
言。[6] 劉宰身為基層官員，能與當朝宰執侍從聯繫，顯然有人居中媒介，協
助傳遞訊息。現存書信顯示，劉宰的同年與岳父正扮演了此關鍵媒介角色。[7]

---

5. 必須說明的是，本文僅能就現存書信討論，故而並非主張劉宰在特定時段僅與特定人
　物通信。換句話說，出現在劉宰生平第二階段的通信對象，也可能是劉宰在第一階段
　就已相識互動者，如同年李壴。然因現存書信定年落於第二階段，故而置於該階段，
　並與書信所設議題一併討論。

6. 劉宰，《漫塘集》，卷十六，〈上錢丞相〉，頁 5 上 –5 下；卷十六，〈上衛參政涇〉，頁
　6 上 –6 下；卷十三，〈上錢丞相論罷潭試太學補試劄子〉，頁 15 下。

7. 關於同年好友周南、朱晞顏和張嗣古，以及岳父梁季珌，在本書第三章已有充分說
　明，此處不再贅述。

　　在劉宰入仕後，他的同年好友周南、朱晞顏和張嗣古三人，都成為他開拓人際網絡的重要助益。周南、朱晞顏分別娶當朝大員衛涇的二位妹妹為妻，而周南既是葉適的學生，也是黃度的女婿。周、朱二人在慶元、開禧政局變動中，捲入政爭的漩渦，其仕途升降與錢象祖的進退頗有關聯。[8] 張嗣古則是韓侂胄的外甥，在韓掌權時擁有不少人脈，因欣賞劉宰才學，促成劉宰娶當時光州知州梁季珌的女兒為繼室。[9] 周南、朱晞顏和張嗣古三人的官職雖不高，因與當權宰執、重臣關係密切，得以為劉宰穿針引線，開展朝中人脈。

　　至於岳父梁季珌，更是幫助劉宰搭建朝中人際聯繫的重要人物，這在本書第三章的討論中已闡明印證。[10] 此外，從劉宰給知宜興縣趙與悊與江東帥臣陳韡的信中，梁季珌發揮的影響也具體可見。約在紹定三年，劉宰回趙與悊的書信中，提到自己在慶元四、五年間（1198–1199 年），雖未能見到與悊父親，「然頗聞先少師逢人說項斯，所與外舅書，必賜垂問，知過庭之助為多」。[11] 約在端平二年劉宰給江東帥臣陳韡的信也說：「某猶記昔歲，於外舅梁總侍書院中，得一望履舄之光。繼此鵬搏鯤化，日摩穹蒼，而某蜩鷽之飛，止於搶榆枋，無階際會，惟極傾瞻」。[12] 觀察梁季珌於開禧、嘉定年間的仕歷，連結劉宰在這段時間與鄧友龍、錢象祖、衛涇等人通信與論政，[13] 可以

---

8. 黃寬重，《孫應時的學宦生涯：道學追隨者對南宋中期政局變動的因應》，頁 223–228。

9. 劉宰，《漫塘集》，卷三十二，〈繼室安人梁氏墓誌〉，頁 16 上。

10. 《漫塘集》中有四篇劉宰代梁季珌所擬書稿，包括開禧二年（1206 年）致丘崈就任兩淮宣撫使的賀啟。劉宰，《漫塘集》，卷三十三，〈故吏部梁侍郎行狀〉，頁 1 上 –8 上。

11. 劉宰，《漫塘集》，卷六，〈回宜興趙百里與悊一〉，頁 8 下。

12. 劉宰，《漫塘集》，卷十一，〈回江東帥陳侍郎韡〉，頁 9 上。

13. 劉宰，《漫塘集》，卷十三，〈上錢丞相論罷漕試太學補試箚子〉，頁 15 下；卷十六，〈上鄧侍郎友龍啟〉，頁 2 下 –3 上；卷十六，〈上錢丞相〉，頁 5 上 –5 下；卷十六，

確定在劉宰仕宦期間，梁季珌是其厚植人際關係的關鍵人物。

二、嘉定鄉居

　　劉宰親歷開禧、嘉定的政局變動及身體患疾，決定退居鄉里。自嘉定二年至十七年（1209–1224 年），亦即理宗寶慶元年劉宰奉召入朝前，可視為其鄉居階段，前後共十六年。《漫塘集》現存此時期書信共有五十二封，其中，致鄉人書信十三件，聯繫對象四人；致地方長官三十四件，對象可知者二十二人，姓名不明者三人；致外地友人五件，不詳者一人。通信次數較多的是張鎬（七件）、趙時侃（四件）、史彌堅（四件）、趙善湘（三件）及平江的友人周虎（三件）。從現存書信中，可以觀察劉宰鄉居期間的人際關係與關注議題，與此前的仕進時期差異甚大。

　　鄉里建設與賑濟，無疑是劉宰此時期的首要關注焦點。就通信對象而言，嘉定六年（1213 年）前，劉宰與張鎬、趙時侃二位金壇出身、在外任官的鄉親聯絡較頻繁。嘉定二年，劉宰在賀趙時侃任知滁州時，提到家鄉金壇的災況。[14] 時值劉宰倡議首次賑饑，這也是他與趙時侃、若珪父子推動地方建設與救濟事業的最早記載。嘉定六年到八年（1213–1215 年），劉宰與鎮江、金壇的地方官員互動較為密切。就通信數量上，劉宰和知鎮江府史彌堅聯繫尤為頻繁；但若參考劉宰同時期所撰各類記文，可知他與知金壇縣王墍、縣尉杜範也多所互動，且情誼深厚。這些互動不僅襄贊了劉宰的鄉里事業，更成為他鄉居期間仍能持續擴展人際網絡的基石。

　　〈上衛參政涇〉，頁 6 上 –6 下。

14. 劉宰說：「但鄉邑不能半熟，飛蝗四合，未知向後竟如何。令嗣（指趙若珪）內機兄比數相見，清姿逸韻，不愧乃翁。」劉宰，《漫塘集》，卷八，〈賀趙滁州前人〉，頁 18 下 –19 上。

　　有關劉宰與知鎮江府史彌堅的書信往來，在現存資料中，除了二封屬於應酬文字外，另二封信寫於嘉定八年（1215 年），均涉及劉宰居鄉後著力最深的事業。其一，是劉宰協助史彌堅修纂《鎮江府志》而寫的《京口耆舊傳》一書，本文第三節將對此有更多著墨。其二，是劉宰婉辭史彌堅邀請參與鎮江府的賑濟局。[15] 然劉宰仍應史彌堅之邀，撰寫不少鄉里建設的記文。[16] 史彌堅也關係著劉宰日後受召入朝事。史彌堅是宰相史彌遠的親弟，言行甚獲朝廷嘉評。寶慶元年理宗即位後，史彌堅雖已辭官，因賞識劉宰為人，仍力薦劉宰復官。[17]

　　知金壇縣王墍、縣尉杜範則屬史彌堅在鎮江轄下地方官員，二人都在此時與劉宰結識並共同推動多項地方文化、公益活動。例如重修靈濟廟、舉辦鄉飲酒儀，將沒入的官田，助遊仙鄉設置義役莊等。[18] 在所撰記文中，劉宰對這二位親民官都評價甚高：「王君不事苛擾，故役竟而人不知；杜君明述利害，故令行而民不病。」[19] 其中，王墍更成為劉宰知友。王墍字克家，四明

---

15. 劉宰，《漫塘集》，卷八，〈回知鎮江史侍郎彌堅箚子〉，頁 3 上 –4 下。

16. 嘉定六年（1213 年）起，劉宰先後撰寫〈金壇縣監務廳記〉、〈金壇簿廳壁記〉、〈鎮江府學復沙田記〉、〈金壇監務廳壁記〉、〈重修靈濟廟記〉、〈遊仙鄉二十一都義役莊記〉、〈希墟張氏義莊記〉、〈鄉飲酒儀序〉等記、序。劉宰，《漫塘集》，卷二十，〈金壇縣監務廳記〉，頁 26 上 –27 下；卷二十，〈金壇簿廳壁記〉，頁 27 下 –29 上；卷二十一，〈鎮江府學復沙田記〉，頁 3 下 –5 下；卷二十一，〈金壇監務廳壁記〉，頁 5 下 –6 上；卷二十一，〈重修靈濟廟記〉，頁 6 上 –7 下；卷二十一，〈遊仙鄉二十一都義役莊記〉，頁 27 下 –29 下；卷二十一，〈希墟張氏義莊記〉，頁 32 上 –35 下；卷十九，〈鄉飲酒儀序〉，頁 6 下 –8 上。

17. 劉宰，《漫塘集》，卷八，〈通史尚書前人時間居滄洲〉，頁 6 下 –8 下。

18. 劉宰，《漫塘集》，卷二十一，〈重修靈濟廟記〉，頁 6 上 –7 下；卷二十一，〈遊仙鄉二十一都義役莊記〉，頁 29 上。

（今浙江寧波）人，慶元五年（1199 年）進士，嘉定八年（1215 年）知金壇
縣，任職期間政績卓著。任滿後，升為右司郎中。[20] 嘉定十五年（1222 年）
起，先後任秘書丞、著作郎、將作少監、軍器監兼侍講，深獲史彌遠的賞識
與信任。寶慶元年（1225 年）九月，王塈改任中書舍人後，成為理宗初期劉
宰與宰相史彌遠之間的聯繫橋梁。在現存第三時期書信中，劉宰與王塈通信
最為豐富，是他一生的重要貴人。[21]

　　除了史彌堅之外，在嘉定後期與劉宰聯繫頻繁的鎮江知府尚有趙善湘，
不過由於政治環境差異，劉宰與兩位先後任鎮江知府史彌堅、趙善湘互動時，
涉及事務有別。嘉定十四年、十六年趙善湘擔任知府時，[22] 由於宋、金、蒙
關係巨變，淮東成為戰區，鎮江百姓既憂心戰火威脅，又承受軍需賦役等多
重壓力，劉宰遂在被徵詢時，向趙善湘及縣級官員反映地方社會關注的民生
與吏治議題。[23] 相較之下，在史彌堅主政時，宋金關係平穩，故其施政以致
力地方建設為重；劉宰與史彌堅書信的關注重點，乃集中於社會文教方面。[24]

　　除了在地官員，劉宰也與外地各級官員、名儒通信。現存書信保有劉宰與
黃度、趙蕃、袁燮、余嶸、周虎、李道傳、真德秀、柴叔達、李𡒊、王元春等
人的聯絡。其中，劉宰與黃度、周虎、真德秀和李𡒊的討論與互動較多。[25]

---

19. 劉宰，《漫塘集》，卷二十一，〈重修靈濟廟記〉，頁 6 上 –7 下。

20. 劉宰，《漫塘集》，卷二十一，〈遊仙鄉二十一都義役莊記〉，頁 29 上。

21. 參見本書第九章第一節。

22. 劉宰，《漫塘集》，卷八，〈通茹尚書烈〉，頁 11 下 –12 上。「茹」當為「俞」之誤。通
信時間當在嘉定五年（1212 年）九月後。

23. 劉宰，《漫塘集》，卷九，〈答知鎮江趙龍圖善湘一〉，頁 1 上 –2 上；卷十五，〈回葉知
縣峴到任啟〉，頁 19 下 –20 下。

24. 劉宰，《漫塘集》，卷八，〈回知鎮江史侍郎彌堅二〉，頁 4 下 –5 下；卷八，〈回知鎮江
史侍郎彌堅三〉，頁 5 下 –6 下。

　　劉宰認識黃度、周虎二人，與他的同年好友周南、朱晞顏，以及下節將聚焦討論的王遂有關。嘉定二年（1209 年），劉宰第一次賑饑時，因王遂牽線而與黃度有所互動，並獲其撥米襄助。[26] 嘉定五年 （1212 年），劉宰以「啟」相賀黃度整編兩淮軍事有功、升任禮部尚書，盛讚他有效解決受創甚重的江淮社會的難題，[27] 並致詩感謝黃度的薦舉。[28] 關於周虎，此人出身武將，在本文第三節有更多介紹。從現存書信觀之，劉宰與之通信時，周虎已卸甲鄉居蘇州。劉宰讚揚周虎為金壇社倉的題字「筆力不啻千鈞重，而更端莊停勻」，也勸其看淡是非福禍。[29] 嘉定十三年 （1220 年）冬天，劉宰盛讚周虎開禧守邊的偉績，也感謝周虎資助他的同年朱晞顏建造宅居之所。[30]

　　劉宰與真德秀結識，可能在嘉定八年（1215 年），緣於他的堂兄劉桂嵒及鄉友王遂參與真德秀、李道傳的江東救災，已見於第二章。[31] 次年，真德秀為紀念范純仁，在建康置「忠宣堂」，並請劉宰作記。[32] 雖因真德秀轉任知

25. 劉宰，《漫塘集》，卷十六，〈賀江淮黃制置度除禮書再任〉，頁 6 下 –8 上；卷六，〈回周馬帥虎一〉，頁 5 上 –5 下；卷六，〈回周馬帥虎二〉，頁 6 上 –6 下；卷十一，〈回周馬帥虎箚子〉，頁 19 上 –21 下；卷十，〈通知泉州真侍郎德秀〉，頁 9 下 –10 下。

26. 劉宰，《漫塘集》，卷二十，〈嘉定己巳金壇粥局記〉，頁 19 下。

27. 劉宰，《漫塘集》，卷十六，〈賀江淮黃制置度除禮書再任〉，頁 6 下 –8 上。

28. 劉宰，《漫塘集》，卷四，〈病鶴吟上黃尚書度並序〉，頁 14 上 –15 上。

29. 劉宰，《漫塘集》，卷六，〈回周馬帥虎〉，頁 5 上 –6 下。

30. 劉宰，《漫塘集》，卷十一，〈回周馬帥虎箚子〉，頁 19 上 –21 下。劉宰在嘉定十三年安葬其妻梁氏之後，才致函周虎，梁氏之葬見卷三十二，〈繼室安人梁氏墓誌〉，頁 15 下 –19 下。

31. 劉宰，《漫塘集》，卷二十，〈書真西山漕江東日與建平尉兄往復救荒歷後〉，頁 20 上 –20 下。

32. 劉宰，《漫塘集》，卷二十一，〈忠宣堂記〉，頁 1 上 –3 上。另見王遂，〈真文忠公祠堂

泉州而未刊刻記文，但二人此後互動頻繁，[33] 下節將進一步說明。劉宰與同年李壐的關係更密切。嘉定十六年（1223 年）春，劉宰致書改任鄂州制置使的李壐，稱頌他戮力備邊，並答應撰寫〈勤武堂記〉，[34] 亦悼念李壐的大哥、劉宰另一位同年李壁的辭世，更感謝獲贈其父李燾所撰五朝《長編》中的四朝，最後在信中殷盼二人相聚的機會。[35]

上述黃度、周虎、真德秀和李四人中，黃度、周虎二人較早退出政壇，涉及的事務相對單純。真德秀與李壐此時任路級官員，在政局變動中具有影響力；劉宰與二人理念相近，因此透過遊宦各地的同鄉官員如王遂、趙若珪等人傳遞書信，此後他與二人的聯繫更見頻密。這些互動，是劉宰為爾後順應政情的發展，與不同執政者建立關係的重要淵源。

三、理宗初期

從寶慶元年宋理宗即位到嘉熙三年（1225–1239 年）前後十五年間，劉宰政治聲望高漲，是人生最為輝煌的時期。然而，由於內外政治環境變動，其所鄉居的鎮江則承受著巨大衝擊。此時期劉宰與親友、官員聯絡頻率顯著增加，人際網絡的發展與涉及的事務有顯著變化。本期時間明確的信簡共有一百五十三封，包括致函鎮江所轄各級官員五十二件、外地親友及官員一百零一件。這些信件的聯繫對象人數眾多、官階層級亦高，且討論內容多涉及

記〉，時淳祐元年（1241 年）八月。

33. 劉宰，《漫塘集》，卷十，〈通知泉州真侍郎德秀〉，頁 9 下 –10 下。

34. 劉宰，《漫塘集》，卷二十一，〈鄂州建衙教場勤武堂記〉，頁 22 下 –23 下。

35. 劉宰說：「大參薨背，海內裓氣。方其壯年，銳於立事，議論豈無少差，要於大義無愧；中間維持善類，破除姦黨，厥功不細。」劉宰，《漫塘集》，卷十，〈回鄂州制置李侍郎壐〉，頁 2 下 –3 下。

當前內外的重要軍政議題。若加上寶慶二年（1226 年）與端平元年（1234年）劉宰二次被召任官與請辭的二十四封，不計其中僅存題目的八封，一共一百六十九封。

　　劉宰與鎮江各級官員來往的五十二件信箚中，州縣幕職官員有十四件九人（一人不明），多屬客套性的應酬文字或基層庶務，且擱置不論。重要的是另三十八件信箚，分別寄予知府何處久、韓大倫、趙善湘、趙范、馮多福、吳淵、桂如琥及總領岳珂等人。在官員到任、離任及劉宰奉召任官時致賀、感謝的應酬文字之外，涉及政事內容相當豐富而具體。其中，劉宰致書趙善湘、趙范、韓大倫、吳淵、何處久和馮多福等人，多反映鎮江百姓的處境，特別關於稅賦、力役與刑獄的議題。

　　趙善湘在鎮江及鄰近的建康府任職長達十三年，承擔邊防及平亂重任，和劉宰的聯絡相當頻繁。[36] 即使到寶慶三年（1227 年）五月，趙善湘改任江東安撫使、建康留守，肩負平定李全的重責後，二人仍多有聯繫；劉宰對續任的馮多福及趙范，也同樣關切戰情緊急下鄉民的處境。[37] 在此後宋廷戡平李全之亂與端平入洛等一連串軍事行動中，劉宰更聯繫繼任的知府韓大倫、何處久和吳淵等人，反映鎮江承受財賦與民力徵調的壓力，及鎮江水軍之變對鄉里的破壞。[38]

---

36. 劉宰，《漫塘集》，卷十三，〈代金壇縣申殿最錢箚子〉，頁 16 下 –19 下；卷十三，〈回趙守問開七里河利便箚子〉，頁 19 下 –21 上；卷九，〈答知鎮江趙龍圖善湘一〉，頁 1 上 –3 下。

37. 劉宰，《漫塘集》，卷九，〈通知鎮江馮大卿多福〉，頁 9 下 –10 下；卷九，〈回鎮江馮大卿前人〉，頁 11 上 –11 下；卷九，〈通知鎮江趙大監前人〉，頁 7 下 –8 下。

38. 劉宰，《漫塘集》，卷十五，〈代邑人謝韓守大倫放苗〉，頁 12 下 –13 下；卷十五，〈回韓守公箚報免總所吏攤上戶和糴錢啟〉，頁 13 下 –14 上；卷十七，〈回韓守減苗斛

值得關注的是，劉宰與鎮江離任官員的互動與討論也很頻繁。或許是因這些官員在鎮江任內和他建立情誼，並看中他的身分與言論的分量，因此多針對軍政事務，徵詢他的意見。劉宰與鎮江以外親友及官員的聯絡書信達一百零一封，包括知州以上高官有七十二件、三十九人，低階官員二十七件、二十二人，親友二件、二人。劉宰二次被召入京時，許多官員藉祝賀與他頻繁聯絡，高官名儒比例尤高。由於此時宋廷內外多事，故而在應酬文字之外，討論所涉的內容仍相當豐富多元。

高級官員中，除史彌遠、鄭清之、王塈外，尚包括趙善湘、吳淵、何處久、劉垕、真德秀、汪統、汪綱、李駿、魏了翁、李心傳、李壐、謝采伯、余嵘及袁肅等人，共五十六封書箚。內容不僅涉及李全和入洛的軍政，更觸及人事與政治變動的紛擾，乃至國祚安危等重大議題。藉由書信，劉宰與具有政局影響力或捲入政治糾葛的官員，交換軍國政務與地方社會的重要意見，充分見證他豐厚的人脈，及對人事等諸多層面的深度關懷，具體內容已見於本書第五、六、七章的討論。

值得注意的是，在理宗初期的二次政局變動中，劉宰與真德秀、魏了翁的討論，可以看到他們出處的變化。[39] 寶慶元年（1225 年）冬天，魏了翁因濟王案被罷、安置靖州，途經鎮江時，與王遂、劉宰二人相見。[40] 此後，劉宰即與魏了翁多有聯絡。如紹定三年（1230 年）春，劉宰在信中論及李全坐大後的江淮處境，並寄望他振興道學。[41] 端平二年（1235 年）十一月，入洛

箚〉，頁 4 上 –4 下。

39. 劉宰，《漫塘集》，卷十，〈回真侍郎〉，頁 10 下 –12 下。

40. 魏了翁，《鶴山先生大全文集》，卷六十五，〈呂城李氏世藏名帖〉，頁 9 下。

41. 劉宰說張栻、朱熹、呂祖謙等名儒謝世後，「學者悵然無所歸……非有大力量如侍郎者，孰能是正之，願言勉旃以副斯道之望。」劉宰，《漫塘集》，卷十，〈通鶴山魏侍

之師潰敗後，宋廷任魏了翁為同簽書樞密院事，督視京湖軍馬，以重振軍威。劉宰致信魏了翁，信中欣慰之餘，也憂心局勢；[42] 隨後建議魏了翁邀請趙范同行，協助處理軍務。[43] 真德秀在理宗繼位之初，曾被任命為禮部侍郎，但隨後因濟王案而明顯改變態度，劉宰曾期待他能改變心意。[44] 及理宗親政，再召真、魏二賢入朝參政，劉宰對真德秀的角色寄予厚望，[45] 並說明自己扶病赴任及因疾堅辭的過程。[46]

　　真德秀與魏了翁二人是同年，交誼密切，又是晚宋享有盛名的理學名儒，卻因耿直敢言，動見觀瞻，官職也變動頻繁。劉宰在紹定二年夏，給章泉先生趙蕃門人鄭夢協的信中就很明白地說明：「真、魏二丈，聞往還甚密……天步方艱，國論未有底止，二公行藏，實於世有繫，方事未到手，或居閒、或治郡，信有可樂。一朝幡然，則天下顒顒望治矣，將何以待之！」[47] 這時雖值真、魏二人因濟王案被貶，劉宰已看到二人的影響力。不過，從信件中的內容，可觀察到在真德秀、魏了翁兩者間相較，劉宰與魏了翁的關係相對疏淡。這或許和劉宰堂兄劉桂喦、摯友王遂均與真德秀關係較密切有關，即便

郎了翁〉，頁 16 下；卷十，〈回夔帥魏侍郎〉，頁 17 上。

42. 劉宰，《漫塘集》，卷十，〈回都督魏樞密箚子〉，頁 18 上。

43. 劉宰，《漫塘集》，卷十，〈回都督魏樞密箚子〉，頁 18 下 –19 上。魏了翁任都督及赴任時間，參楊俊峰，〈魏了翁文集所見端平初年政治訊息〉，稿本。

44. 劉宰，《漫塘集》，卷十，〈回真侍郎〉，頁 11 下 –12 上。詳見本書第七章第一節。

45. 「主上聖性高明，而有典學之功；聖度恢洪，而無偏聽之失。誠千載之遇，內相甘盤舊學，伏想朝夕納誨，以輔台德，必有非外庭所得知，而況遠臣。」認為處理當前國政，應以多得人才為先，感慨二三十年來，「人才熟爛，不可振起」，能兼顧文筆與才學之人更少，期待真德秀關注人才。劉宰，《漫塘集》，卷十，〈回真內翰〉，頁 15 上。

46. 劉宰，《漫塘集》，卷十，〈回真內翰〉，頁 15 下。

47. 劉宰，《漫塘集》，卷十二，〈回信州鄭新恩夢協〉，頁 23 下。

如此，劉宰對真德秀的個性也仍直言評議。

此時劉宰與情誼最深厚的同年李壼，對實際事務交換意見，關切之情溢尤勝真、魏。嘉定十六年（1223 年）後，《漫塘集》劉宰有四封信給李壼，除了互贈書文、文物及藥品，關心健康外，[48] 對時事及自身處境的看法尤多。諸如紹定四年底，李壼出任四川制置，他推薦幕僚人選，並建議李壼爭取便宜從事的權力，尤憂心宋廷於平定李全後的無所作為。[49]

除高官名儒外，劉宰與鄰近鎮江的知縣也有頗多互動，如與鎮江相鄰轄的知宜興縣趙與悊、謝奕修、知溧水縣史彌鞏、知句容縣吳淇等基層官員的信箋，多涉及地方教育與社會建設等事務。[50] 至於涉及私人出處的事務，則見於給趙御幹、袁喬兄弟與何處恬的信件。寶慶二年（1226 年）夏，劉宰致信參知政事薛極的趙姓部屬，第一次完整地說明自己在嘉定初錢象祖與衛涇當權時，選擇乞祠與辭退的過程。[51] 在袁燮逝世後，劉宰在給袁喬、袁肅兄

---

48. 如端平二年（1235 年），劉宰致信自四川歸朝的李壼，除了欣喜能與他見上一面，尤感謝致贈藥品及推薦自己入朝的盛情，並回贈丹陽藥院製作珍貴的黑錫丸。劉宰，《漫塘集》，卷十，〈回李尚書〉，頁 8 上 –9 下。

49. 劉宰，《漫塘集》，卷十，〈回四川制置李侍郎〉，頁 6 下 –7 下。

50. 如紹定二年（1229 年），和趙與悊討論賑濟及撰漏澤院記事，次年（1230 年）完成〈宜興縣漏澤院記〉一文。回溧水知縣史彌鞏，則是應允撰寫鼓樓記。紹定四年後，則與知縣謝奕修討論社倉事。紹定五年則與句容知縣吳淇討論縣學記的撰寫情形。劉宰，《漫塘集》，卷十二，〈回宜興縣趙知縣與悊書〉，頁 11 上 –12 下；卷二十二，〈宜興縣漏澤院記〉，頁 28 上 –30 下；卷十二，〈回溧水史知縣箚子〉，頁 9 上 –10 上；卷二十三，〈溧水縣鼓樓記〉，頁 4 上 –6 下；卷六，〈回宜興謝百里奕修〉，頁 10 下 –11 下；卷六，〈回句容吳百里淇書〉，頁 11 下 –12 下；卷二十三，〈句容重建縣學記〉，頁 14 上 –17 下。

51. 劉宰，《漫塘集》，卷六，〈回趙御幹表〉，頁 21 下 –23 上。參見本書第二章。

弟的信中，感謝袁燮曾推薦劉宰，及袁喬致送楊簡所撰袁燮墓誌銘。[52] 紹定四年（1231 年）夏，則去函謝袁肅贈送袁燮的文集。[53] 此外，劉宰亦應何處恬之請，為其先人何志同《勤王編》寫序，並稱讚處恬在嘉定十二年（1219年）以太學生的身分上書評論朝政、反對和議的行動。[54]

第二節　摯友王遂：罕有書信存留的樞紐人物

劉宰特殊之處，在其辭官歸鄉之後，不僅投入鄉里建設，更持續就國政發聲，意見更得以通達朝廷。劉宰辭官前仍僅是基層官員，此後又長期鄉居，之所以能以具體行動關懷家國、實現理念，實歸功於親友鼎力協助。本書各章與本文第一節討論已指出，劉宰任官時的同年、其岳父，以及鄉居初期結識的王墍，都是助劉宰開展人際關係的貴人。然而，更為關鍵的人物則莫過於王遂這位與劉宰理念契合又兼具同鄉、姻親關係的忘年摯友。

單就《漫塘集》所存書信觀之，王遂在劉宰生命中角色並不突出。現存劉宰致王遂的唯一信件〈回王殿院遂宣諭玉音〉，是在理宗親政後，劉宰回覆王遂代宋廷轉達的徵召入朝訊息。由於《漫塘集》未見劉宰致王遂其他書信，若僅以書信數量與通信對象來觀察劉宰人際網絡，很可能導致誤解，以為劉

52. 劉宰，《漫塘集》，卷十，〈回袁知縣喬〉，頁 25 下 –26 下；卷十一，〈回衢州袁大甫〉，頁 10 上 –11 上。

53. 劉宰，《漫塘集》，卷九，〈回提舉袁秘丞肅〉，頁 21 下 –25 下。袁燮《絜齋家塾書鈔》手抄本也於紹定四年正式刊刻，見袁甫，《蒙齋集》（收入《景印文淵閣四庫全書》，臺北：臺灣商務印書館，1983，據國立故宮博物院藏本影印），卷十一，頁 26 上 –27 上。參見黃寬重，《宋代的家族與社會》，頁 78–80。

54. 劉宰，《漫塘集》，卷六，〈回何撫幹處恬書〉，頁 7 上 –8 上；卷十九，〈何閣學遺文序〉，頁 29 上 –29 下。

宰與王遂的互動僅限於這次宋廷徵召名賢的單一事件,而難以掌握兩人關係,以及王遂在劉宰一生中的特殊角色。然而,若仔細檢視《漫塘集》中十首劉宰送王遂的詩,及劉宰與各地親友官員書信中提到王遂的三十九處內容,可以清楚看到他們的關係遠超過其他親友。王遂既是劉宰的同鄉,也是兒女親家,更是抱持相同經世理念的同道,襄助劉宰從事鄉里建設與救災賑濟。同時,王遂亦是劉宰鄉居的對外聯絡橋梁,形塑了劉宰的政治形象,角色甚為關鍵。

　　王遂約生於孝宗淳熙十一年(1184 年),死於理宗淳祐十年(1250 年),享年六十七歲。[55] 他是活躍於王安石時代的王韶玄孫。祖父王彥融,在南宋政權初建時,參與禦金與平亂,於淮南轉運判官任內,奠居京口金壇。王彥融有二子,長子萬全,曾任知辰州等官職,創常德貢闈,嘉惠舉子;次子萬樞,曾通判建康府,知興國軍事,死於赴知吉州任上。王彥融及其二子在金壇均以廉而喜施、對宗族親戚有恩見稱。王遂為王萬樞繼室蔡氏所生,自幼聰慧。[56] 嘉泰二年(1202 年)中進士,年僅十九歲。

---

55. 《京口耆舊傳》與《宋史》的〈王遂傳〉都沒有提到生卒年,不過前者記載他死時年六十七。另外,《宋會要》關於慶元元年王遂應舉疑似「代筆私取」之文件,有謂「遂方年十二」。根據這兩條資料可以推知其生卒年。見劉宰著,王勇、李金坤校證,《京口耆舊傳校證》,卷七,頁 212–217;徐松輯,《宋會要輯稿》,選舉五,〈貢舉雜錄〉,「慶元元年十一月一日」條。另承蒙童永昌博士提供,《金沙王氏大成宗譜》,卷二,頁 16 上、下。有〈正肅公墓誌〉由丹陽人趙汝進於開慶元年(1259 年)所撰,則說王遂生於淳熙壬寅(九年,1182),卒年七十九。見王家義等修,《金沙王氏大成宗譜》,耶穌基督後期聖徒教會藏,猶他家譜學會據哥倫比亞大學藏清光緒二十六年(1900 年)三塊堂本影印。該墓誌內容甚為簡略,兼有錯置,且生卒年亦不明確,未敢確信,本文暫以《京口耆舊傳》所記推論。

56. 王遂兄弟被彈劾事,見《宋會要輯稿》,選舉五,〈貢舉雜錄〉,「慶元元年十一月一

王遂中舉後，曾經歷地方親民官及名宦幕職，著有勞績。他與衛家為姻親，並以衛涇為師，關係密切。[57] 任富陽主簿後，因衛涇之薦，改差楚州教授權通判，襄助制置使丘崈、楊輔、黃度處置兩淮善政有功。[58] 嘉定八年（1215 年）他任幹辦淮西總所漕使，逢兩浙、江東西路大旱，協助真德秀與李道傳救災，受知於真德秀，後知當塗、溧水及山陰等縣。

嘉定十年（1217 年），宋金於兩淮爆發戰爭。江淮制置使李珏及鎮江忠義軍統制彭義斌合謀北伐，王遂與黃榦均參與其中，不幸戰敗，王遂與主政者同遭敗責。[59] 紹定二年（1229 年），王遂知邵武軍，值劉安國肇亂，他輔佐提刑捉捕使陳韡平亂。此時主政者對戡亂策略的意見不合，劉宰曾函請福建安撫使李駿與知泉州真德秀協助，後雖擒捕劉安國，王遂仍遭劾罷。不過，王遂凝重堅正，純篤仁厚，勇於任事，性格敢於犯言直諫，推動道學、講讀經書、崇教化、興學校，因才學與吏能深獲黃度、真德秀、魏了翁所倚重。

理宗親政後，王遂獲擢任言官，積極參與新政。史彌遠死，鄭清之繼相，標榜更化，王遂奉召入京，與洪咨夔並除監察御史。因不恥史彌遠所為，王遂涖職後力持平反濟王，批判史彌遠與史嵩之的主和政策，並戮力諫言理宗進君子、退小人，以端正政風。如乞褒贈旌表黃榦、李燔、李道傳、陳宓、婁昉、徐瑄、胡夢昱等被史彌遠貶抑的人；痛斥李知孝、梁成大、莫澤、趙

日」條。

57. 劉宰，《漫塘集》，卷二十八，〈故知吉州王公墓誌銘〉，頁 1 上 –5 下。

58. 劉宰著，王勇、李金坤校證，《京口耆舊傳校證》，卷七，頁 213。按丘崈於嘉定元年（1208 年）任江淮制置大使，時宋金已和，奉命措置淮軍。參見佚名，汝企和點校，《兩朝綱目備要》（北京：中華書局，1995），頁 195。

59. 鄭丞良，〈道學、政治與人際網絡：試探南宋嘉定時期黃榦的仕宦經歷與挫折〉，《史學彙刊》35 (2016.12)，頁 167–170。

善湘、鄭損等故相史彌遠的心腹，王遂因此有「端平第一臺諫」之稱。[60] 後任戶部侍郎兼同修國史，權左侍郎，歷知遂寧、成都、平江、慶元府，改知太平、泉、溫諸州，徙寧國、建寧府，改江西轉運副使、安撫使，工部尚書等職，所歷職務均著勛績；以龍圖閣直學士致仕，死後謚正肅。[61]

　　王遂與劉宰締交甚早，關係密切。劉宰長王遂十八歲，早年交往情況不詳。不過，劉宰任江寧尉時，王遂父親王萬樞任建康通判，劉宰為其轄屬，當與王遂相識。[62] 嘉泰三年（1203 年），王遂赴任富陽主簿時，劉宰為文相送，指王遂「童子有盛名，弱冠再名薦書，擢上第」，[63] 勉勵王遂效法蘇東坡的「高節勁氣」。[64] 劉宰辭職居鄉以後，減少參加公眾活動或旅遊，少數見於記載的活動多與王遂同行，如遊青龍洞；[65] 又如寶慶元年（1225 年），二人在呂城鎮接待魏了翁，並觀賞當地李氏世藏的名帖。[66] 王家為金壇喜施貧的望族，王遂秉持家族傳統與理念，[67] 與居鄉的劉宰共同創辦並經營社倉。[68]

60. 王邁，《臞軒集》（收入《景印文淵閣四庫全書》，臺北：臺灣商務印書館，1983，據國立故宮博物院藏本影印），卷十六，〈讀王伯大都承奏疏〉，頁 22 下。

61. 劉宰著，王勇、李金坤校證，《京口耆舊傳校證》，卷七，頁 212–217。《宋史》，卷四百一十五，〈王遂傳〉，頁 12460–12462。

62. 劉宰，《漫塘集》，卷二十八，〈故知吉州王公墓誌銘〉，頁 1 上 –5 下。

63. 劉宰，《漫塘集》，卷十九，〈送王穎叔主富陽簿序〉，頁 2 下 –3 下。

64. 劉宰，《漫塘集》，卷二十八，〈故知吉州王公墓誌銘〉，頁 1 上 –5 下。

65. 劉宰，《漫塘集》，卷八，〈通張寺丞前人〉，頁 14 下 –15 上。

66. 魏了翁，《鶴山先生大全文集》，卷六十五，〈題呂城李氏世藏名帖〉，頁 7 上 –7 下。

67. 王彥融一生，「門無一金之入，而食客常滿，雖無以稱其求，而為之宛轉借助，不遺餘力」，「悉所餘買圩田二百畝，以為經久之利焉。」劉宰著，王勇、李金坤校證，《京口耆舊傳校證》，卷七，頁 217。

68. 時間約在端平一、二年（1234–1235 年）之間。劉宰，《漫塘集》，卷十，〈回知遂寧

紹定元年（1228 年），王遂知溧水縣時，與鄉紳趙崇𣲖、王虎文等集合眾力，助劉宰完成第三次金壇賑饑任務。[69] 可以說，推動地方救助及福利事業，是王遂與劉宰的共同志業。

　　劉宰鄉居後，宦遊外地的王遂更成為劉宰與外界的聯絡橋梁，協助劉宰與各地友人傳遞訊息，也對外推揚劉宰行誼。如嘉定十二年（1219 年）劉宰與友人遊延陵，目睹吳季子廟破敗，「乃因友人王遂白府，下縣鎮撤像之不經者，凡八十有四。」[70] 嘉定十四年（1221 年），金壇縣尉潘彙征託王遂，請劉宰為其祖父潘擇師寫墓誌銘時說：「致仕公（指擇師）之子潘珖不鄙，屬以銘文，某謝不能，而里中王君去非復助之請。王畏友，而君之事又所喜稱樂道，夫復何辭。」[71] 寶慶三年（1227 年），劉宰給新到任的知鎮江府馮多福書說：「比友人王穎叔書中又辱寄聲，自顧猥瑣，何足以當，第深愧荷。穎叔往謁黃堂下，念不可無一語以謝，謹附拜此。」[72] 約紹定元年（1228 年），劉宰回知宜興縣趙與𢙀的信也說：「林下殘生，不敢直以姓名自通，略因友人王穎叔附致拳拳。」[73] 紹定三年（1230 年），劉宰在回覆浙東安撫使汪統的信中說：「自王邵武吏山陰時，知大卿逢人說項斯。」[74] 在給知信州鄭夢協書中，提到魏了翁與真德秀來往密切，期待將來朝局有變，但說：「某久不通真丈門，方於王邵武處伺便」。[75] 同時，劉宰為紹興府建尹和靖與朱熹二先生祠

　　李侍郎劄子〉，頁 5 上。

69. 劉宰，《漫塘集》，卷二十七，〈戊子粥局謝嶽祠祝文〉，頁 18 上–19 上。

70. 劉宰，《漫塘集》，卷二十一，〈重修嘉賢廟十字碑亭記〉，頁 22 上下。

71. 劉宰，《漫塘集》，卷二十九，〈潘君墓誌銘〉，頁 11 下–14 上。

72. 劉宰，《漫塘集》，卷九，〈通知鎮江馮大卿多福〉，頁 9 下–10 下。

73. 劉宰，《漫塘集》，卷六，〈回宜興趙百里與𢙀一〉，頁 9 上。

74. 劉宰，《漫塘集》，卷十一，〈回浙東帥汪大卿統〉，頁 6 下–8 下。

堂記時也說：「（堂）既成，而教授王君遂書來，道諸生之意，俾余為記。」[76]
並於得知李心傳曾奏疏推薦他時，解釋辭官不仕的原因是：「某少也不才，況
今已老，求之在昔，固未有四十辭官，七十復出者。所幸與王去非為姻家，
備知此心，嘗為請言於當路，已見諒矣。」[77]

　　王遂不僅向劉宰傳遞魏了翁、真德秀二人的動向，更協助劉宰與其他理
學同道，乃至與宋廷溝通。王遂與真德秀、魏了翁的關係密切，成為劉宰與
真、魏的聯絡樞紐。嘉定八年（1215 年），王遂與真德秀締交後，[78] 由於與
魏、真二人對朝政的看法一致，往來聯絡更為頻繁。寶慶元年（1225 年）
秋，劉宰致書真德秀，表示理宗繼位以來，真德秀職位的轉變皆由王遂告知：
「友人之歸，先辱手書，書所不具者，從友人得之。侍郎始之所以出，某不
能盡知。今聞一意求去，無乃遽乎？」勸真德秀「事非大不可為，未須苦苦
立異」，「友人必已為侍郎道之。」[79] 此處所指的友人即是王遂。約於端平三
年（1236 年），劉宰給魏了翁信中也說：「比歲疾甚，朝路中惟王穎叔為親
家，間不免有書相往還。」[80] 給佚名的士友書則說：「某從里中王去非游，知
執事好古，學行古道，自期以古之人。」[81] 端平初，劉宰給趙蕃的信即是透

75. 劉宰，《漫塘集》，卷十二，〈回信州鄭新恩夢協〉，頁 23 上 –24 上。
76. 劉宰，《漫塘集》，卷二十三，〈紹興尹朱二先生祠堂記〉，頁 6 下 –8 下。
77. 劉宰，《漫塘集》，卷六，〈回李秘書心傳書〉，頁 3 上。
78. 王遂，〈真文忠公祠堂記〉，收入曾棗莊、劉琳主編，《全宋文》（上海：上海辭書出版社；合肥：安徽教育出版社，2006）第 304 冊，卷九六五二，頁 321–323。另外，王遂原字「穎叔」，真德秀將之改為「去非」。真德秀，《西山先生真文忠公文集》，卷三十三，〈王去非字說〉，頁 16 下 –18 上。
79. 劉宰，《漫塘集》，卷十，〈回真侍郎前人〉，頁 10 下 –12 下。
80. 劉宰，《漫塘集》，卷十，〈回都督魏樞密〉，頁 18 上。
81. 劉宰，《漫塘集》，卷六，〈回士友書〉，頁 26 上。

過王遂傳遞。[82] 因此，理宗親政後，由鄭清之主導新政、招攬在野賢良時，大批朝臣薦用劉宰，王遂銜理宗之命，居中與劉宰聯絡，期待他出任新職。上述事蹟，顯現王遂與劉宰二人不僅關係密切，理念契合，更是他一生中最親密的盟友。[83]

第三節　以傳記撰述傳遞價值理念

劉宰的一生，不論在基層任職或鄉居，既參與推動關懷鄉里事務，也關切鄉親在多變時局中的處境。而他藉編撰《鎮江府志》的機會，整理、撰寫鄉里先賢傳記，以及為眾多鄉親及師友撰作墓誌、行狀等舉措與成果，都體現他多方開展的人際網絡與社會連結。

劉宰撰寫的人物傳記包含兩方面：作為《鎮江府志》基礎的《京口耆舊傳》，及在《漫塘集》中保留的九十三份鄉親師友墓誌、行狀，二者數量龐大、內容豐富。劉宰撰作鎮江鄉親墓誌等傳記的情形，已見於本書第八章。本節則聚焦於《京口耆舊傳》及《漫塘集》中所見他為外地師友所撰的傳記，以見證他寬廣多元的人際關係與社會網絡。

一、《京口耆舊傳》與鄉里連結

地方志的編纂，是中國社會很重要的傳統。在宋代，隨著文化與社會經濟的發展，以及印刷術的普及，地方志的編纂受到重視；到南宋，編纂地方志的風氣更為普遍，這方面學界有豐碩的研究。[84] 地方志的重要項目與內容，

---

82. 「某家金壇，去丹陽驛七十里，非時得杠道者不到，故欲寄音無從。今聞友人王去非將專人過番易，道玉山，謹以奉寄。」劉宰，《漫塘集》，卷六，〈通趙章泉書〉，頁 2 上。

83. 劉宰，《漫塘集》，卷五，〈回王殿院送宣諭玉音箚子〉，頁 16 上 –17 上。

84. 除李萍《嘉定鎮江志研究》的研究外，王德毅也分別就宋元兩種鎮江志和建康志（金

除了地理沿革、官制、稅役、風土民情等共通事項外，尤其強調地方建設、文教盛事，意在標舉地方特色。足以呈現、形塑這些特色的，是由主政者與地方鄉賢推動，具有典範性的事蹟；記錄這些鄉里人士所矚目的事項，也是地方志的要務之一，故往往敦請具有名望且熟悉當地社會事務與生態的地方縉紳整理、編纂。

嘉定六年（1213 年），宰相史彌遠的親弟史彌堅知鎮江府。這是鎮江社會在開禧戰後，恢復繁榮的承平時期；史彌堅致力各項建設後，感於鎮江戰略地位重要，商業、文教繁榮發達，應留下記錄，遂責由府學教授盧憲組織人力，籌劃編修府志。[85] 劉宰辭官居鄉後，積極參與鄉里社會文化活動，由他來整理撰寫，較之敦請在外任官的鄉人或是外來的官員執筆，更為妥適；這當是史彌堅與盧憲等人邀請劉宰彙整人物志的重要原因。

對劉宰而言，他在第一次推動金壇賑饑的過程中，認識到與鄉里社會連結，有利於推動各項關懷鄉里的活動。因此在嘉定八年（1215 年）回知府史彌堅的信中，肯定編撰地方志是「盡還承平文物之舊」的壯舉，接受他的邀請，並說明已完成《京口耆舊傳》一書的初稿：

陵志）進行比較研究，見王明蓀主編，《海峽兩岸地方史志地方博物館學術研討會論文集》（南投：臺灣省文獻委員會，1999），頁 84–101；及東吳大學歷史學系主編，《方志學與社區鄉土史學術研討會論文集》（臺北：臺灣學生書局，1998），頁 1–22。另可參考宋晞，《方志學研究論叢》（臺北：臺灣商務印書館，1999）、林天蔚，《方志學與地方史研究》（臺北：南天書局，1995）。及 Joseph Dennis, *Writing, Publishing, and Reading Local Gazetteers in Imperial China, 1100–1700.* Cambridge, MA.: Harvard University Press, 2015。

85. 可參見鄧廣銘，〈《京口耆舊傳》的作者和成書年分〉，收入劉宰著，王勇、李金坤校證，《京口耆舊傳校證》，〈附錄十四〉，頁 307–312。

> 某一介無所肖似，昨荷郡博士不鄙惠書，道使君將修方志，以重此邦，令某搜訪前輩行治，以裨薈萃。繼邑大夫過訪，出所得台翰……幸已就緒，名曰《京口耆舊傳》，以私居之紙札俱繆，繕寫不虔，不敢徑達，謹納郡博士處。[86]

並希望史彌堅能賜序，「庶藉品題，足傳不朽。」

　　現存《京口耆舊傳》是四庫館臣從《永樂大典》蒐羅編輯後的輯本，並非完帙，其中也未見史彌堅的序文。[87] 書中記北宋初到南宋嘉定七年前，鎮江境內有具體事功者的生平事蹟，雖記傳主的生平仕歷與事功，也述及地區家族的不同樣貌及遷徙、繁衍的過程，有助於強化鄉里的精神認同，是了解宋代鎮江社會與家族發展的重要資源。

　　現存《京口耆舊傳》可能係輯錄傳記資料的初稿，因此記鄉里社會人物事蹟繁簡差異頗大。部分人物或家族如〈米芾傳〉與〈洪興祖傳〉的內容甚為詳實，均有足以補證《宋史》本傳之處。[88] 又如卷三記邵氏家族六代十五人的生平事蹟，尤有助於認識宋代鎮江社會與家族變動風貌。但像陳升之、王漢之、沈括、曾布、蘇頌等人的傳中，則稱「國史有傳」，所記內容甚為簡略；[89] 反之，〈張愨傳〉雖也記「見國史」，內容卻相當豐富。[90]

　　此外，現存《京口耆舊傳》也有不少記述簡略或失誤之處。如卷二的姜

---

86. 劉宰，《漫塘集》，卷八，〈回知鎮江史侍郎彌堅〉，頁 5 上。

87. 參見劉宰著，王勇、李金坤校證，《京口耆舊傳校證》，〈緒論〉，頁 1–21。

88. 劉宰著，王勇、李金坤校證，《京口耆舊傳校證》，〈緒論〉，頁 4。

89. 如蘇頌部分僅記其子蘇籕、蘇攜及族人蘇庠、蘇鈕可等人事蹟。劉宰著，王勇、李金坤校證，《京口耆舊傳校證》，卷四，頁 122–128。

90. 劉宰著，王勇、李金坤校證，《京口耆舊傳校證》，卷六，頁 197–201。

謙光、艾謙、向公慶、劉倬，[91] 卷五的張絢、郭珣瑜、吳致堯，[92] 卷七的張
忞，卷九的侯晏、崔耕、李拱、趙善樺等人，事蹟均甚簡略。[93] 而卷二〈吳
交如傳〉稱「吳大卿交如」；[94] 又據〈目錄〉，卷二曾布之後有「弟開」，實則
「子開」是曾布弟弟曾肇的字。[95] 同卷〈許暘傳〉之後，未列其子許蒼野於
目錄；又稱「理宗甚器之」，「理宗」當為「孝宗」之誤。[96] 卷七〈王彥融傳〉
中，其子萬全死於嘉定六年，文中有「萬全子遇」見科舉類等字，或是誤輯
自《至順鎮江志》。[97]

　　《京口耆舊傳》是編纂鎮江人物志的基礎，但現存《嘉定鎮江志》僅存
二卷人物傳記，見於《京口耆舊傳》者僅吳淑一人，顯然遺失很多。不過有
十一人傳記（陳升之、錢弼、姜謙光、劉倬、艾謙、周孚、邵彪、邵彥、顧
方、洪造、王康）則見於所附淳祐及咸淳補志之中。《至順鎮江志》卷十八、
十九著錄鄉里人物傳記，內容簡略，但有九十九人出自《京口耆舊傳》，唯王
彥融、王萬全、王萬樞、張縝、湯東野、邵壎、蘇頌等七人的資料亡佚。顯
見現存《京口耆舊傳》雖非完秩，但與嘉定或至順兩本鎮江志所記當地人物
相比內容，更為豐富完備，仍是了解宋代鎮江社會的重要資料。

　　《京口耆舊傳》的撰述，旨在表彰鄉里先賢事蹟，更可以看到劉宰藉此

---

91. 劉宰著，王勇、李金坤校證，《京口耆舊傳校證》，卷二，頁 73。

92. 劉宰著，王勇、李金坤校證，《京口耆舊傳校證》，卷五，頁 168–171。

93. 劉宰著，王勇、李金坤校證，《京口耆舊傳校證》，卷九，頁 280–282。

94. 劉宰著，王勇、李金坤校證，《京口耆舊傳校證》，卷二，頁 68。

95. 劉宰著，王勇、李金坤校證，《京口耆舊傳校證》，卷二，頁 54。

96. 劉宰著，王勇、李金坤校證，《京口耆舊傳校證》，卷二，頁 60。

97. 劉宰著，王勇、李金坤校證，《京口耆舊傳校證》，卷七，頁 211。參見王勇考訂，頁
　　220。

與當代鄉里士人、家族連結，藉以推動慈善的理念及價值，因此有不少立傳
人物本人或後人與劉宰及其家族有關。現存《京口耆舊傳》所收錄的 131 位
人物傳記中，即有曾喚——曾肇後人；王漢之、弟渙之；周孚；楊樗年；湯
鵬舉、湯東野二家；鍾將之；陳亢——陳從古；丁權；王厚——王宷——王
彥融——王遂；竇從周；陳東；陳升之——陳應峔；王資淵——王澂——王
康；莊申彊——莊松年；錢弼；艾謙；張綱——張鎬等近二十人，與劉宰有
連結；其中湯東野（東明）、湯鵬舉、王厚（王萬樞、王遂）、楊樗年、陳升
之（陳景周）、陳亢（陳從古）、張綱（張鎬）等累世富貴顯赫的金壇家族，
與劉宰及其家族的關係尤為密切。從這裡可以看到劉宰與鎮江社會的連結網
絡；他更透過傳記將在地人物照顧族人與鄉里的善舉，傳遞於鎮江社會，對
他爾後在鄉里推動各項地方建設或慈善活動，當有助益（詳見第四章）。劉宰
甚至進一步從鄉里向外擴展關係，例如他與洮湖陳氏的陳從古、陳稽古兄弟
建立友誼，而陳氏兄弟的姻親、常州人薛極在理宗紹定年間曾任參知政事兼
權樞密使，更曾向史彌遠推薦劉宰入京任官，可能即是基於這層淵源。[98]

二、《漫塘集》墓誌書寫

　　《漫塘集》所見劉宰撰寫行狀、墓誌等傳記的時間，從嘉泰三年到嘉熙
二年（1203–1238 年），前後三十五年，共寫了九十份九十三位的親友。除七
十一位鄉親外，本節聚焦討論籍貫、地理較遠的二十二位外地親友；這些人
可以分為三個群組：一是姻親，以劉宰兩次婚姻的親友為主，包括劉宰元配
陶氏的父、兄、堂姊及繼室梁氏的父、母與姻親各三人；二是墓主本人或其

---

98. 劉宰，《漫塘集》，卷二十三，〈洮湖陳氏義莊記〉，頁 10 下 –12 上。劉宰著，王勇、
　　李金坤校證，《京口耆舊傳校證》，卷六，頁 180–184。脫脫等撰，《宋史》，卷四百一
　　十九，〈薛極傳〉，頁 12544。參考第七章第一節。

親屬曾在鎮江任職者，共四人（潘擇師、孔元忠、李仁垕、趙方妻胡氏）；三是同年、友人或其父母、親戚，包括三位同年（陸埈、洪琰、朱晞顏），另有同道趙蕃、周虎、吳漢英夫妻、林復之、于繢、宗氏、項氏、桂山君王木等十二人，其中林復之是劉宰在元配家結識的友人。從這些親友的傳誌，可以看到劉宰在鄉里以外的人際關係及社會網絡。

（一）陶、梁岳二家

　　劉宰為元配陶氏的父親陶士達、仲兄陶大甄和堂姊所撰三份傳記，都是其妻死後才撰寫的。他的岳父陶士達辭世後，由好友周南撰寫〈陶宣義墓銘〉，對他致富的過程及對嘉興鄉里的貢獻頗多著墨。[99] 但到寶慶二年（1226年）士達死後十四年，為遷葬而由劉宰撰寫的〈故宣議郎致仕陶公壙誌〉，內容相對簡略。[100] 陶氏的仲兄陶大甄與其兄陶大章都是進士出身，大甄曾任府學教授，惜於五十四歲去世；[101] 而劉宰為陶氏堂姊所寫的墓誌，除強調堂姊妹「居相比，年相若，情若同生」的親密關係外，也表彰她在夫死後主持家務、獨力扶養五位兒子致力舉業的辛勞，及捐藥、賑饑、捐棺的慈善事蹟。[102]

　　劉宰撰寫繼室梁氏家人的傳記資料也有三份，即岳父梁季珌、岳母吳氏行狀，及梁氏姻親柳謐墓誌。梁、吳二氏都是處州麗水的望族。季珌的父親梁汝嘉曾知臨安府，是高宗、孝宗二代的重臣。季珌以恩蔭入仕，具理財與吏政長才，嘉定元年（1208 年）九月以勞死，享年六十六歲。[103] 夫人吳氏雖出身富家，但生活單純簡潔，公私分明，「操持潔廉、寬厚待人」，與當時士

99. 周南，《山房集》，卷五，〈陶宣義墓銘〉，頁 16 上 –18 上。

100. 劉宰，《漫塘集》，卷三十二，〈故宣議郎致仕陶公壙誌〉，頁 24 下 –25 上。

101. 劉宰，《漫塘集》，卷二十八，〈故慶元府教授陶公墓誌銘〉，頁 27 下 –30 下。

102. 劉宰，《漫塘集》，卷三十，〈故安人陶氏墓誌銘〉，頁 21 下 –23 下，引文在 23 上。

103. 劉宰，《漫塘集》，卷三十三，〈故吏部梁侍郎行狀〉，頁 1 上 –8 上。

大夫家庭「以聲色相尚」的風氣完全不同。嘉定十三年（1220年）逝世，享年七十五歲。[104] 柳謐也是麗水（今浙江麗水）人，家境富裕，善於援助貧疾者、整修道路，以家財助邊，授承信郎，女嫁梁季珌的次子梁鑰，因而與梁氏結為親家。[105]

　　劉宰對陶、梁二岳家人物傳記的記述，重點有別。劉宰與元配只生活三年，劉宰於陶氏死後再娶，二家的關係較為疏遠，故僅以表述陶氏家境、及他們對鄉里慈善事業及公共建設的推動為主。不過劉宰結識當時在陶家執教的林復之，結為好友。[106] 相較之下，劉宰與梁氏家人的關係更為密切，在梁氏夫妻的行狀、墓誌中留下的內容較為豐富多樣。這一方面是因梁季珌在寧宗朝歷任地方與中樞要職，有眾多參與事務、建立人脈的具體事蹟，豐富了書寫的內容；更重要的是，梁季珌在淮東總領到晉升侍從的十年間，劉宰因岳父的身分，得於在開禧、嘉定之際開拓人脈，並與朝中宰執建立關係，甚至對朝政建言。此外，劉宰與岳父母綿密的互動，及與繼室梁氏的深切情誼，更深化了文字敘述的內涵。透過劉宰記述岳父母行狀的文字，有助於認識劉宰早期仕歷、人際關係，以及對家人的照顧。

（二）京口官員與眷屬

　　劉宰基於不同的機緣，為曾任鎮江地方官的士人或其親屬撰寫墓誌傳記，包括曾知金壇縣的孔元忠、知鎮江府趙葵的母親胡氏、金壇縣尉潘彙征的祖父潘擇師，以及監鎮江都稅務的李仁㞧四人。鎮江是這些官員仕歷生涯的其中一個階段。

---

104. 劉宰，《漫塘集》，卷三十四，〈吳夫人行狀〉，頁7下–10下。

105. 劉宰，《漫塘集》，卷二十八，〈柳宮巡墓誌銘〉，頁6下–9上。

106. 劉宰，《漫塘集》，卷三十，〈知潮州侍左林郎中墓誌銘〉，頁10下–17下，其生平事蹟詳後。

　　曾知金壇縣的孔元忠，字復君，平江人，是孔子的後裔，也是葉適門人；他以武職換文階，即知金壇縣。[107] 在任上處理訴案、賦稅，果決明快，百姓深受其惠。改任常州通判後，疏通河道，便利運米，並仿平江置義廩以養士，造福士人。其後歷臨安通判，知徽州（今安徽歙縣）、撫州（今江西撫州）、處州（今浙江麗水）等職。[108] 寶慶二年（1226 年）逝世，享年六十八歲。元忠是周南同門，且知金壇時與劉宰的父親有深交，故家屬特請劉宰撰述其行誼。[109]

　　劉宰也應時任金壇縣尉潘彙征之請，為其祖父潘擇師寫墓誌銘。潘彙征是溧陽人，嘉定七年（1214 年）進士，任金壇縣尉。[110] 在金壇秉政清廉，於維護治安之餘，尤著重修繕縣學、致力文教，並為陳東遺書題跋，表彰其忠義事蹟。劉宰讚許潘彙征在金壇的治績，曾於寶慶元年（1225 年）婉辭赴京任官時，向宋廷加以薦舉。[111] 劉宰也認同潘擇師反對巫覡干擾喪家的事蹟，而應允撰寫墓誌。[112]

　　紹定三年（1230 年），劉宰為晚宋名將趙方的妻子胡氏撰寫行狀。胡氏家由廬陵遷居湘潭，二十二歲嫁給趙方，生三子趙葵、趙范、趙葵。趙方有大志，在外征戰屢屢建功。[113] 胡氏則節儉輔家，督責三子力學，並勉其任官當以民為先。趙范任知鎮江府時，適逢災荒，即極力平穩米價。[114] 紹定三年

---

[107] 劉宰，《漫塘集》，卷三十五，〈故長洲開國寺丞孔公行述〉，頁 1 上 –3 下。

[108] 劉宰，《漫塘集》，卷三十五，〈故長洲開國寺丞孔公行述〉，頁 4 上 –7 下。

[109] 劉宰，《漫塘集》，卷三十五，〈故長洲開國寺丞孔公行述〉，頁 7 上。

[110] 劉宰，《漫塘集》，卷二十九，〈潘君墓誌銘〉，頁 11 下 –12 下。

[111] 見第七章第一節。

[112] 劉宰，《漫塘集》，卷二十九，〈潘君墓誌銘〉，頁 13 上 –13 下。

[113] 劉宰，《漫塘集》，卷三十五，〈故齊國太夫人胡氏行狀〉，頁 8 下 –9 上。

[114] 劉宰，《漫塘集》，卷三十五，〈故齊國太夫人胡氏行狀〉，頁 10 下。

二月，胡氏死於鎮江，享年七十八歲。時值國事多艱，鎮江、滁州皆為邊防重鎮，宋廷下詔起復趙范、趙葵，而由長子趙嶷奉柩歸葬長沙，並請劉宰寫行狀。[115]

最特別的是，劉宰為英年早逝的李仁疍寫了很感性的墓誌。李仁疍，饒州德興（今江西德興）人，是時任福建安撫使李駿的第三子，自幼讀書明理，二十五歲任監鎮江府都稅務，紹定三年因病驟死，年僅二十八歲。其父李駿以劉宰更為清楚李仁疍在鎮江的行誼，特致書相邀：

> 吾（李子）不幸死矣，而家之人在遠，不及聞其言，不及見其死。某不勝父子之情，聞其故歲行縣，獲登子之門，及其奉柩而行，又嘗告別於子，子幸而與之進。則吾兒蒞官以來，日言日行，我之知固不若子之詳，子幸為我書之。[116]

劉宰指仁疍因好友胡泳介紹而認識，二人互動頻繁，劉宰亦深知仁疍憐憫社會底層，尤為感悟督稅一職給百姓的壓力。此時福建邵武軍致亂，劉宰的好友王遂受命戡亂，利用寫墓誌的機會，向李駿介紹王遂的處境，而在墓誌揭示為官當寬民力，隱示對福建亂事的看法。

劉宰基於情誼及人際關係，就所知敘述地方長官或其眷屬的事蹟，內容長短有別。孔元忠、潘擇師與趙方的夫人胡氏，與劉宰的關係較疏，墓誌內容多得自轉述。對孔元忠，劉宰記述仕歷與政績較多，尤表彰他在常州疏通漕運及將沙田充義廩等社會風教相關的事蹟；對潘擇師，則舉他不攀附秦檜的事例，刻劃耿直不阿的個性；對胡氏，則側重書寫趙氏父子三人成功的背

---

115. 劉宰，《漫塘集》，卷三十五，〈故齊國太夫人胡氏行狀〉，頁12上–12下。

116. 劉宰，《漫塘集》，卷三十一，〈故監鎮江都稅院李迪功墓誌銘〉，頁15下。

後，有一位深明大義，善於協調的女性作推手。

　　相對地，劉宰接受福建安撫使李駿之託，寫李仁垕的墓誌銘，內容雖不長，卻充滿感情。這一年劉宰六十七歲，李仁垕二十八歲，二人相差近四十歲，交往時間不及半年，但互動頻繁。劉宰藉墓誌揭示仁垕純然的本質、豁達的個性，及關心福建吏治、亂事及其父親的處境。文字雖委婉含蓄，但關切與憂心溢於言表。此時，邵武亂事正熾，李駿身陷軍政漩渦而焦頭爛額，這份篇幅不長的墓誌，深刻表達人性的關懷，與一般格套化的墓誌內容有別。

（三）好友及其親屬

　　劉宰為外地師友撰寫十二份墓誌。其中他與同年陸埈、朱晞顏、洪琰，及早年認識的林復之，聯絡頻繁的武將周虎及名儒趙蕃六人關係較密切；另外吳漢英夫婦、吳景的夫人宗氏、陳以道的繼室項氏、毘陵人于繪以及台州人王木六人的關係較疏，除吳漢英夫妻外，記述較少。

1.六位同年、好友

　　劉宰三位同年中，以陸埈官職較高，朱晞顏、洪琰則久任低階的幕職官。

　　陸埈字子嵩，秀州（嘉興府，今浙江嘉興）崇德人。他登進士後，歷滁州州學教授、兩浙轉運司幹辦公事及秘書郎等職。嘉定元年因助參知政事衛涇，被譏謀營私利，罷歸。嘉定三年（1210 年）起，陸埈相繼在和州（今安徽和縣）和濠州（今安徽鳳陽）任職。當時宋金由戰轉和，陸埈協助長官黃度安集易肇事端的歸農民兵，嚴檢訓練州轄使校軍，維護邊境秩序；強化城守，政績卓越。後因不私受託，致遭劾罷返鄉。時崇德（今浙江桐鄉）饑荒，他結合志同道合的鄉親，設置粥局，賑濟數千人長達三個月。因積勞成疾，於嘉定九年 （1216 年） 二月逝世，享年六十二歲。[117] 劉宰與陸埈不僅是同

---

117. 劉宰，《漫塘集》，卷二十八，〈故知和州陸祕書墓誌〉，頁 26 上 –26 下。

年，且均參與衛涇、黃度軍政事務，對其為人處事知之甚詳，因此在墓誌中以相當長的篇幅，稱揚陸埈修身齊家、善待鄉里的卓越表現，並讚許他言行一致、表裡合一，是才德全備的君子。[118]

劉宰為好友朱晞顏所寫的墓誌，既表彰他的才學、吏能與清介的個性，也感慨他久歷基層、難以舒展才能的遺憾。朱晞顏長於史治，在湖州歸安縣（今屬浙江湖州）任上，治績受到名臣倪思的讚許；他的繼室是衛涇的妹妹，但他秉性直亮，不謀求私利，通判湖州期間，與部屬共同解決經總制虛額的難題，卻被罷歸鄉，是一位篤志守貧，不攀附權貴的幹吏。嘉定十四年（1221 年）病逝，享年五十九歲。朱晞顏居室簡陋，因友人周虎贊助才重建房舍，卻無力償債。[119]關於朱晞顏，已在本書第三章論及，此處不再贅述。

另一位同年洪琰也長期浮沉基層。洪琰字叔毅，嚴州淳安（今浙江淳安）人，與弟洪璞同由太學登第，歷任寧國軍南陵（安徽南陵）州縣等職；在淮邊嚴格執法，力阻巨寇胡海犯境，因功改知清江縣，嘉定十七年（1224 年）死，享年七十一歲。洪琰曾與劉宰同赴上饒選士，也在嘉定三年於赴盱眙軍途中，專程探望已乞祠的劉宰。[120]

林復之與劉宰結識於陶氏家塾，是他早年結識且敬重的師友。林復之，字幾叟、一字亦顏，福建人，生於紹興二十一年（1151 年）。紹熙四年

118. 劉宰，《漫塘集》，卷二十八，〈故知和州陸祕書墓誌〉，頁 21 上 –27 下。
119. 劉宰，《漫塘集》，卷二十九，〈故湖州通判朱朝奉墓誌銘〉，頁 15 下 –18 下。
120. 洪琰和洪璞家境清苦，兄弟中舉後也僅任基層親民官。劉宰曾為洪琰撰寫墓誌銘，也為其子洪揚祖撰文送別，相關資料見劉宰，《漫塘集》，卷一，〈送洪季揚揚祖分教橫州兼呈丁帥二首〉，頁 26 上 –26 下。卷十九，〈送洪季揚揚祖教授橫州序〉，頁 24 上 –25 下。卷二十九，〈故仙都隱吏知縣洪朝散墓誌銘〉，頁 21 上 –22 下、29 上。卷二十二，〈洪氏如堂記〉，頁 22 上 –23 下。

（1193年）中進士，首任筠州（今江西高安）教授，任上充實養士經費，建大成殿；置先賢祠，設學舍，獲江南西路安撫使張孝伯的讚賞且締交友誼；在潭州（今湖南長沙）教授任上，致力推明張栻、朱熹之學，改變士風。嘉泰四年（1204年），林復之特致書獲韓侂胄信任的簽書樞密院事張孝伯，期望化解對立，他指出當前士大夫的議論、觀點雖異，並無結黨的現象，「權是非之柄，公是公非，而不使私恩私怨參乎其間，則黨論息，人心安矣。」[121]「一二十年來，人才英特之氣不振甚矣，振而起之，納之中和，而收之以為用，獨無望於今日乎。」[122] 張孝伯接受林復之的建議，在消平黨論、激昂人物方面發揮相當作用。[123] 開禧三年（1207年）冬韓侂胄被殺，錢象祖、衛涇等人推動更化。林復之被召入朝，對君德、邊帥多所建言。後歷任司農寺主簿、太府寺丞、太常丞等職。嘉定六年（1213年）逝世於知潮州（今廣東潮州）任上，享年六十三歲。劉宰並未詳述與林復之具體交往的內容，但復之死後十五年，其子仍託人請劉宰寫墓誌，顯示彼此的情誼頗篤。[124]

　　劉宰另一位詩文相交甚密的好友，是淡泊明志、辭官鄉居的章泉先生趙蕃。趙蕃字昌父，信州玉山（今江西玉山）人，因曾祖恩蔭入仕。在吉州太和（今江西泰和）主簿任上，受知於吉州先賢楊萬里，後改任監衡州安仁縣（今湖南安仁）酒庫。他曾受學於知州劉清之，本欲再往從學，得知清之遭解職，毅然棄官歸鄉。趙蕃個性剛介耿直，與周必大是同鄉好友，但在必大任相後婉辭其引薦。五十歲時，專程向朱熹求學，學問人品俱高；道學諸儒去世後，成為學者歸往的代表性人物。[125] 理宗繼位後，宰相史彌遠欲延攬他

121. 劉宰，《漫塘集》，卷三十，〈故知潮州侍左林郎中墓誌銘〉，頁14上。

122. 劉宰，《漫塘集》，卷三十，〈故知潮州侍左林郎中墓誌銘〉，頁14上–14下。

123. 劉宰，《漫塘集》，卷三十，〈故知潮州侍左林郎中墓誌銘〉，頁14上–14下。

124. 劉宰，《漫塘集》，卷三十，〈故知潮州侍左林郎中墓誌銘〉，頁16上–17下。

入京任官，不受，紹定二年（1229 年）逝世，享年八十七歲。劉宰據趙蕃門
人鄭夢協的行狀，寫成墓表。[126]

　　劉宰筆下的武將，則是在開禧捍衛邊防有大功的周虎。周虎因與劉宰好
友周南與朱晞顏的關係而結識，彼此常通書信。除了壙誌與祭文外，《漫塘
集》也有書箚往來。[127]周虎，字叔子，蘇州人，家境富饒。他為人豪爽，感
於文武太分，乃棄舉業就右科。慶元三年（1197 年）高中武狀元，先後任武
學諭、閤門舍人等職。嘉泰四年（1204 年）出知光州（今河南潢川），嚴守
備，補城壁，增樓櫓，營建軍寨，嚴肅軍政，改知楚州，因與招撫使議不合，
被罷。開禧三年（1207 年）秋，金兵進犯，淮西情勢緊急，宋廷起周虎知和
州，他攜母親何氏和兒子良貴赴任。[128]當時金兵進犯和州，都統制戚拱逃遁，
制置司下令退保江南，和州城內兵卒不滿四千，孤立無援，情勢危急；周虎與
百姓則極力守城，經歷十七天、三十四回合的苦戰，終於挫敗金兵。當韓侂冑
被殺之際，和州力退金兵，使江淮轉危為安，周虎因功拜武功大夫、文州（今
甘肅文縣）刺史；和州人更立生祠，感念周虎守城之功，時僅三十九歲。[129]

　　嘉定元年起，周虎先後擔任宋廷武官要職，包括主管侍衛馬軍行司公事、
侍衛馬軍都虞侯，除帶御器械、兼幹辦皇城司等，以母老請祠，除提舉佑神
觀。至紹定二年（1229 年）死，享年六十九歲。[130]周虎文詞敏贍，書法端

125. 劉宰稱他：「雖退然不敢以師道自任，而天下學者凡有一介之善，片文隻字之長，皆
　　　裹糧負笈，就正函丈。」劉宰，《漫塘集》，卷三十二，〈章泉趙先生墓表〉，頁 12 下。

126. 劉宰，《漫塘集》，卷三十二，〈章泉趙先生墓表〉，頁 12 下。

127. 劉宰，《漫塘集》，卷六，〈回周馬帥虎一〉，頁 5 上 –5 下；卷六，〈回周馬帥虎二〉，
　　　頁 6 上 –6 下；卷十一，〈回周馬帥虎箚子〉，頁 19 上 –21 下。

128. 劉宰，《漫塘集》，卷三十二，〈故馬帥周防禦壙誌〉，頁 20 下 –21 下。

129. 劉宰，《漫塘集》，卷三十二，〈故馬帥周防禦壙誌〉，頁 19 下 –21 上。

勁，獨步當世。五十二歲時即預建墳墓，紹定元年（1228 年）冬，請劉宰為
他寫生平出處，立於墓上。宰自承與虎未曾見面，是因周南和朱晞顏之故而
結為好友，可謂「定交書尺中」。嘉定十年（1217 年）在〈回周馬帥虎〉的
信中述及他與周虎、朱晞顏的情誼：

> 景淵（朱晞顏）生理素薄，歷州縣俸入無贏，求一廛以寧其親，蓋三
> 十年在懷而卒未遂，執事捐舊宅與之，景淵乃克經始。於今仰事俯育，
> 室處晏然。豈惟景淵知德，凡景淵之友，蓋皆如身受惠也。[131]

嘉定十三年（1220 年），朱晞顏乞祠，仍無力償還周虎租屋之費；周虎則婉辭。[132]

　　劉宰的六位友人中，朱晞顏和洪琰關係較密，但事蹟較少，另四個好友
的仕歷較多；他在記諸人職涯經歷的同時，也表彰他們不同風範。其中陸埈
與林復之與他的交往較密切，趙蕃與周虎則純為文字道義之友。但從記述的
內容及《漫塘集》保留的文字看來，他和周、趙共同關注的議題與朋友較多，
對這一文一武的個性與人格的刻劃相當鮮明。陸埈與林復之可能受限於官職
仕歷及辭官後不久即逝世，彼此留下的文字較少，但劉宰對他們的風格與政
績的描繪也很深刻。

　　這些傳記，除了刻劃友人的際遇與性格，更能具體看到南宋中期政局變
動下的若干軍政、社會訊息。一是慶元黨禁，他藉林復之入仕的經歷，呈現
此時讜論的態度與黨禁的發展。這些記事雖屬片段，卻深刻地呈現其意義及
影響。[133] 另一件則是從周虎與陸埈守邊抗金的事蹟，看到開禧北伐及其後和

---

130. 劉宰，《漫塘集》，卷三十二，〈故馬帥周防禦壙誌〉，頁 23 上–23 下。

131. 劉宰，《漫塘集》，卷十一，〈回周馬帥虎〉，頁 19 下–20 上。

132. 劉宰，《漫塘集》，卷十一，〈回周馬帥虎〉，頁 20 上。

州等淮南邊郡之軍備乃至文教事業的實況。從周虎的墓誌，可以看見官民守城抗敵的一面；[134] 陸埈墓誌所見到的，則是戰後安頓百姓、興復縣學等重建基層政治社會秩序的工作。[135] 這些都是大的歷史敘述中未能看見的細節，也是劉宰掛懷、記錄的重點。

2.六位好友親屬

　　劉宰受託撰寫友人親屬的墓誌中，事蹟較為豐富的是吳漢英和他的夫人陳道蘊。至於關係較疏的陳說之夫人項氏、吳景妻子宗氏，和曾知分宜縣（今江西分宜）的于繢及王木四人，劉宰則依其親人提供的資料撰誌，因所記事蹟簡略，此處不擬介紹。

　　劉宰受友人吳藻之託，撰寫其父吳漢英、母陳氏的墓誌，聚焦於開禧、嘉定政局變動。吳漢英字長卿，江陰（今江蘇江陰）人。乾道五年（1169年）中進士，先任無為軍廬江縣（今安徽廬江）主簿，捐俸興學，及救助災荒有功，因功遷主管湖南運司帳司，以裁處湖南月樁錢，受陳傅良等湖南官員的力薦，晉升繁昌知縣；改滁州（今安徽滁州）通判。[136] 開禧元年，漢英除監都進奏院。當時給事中鄧友龍宣諭兩淮，亟謀開邊，請他籌謀相助；他反對貿然開邊，鄧不聽。韓侂冑死後，他負責清查史達祖、耿櫎和董如璧等人的姦贓罪行。[137] 及任大宗正丞，所提順祖宗之法、清中書之務、減四川之賦三政策，均獲宰相錢象祖和參知政事衛涇認同，遷太常丞，兼職兵部郎官。錢象祖罷政後，漢英亦遭論罷，退閒家居，嘉定七年（1214年）六月死，年

133. 劉宰，《漫塘集》，卷三十，〈故知潮州侍左林郎中墓誌銘〉，頁 14 上–14 下。
134. 劉宰，《漫塘集》，卷三十二，〈故馬帥周防禦壙誌〉，頁 21 上–21 下。
135. 劉宰，《漫塘集》，卷二十八，〈故知和州陸祕書墓誌〉，頁 21 上–27 下。
136. 劉宰，《漫塘集》，卷二十八，〈故兵部吳郎中墓誌銘〉，頁 11 下–12 上。
137. 劉宰，《漫塘集》，卷二十八，〈故兵部吳郎中墓誌銘〉，頁 14 下–15 上。

七十四。[138]

　　吳漢英的夫人陳道蘊，是金華名臣陳巖肖之弟巖震的女兒，由巖肖作主將她嫁給漢英。漢英任基層幕職時，適逢各地饑荒，夫人勉以救民為先，並以達官互送為戒。漢英死後，家無餘錢；歲時祭祀，她自作器物，「其苦節於日用之間，服勤於女工之事，蓋終老不渝」。嘉定十六年（1223年）死，年八十歲。[139] 漢英與陳氏生四子：吳渥、吳沐、吳藻、吳淡，其中吳藻曾任嘉興府司戶參軍，因與劉宰元配的陶家相熟，且與劉宰之好友丁宗魏、湯鎮相交，丁、湯均盛讚吳氏夫妻；劉宰依丁宗魏所寫與湯鎮所撰漢英與夫人行狀，分別為二人寫墓誌。

小　結

　　《漫塘集》中保留豐富的書信和墓誌傳記，是觀察劉宰建立、開展人際關係及社會網絡的珍貴資料。書信是劉宰與外地朋友、地方長官乃至當朝宰執聯絡的主要載體。早期因同年、岳父之助，讓他得以建立與中樞官員的關係，除評論時局，亦為政策獻議；退居鄉里之後則聚焦地方事務，聯絡對象多為各級地方長官。到理宗以後，由於國政紛擾，鎮江臨敵，劉宰乃利用被徵召與徵詢的機會，透過書信頻繁與中樞宰執及理念相近的同道、高官名儒、地方長官等人交換國政意見；相較之下，他與鄉里親友連絡的比例則較低。

　　劉宰撰寫的人物墓誌則以鎮江為多。《京口耆舊傳》所記固然全是鎮江人，保留在《漫塘集》中的人物傳記，鎮江親友也較外地師友為多；透過鄉里親友墓誌傳記，可以了解劉宰與鄉里社會的連結、鎮江士人的形象與地方社會的實況，乃至他與鄉親共同致力建設的動力。至於為外地親友所寫的傳

138. 劉宰，《漫塘集》，卷二十八，〈故兵部吳郎中墓誌銘〉，頁16下–17下。
139. 劉宰，《漫塘集》，卷三十一，〈故宜人陳氏墓誌銘〉，頁8下–12下。

記內容繁簡，則視情誼而別。但結合書信，有助於了解他擴展人際關係的脈絡，更能從他的書信與外地師友的墓誌中，看到他與師友的政治取向——親近衛涇、錢象祖及道學家，而與史彌遠維持距離。

在宋代，人際網絡的建立與擴展，關係個人仕途與事業的發展，士人乃往往積極尋求各種可能的途徑，力求建立人際關係，但實際情況相當複雜。從劉宰的案例看來，書信和人物傳記確有助於建立或擴展人脈，也展現多元的面貌。以書信為例，劉宰有時是主動聯絡，也曾被動回應徵詢；他所聯繫的官員亦不僅是時任地方官，也有在離任後維持聯絡者。墓誌傳記的撰寫同樣存在著差異，劉宰與諸多外地師友（如李仁亘、林復之、周虎、吳漢英等）是先建立關係，之後才受邀撰寫傳記。此外為他擴展人際關係的諸人，不論是同年、岳父、摯友王遂或王墅，皆因賞識他的才學或有共同理念，而在不同階段向上級薦舉其才，並因不同機緣，而成就他的事業與名聲。

近年來藉數位人文的方法，以書信的數量或頻率，來探討人際關係與社會網絡、見證彼此關係的研究途徑，受到學界的重視。劉宰一生的事業歷程顯示，書信的數量或頻率，固然可以觀察到較宏觀的跡象，如他與好友李亘及知鎮江府趙善湘、韓大倫、知金壇縣的王墅等人，通信的頻率相當高，這些綿密討論，確實見證了彼此關係的親近。不過，過於看重頻率，卻可能忽略一些實情。部分劉宰生命中關係密切的親友，如岳父梁季珌、好友王遂、趙若珪與趙若琚兄弟，以及周南、朱晞顏和張敏則等人，幾乎不見於《漫塘集》的書信中，僅能從給其他人的書信中看到；但這些親友與所論議題對劉宰的重要性，顯然超乎通訊頻率高的官員、師友。這一現象提醒我們，觀察人際關係的疏密，數量或頻率固然具有參考價值；但深入掌握文獻的內容，梳理其關係脈絡，當能更掌握彼此的親疏關係，具體重現歷史圖像。

附錄二

《漫塘集》中墓誌行狀傳記表

一、《漫塘集》墓誌銘資料

編　號	篇　名	墓　主	現居地	終官職	與劉家的關係
1.	故知吉州王公墓誌銘	王萬樞，字贊元	金壇（彥融移居）	知吉州	長官、同鄉
2.	霍氏墓誌銘	霍氏			友人之妻
3.	柳宮巡墓誌銘	柳謐，字仲靜		充昭慈永祐陵攢宮內外巡撿	姻親（女婿之父）
4.	薛翁媼墓銘	薛氏	寧海		友人之母
5.	故兵部吳郎中墓誌銘	吳漢英，字長卿	江陰	權兵部郎官	友人之父

---

1. 道寧以疾廢，道徽甫冠而夭；命炳以嗣，實謨之子。

出　身	卒　年	墓主年齡	夫／妻	父／母	子	出　處
父任入官	開禧元年(1205)	63(1143–1205)	范氏、蔡氏	彥融	適逢遂遜近選	卷二十八
	開禧三年(1207)	45(1163–1207)	竇從謙	瀛	湘江淮	卷二十八
	嘉定二年(1209)	57(1153–1209)			道寧道徽炳[1]	卷二十八
	嘉定七年(1214)		薛某(薛泳之父)	泳		卷二十八
進士第乾道己丑(1169)	嘉定七年(1214)	74(1141–1214)	陳巖肖之姪女	觀	渥沐藻淡	卷二十八

編　號	篇　名	墓　主	現居地	終官職	與劉家的關係
6.	故徐府君墓誌銘	徐蒙，字叔珍			父親之友
7.	仲益姪墓誌銘	劉益之，字仲益	金壇		堂姪
8.	故知和州陸祕書墓誌銘	陸埈，字子高	崇德	知和州	同年
9.	故慶元府教授陶公墓誌銘	陶大甄，字成之	嘉興之思賢鄉	慶元府學教授	元配之兄
10.	故翟文學母周氏墓誌銘	周氏	金壇		父親同學之妻
11.	費進士墓誌銘	費元之，字元善	金壇之丹鳳里		鄉人
12.	丁澹齋墓誌銘	丁澹齋，字國賓	金壇		鄉人
13.	故張氏孺人墓誌銘	張氏	丹徒（夫家）		姻親（妹夫之母）
14.	故廣西經略司幹官范承事墓誌銘	范克信，字允誠	丹陽	廣西經略司幹官	鄉校前輩、姻親（母親族人）
15.	信菴老人墓誌銘	王洪，字國興			友人

2. 譚知柔之族。

3. 媳趙氏為陸埈之外甥女。

出　身	卒　年	墓主年齡	夫／妻	父／母	子	出　處
	嘉定七年 (1214)	72 (1143–1214)	譚氏 [2]	璋	春申 石遂	卷二十八
太學生	嘉定七年 (1214)	39 (1176–1214)	徐氏	桂喦	日嚴 喜	卷二十八
禮部奏名	嘉定九年 (1216)	62 (1155–1216)	錢氏	光弼	鎮 [3]	卷二十八
國學上 舍，賜進 士	嘉定九年 (1216)	54 (1162–1216)	陸氏	士達	子濛 子沂 子淵	卷二十八
	嘉定十年 (1217)	76 (1142–1217)	翟汝霖	達	起宗 興宗 紹宗	卷二十九
不仕（舉 進士）	嘉定十年 (1217)	53 (1165–1217)	王氏		淵 源	卷二十九
待補太學 生	嘉定十二 年 (1219)	64 (1156–1219)	劉氏、 錢氏	鉞	大醇 大璋	卷二十九
	嘉定十二 年 (1219)	78 (1142–1219)	孫大成	大用	沂 淵 泳	卷二十九
特恩對策	嘉定十年 (1217)	69 (1149–1217)	趙氏	逌	燮 霖	卷二十九
	嘉定十四 年 (1221)	71 (1151–1221)		康		卷二十九

編　號	篇　名	墓　主	現居地	終官職	與劉家的關係
16.	潘君墓誌銘	潘擇師，字希明	溧陽		友人之祖父
17.	故湖北安撫司參議湯朝議墓誌銘	湯宋彥，字時美	金壇	湖北安撫司參議官	友人
18.	故湖州通判朱朝奉墓誌銘	朱睎顏，字景淵	平江吳門	湖州通判	同年進士
19.	故宗氏安人墓誌銘	宗氏			友人之母
20.	故仙都隱吏知縣洪朝散墓誌銘	洪琰，字叔毅		知縣	同年進士
21.	通伯姪墓誌銘	劉用辰，字通伯	金壇		姪子
22.	故諸葛貢元墓誌銘	諸葛鎡，字大本			友人、同年進士之兄
23.	故陸文學墓誌銘	陸從龍，字子雲，號復齋	金壇	信州文學	鄉人、友人之友

4. 墓誌銘載卒年為嘉定十五年（1222年）有誤，實應為嘉定五年（1212年）。

5. 蔣繼周之女。

6. 周宗易之女。

出　身	卒　年	墓主年齡	夫／妻	父／母	子	出　處
	慶元六年(1200)	78(1123–1200)	吳氏、寇氏	積	珖璘	卷二十九
以湯鵬舉郊恩補登仕郎	嘉定五年(1212)⁴	59(1154–1212)	蔣氏⁵	某	逾	卷二十九
	嘉定十四年 (1221)	59(1163–1221)	周氏、衛氏	彥	棐槼木棠	卷二十九
	嘉定十四年 (1221)	79(1143–1221)	吳景	奕	晨應龍應雷	卷二十九
進士	嘉定十七年 (1224)	71(1154–1224)	胡氏	師騫	寧祖念祖承祖象祖	卷二十九
	嘉定十七年 (1224)	46(1179–1224)	湯氏	桂喦	子勤子才同老	卷二十九
	嘉定十六年 (1223)	66(1158–1223)	周氏⁶	深	填	卷二十九
	寶慶元年(1225)	85(1141–1225)	張氏	輿	坦之漸之	卷二十九

編　號	篇　名	墓　主	現居地	終官職	與劉家的關係
24.	故分宜知縣于奉議墓誌銘	于璿，字伯玉	毘陵	知分宜縣	友人之岳父
25.	巫伯正墓誌銘	巫大方，字伯正			鄉人
26.	故澹軒先生艾公及其妻李氏墓誌銘	艾謙，字益之	京口		鄉先生
27.	故通判滁州朝散鍾大夫墓誌銘	鍾將之，字仲山	丹陽練塘	滁州通判	友人之友
28.	王進士墓誌銘	王士朋，字致遠	金壇		鄉人
29.	故知潮州侍左林郎中墓誌銘	林復之，字幾叟，一字亦顏	閩	知潮州	岳父之家教
30.	故知麻城縣翟承事墓誌銘	翟起宗，字元振	金壇	知麻城縣	鄉人

---

7. 其母為徐氏宜人。

8. 李祥之家族，繼室為元配之妹。

出　身	卒　年	墓主年齡	夫／妻	父／母	子	出　處
以父仕	寶慶二年 (1226)	59 (1168–1226)	徐氏	倣 [7]	栐 杲 格	卷二十九
	寶慶二年 (1226)	63 (1164–1226)	張氏、胡氏	悊	謙亨 泰亨	卷三十
丙午壬子 再舉於鄉	嘉定元年 (1208)	56 (1153–1208)	李氏	欽文	慶洪 慶遠 慶長 慶增， 後改名 汋 慶善	卷三十
紹興十八 年 (1148) 進士第	慶元二年 (1196)	72 (1125–1196)	李氏（元 配）、李氏 (繼室)、[8] 諸葛氏(繼 室)	久	隸 穎	卷三十
業進士	嘉定十二 年 (1219)	43 (1177–1219)		顯道	錡 仲 季	卷三十
以進士起 （紹熙四 年 1193）	嘉定六年 (1213)	63 (1151–1213)	吳氏	椿	夢庚	卷三十
舉進士 （淳熙十四 年 1187）	寶慶二年 (1226)	57 (1170–1226)	蔡氏、趙氏	某	大任	卷三十

編　號	篇　名	墓　主	現居地	終官職	與劉家的關係
31.	茅進武墓誌銘	茅拱，字國老		補進武副尉	鄉人
32.	李氏墓誌銘	李氏	金壇		姻親（堂兄之親家）
33.	故安人陶氏墓誌銘	陶氏		安人	姻親（首任妻之堂姊）
34.	故王武德墓誌銘	王元實，字輝之	宜興	都統司計議官，武德郎	姻親
35.	故孺人項氏墓誌銘	項氏	黃巖	孺人	友人之姊
36.	故湯氏宜人墓誌銘	湯氏		宜人	鄉人
37.	故趙訓武墓誌銘	趙崇悉，字壽伯	丹陽	訓武郎	進士同年
38.	故知安吉縣趙奉議墓誌銘	趙若珪，字玉父	金壇	知安吉縣	鄉人

---

9. 張汝永之妹。

10. 夢庚、夢齡為前妻之子。

11. 元配龔氏、繼室鄧氏。

12. 張釜之孫、張宗濤之女。

13. 母湯氏為湯國彥之女。

出　身	卒　年	墓主年齡	夫／妻	父／母	子	出　處
	寶慶三年 (1227)	81 (1147–1227)	許氏	守全	煥 喦	卷三十
	寶慶三年 (1227)	78 (1150–1227)	徐汝士		椿 自彊	卷三十
	紹定元年 (1228)	60 (1169–1228)	葉時可	逢	觀 茵	卷三十
擢淳熙丁未（十四年1187）甲科（武舉）	紹定元年 (1228)	72 (1157–1228)	張氏 [9]		燧 煒 煃	卷三十
	紹定二年 (1229)	37 (1193–1229)	陳說之		夢蟾 夢庚 夢齡 [10]	卷三十
	端平三年 (1236)	55 (1182–1236)	趙必愿	邦彥 [11]	良忞	卷三十
進士	紹定元年 (1228)	65 (1164–1228)	劉氏	汝永	必法（進士）	卷三十一
以父任	紹定二年 (1229)	43 (1187–1229)	張氏 [12]	時侃 [13]	嗣永	卷三十一

編　號	篇　名	墓　主	現居地	終官職	與劉家的關係
39.	故溧陽縣尉陳修職墓誌銘	陳景周，字仲思	丹徒	溧陽縣尉	鄉人、鄉舉同年
40.	故蕪湖縣尉陸迪功墓誌銘	陸坦之，字千里		蕪湖縣尉	友人之子
41.	故宜人陳氏墓誌銘	陳道蘊	金華		友人之母
42.	故韋氏孺人墓誌銘	韋氏	金壇	孺人	姻親（親家）
43.	故溧陽縣丞張承直墓誌銘	張汝永，字端裒	金壇	溧陽縣丞	友人、鄉舉同年
44.	故監鎮江都稅院李迪功墓誌銘	李仁厔，字載叔		鎮江都稅院監	友人之友
45.	西園陳居士墓誌銘	陳武齡，字壽朋	金壇		父親之學生
46.	蔡希孟墓誌銘	蔡大醇	丹陽		姻親（姪女之夫）

14. 長子早夭。箟、箕為應岵之子，而以箕繼陳升之嗣。節為岍之子。

15. 陳巖肖之弟。

16. 丁木之女。

17. 側室所生。

18. 劉桂邑之女。

出　身	卒　年	墓主年齡	夫／妻	父／母	子	出　處
為舉首	紹定二年 (1229)	63 (1167–1229)	諸葛氏	陳嘉言	篪 箕 節 [14]	卷三十一
舉於鄉	紹定二年 (1229)	62 (1168–1229)	諸葛氏、陳氏	陸從龍	仲行	卷三十一
	嘉定十六年 (1223)	80 (1144–1223)	吳漢英	巖震 [15]	渥 沐 藻 淡	卷三十一
	紹定三年 (1230)	63 (1168–1230)	張鎮	世將	介 儒藻	卷三十一
廷對中選 （嘉定七年 1214）	紹定三年 (1230)	71 (1160–1230)	蔣氏、李氏	損	槃 彙	卷三十一
以先所受捧表恩銓試中程	紹定三年 (1230)	28 (1203–1230)	丁氏 [16]	李駿	煥孫 [17]	卷三十一
	紹定四年 (1231)	84 (1148–1231)	張氏	任	蔚然 浩然	卷三十一
	紹定三年 (1230)	49 (1182–1230)	劉氏 [18]	璨	子茂	卷三十一

編　號	篇　　名	墓　主	現居地	終官職	與劉家的關係
47.	徐處士墓誌銘	徐處士	金陵		姻親（兒媳之父）
48.	故貴池衛主簿墓誌銘	衛翼，字翼之	金壇	主簿	鄉人
49.	故知建昌軍朝議鍾開國墓誌銘	鍾穎，字元達	丹陽	知建昌軍	鄉人、友人
50.	故常熟縣丞孫承直墓誌銘	孫沂，字彥與	丹徒大港鎮	常熟縣丞	兄長之學生、姻親（姪孫之岳父）
51.	醫僧宗可塔銘	張宗可，字與之			鄉人
52.	故寧國通判朝奉趙大夫墓誌銘	趙時佐，字宣仲	金壇	寧國府通判	鄉人
53.	高與之墓誌銘	高天賜，字與之			姻親（次子岳父）

出 身	卒 年	墓主年齡	夫／妻	父／母	子	出 處
	嘉定十年 (1217)	86 (1132–1217)	王氏		濟 滋 藻 洪 法	卷三十一
廷對入等 （理宗寶 慶 元 年 1225）	紹定四年 (1231)	60 (1172–1231)	吳氏	九思	以直 以敬 以成 以中	卷三十一
以 宣 奉 （鍾將之） 明堂恩補 （紹熙五 年 1194）， 慶元二年 進 士 (1196)	紹定五年 十 一 月 (1232)	74 (1159–1232)	張氏、 李氏	將之	焴 煒	卷三十一
辛未進士 第（嘉定 四年1211)	端平元年 (1234)	66 (1169–1234)	朱氏	大成	天澤	卷三十一
	紹定四年 (1231)	61 (1171–1231)		汝為		卷三十一
漕舉免銓	紹定六年 十 一 月 (1233)	53 (1181–1233)	葉氏	亮夫／ 況氏	若琮 若瑀 若琨	卷三十二
	端平二年 (1235)	42 (1194–1235)	陳氏	志崇	元龜 元龍	卷三十二

編　號	篇　名	墓　主	現居地	終官職	與劉家的關係
54.	故監江陵府糧料院諸葛承直墓誌銘	諸葛埴，字子直		監江陵府糧料院	父親之學生
55.	江進士墓誌銘	江模，字君範		業進士	姻親（姪孫岳父之兄）
56.	故監行在北酒庫張宣教墓誌銘	張汝玠，字端衡	金壇	監行在北酒庫	姻親（姪兒之岳父）、鄉人、友人
57.	章泉趙先生墓表	趙蕃，字昌父	信州	監衡之安仁贍軍酒庫	友人
58.	繼室安人梁氏墓誌	梁氏			妻
59.	故馬帥周防禦壙誌	周虎，字叔子	蘇州	侍衛馬軍都虞侯	友人
60.	故提舉宗丞朝散楊大夫壙誌	楊恕，字可久		提舉常平茶鹽司公事	鄉人、友人

出　身	卒　年	墓主年齡	夫／妻	父／母	子	出　處
紹熙王子（三年1192）特奏名	端平二年（1235）	80（1156–1235）	朱氏	汝賢	烈	卷三十二
	端平三年（1236）	48（1189–1236）	邢氏	南一／葉氏	無子	卷三十二
嘉定庚辰（十三年1220）廷試入等	端平二年（1235）	71（1165–1235）	余氏	損	案	卷三十二
用曾祖龍圖致仕恩入仕	紹定二年（1229）	87（1143–1229）		渙	遂遠遙邊遺	卷三十二
	嘉定十二年十二月（1219）	50（1170–1219）	劉宰	季珌／葉氏		卷三十二
慶元丙辰（二年1196）擢第（武舉第一）	紹定二年（1229）	69（1161–1229）	張氏	宗禮／何氏	良貴	卷三十二
以世賞補官	寶慶元年（1225）	64（1162–1225）	趙氏	樗年	克己立己	卷三十二

編　號	篇　　名	墓　主	現居地	終官職	與劉家的關係
61.	故宣議郎致仕陶公壙誌	陶士達，字仲和	嘉興	宣議郎	岳父
62.	袁清卿妻邵氏壙誌	邵氏			父親友人之妻
63.	王居士壙誌	王光逢，字慶會	金壇		鄉人
64.	故衡州判官莊承直壙誌	莊松年，字伯堅	金壇	衡州軍事判官	鄉人
65.	施俊卿墓碣	施世英，字俊卿	句容	將仕郎	鄉人、父親友人
66.	雷翁墓碣	雷震	金壇		姻親（從姪女婿之父）
67.	桂山君墓表	王木，字伯奇			友人
68.	先祖十九府君墓誌	劉祀（原名劉微），字成德	金壇		祖父

---

19. 汝礪為邵氏親生。

出　身	卒　年	墓主年齡	夫／妻	父／母	子	出　處
遇壽恩、郊恩各一，明堂恩再	嘉定五年(1212)	76 (1137–1212)	沈氏		大章 大甄	卷三十二
	寶慶元年(1225)	82 (1144–1225)	袁清卿	峙	汝賢 汝舟 汝礪[19] 汝楫	卷三十二
	紹定二年(1229)	77 (1153–1229)	張氏、黃氏	楹	淮 虎文 景龍	卷三十二
以遺澤入仕	端平元年(1234)	56 (1179–1234)	趙氏、蔣氏	芑	潤 澤	卷三十二
以助邊補	嘉定元年(1208)	45 (1164–1208)	巫氏	涇	宗旦 宗儒	卷三十二
	嘉定元年(1208)	77 (1132–1208)	施氏	彥強	伯文 仲選 應龍	卷三十二
	寶慶三年(1227)	60 (1168–1227)	鄭氏	士寧	汶 澄 濬 汲	卷三十二
	紹興三十二年十一月 (1162)	72 (1091–1162)				卷三十二

編　號	篇　名	墓　主	現居地	終官職	與劉家的關係
69.	皇考雲茅居士朝奉壙銘	劉蒙慶，字茂先	金壇		父親
70.	前室安人陶氏壙銘	陶氏			元配
71.	繼室安人梁氏壙銘	梁氏			繼室
72.	朱進士埋銘	朱士聰，字敏仲	金壇	業進士	鄉人
73.	周氏埋銘	周氏	金壇		鄉人

出　身	卒　年	墓主年齡	夫／妻	父／母	子	出　處
貢	嘉泰三年 (1203)	72 (1132–1203)			宰	卷三十二
	紹熙四年 (1193)	24 (1170–1193)	劉宰			卷三十二
	嘉定十二年 (1219)	50 (1170–1219)	劉宰			卷三十二
		75				卷三十二
	嘉定十五年 (1221) 歸葬	(1169–?)				卷三十二

二、《漫塘集》行狀資料

編　碼	篇　　名	墓主姓名	現居地	終官職	與劉家的關係
1.	故吏部梁侍郎行狀	梁季珌，字飾父		尚書吏部侍郎	岳父
2.	錢賢良行述	錢弼，字聖俞	金壇	鄂州蒲圻縣西尉、兼新店蓴湖市鎮煙火公事、累舉恩	宰從兄之師。其子為宰的學生
3.	陳府君行述	陳嘉言，字聖謨			友人之父
4.	湯貢士行述	湯頤年，字養正	丹陽之珂陵		世交
5.	楊提舉行述	楊樗年，字茂良		提舉福建市舶	鄉友
6.	孫府君行述	孫大成，字振道			姻親（宰妹夫之父）、師生
7.	紀通判行述	紀極，字極之		通判廣德軍	鄉友
8.	故昔將軍行述	昔橫，字飛卿		強勇軍統領	
9.	李通直行述	李紳，字綬卿	京口	太平州當塗丞	鄉友

---

20. 錢忱之曾孫女。

出　身	卒　年	墓主年齡	夫／妻	父／母	子	出　處
以遺澤入仕	嘉定元年(1208)	66 (1143–1208)	吳氏		鉞 鑰 銖	卷三十三
	嘉泰三年(1203)	73 (1131–1203)	鄒氏	邦傑／鄒氏	純 績	卷三十三
	嘉泰四年(1204)	81 (1124–1204)	姚氏	琳	應峌 景周	卷三十三
以詞賦貢名禮部	嘉泰四年(1204)	66 (1139–1204)	周氏	東明	淵	卷三十三
	開禧元年(1205)	74 (1132–1205)	錢氏[20]、謝氏	子存	恕 思	卷三十三
	嘉定四年(1211)	72 (1140–1211)	張氏	元方	淵 泳 沂（進士第）	卷三十三
以遺澤出仕	嘉定十二年(1219)	73 (1147–1219)	張氏、孫氏		津	卷三十三
	開禧二年(1206)	30 (1177–1206)	余氏	世新	汝良	卷三十四
禮部奏名，既賜第	嘉定十二年(1219)	78 (1142–1219)	朱氏、陳氏	彥	彬 瑀 琚	卷三十四

編　碼	篇　　名	墓主姓名	現居地	終官職	與劉家的關係
10.	吳夫人行狀	吳靜貞		碩人	岳母
11.	故湖北參議湯朝議行述	湯宋彥，字時美	金壇	湖北安撫司參議官	友人
12.	故吉州王使君夫人蔡氏行狀	蔡氏	潤州金壇（夫家）	太令人	友人之母
13.	故公安范大夫及夫人張氏行述	范如山，字南伯	丹徒縣	江陵之公安令	友人
14.	故廣西經略司范經幹孺人趙氏行述	趙悟真	丹陽	孺人	鄉校前輩、姻親（母親族人）
15.	故長洲開國寺丞孔公行述	孔元忠，字復君	吳門	知饒州	劉宰之父友人
16.	故齊國太夫人胡氏行狀	胡氏	潭之湘潭		地方長官之母
17.	故令人湯氏行狀	湯氏		令人	鄉友之母

出　身	卒　年	墓主年齡	夫／妻	父／母	子	出　處
	嘉定十二年 (1219)	75 (1145–1219)	梁季袐	翊	鉞鑰銖	卷三十四
用敏肅（鵬舉）蔭入仕	嘉定五年 (1212)	69 (1144–1212)	蔣氏		逾	卷三十四
	嘉定十六年十二月 (1223)	70 (1154–1223)	王萬樞	樗	適逢遂遜近選	卷三十四
以通判廕入任	慶元二年 (1196)	67 (1130–1196)	張氏	邦彥	炎芻	卷三十四
	嘉定十七年十一月 (1224)	71 (1154–1224)	范克信		燮霖	卷三十四
以世賞入仕 鏁試中第	寶慶二年 (1226)	68 (1159–1226)	阮氏	道	炳燁燼灼	卷三十五
	紹定三年 (1230)	78 (1153–1230)	趙方		蕤范葵	卷三十五
	紹定三年 (1230)	69 (1162–1230)	趙時侃	國彥	若璞若珪若琚	卷三十五

附錄三

《漫塘集》書信定年

　　《漫塘集》中劉宰（1166–1239 年，74 歲）總書信數共二百四十四封。下表按「劉宰乞退歸鄉」及「理宗即位」兩個時間點分為三個時期，可考通信對象有一百一十二名。

　　一、「仕進時期」：紹熙元年至嘉定元年（1190–1208 年）以前，書信三十九封，可考通信對象共十八名，身分不明有十二名。

　　二、「嘉定鄉居」：嘉定二年至十七年（1209–1224 年），書信五十二封，可考通信對象共二十八名，身分不明四名。

　　三、「理宗初期」：寶慶元年至嘉熙三年（1225–1239 年），書信一百五十三封，可考通信對象共七十六名，身分不明一名。

一、「仕進時期」：紹熙元年至嘉定元年（1190-1208 年）

西　元	中國紀年	劉宰年齡	相關時事	編　碼	收信人
1190	紹熙元年	25	劉宰中進士	1.	不明
				2.	不明
1192–1195	紹熙三年–慶元元年	27–30	紹熙四年劉宰任江寧尉	3.	不明
				4.	不明
				5.	不明
1196–1197	慶元二年–慶元三年	31–32	慶元二年劉宰改調淮南東路真州司法參軍	6.	吳洪
				7.	程桂
				8.	吳洪
1198	慶元四年	33		9.	石宗昭
1200	慶元六年	35		10.	鄭焴
1201	嘉泰元年	36		11.	韓㯙
1202–1203	嘉泰二年–嘉泰三年	37–38	嘉泰二年改授泰興縣令 嘉泰三年劉蒙慶逝世，丁父憂	12.	趙師㠯
				13.	不明
				14.	不明
				15.	不明
				16.	不明
				17.	趙元正
				18.	李壁
				19.	梁季珌（對象不明）
				20.	梁季珌（對象不明）

篇　　名	書信要點	出　　處
代賀孝宗瑞芝表		卷十四
代賀光宗瑞芝表		卷十四
上江東安撫		卷十四
通上元知縣		卷十四
通江寧簿		卷十四
通吳真州洪		卷十四
回程司理桂		卷十四
代兵官上吳守請假赴省		卷十四
通石漕宗昭		卷十四
通鄭倅焰		卷十四
謝韓漕梴舉練達科		卷十四
通揚帥趙尚書師羼		卷十四
通郭倅		卷十四
通蔡僉		卷十四
通參議		卷十四
回泰興向尉		卷十四
賀趙帥元正		卷十四
賀李參政壁冬節		卷十四
代外舅梁漕謝舉自代		卷十六
代外舅賀司諫		卷十六

西　元	中國紀年	劉宰年齡	相關時事	編　碼	收信人
1204–1205	嘉泰四年– 開禧元年	39–40		21.	趙時侃
				22.	辛棄疾
				23.	辛棄疾
1206	開禧二年	41	出任浙東倉司幹官	24.	不明
				25.	不明
				26.	不明
				27.	辛棄疾
				28.	章燮
				29.	鄧友龍
1207	開禧三年	42		30.	丘崈
				31.	錢象祖
				32.	衛涇
1208	嘉定元年	43	嘉定元年岳父梁季珌逝世	33.	錢象祖
				34.	錢象祖
				35.	趙時侃
				36.	倪思
				37.	倪思
				38.	陳卓
				39.	趙師罶

篇　名	書信要點	出　處
通常州趙通判時侃箚子	讚常州任上處理經總制錢及試務有成	卷八
賀辛待制棄疾知鎮江		卷十五
謝辛待制棄疾		卷十五
通永嘉留教授		卷十四
通唐提幹		卷十四
通台州劉倅		卷十四
上安撫辛待制		卷十四
謝章倉變舉改官啟		卷十四
上鄧侍郎友龍	國力未裕，宜謹邊備，誤輕用兵	卷十六
代外舅賀丘宣撫宓啟	賀丘宓膺重任，坐鎮建康	卷十六
上錢丞相啟	籲調整政出多門，中書失權之弊，批評韓侂胄壞成憲	卷十六
上衛參政涇		卷十六
上錢丞相論罷漕試太學補試箚子	請朝廷增加解額，取消漕試，回歸鄉貢，罷太學補試	卷十三
代錢丞相奏箚	籲寧宗回歸中書機制，調整人事任用模式	卷十三
回臨安趙通判箚子前人	報告以病乞退，未能朝命堂審，期秋天赴京	卷八
通知鎮江倪尚書思箚子	迎尚書蒞任京口（倪思未赴任）	卷八
通知鎮江倪尚書思	迎尚書蒞任京口（倪思未赴任）	卷十五
通寧國陳宗卿卓箚子	致同年薦二位任縣尉鄉人，請照顧	卷十一
通知臨安趙尚書師罩箚子	賀知臨安府	卷八

二、「嘉定鄉居」：嘉定二年至十七年（1209-1224 年），寧宗朝

西　元	中國紀年	劉宰年齡	相關時事	編　號	收信人
1209	嘉定二年	44	劉宰乞退歸鄉	1.	張鎬
				2.	趙時侃
				3.	趙時侃
				4.	張鎬
1210	嘉定三年	45		5.	曾噢
				6.	傅伯成
1211	嘉定四年	46			
1212	嘉定五年	47		7.	黃度
				8.	俞烈
1213	嘉定六年	48		9.	張鎬
				10.	張鎬
				11.	不明
				12.	不明
				13.	湯鎮
1214	嘉定七年	49		14.	趙時侃
				15.	張鎬
				16.	張鎬
				17.	張鎬

1. 俞烈曾於嘉定元年至三年知鎮江。

篇　　名	書信要點	出　處
通張潮州箚子一前人	述說乞退未允	卷八
賀趙滁州箚子前人	乞退中，鄉里饑荒	卷八
回趙滁州箚子前人	謝贈禮物	卷八
通張潮州箚子二	報告乞退返鄉	卷八
通新太平曾侍郎晙		卷十六
通知鎮江傅侍郎伯成箚子	劉宰曾受薦，迎伯成蒞任，述家境及歸鄉後生活	卷八
賀江淮黃制置度除禮書再任		卷十六
通俞尚書烈箚子	期登用堂兄 [1]	卷八
通張寺丞鎬箚子		卷八
回張寺丞箚子一前人		卷八
代姪用辰謝鄉舉啟		卷十六
代姪用辰謝鄉舉啟二		卷十六
回湯德遠鎮書	評朱熹書盛行，唯《近思錄》切於學者日用，擬置於申義書院中	卷六
回浙西安撫趙侍郎箚子一前人	謝贈禮物	卷八
賀張寺丞鎬得郡		卷十六
回張寺丞箚子二	張鎬歸鄉後與鄉友共游	卷八
通張寺丞箚子前人		卷八

西　元	中國紀年	劉宰年齡	相關時事	編　號	收信人
				18.	趙蕃
				19.	史彌堅
				20.	史彌堅
1215	嘉定八年	50		21.	史彌堅
				22.	史彌堅
				23.	柴叔達
				24.	錢仲彪
				25.	趙時侃
				26.	李道傳
1216	嘉定九年	51			
1217	嘉定十年	52		27.	周虎
				28.	周虎
				29.	真德秀
				30.	袁燮
1218	嘉定十一年	53		31.	丘壽雋
				32.	朱天錫之子
1219	嘉定十二年	54		33.	不明
1220	嘉定十三年	55		34.	周虎

篇　名	書信要點	出　處
通趙章泉書	託王遂奉函，趙蕃時年過七十	卷六
謝史守彌堅招鹿鳴宴		卷十五
回知鎮江史侍郎彌堅箚子一	謝知府蒞任後贈禮，並稱頌善政，百姓受惠	卷八
回知鎮江史侍郎彌堅箚子二	感謝邀請參與蒐集方志資料，已撰成《京口耆舊傳》並請賜序	卷八
回知鎮江史侍郎彌堅箚子三	感謝並婉辭邀參與救災，特呈《荒政編》供參考	卷八
回柴安撫叔達書	讚守浮光有功，後請辭歸鄉，邑民饑	卷六
代恭靖兄調建平尉謝錢總領啟		卷十六
回浙西安撫趙侍郎箚子二	謝贈禮，賀轄內，年歲豐	卷八
代建平尉兄謝李倉舉關陞啟		卷十六
回周馬帥虎書一	鄉里創社倉，請虎題「社倉」二字	卷六
回周馬帥虎書二	浮言多，請勿介意。讚「社倉」二字筆力鈞重	卷六
通知泉州真侍郎德秀箚子	撰《忠宣堂記》上呈，然真德秀已改任泉州	卷十
謝袁侍郎燮舉自代		卷十四
賀丘守壽雋再任		卷十五
回朱丹陽令嗣書	回縣令朱天錫之子勿以佛道葬其父	卷六
代姪應龍謝鄉舉啟		卷十六
回周馬帥虎箚子	讚開禧淮邊抗金之功，對舊友周南、朱晞顏情誼與襄助並謝贈禮物	卷六

西　　元	中國紀年	劉宰年齡	相關時事	編　　號	收信人
				35.	倪祖智
1221	嘉定十四年	56			
1222	嘉定十五年	57		36.	潘彙征
				37.	潘彙征
				38.	趙善湘
				39.	趙善湘
				40.	趙善湘
				41.	高不倚
				42.	高不倚
				43.	余嶸
				44.	史彌遠
1223	嘉定十六年	58		45.	王揆
				46.	李𡺚
				47.	王元春
1224	嘉定十七年	59		48.	葉峴
				49.	葉峴
				50.	喬行簡
				51.	余嶸
				52.	不明

2. 陶惠民不知其人，文中有「越十二年規模略定」，推估在嘉定十五年。

篇　名	書信要點	出　處
回倪監鹽祖智箚子	記祖智為延陵吳季子廟門植表，贈其父倪思遺表等事	卷十二
回潘尉彙征到任		卷十五
回潘尉彙征到任箚子		卷十二
賀趙守善湘到任		卷十五
答知鎮江趙龍圖箚子一	旱徵稍解，期行善政	卷九
回趙守賀冬		卷十五
回鎮江高倅不倚箚子	不倚父高子莫，葉適為撰墓誌銘	卷九
回高倅不倚賀冬		卷十五
代張句容尉謝余帥舉關陞啟	代姻親張汝开謝舉關陞	卷十六
代陶惠民上史丞相啟 [2]		卷十六
謝王料院林免起夫運上供米綱	感謝漕運困於乾旱時，下令免由陸運搬運米糧，紓民困	卷十五
回鄂州制置李侍郎壿箚子	感慨李壁之死，允諾撰〈勤武堂記〉感謝贈李燾五朝《長編》	卷十
回太平王大卿元春箚子	感謝贈錢，王遂述其善政	卷十一
回葉知縣峴到任箚子	峴為葉夢得後人	卷十三
回葉知縣峴到任啟	批評經總制錢累增，百姓負擔重	卷十五
謝喬左史行簡特薦		卷十四
送金陵余帥嶸奉祠歸		卷十六
回沈祕讀箚子	其舅為史宅之	卷十二

三、「理宗初期」：寶慶元年至嘉熙三年（1225-1239 年），理宗朝

西　　元	中國紀年	劉宰年齡	相關時事	編　　號	收信人
1225	寶慶元年	60	理宗即位	1.	季直柄
				2.	王唐卿
				3.	李燔
				4.	范光
				5.	劉垕
				6.	史彌堅
				7.	趙善湘
				8.	張霆
				9.	惲子肅
				10.	王塈
				11.	王塈
				12.	趙善湘
				13.	趙善湘
				14.	劉倬

篇　名	書信要點	出　處
回季理卿直柄箚子	謝贈禮及說明朝廷召用	卷十一
回王丞唐卿到任		卷十五
回李司直燔箚子	感謝贈詩、藥，追述乞退及婉辭理宗之召	卷十
回建康范教授光		卷十二
通浙西劉提舉垕箚子	述去年金壇災荒及鄉民賑饑事兼及官府善後之策	卷九
通史尚書箚子前人	感謝尚書薦舉，以疾辭	卷九
代金壇縣申殿最錢箚子	代金壇縣向知府陳述經總制錢不合理增加，及徵收方式之不當，請求改變	卷十三
回司農張寺簿霆箚子	回書說明被召及辭退的理由	卷十一
回憚上舍子肅書	說明對被召態度	卷六
通王中書墅一	請辭建康通判兼代轉致史丞相效法其父史浩請辭相位	卷七
通王中書墅二	再辭建康通判，唯為免誤會，以訪醫為辭	卷七
答知鎮江趙龍圖二	回知府關懷災情，期待無科抑，免民憂惶，並述二人與袁燮關係	卷九
回趙守賀除司令	感謝祝賀，表明辭意	卷十五
回盱眙劉帥琸	感謝饋贈，鄉友王遂盛讚其才，期能兵民相安，維護民生	卷十一

				15.	劉倬
				16.	葉峴
				17.	史彌遠
				18.	史彌遠
1226	寶慶二年	61		19.	趙善湘
				20.	趙善湘
				21.	薛極
				22.	呂好問
				23.	趙御幹
				24.	魏文中
				25.	魏文中
				26.	李壟
				27.	史彌遠
				28.	史彌遠
				29.	袁甫
				30.	王塈
				31.	王塈
				32.	王塈
1227	寶慶三年	62		33.	王唐卿

回知盱眙劉都統倬賀除司令	感謝祝賀，表明辭意	卷十六
回葉知縣賀年		卷十五
上史丞相一謝除藉令及改秩添倅	感謝史相獎拔，晉佐大府，唯以病辭，尤勸史彌遠效法其父史浩晚年辭歸，奉身引退	卷七
特旨改秩謝史丞相	謝改任建康府通判	卷十四
賀趙守除集撰再任		卷十五
答知鎮江趙龍圖箚子三	謝賜書，並說明已辭及被召之事	卷九
謝薛參極		卷十四
回呂制幹好問賀除直秘閣		卷十六
回趙御幹書	致書謝薛極參政舉薦與婉辭，並追述嘉定初年出處之變	卷六
回魏知縣文中到任		卷十三
回魏知縣文中到任		卷十五
回知遂寧李侍郎箚子前人	感謝賜九老繡像及藥，報告創社倉有成及進王遂記文	卷十
上史丞相箚子二謝除直秘閣宮觀	回書謝丞相寬容建言，及除直秘閣	卷七
上史丞相箚子三辭直秘閣	回書接受宮觀，辭直秘閣	卷七
回衢州袁大著甫	感謝贈禮，追述其父薦舉	卷十一
回王中書一前人	再致函說明因病無法赴任，請代轉達	卷七
回王中書二	因病無法赴任，請王堅再議濟王案相關人員	卷七
通王中書前人	延醫治病，已逾假期，請准守本官致仕或畀一嶽祠	卷七
回王縣丞唐卿到任		卷十二

				34.	楊紹雲
				35.	宣繒
				36.	王曁
				37.	陸子禠
				38.	馮多福
				39.	葛洪
				40.	趙善湘
				41.	史彌遠
				42.	王塈
				43.	王塈
				44.	王塈
				45.	王塈
				46.	汪綱
				47.	汪綱
1228	紹定元年	63		48.	馮多福
				49.	馮多福
				50.	史彌鞏

---

3. 陸游子子禠，寶慶二年到任。

回知鎮江楊大監紹雲箚子	謝知府邀撰濠州新建石韓將軍廟記，並謝贈禮物、家傳	卷九
謝宣參政		卷十四
郊贈謝王侍郎暨		卷十四
復嚴州陸守子禠[3]	感謝賜禮及回贈虎皮	卷十一
通知鎮江馮大卿多福箚子	託王遂轉達謝語，以邊遽數至，民力已困，請薄賦以寬民	卷九
謝葛參政洪		卷十四
賀趙守除待制帥金陵並前人	賀改知建康府	卷十五
秘閣奉祠謝史丞相兼賀除少師	賀史相除少師	卷十四
回王中書前人	辭新頒直秘閣宮觀，以雷雪交作，請王堅佐丞相調整政策	卷七
通王中書一前人	表明仍辭直秘閣並謝丞相	卷七
通王中書二	仍辭直秘閣並謝參樞	卷七
通王侍郎前人	賀王堅升吏部侍郎，兼率論國政、士風	卷十
回紹興汪侍郎前人	回函致謝問候	卷十一
回紹興帥汪大卿綱	讚汪綱帥有勞，淮地未靖，籲請來鎮守鎮江，另推薦兩位鄉友	卷十一
回鎮江馮大卿前人箚子	京口民力凋敝，請寬民政	卷九
送馮守多福奉祠歸	讚馮守於備禦軍需，常念民生之勞，善待鄉民	卷十五
回溧水史知縣彌革（誤，當作鞏）一	託鄉友江遂良，回知縣書，請免民力	卷十二

				51.	余鑄
				52.	袁喬
				53.	趙與悊
				54.	司馬述
1229	紹定二年	64		55.	鄭萬
				56.	趙范
				57.	趙范
				58.	鄭夢協
				59.	岳珂
				60.	趙與悊
				61.	滕嘉
				62.	趙范
				63.	趙范
1230	紹定三年	65		64.	陳畏
				65.	趙范
				66.	趙范
				67.	趙范

4. 劉宰同年，與趙蕃交往密。

5. 司馬述於寶慶三年任浙東提舉。

通浙東余提舉鑄 [4]		卷十一
回袁知縣喬	弔袁燮,得楊簡銘文	卷十
回宜興趙知縣與悉	撰宜興縣漏澤園記,並薦友人為縣學訓導官	卷十二
回司馬提舉述 [5]		卷十七
通鄭常州萬	常州久罹疾,望知州行善政	卷十二
通鎮江趙守范箚子		卷十七
回知鎮江趙大監范箚子	感謝贈厚禮,憂心地方吏治日壞,非久安長治氣象,期嘉惠鄉里,流福京師	卷九
回信州鄭新恩夢協	從傅伯成知夢協撰趙蕃行狀,又知他與真德秀、魏了翁往返密切	卷十二
通總領岳侍郎珂箚子	指北警雖撤而楚氛未靖（李全之亂）	卷十一
回宜興趙百里與悉書一	回趙知縣書並贈《朱子語錄》	卷六
回滕主簿嘉書	鄉友,敘趙時佐、若珪及王遂近況	卷六
通知鎮江趙大監箚子	另紙呈報知府垂詢民瘼	卷九
回趙守問開七里河利便	針對知府詢問七里河的開拓,提出具體建議	卷十三
回嚴州陳寺丞畏箚子	感謝贈禮,並感慨故友逝世	卷十
慰趙守冬至		卷十七
賀趙守范冬至		卷十五
回趙守送節物前人		卷十五

				68.	趙與悉
				69.	何處恬
				70.	史彌鞏
				71.	韓大倫
				72.	汪統
				73.	李駿
				74.	魏了翁
				75.	李心傳
				76.	真德秀
				77.	陸衍
				78.	吳淇
				79.	韓大倫
1231	紹定四年	66		80.	韓大倫
				81.	韓大倫

回宜興趙百里與惢書二	讚趙與惢賑濟，知其將離任	卷六
回何撫幹處恬書	讚揚於嘉定十二年上書反和，為其曾祖何桌遺文作序	卷六
回溧水史知縣彌革（誤，當作鞏）二	辭知縣請撰譙樓記，後撰就〈溧水縣鼓樓記〉	卷十二
回鎮江守韓監丞大倫到任	歡迎韓世忠後人任知州，期澤及鄉里，自述因疾歸鄉	卷十三
回浙東帥汪大卿統箚子	回函感謝贈厚禮，鄉友讚汪綱、汪統兄弟傑出表現，對時局憂心及述王遂抵邵武參與平亂	卷十一
回福帥李大卿駿箚子	回函答應為李駿之子李仁屋撰墓誌銘，並述姻親王遂在邵武平亂與他人意見不同，請李駿評斷。更祈如李仁屋所期寬政薄役	卷十一
通鶴山魏侍郎了翁	說明李全亂後，鎮江情況，對當前人物評論，及對魏了翁期待	卷十
回李校勘心傳箚子	獲贈《舊聞正誤》及《繫年錄》讚兄弟均傑出。知已赴京	卷十
通真侍郎前人	允諾撰寫先賢祠記，並請侍郎撰先人墓誌	卷十
通江寧陸知縣衍箚子	軍情雖遽，仍宜寬民	卷十二
回句容吳知縣淇箚子		卷十二
代邑人謝韓守大倫放苗	謝蠲積負，寬征賦	卷十五
回韓守公箚報免總所吏攤上戶和糴錢		卷十五
回韓守大倫箚子		卷十七

				82.	趙善湘
				83.	李駿
				84.	趙善湘
				85.	李壟
				86.	張元簡
				87.	趙善湘
				88.	謝奕修
				89.	吳淵
				90.	袁肅
				91.	袁肅
				92.	不明
				93.	謝采伯
1232	紹定五年	67		94.	魏了翁
				95.	趙善湘

6. 謝采伯為謝深甫長子。

回江東安撫趙尚書箚子	李全已死，建議不必絕江建臺，合圍攻賊，宜開其去路	卷九
回福帥李大卿二	慰弔李駿二子之逝，述王遂邵武平亂處境，及淮東飢乏米，請招客販	卷十一
回金陵趙帥善湘惠酒兼賀誅李全	回函感謝贈禮，並賀平李全之亂	卷十六
回四川制置李侍郎前人	嘆朝廷未久任蜀人守蜀之後，改命李垕。建議爭取便宜行事之權，推薦可備監司守臣之人，議李全後政局	卷十
回荊門守張寺簿元簡箚子	回黃榦門人張元簡，論李全死後二趙（趙善湘、趙范）輕敵，王遂在邵武遭遇及趙善湘苛斂、韓大倫寬政	卷十一
回江淮大使趙端明箚子前人	回函謝善湘贈禮，知李全已死，蜀道、浮光告急	卷九
回宜興謝百里奕修書	謝贈禮，述宜興社倉始末，及回贈羅愚所作〈琴堂箴〉	卷六
回平江守吳秘丞淵	謝贈禮，述江浙之外，事變多，兩浙災民飢，請勸寺廟捐贈租賑恤民	卷九
回提舉袁秘丞肅一	感謝贈禮及維護常熟孫丞，評論三趙（趙范、趙葵、趙善湘）於李全死後追窮寇，嘆王遂被論	卷九
回提舉袁秘丞肅二	感謝贈袁燮家集，憂淮東亂事及水災民困	卷九
回丹徒趙知縣		卷十二
通徽州謝守采伯 [6]	為同年及姻親張鎮求薦	卷十一
回夔帥魏侍郎前人箚子	謝惠書、文，託羅愚代致李垕文副本	卷十
回端明趙大使賀年	回趙善湘賀年	卷十六

				96.	林佑卿
				97.	林佑卿
				98.	吳淵
				99.	吳淇
				100.	吳淇
				101.	臧鏞
1233	紹定六年	68		102.	胡泳
				103.	趙熙
				104.	韓大倫
				105.	程燾
				106.	余嶸
				107.	韓大倫
				108.	韓大倫
				109.	史時之
				110.	史時之
1234	端平元年	69		111.	張汝玠
				112.	艾慶長

7. 艾慶長為艾謙之子。

回林知縣佑卿到任		卷十三
回林知縣佑卿到任		卷十五
回提刑吳秘丞前人	謝致贈厚禮，評論妖黨熾，聞治沈三之獄，大快人心	卷九
回句容吳百里淇書一	允為吳淇撰句容縣重建縣學記	卷六
回句容吳百里淇書二	知吳淇將離任	卷六
回丹陽臧知縣鏞到任		卷十三
通胡伯量泳	介紹鄉里社倉，及為南康胡氏社倉作記	卷六
回句容趙知縣熙		卷十二
賀韓守除總	賀韓守改除淮東總領所，謝改平斛輸苗米	卷十五
回前於潛程知縣燾	謝來書、贈禮，述得疾棄官之由	卷十二
通潭帥余侍郎嶸	評真德秀與余嶸，述退歸後家境	卷十
回韓守請鹿鳴		卷十七
回韓守減苗斛箚		卷十七
回鎮江權倅史延陵時之書一	述說與史家諸莅任者關係密切，時之更以前輩相待。請其寬待郡民	卷六
回鎮江權倅史延陵時之書二	批評時之升官過速	卷六
代張穿山鹽場回交代		卷十六
回艾節幹慶長書[7]	回書致謝艾慶洪、慶長兄弟賀宰任官，並述婉辭	卷六

				113.	王遂
				114.	何處久
				115.	呂好問
				116.	李心傳
				117.	趙善湘
				118.	臧鏞
				119.	韓大倫
				120.	何處久
				121.	張文德
				122.	何處久
				123.	韓大倫
				124.	韓大倫
				125.	趙必愿
				126.	韓大倫
				127.	韓大倫
				128.	王瀹
				129.	余嶸
				130.	何處久

8. 趙必愿為趙汝愚之孫。

回王殿院遂宣玉音箚子	回王遂得玉音,述去年半途致病,醫治無效,無法赴任	卷五
回何守處久送賀七表禮		卷十七
回呂節幹好問	賀任制閫幕僚,並述婉辭朝命	卷十二
回李秘書心傳書	感謝薦舉,婉拒朝命	卷六
回金陵趙帥善湘	回函憂心朝廷興師入洛	卷十六
回臧丹陽鏞賀除寶謨奉祠		卷十六
回韓守送物并賀除寶謨再任		卷十五
通何守處久到任		卷十五
張尉文德賀除常丞		卷十六
回何守賀符請舉		卷十五
回韓總賀符請鄉舉		卷十七
回韓總送賀新除禮		卷十七
回婺守趙告院必愿 [8]	讚守婺州有勞,將返朝並述朝廷徵召及婉辭事	卷十二
回韓總賀除寶謨奉祠		卷十五
回韓總賀除常丞		卷十五
通泰興王大夫淪書	致書為鄉友求保明書	卷六
回余侍郎前人	謝友人來之書信。述各地賊寇騷擾,余帥備邊有勞;知將還朝,請汰斥不適任	卷十
回鎮江守何祕監處久到任		卷十三

				131.	李壆
				132.	真德秀
				133.	陸鎮
				134.	趙汝檯
				135.	鄭清之
				136.	鄭清之
				137.	鄭次甲
				138.	徐渭禮
				139.	何處久
1235	端平二年	70		140.	袁肅
				141.	陳韡
				142.	吳淵
				143.	張嗣古
				144.	張謙亨
				145.	尤大夫
				146.	魏了翁

---

9. 陸鎮為湘帥余嶸幕僚。

10. 趙汝檯為趙善湘之子，時任浙江提刑。

回李尚書前人	謝贈書、藥物、薦舉，述若辭不成即啟程；評入洛之役，賞罰不明	卷十
回真內翰前人	謝王遂帶來之書信。述疾赴任至平江時，舊疾復發，再辭	卷十
回湖南陸提幹 9	回謝贈禮	卷六
回提刑煥章趙大監汝橾一 10		卷九
除直寶謨閣宮觀尋除常丞謝鄭丞相	謝除太常丞，憂入洛之舉啟邊釁	卷十四
答鄭丞相箚子謝除太常丞	諸賢薦舉，朝廷發轎啟發，將赴任。憂入洛敗後朝政	卷七
回真州倅權州鄭運管次甲書	回謝獲召	卷六
回溧陽徐百里渭禮		卷十七
賀知鎮江何秘監除太府卿處久	盛讚知府蒞任後，鄉民安居，免於科擾	卷九
回提舉袁秘丞箚子三	回函允諾撰《龍廟記》，但以二地蓋廟丐爵難契合	卷九
回江東帥陳侍郎韡	謝平防江軍叛亂並致書禮	卷十一
回吳守淵到任		卷十七
回張平江嗣古送七裘禮		卷十七
回張和州謙亨		卷十七
回新於潛尤大夫書	回謝致書及禮	卷六
回都督魏樞密前人一	回函述去年病後，除王遂外，未與親友聯絡。賀膺重任，憂時勢	卷十

				147.	吳淵
				148.	趙汝檟
				149.	何處久
1236	端平三年	71		150.	趙與懃
				151.	魏了翁
1237	嘉熙元年	72		152.	吳淵
				153.	桂如琥
1238	嘉熙二年	73			
1239	嘉熙三年	74			

回吳守中秋送物		卷十七
回浙西提刑煥章趙大監二	讚浙西治理得宜	卷九
回嘉興何知府前人	述鎮江防江軍叛變，導致百年文物隳壞	卷九
回趙撫機與懃通問	回函述與其兄宜興知縣趙與悊往來密切	卷十三
回都督魏樞密箚子二	得知魏了翁赴任準備迎接，因舊疾發作遂罷。建議邀趙葵同行，期待新舊年間成功	卷十
通知鎮江吳侍郎前人	述說體弱，無法親迎吳淵抵任	卷九
回知鎮江桂吏部如琥	回函述淮南騷亂，導致鎮江苛政殘民。謝知府蒞任後寬政待民	卷九

四、可考通信對象與次數

\multicolumn{3}{l}{一、嘉定元年（1208 年）以前}		
編　碼	人　名	次　數
1.	辛棄疾	3
2.	錢象祖	3
3.	趙師𥊍	2
4.	吳洪	2
5.	倪思	2
6.	梁季珌	2
7.	趙時侃	2
8.	丘崈	1
9.	石宗昭	1
10.	程桂	1
11.	章爕	1
12.	衛涇	1
13.	趙元正	1
14.	李壁	1
15.	鄧友龍	1
16.	鄭炤	1
17.	陳卓	1
18.	韓椲	1

編　碼	人　名	次　數
二、嘉定二年至十七年（1209–1224 年）		
1.	張鎬	7
2.	史彌堅	4
3.	趙時侃	4
4.	周虎	3
5.	趙善湘	3
6.	余嶸	2
7.	高不倚	2
8.	葉峴	2
9.	潘彙征	2
10.	王元春	1
11.	王㧑	1
12.	丘壽雋	1
13.	史彌遠	1
14.	朱天錫之子	1
15.	李𡐩	1
16.	李道傳	1
17.	俞烈	1
18.	倪祖智	1
19.	柴叔達	1
20.	真德秀	1
21.	袁燮	1

22.	黃度	1
23.	傅伯成	1
24.	喬行簡	1
25.	曾晥	1
26.	湯鎮	1
27.	趙蕃	1
28.	錢仲彪	1

三、寶慶元年至嘉熙三年（1225–1239 年）		
編　碼	人　　名	次　　數
1.	韓大倫	12
2.	趙善湘	11
3.	王塈	9
4.	趙范	7
5.	何處久	6
6.	史彌遠	5
7.	吳淵	5
8.	魏了翁	4
9.	李壼	3
10.	趙與悊	3
11.	吳淇	3
12.	馮多福	3
13.	袁肅	3

14.	魏文中	2
15.	王唐卿	2
16.	臧鏞	2
17.	余崉	2
18.	劉倬	2
19.	李心傳	2
20.	史時之	2
21.	李駿	2
22.	趙汝櫄	2
23.	汪綱	2
24.	史彌鞏	2
25.	林佑卿	2
26.	真德秀	2
27.	鄭清之	2
28.	呂好問	2
29.	李燔	1
30.	惲子肅	1
31.	余鑄	1
32.	岳珂	1
33.	葉峴	1
34.	王遂	1
35.	趙熙	1
36.	宣繒	1

37.	陸衍	1
38.	胡泳	1
39.	何處恬	1
40.	范光	1
41.	王瀹	1
42.	徐渭禮	1
43.	趙御幹	1
44.	桂如琥	1
45.	趙與勳	1
46.	王暨	1
47.	季直柄	1
48.	袁甫	1
49.	陸鎮	1
50.	袁喬	1
51.	程燾	1
52.	楊紹雲	1
53.	葛洪	1
54.	鄭次甲	1
55.	趙必愿	1
56.	鄭萬	1
57.	史彌堅	1
58.	薛極	1
59.	尤大夫	1

60.	謝奕修	1
61.	汪統	1
62.	劉厔	1
63.	陳畏	1
64.	滕嘉	1
65.	陳韡	1
66.	陸子橘	1
67.	張文德	1
68.	鄭夢協	1
69.	張嗣古	1
70.	謝采伯	1
71.	張汝玶	1
72.	司馬述	1
73.	張霆	1
74.	艾慶長	1
75.	張謙亨	1
76.	張元簡	1

附錄四
鎮江知府與淮東總領所任期表 [1]

●時間從紹熙元年至嘉熙三年（1190–1239 年）。

●灰底為當年總領兼權或暫權鎮江知府。括號內為任期起始月分。

●並未出現鎮江知府兼權或暫權淮東總領的例子。

時　間	西　元	淮東總領	鎮江知府	備　註
紹熙元年	1190	趙師𤱰	張子顏	
		錢端忠	葉翥（四月）	
		劉穎（七月）		
二年	1191	劉穎	趙彥逾（二月）	
三年	1192	吳琚（正月）	趙彥逾	
			馬大同（十二月）	
四年	1193	吳琚	馬大同	
五年	1194	吳琚	馬大同	
		葉適（十二月）	陳居仁（十月）	

---

1. 淮東總領年表據雷家聖，《聚斂謀國——南宋總領所研究》，頁 174–178。鎮江知府年
　表據《嘉定鎮江志》，卷十五，〈宋潤州太守〉，頁 13 上 –15 上。《至順鎮江志》，卷十
　五，〈刺史‧宋太守〉，頁 589–592。

慶元元年	1195	葉適	陳居仁	
二年	1196	葉適	陳居仁	
		朱晞顏（四月）	楊大灢（七月）	
三年	1197	朱晞顏	楊大灢	
			朱晞顏（八月）	
			萬鍾（九月）	
四年	1198	朱晞顏	萬鍾	
		沈作賓（二月）		
五年	1199	沈作賓	沈作賓（元月）	
			張叔椿（五月）	
		薛紹（十月）	薛紹（十一月）	
六年	1200	薛紹	李沐	
嘉泰元年	1201	薛紹	（九月）黃由	
二年	1202	薛紹	（閏十二月）張孝伯	
		（八月）梁季泌		
三年	1203	梁季泌	張孝伯	
			（十月）梁季泌	
四年	1204	梁季泌	梁季泌	
			（三月）辛棄疾	
開禧元年	1205	梁季泌	辛棄疾	
		（十月）趙不儳	（七月）李大異	
二年	1206	趙不儳	李大異	
		（四月）林祖洽	（八月）宇文紹節	
		（八月）程準		

三年	1207	程準	宇文紹節	
			（三月）沈作賓	
		（六月）葉籈	（六月）葉籈	
			（七月）錢廷玉	
			（十二月）葉籈	
嘉定元年	1208	葉籈	趙師[nbsp]𧐓	【汪文振】浙西提刑被旨權淮東總領兼權鎮江府事
			（八月）葉籈	
		（九月）汪文振	（九月）汪文振	
			（十一月）俞烈	
二年	1209	汪文振	俞烈	
		（七月）林祖洽		
三年	1210	林祖洽	俞烈	
			（二月）林祖洽	
			（六月）傅伯成	
四年	1211	林祖洽	傅伯成	
		（六月）錢仲彪	（七月）錢仲彪	
五年	1212	錢仲彪	錢仲彪	
			（三月）宇文紹彭	
六年	1213	錢仲彪	宇文紹彭	
			（八月）錢仲彪	
			（九月）史彌堅	
七年	1214	錢仲彪	史彌堅	

八年	1215	錢仲彪	史彌堅	
		（八月）宋均	（十月）邱壽雋	
九年	1216	宋均	丘壽雋	
十年	1217	宋均	丘壽雋	
十一年	1218	宋均	丘壽雋	
		（七月）汪綱		
十二年	1219	汪綱	丘壽雋	
			（三月）葛洪	
			（五月）李大東	
		（三月）程覃	（七月）程覃	
			（十月）豐有俊	
			（十二月）程覃	
十三年	1220	程覃	程覃	
			（二月）喬行簡	
十四年	1221	程覃	喬行簡	
		（九月）岳珂	（十月）岳珂	
			（十二月）趙善湘	
十五年	1222	岳珂	趙善湘	
十六年	1223	岳珂	趙善湘	
十七年	1224	岳珂	趙善湘	
寶慶元年	1225	岳珂	趙善湘	
二年	1226	岳珂	趙善湘	
三年	1227	岳珂	趙善湘	

			（二月）楊紹雲	
			（三月）岳珂	
			（五月）馮多福	
紹定元年	1228	岳珂	馮多福	
			（十二月）岳珂	
二年	1229	岳珂	岳珂	
			（六月）趙范	
三年	1230	岳珂	趙范	
			（十二月）韓大倫	
四年	1231	岳珂	韓大倫	
五年	1232	岳珂	韓大倫	
六年	1233	岳珂	韓大倫	【韓大倫】紹定六年十二月改除淮東總領
		（十二月）韓大倫	？	
端平元年	1234	韓大倫		【何處久】朝散大夫直寶謨閣端平元年六月至二年五月
			（六月）何處久	
二年	1235	韓大倫	何處久	【韓大倫】端平二年五月兼權府事六月去
			（五月）韓大倫	【吳淵】朝請郎右文殿修撰端平二年六月至三年十二月
		（七月）吳淵	（六月或十二月）吳淵	《宋史》作：「十二月戊戌，以吳

			淵戶部侍郎、淮東總領財賦兼知鎮江府。」
三年	1236	吳淵	吳淵	【吳淵】召除兵部侍郎桂如琥
			（十二月）桂如琥	
嘉熙元年	1237	吳淵	桂如琥	【吳淵】嘉熙元年六月再至二年召還改知太平州吳潛代
			（六月）吳淵	
二年	1238	吳淵	吳淵	【吳潛】淮東總領兼知府事
		（七月）吳潛	（七月）吳潛	
三年	1239	吳潛	吳潛	
		（七月）丁煜		

附錄五

建康知府與淮西總領所任期表[1]

● 時間從紹熙元年至嘉熙三年（1190–1239 年）。

● 括號內為任期起始月分，備註載《景定建康志》之內容。

時　　間	西　　元	淮西總領	建康知府	備　　註
紹熙元年	1190	張抑 錢端忠（八月）	章森 （自淳熙十五年 (1188) 八月始）	九月二十一日【森】轉朝議大夫除顯謨閣待制再任
二年	1191	錢端忠	章森 余端禮（二月）	正月【森】改知江陵府二月煥章閣直學士通議大夫江東安撫使【余端禮】知府事
三年	1192	劉穎（正月） [楊萬里][2] 鄭湜（九月）	余端禮	

---

1. 淮西總領年表據雷家聖，《聚斂謀國——南宋總領所研究》，頁 174–178。建康知府年表據《景定建康志》，卷十四，頁 31 上 –39 上。

2. 在《聚斂謀國》的年表中，楊萬里定年在紹熙三年（1192 年），並無月分。查對馬光祖修；周應合纂，《景定建康志》總領所歷任總領並無楊萬里。

　　而在《宋史‧楊萬里傳》則是載：「紹熙元年（1190 年），借煥章閣學士為接伴金國

年	西元			
四年	1193	鄭湜	余端禮 鄭僑（七月）	三月【端禮】召赴行在七月顯謨閣學士通奉大夫江東安撫使【鄭僑】知府事十二月授正議大夫
五年	1194	鄭湜 趙師𤍬（三月）	鄭僑	正月二十三日【僑】除吏部尚書固辭改除龍圖閣學士依舊知建康府七月二十五日仍除吏部尚書
慶元元年	1195	趙師𤍬 胡瑑（六月）	張构（正月）	正月二十二日寶文閣學士太中大夫江東安撫使【張构】知府事
二年	1196	胡瑑 張釜 萬鍾（七月）	張构	
三年	1197	萬鍾 楊文昺（四月）	張构 趙彥逾（五月）	二月【构】除龍圖閣學士知隆興府五月二十日資政殿學士中大夫江東安撫使【趙彥逾】知府事

賀正旦使兼實錄院檢討官。會孝宗日曆成，參知政事王藺以故事俾萬里序之，而宰臣屬之禮部郎官傅伯壽。萬里以失職力丐去，帝宣諭勉留。會進孝宗聖政，萬里當奉進，孝宗猶不悅，送出為江東轉運副使，權總領淮西、江東軍馬錢糧。朝議欲行鐵錢於江南諸郡，萬里疏其不便，不奉詔，忤宰相意，改知贛州，不赴。乞祠，除祕閣修撰、提舉萬壽宮，自是不復出矣。」

		楊文昺	趙彥逾	三月三十日【彥逾】除資政殿大學士依所乞與宮觀十二月二十七日華文閣學士中大夫江東安撫使【錢象祖】知府事
四年	1198	曾炎（七月）	錢象祖(十二月)	
五年	1199	曾炎	錢象祖	十一月【象祖】除徽猷閣學士提舉江州太平興國宮
		曾栗（八月）		
六年	1200	曾栗	錢象祖	閏二月四日鎮安軍節度使開府儀同三司江東安撫使【吳琚】知府事
		韓亞卿(十二月)	吳琚（閏二月）	
嘉泰元年	1201	韓亞卿	吳琚	
二年	1202	韓亞卿	吳琚	正月七日【琚】再任三月二十三日特授少保十月十四日致仕十二月二十日徽猷閣學士朝議大夫江南東路安撫使【李林】知府事
		王補之（九月）	李林（十二月）	
三年	1203	王補之	李林	
四年	1204	王補之	李林	三月【林】除寶文閣學士宮觀四月五日敷文閣學士通議大夫江東安撫使【丘崈】知府事
		葉甋（四月）	丘崈（四月）	
開禧元年	1205	葉甋	丘崈	
		商飛卿（正月）		

二年	1206	商飛卿	丘崈	四月【崈】除寶文閣學士令再任六月六日除刑部尚書江淮宣撫使二十二日朝請大夫寶謨閣待制江東安撫使【葉適】知府事七月十一日兼沿江制置使
			葉適（六月）	
三年	1207	商飛卿	葉適	二月【適】除寶文閣待制改兼江淮制置使專一措置屯田七月召赴行在九月朝散大夫寶謨閣待制江東安撫使【徐誼】知府事兼江淮制置使專措置屯田九月十八日免兼制置使依舊知府事十一月九日改知隆興府十二月十六日資政殿學士通奉大夫江東安撫使【丘崈】知府事
			徐誼（九月）	
		徐邦憲（三月）	丘崈（十二月）	
嘉定元年	1208	徐邦憲	丘崈	正月五日【崈】除江淮制置大使兼知府事六月召赴行在八月十四日觀文殿學士金紫光祿大夫江東安撫使【何澹】知府事兼江淮制置大使
		李洪（二月）	何澹（八月）	

		李洪	何澹	六月二十九日【澹】丁母憂八月二十五日龍圖閣學士通奉大夫江南東路安撫使【楊輔】知府事九月十三日致仕
二年	1209	趙不儳（五月）	楊輔（八月）	
三年	1210	趙不儳	黃度（正月）	正月二十七日朝請大夫龍圖閣待制江東安撫使【黃度】知府事兼江淮制置使
四年	1211	趙不儳	黃度	六月十六日【度】除寶謨閣直學士十二月六日磨勘轉朝議大夫
五年	1212	趙不儳 胡槻（十一月）	黃度	十月五日【度】除權禮部尚書兼侍讀
六年	1213	胡槻	劉榘（正月）	正月十日中奉大夫寶文閣待制江東安撫使【劉榘】知府事兼江淮制置使十四日轉中大夫
七年	1214	胡槻	劉榘	十月二十八日【榘】轉太中大夫

			劉榘	七月八日【榘】除權工部尚書兼太子詹事九月十日致仕十一月十日朝請大夫右文殿修撰主管江南東路安撫司公事兼主管江淮制置司公事【李大東】知府事
八年	1215	胡槻	李大東（十一月）	
九年	1216	胡槻	李大東	
十年	1217	胡槻	李大東	二月十五日寶謨閣學士中大夫江淮制置使江東安撫使【李珏】知府事七月二十五日轉太中大夫
			李珏（二月）	
十一年	1218	胡槻	李珏	
十二年	1219	胡槻	李珏	正月三日【珏】進封開國伯四月二十四日丁母憂七月十日中奉大夫顯謨閣待制江東安撫使【李大東】再知府事九月十六日除寶文閣待制沿江制置使仍知府事
		商碩（八月）	李大東（七月）	
十三年	1220	商碩	李大東	
十四年	1221	商碩	李大東	十月【大東】轉中大夫

		商碩	李大東	四月【大東】以玉寶賞轉太中大夫進封開國伯七月除華文閣直學士九月十日除顯謨閣直學士特轉一官差提舉鳳翔府上清太平宮十月十六日朝議大夫煥章閣待制沿江制置使江東安撫使【余嶸】知府事
十五年	1222	陳宗仁（六月）	余嶸（十月）	
十六年	1223	陳宗仁	余嶸	
		李駿（三月）		
十七年	1224	李駿	余嶸	十一月二十五日【嶸】除顯謨閣待制特轉一官
寶慶元年	1225	李駿	余嶸	正月【嶸】致仕朝議大夫直煥章閣江東轉運副使【丘壽邁】暫兼權沿江制置司江東安撫司建康府職事
			丘壽邁（正月）	
二年	1226	李駿	丘壽邁	十一月二十九日【壽邁】除司農少卿
		戴桷（十月）		
三年	1227	戴桷	丘壽邁	二月初五日【壽邁】赴闕中奉大夫寶章閣待制沿江制置使江東安撫使【趙善湘】知府事
			趙善湘（二月）	

紹定元年	1228	戴栩	趙善湘	四月【善湘】轉中大夫六月轉太中大夫十月轉通議大夫除龍圖閣待制兼江東運使
二年	1229	戴栩	趙善湘	
三年	1230	戴栩	趙善湘	正月【善湘】除煥章閣直學士十一月除煥章閣學士江淮制置大使餘仍舊
四年	1231	戴栩 楊紹雲（二月）	趙善湘	三月【善湘】以慶壽恩轉通奉大夫進天水郡開國侯五月除兵部尚書仍任十二月轉宣奉大夫除江淮安撫制置大使餘仍舊
五年	1232	楊紹雲 吳潛（五月）	趙善湘	正月一日【善湘】除端明殿學士與執政恩例仍舊任陞留守九月除資政殿學士轉光祿大夫仍舊任進封郡公
六年	1233	吳潛	趙善湘 李壽朋（七月）	二月【善湘】奉御筆帶職入奏續奉御筆依前資政殿學士提舉萬壽宮七月十日朝議大夫試大理卿江東安撫使兼沿江制置使【李壽朋】知府事十二月十六日召赴行在

端平元年	1234	吳潛	李壽朋	十月十一日朝請大夫新除工部侍郎沿江制置使兼江東安撫使【陳韡】知府事
		蔡範（吳潛五月離任，範應在此後）	陳韡（十月）	
二年	1235	蔡範	陳韡	正月九日【韡】被旨帶職入奏訖回任閏七月十日除權工部尚書依舊任十月二十八日除權刑部尚書加制置大使累辭依所乞
三年	1236	蔡範	陳韡	
嘉熙元年	1237	蔡範	陳韡	三月十八日【韡】特轉兩官除煥章閣學士依舊沿江制置使兼淮西制置使餘仍舊
二年	1238	蔡範	別之傑（正月）	正月初八日朝請大夫寶章閣待制沿江制置使江東安撫使【別之傑】知府事六月十一日除工部侍郎十一月二十九日轉朝議大夫
		何元壽(閏四月)		
三年	1239	何元壽	別之傑	三月三日【之傑】除權兵部尚書兼督府參贊軍事
		李曾伯(十一月)		

附錄六
甲申金壇粥局捐贈資料表[1]

姓　名	獻　金	捐　米	其　他
承事郎知鎮府縣事趙	官會伍拾阡	米拾伍碩	
朝議大夫新知岳州軍州事孫	官會壹佰阡		
朝散郎新通判湖州軍事張		米參拾碩	
朝散郎僉書平江軍節度判官廳公事牛（大年）	官會陸拾阡		
文林郎權浙西提舉司幹辦公事	官會參拾阡		
孤哀子王		米壹拾伍碩	
修職郎新辟差監潘封酒庫張		米貳碩柒斗	
修職郎建康府句容縣尉張		米貳碩柒斗	
從政郎張		米貳碩壹斗	
承奉郎前監建康府戶部太軍軍門張		米貳拾碩柒斗	

1. 本表見於（清）繆荃孫，《江蘇金石記》（江蘇：江蘇通志局，1927），卷十五，〈金壇縣嘉定甲申粥局記〉，頁 15 下 –20 上。原刻碑拓本收藏於北京大學圖書館。

修職郎前嘉興府海鹽□□鹽官張		粳米貳拾壹碩	
從事郎新泰州如皐縣尉張		米貳拾參碩捌斗	
文林郎前知嚴州壽昌縣事趙若珪		米肆拾參碩	
忠翊郎新監平江府梅里鎮丁		米伍碩	
鄉貢進士丁桂		米陸碩柒斗	
鄉貢進士湯逢	官會壹拾阡	米壹碩參斗	
鄉貢進士府學學諭嚴		米柒碩	
鄉貢進士朱拱辰	官會貳拾阡		
國學進士費熙朝	官會柒阡	米壹拾捌碩	
國學待補生許友龍	官會壹拾阡		
國學待補生湯桂孫		米柒碩	
國學待補生府學學諭崔振龍		米拾壹碩肆	
國學待補生吳成		米捌碩伍斗	
國學待補生魏采		米柒碩	
國學待補生湯南發		米壹拾肆碩	
國學待補生潘		米拾壹碩壹斗	
國學待補生戴		米貳碩參斗	
玉牒趙暨		米陸碩	
玉牒趙崇獻		米壹拾肆碩	
將仕郎高震	官會壹佰伍拾阡		
將仕郎莊震	官會參拾阡		

將仕郎倪舉	官會貳拾阡		
進義副尉茅拱	官會伍拾阡		
故武翼郎孫劉師國		米柒碩	
進士王		米壹拾參碩柒斗	
進士丁鈕		米伍碩	
進士鄧子儀		米壹拾參碩	
進士鄧棟		米壹拾參碩	
進士鄒子龍		米捌碩伍斗	
府學學諭洪鑄		米陸碩陸斗	
進士湯選		米伍碩柒斗	
進士蔣友		米貳拾捌碩	
進士蔣拱	官會參拾阡		
進士錢德民	官會貳拾肆阡		
進士陳廷		米柒碩	
進士朱		米陸碩	
進士路		米柒碩	
邑人		米柒碩	
邑人錢樹德	官會壹拾阡		
邑人韋		米壹拾肆碩	
邑人戴元善		米陸碩陸斗	
邑人戴元德	官會壹拾阡		
邑人潘理		米壹拾肆碩	
邑人楊彥通		米壹拾肆碩	

邑人潘瑜		米肆碩貳斗	
邑人王汝舟	官會伍阡		
邑人呂啟祖			柒貳阡束
邑人呂光祖			柒貳阡束
邑人呂琛	官會壹拾阡		
邑人何守貴			柒貳阡束：措置一行鍋金
邑人易榮祖			柒貳阡束
邑人陳仲			柒貳阡束
清涼寺住持僧顯高		米壹拾壹碩柒斗	
道士鄒端方		米陸碩玖斗	

參考書目

一、古　籍

（漢）班固撰，《漢書》，北京：中華書局點校本，1962。

（南朝宋）范曄撰，《後漢書》，北京：中華書局點校本，1965。

（南朝梁）沈約等撰，《宋書》，北京：中華書局點校本，2018。

（唐）李吉甫撰，《元和郡縣圖志》，北京：中華書局點校本，1985。

（宋）王邁，《臞軒集》，收入《景印文淵閣四庫全書》，臺北：臺灣商務印書館，1983，據國立故宮博物院藏本影印。

（宋）史彌堅修，（宋）盧憲纂，《嘉定鎮江志》，收入《宋元方志叢刊》，北京：中華書局，1990，據清道光二十二年 (1842) 丹徒包氏刻本影印。

（宋）朱熹著，陳俊民校編，《朱子文集》，臺北：允晨文化，2000，以明嘉靖本為底本點校。

（宋）何異，《宋中興學士院題名》，收入《續修四庫全書》，上海：上海古籍出版社，1997，據清光緒二十二年 (1896) 繆氏刻藕香零拾本影印。

（宋）佚名，汝企和點校，《續編兩朝綱目備要》，北京：中華書局，1995，以宋刻元修本及影宋本為底本點校。

（宋）佚名，（清）文廷式輯，《壽昌乘》，收入《宋元方志叢刊》，北京：中華書局，1990，據清文廷式輯光緒三十三年 (1907) 武昌柯氏息園刻本影印。

（宋）吳潛，《許國公奏議》，收入《百部叢書集成·十萬卷樓叢書》，臺北：藝文印書館，1968，據清光緒陸心源校刊《十萬卷樓叢書》本影印。

（宋）呂祖謙撰，黃靈庚、吳戰壘主編，《呂祖謙全集》，杭州：浙江古籍出

版社，2008。

（宋）李心傳編纂，徐規點校，《建炎以來朝野雜記》，北京：中華書局，2000，以《適園叢書》本為底本點校。

（宋）李心傳編纂，胡坤點校，《建炎以來繫年要錄》，北京：中華書局，2013，據《文淵閣四庫全書》本為底本點校。

（宋）李燾，上海師大古籍所、華東師大古籍所點校，《續資治通鑑長編》，北京：中華書局，2004，以清光緒七年 (1881) 浙江書局刊本為底本點校。

（宋）周必大，《文忠集》，收入《景印文淵閣四庫全書》，臺北：臺灣商務印書館，1983，據國立故宮博物院藏本影印。

（宋）周南，《山房集》，收入《景印文淵閣四庫全書》，臺北：臺灣商務印書館，1983，據國立故宮博物院藏本影印。

（宋）周密撰，張茂鵬點校，《齊東野語》，北京：中華書局，1983，以涵芬樓宋元人說部書中夏敬觀校本為底本點校。

（宋）岳珂編，王曾瑜校注，《鄂國金佗續編》，收入《鄂國金佗稡編續編校注》，北京：中華書局，1989，以元至正二十三年 (1363) 刻板的明印本為底本點校。

（宋）林駉撰，《古今源流至論》，收入《景印文淵閣四庫全書》，臺北：臺灣商務印書館，1982，據國立故宮博物院藏本影印。

（宋）俞文豹撰，許沛藻、劉宇整理，《吹劍四錄》，鄭州：大象出版社，2019，以《知不足齋叢書》本為底本點校。

（宋）施諤纂修，《淳祐臨安志》，收入《宋元方志叢刊》，北京：中華書局，1990，據清光緒九年 (1883)《武林掌故叢編》本影印。

（宋）洪咨夔著，侯體健點校，《洪咨夔集》，杭州：浙江古籍出版社，2015，以日本內閣文庫藏宋刻本為底本點校。

（宋）洪适，《盤洲文集》，收入《景印文淵閣四庫全書》，臺北：臺灣商務印書館，1986，據國立故宮博物院藏本影印。

（宋）祝穆撰，祝洙增訂，施和金點校，《方輿勝覽》，北京：中華書局，2003，以上海圖書館藏宋咸淳三年 (1267) 刻本為底本點校。

（宋）胡榘修，（宋）方萬里、羅濬纂，《寶慶四明志》，收入《宋元方志叢刊》，北京：中華書局，1990，據清咸豐四年 (1854)《宋元四明六志》本影印。

（宋）范成大，《吳郡志》，收入《宋元方志叢刊》，北京：中華書局，1990，據民國十五年 (1926) 吳興張氏《擇是居叢書》景宋刻本影印。

（宋）范成大，《攬轡錄》，收入趙永春編注，《奉使遼金行程錄》，長春：吉林文史出版社，1995。

（宋）孫應時，《燭湖集》，收入《景印文淵閣四庫全書》，臺北：臺灣商務印書館，1983，據國立故宮博物院藏本影印。

（宋）孫應時纂修，（宋）鮑廉、鍾秀實續修，（元）盧鎮增修，《重修琴川志》，收入《續修四庫全書》，上海：上海古籍出版社，1997，據北京圖書館藏清道光三年 (1823) 瞿氏恬裕齋影元抄本影印。

（宋）徐自明著，王瑞來校補，《宋宰輔編年錄校補》，北京：中華書局，1986，以《敬鄉樓叢書》本為底本校補。

（宋）徐夢莘撰，《三朝北盟會編》，上海：上海古籍出版社，1987，據清許涵度刻本影印。

（宋）晁公武撰，孫猛校證，《郡齋讀書志》，上海：上海古籍出版社，1990。

（宋）真德秀，《西山先生真文忠公文集》，收入《四部叢刊正編》，臺北：臺灣商務印書館，1979，據上海涵芬樓借江南圖書館藏明正德刊本影印。

（宋）袁甫，《蒙齋集》，收入《景印文淵閣四庫全書》，臺北：臺灣商務印書

館，1983，據國立故宮博物院藏本影印。

（宋）袁燮，《絜齋集》，收入《景印文淵閣四庫全書》，臺北：臺灣商務印書館，1983，據國立故宮博物院藏本影印。

（宋）馬光祖修，（宋）周應合纂，《景定建康志》，收入《宋元方志叢刊》，北京：中華書局，1990，據清嘉慶六年 (1801) 金陵孫忠愍祠刻本影印。

（宋）張淏纂修，《寶慶會稽續志》，收入《宋元方志叢刊》，北京：中華書局，1990，據清嘉慶十三年 (1808) 刻本影印。

（宋）張端義，《貴耳集》，收入《景印文淵閣四庫全書》，臺北：臺灣商務印書館，1983，據國立故宮博物院藏本影印。

（宋）陳東，《陳少陽先生盡忠錄》，收入《宋集珍本叢刊》，北京：線裝書局，2004，據明正德刻本影印。

（宋）陳耆卿，《嘉定赤城志》，收入《宋元方志叢刊》，北京：中華書局，1990，據清嘉慶二十三年 (1818) 刊《台州叢書》本影印。

（宋）陳造，《江湖長翁集》，收入《景印文淵閣四庫全書》，臺北：臺灣商務印書館，1983，據國立故宮博物院藏本影印。

（宋）陸秀夫，《宋左丞相陸公全集》，北京：線裝書局，2004，據清道光十六年 (1836) 五柳堂刻本影印。

（宋）陸游，《渭南文集》，收入《四部叢刊初編》，臺北：臺灣商務印書館，1967，據上海商務印書館縮印江南圖書館藏明華氏活字印本影印。

（宋）黃榦，《勉齋先生黃文肅公文集》，收入《宋集珍本叢刊》，北京：線裝書局，2004，據元刻延祐二年 (1315) 重修本影印。

（宋）單鍔，《吳中水利書》，收入《百部叢書集成·守山閣叢書》，臺北：藝文印書館，1968，據清道光錢氏據墨海金壺刊版重編增輯本影印。

（宋）游九言，《默齋遺稿》，收入《景印文淵閣四庫全書》，臺北：臺灣商務

印書館，1982，據國立故宮博物院藏本影印。

（宋）程珌，《洺水集》，收入《宋集珍本叢刊》，北京：線裝書局，2004，據明嘉靖刻本影印。

（宋）楊萬里撰，辛更儒箋校，《楊萬里集箋校》，北京：中華書局，2007。

（宋）葉適撰，劉公純、王孝魚、李哲夫點校，《葉適集》，北京：中華書局，1961。

（宋）董煟，《救荒活民書》，收入《景印文淵閣四庫全書》，臺北：臺灣商務印書館，1983，據國立故宮博物院藏本影印。

（宋）趙彥衛，《雲麓漫鈔》，收入上海師範大學古籍整理研究所編，《全宋筆記　第六編》，鄭州：大象出版社，2013，以清咸豐蔣光煦《涉聞梓舊叢書》本為底本點校。

（宋）劉克莊撰，辛更儒箋校，《劉克莊集箋校》，北京：中華書局，2011。

（宋）劉宰，《漫塘集》，收入《景印文淵閣四庫全書》，臺北：臺灣商務印書館，1983，據國立故宮博物院藏本影印。

（宋）劉宰著，王勇、李金坤校證，《京口耆舊傳校證》，鎮江：江蘇大學出版社，2016，以《文淵閣四庫全書》本為底本點校。

（宋）樂史撰，《太平寰宇記》，北京：中華書局點校本，2004。

（宋）樓鑰著，顧大朋點校，《樓鑰集》，杭州：浙江古籍出版社，2010，以北京大學圖書館藏南宋四明樓氏家刻本《攻媿先生文集》為底本點校。

（宋）潛說友纂修，《咸淳臨安志》，收入《宋元方志叢刊》，北京：中華書局，1990，據清道光十年 (1830) 錢塘汪氏振綺堂刊本影印。

（宋）蔡幼學，《育德堂外制》，收入《續修四庫全書》，上海：上海古籍出版社，1997，據南京圖書館藏宋鈔本影印。

（宋）蔡幼學，《育德堂奏議》，收入《古逸叢書》，北京：中華書局，1987，

據北京圖書館藏宋刊原大影印。

（宋）衛涇，《後樂集》，收入《景印文淵閣四庫全書》，臺北：臺灣商務印書館，1983，據國立故宮博物院藏本影印。

（宋）黎靖德編，王星賢點校，《朱子語類》，北京：中華書局，1986，以清光緒庚辰 (1880) 賀麟瑞校刻本為底本點校。

（宋）錢可則修，（宋）方仁榮纂，《景定嚴州續志》，收入《宋元方志叢刊》，北京：中華書局，1990，據清光緒二十二年 (1896) 漸西村舍匯刊本影印。

（宋）魏了翁，《鶴山先生大全文集》，收入《四部叢刊正編》，臺北：商務印書館，1979，據上海涵芬樓借烏程劉氏嘉業堂藏宋刊本影印。

（宋）羅大經撰，王瑞來點校，《鶴林玉露》，上海：中華書局點校本，2005，以日本慶安本為底本點校。

（宋）顧祖禹撰，賀次君、施合金點校，《讀史方輿紀要》，北京：中華書局，2005。

（元）王逢，《梧溪集》，收入《景印文淵閣四庫全書》，臺北：臺灣商務印書館，1983，據國立故宮博物院藏本影印。

（元）俞希魯編纂，楊積慶等校點，《至順鎮江志》，南京：江蘇古籍出版社，1999，以 1923 年陳慶年墨印本、冒廣生朱印本為底本點校。

（元）脫脫等撰，《宋史》，北京：中華書局點校本，1977。

（元）脫脫等撰，《金史》，北京：中華書局點校本，1979。

（明）姚廣孝等編，《永樂大典》，臺北：大化書局，1985，據明嘉隆間內府重抄本影印。

（明）夏玉麟、（明）郝維嶽等修，（明）汪佃等纂，《建寧府志》，收入《天一閣藏明代方志選刊》，上海：上海古籍書店，1982，據浙江寧波天一閣藏明嘉靖二十年 (1541) 刻本影印。

（明）張內蘊、（明）周大韶同撰，《三吳水考》，收入《景印文淵閣四庫全書》，臺北：臺灣商務印書館，1983，據國立故宮博物院藏本影印。

（明）黃仲昭纂修，《弘治八閩通志》，北京：書目文獻出版社，1988，據明弘治刻本縮印。

（明）楊士奇、（明）黃淮等編，《歷代名臣奏議》，臺北：臺灣學生書局，1964，據明永樂十四年 (1416) 內府刊本影印。

（明）董斯張，《吳興備志》，收入《景印文淵閣四庫全書》，臺北：臺灣商務印書館，1983，據國立故宮博物院藏本影印。

（清）史在礦，《忠定王年譜》，收入《史氏譜錄合編》，天津：天津圖書館、天津古籍出版社，2001，據清康熙間八行堂藏版影印。

（清）徐松輯，四川大學古籍整理研究所標點校勘，王德毅校訂，《宋會要輯稿》，臺北：中央研究院歷史語言研究所漢籍電子文獻資料庫電子版《宋會要輯稿》編委會，2008。

（清）曾國藩、（清）丁日昌纂修，《蘇省輿地圖》，哈佛大學漢和圖書館藏清同治七年 (1868) 刻本。

（清）劉誥等修，（清）徐錫麟等纂，《丹陽縣志》，臺北：成文出版社，1983，據清光緒二十一年 (1895) 刊本影印。

（清）劉誥等修，（清）徐錫麟等纂，《重修丹陽縣志》，臺北：成文出版社，1983，據清光緒十一年 (1885) 刻本影印。

（清）穆彰阿、（清）潘錫恩等纂修，《大清一統志》，上海：上海古籍出版社，1997，據《四部叢刊續編》上海涵芬樓景印清史館藏清道光二十二年 (1842) 進呈寫本影印。

（清）繆荃孫，《江蘇金石記》，江蘇：江蘇通志局，1927，據手寫稿影印。

不著撰人，汪聖鐸點校，《宋史全文》，北京：中華書局，2016，以《文淵閣

四庫全書》本為底本點校。

北京圖書館金石組編，《北京圖書館藏中國歷代石刻拓本匯編》，鄭州：中州
　　古籍出版社，1990。

二、研究專著

于北山，《陸游年譜》，上海：上海古籍出版社，1985。

于北山，《范成大年譜》，上海：上海古籍出版社，1987。

孔凡禮輯，《范成大佚著輯存》，北京：中華書局，1983。

王明蓀主編，《海峽兩岸地方史志地方博物館學術研討會論文集》，南投：臺
　　灣省文獻委員會，1999。

王曾瑜，《涓埃編》，保定：河北大學出版社，2008 初版。

王曾瑜，《宋朝軍制初探》，北京：中華書局，2011 增訂本。

王瑞來，《近世中國——從唐宋變革到宋元變革》，太原：山西教育出版社，
　　2015。

王德毅，《李燾父子年譜》，臺北：中國學術著作獎助委員會，1963。

包偉民，《宋代地方財政史研究》，上海：上海古籍出版社，2011。

包偉民，《宋代城市研究》，北京：中華書局，2014。

包偉民，《陸游的鄉村世界》，北京：社會科學文獻出版社，2020。

史念海，《中國的運河》，西安：陝西人民出版社，1988。

全漢昇，《唐宋帝國與運河》，臺北：臺灣商務印書館，1944 初版，1995 重排版。

安作璋，《中國運河文化史》，濟南：山東教育出版社，2001。

朱澤君主編，《崔與之與嶺南文化研究》，北京：人民出版社，2010。

江蘇省交通廳航道局、江蘇省航道協會編，《京杭運河志（蘇南段）》，北京：
　　人民交通出版社，2009。

何忠禮，《南宋科舉制度史》，北京：人民出版社，2009。

余英時，《朱熹的歷史世界：宋代士大夫政治文化的研究》，臺北：允晨文化，
　　2003。

宋晞，《方志學研究論叢》，臺北：臺灣商務印書館，1999。

李仁生、丁功誼，《周必大年譜》，南昌：江西人民出版社，2014。

李天鳴，《宋元戰史》，臺北：食貨出版社，1990。

李弘祺，《宋代官學教育與科舉》，臺北：聯經出版事業公司，1994。

李華瑞，《宋代救荒史稿》，天津：天津古籍出版社，2014。

李萍，《嘉定鎮江志研究》，上海：上海師範大學史學理論及史學史碩士論文，
　　2016。

李超，《南宋寧宗朝前期政治研究》，上海：上海古籍出版社，2019。

李輝，《宋金交聘制度研究 1124–1234》，上海：上海古籍出版社，2014。

周揚波，《宋代仕紳結社研究》，北京：中華書局，2008。

昌彼得、王德毅、程元敏、侯俊德等編，《宋人傳記資料索引》，臺北：鼎文
　　書局，2001。

東吳大學歷史學系主編，《方志學與社區鄉土史學術研討會論文集》，臺北：
　　臺灣學生書局，1998。

林天蔚，《方志學與地方史研究》，臺北：南天書局，1995。

林日波，《真德秀年譜》，武漢：華中師範大學碩士學位論文，2006。

林明，《從四明墓志看北宋平民家族》，臺北：國立政治大學歷史學研究所碩
　　士論文，2019。

青山定雄，《唐宋時代の交通と地誌地圖の研究》，東京：吉川弘文館，1969。

胡坤，《宋代薦舉改官研究》，上海：上海古籍出版社，2019。

唐宋運河考察隊，《運河訪古》，上海：上海人民出版社，1986。

荒木敏一,《宋代科舉制度研究》,京都:京都大學東洋史研究會,1969。

高柯立,《宋代地方的官民信息溝通與治理秩序》,北京:國家圖書館,2021。

高紀春,《道學與南宋中期政治——慶元黨禁探源》,保定:河北大學博士論文,2001。

張文,《宋朝社會救濟活動研究》,重慶:西南師範大學出版社,2001。

張立主編,《鎮江交通史》,北京:人民交通出版社,1989。

張亦冰,《宋代官員俸祿勘給程序研究——以財務文書為中心》,北京:中國人民大學碩士學位論文,2013。

張勇,《宋代淮南地區經濟開發若干問題研究》,北京:中國社會科學出版社,2019。

張強,《江蘇運河文化遺存調查與研究》,南京:江蘇人民大學,2016。

梁庚堯,《南宋的農地利用政策》,臺北:國立臺灣大學文學院,1977。

梁庚堯,《宋代社會經濟史論集》,臺北:允晨文化,1997。

梁庚堯,《宋代科舉社會》,臺北:臺大出版中心,2015。

陳來,《朱子書信編年考證(增訂本)》,北京:生活‧讀書‧新知三聯書局,2007。

陳雯怡,《由官學到書院:從制度與理念的互動看宋代教育的演變》,臺北:聯經出版事業公司,2004。

陳橋驛主編,《中國運河開發史》,北京:中華書局,2008。

陶晉生,《中國近古史》,臺北:東華書局,1979。

陶晉生,《北宋士族——家族、婚姻、生活》,臺北:中央研究院歷史語言研究所,2001。

彭東煥,《魏了翁年譜》,成都:四川人民出版社,2003。

斯波義信著,方健、何忠禮譯,《宋代江南經濟史研究》,南京:江蘇人民出

版社，2001。

曾棗莊、劉琳主編，《全宋文》，上海：上海辭書出版社，2006。

湯文博，《南宋初期 (1127–1141) 江淮戰區研究》，天津：天津古籍出版社，2014 第二版。

程誌華，《學術與政治：南宋慶元黨禁之研究》，新竹：國立清華大學歷史研究所碩士論文，1996。

黃俊彥，《韓侂胄與南宋中期的政局變動》，臺北：國立臺灣師範大學歷史學系碩士論文，1976。

黃敏枝，《宋代佛教社會經濟史論集》，臺北：臺灣學生書局，1989。

黃寬重，《晚宋朝臣對國是的爭議——理宗時代的和戰、邊防與流民》，臺北：臺大出版中心，1978。

黃寬重，《南宋地方武力——地方軍與民間自衛武力的探討》，臺北：東大圖書，2002。

黃寬重，《宋代的家族與社會》，臺北：東大圖書，2006。

黃寬重，《政策‧對策——宋代政治史探索》，臺北：聯經出版事業公司，2007。

黃寬重，《孫應時的學宦生涯：道學追隨者對南宋中期政局變動的因應》，臺北：臺大出版中心，2018。

黃寬重，《藝文中的政治——南宋士大夫的文化活動與人際關係》，臺北：臺灣商務印書館，2019。

楊芳，《宋代倉廩制度研究》，上海：上海古籍出版社，2019。

虞云國，《南宋行暮：宋光宗宋寧宗時代》，上海：上海人民出版社，2018。

賈志揚，《宋代科舉》，臺北：東大圖書，1995。

雷家聖，《聚斂謀國——南宋總領所研究》，臺北：萬卷樓圖書，2013。

劉子健，《兩宋史研究彙編》，臺北：聯經出版事業公司，1987。

劉建國，《古城三部曲——鎮江城市考古》，南京：江蘇古籍出版社，1995。

劉淑芬，《中古的佛教與社會》，上海：上海古籍出版社，2008。

劉雲軍，《呂頤浩年譜》，保定：河北大學出版社，2011。

蔡文地，《宋代勸農文之研究》，臺北：國立臺灣大學歷史學研究所碩士論文，
　　2007。

蔡涵墨 (Charles Hartman)，《歷史的嚴妝：解讀道學陰影下的南宋史學》，北
　　京：中華書局，2016。

蔡義江、蔡國黃，《辛棄疾年譜》，濟南：齊魯書社，1987。

鄧小南，《宋代文官選任制度諸層面（修訂本)》，北京：中華書局，2021。

鄧廣銘，《辛稼軒年譜》，上海：上海古籍出版社，1997。

鄭丞良，《南宋明州的先賢祠研究》，上海：上海古籍出版社，2013。

戴仁柱 (Richard Davis) 著，劉廣豐、惠冬譯，《丞相世家：南宋四明史氏家族
　　研究》，北京：中華書局，2014。

韓冠群，《史彌遠與南宋中後期中樞政治運作 (1194–1260)》，北京：中國人民
　　大學中國古代史博士論文，2015。

鎮江市水利局、鎮江市水利學會，《鎮江水文化筆談・樂水漫話》，南京：南
　　京大學出版社，2016。

Beverly Bossler, *Powerful Relations: Kinship, Status, and the State in Sung China
　　(960–1279)*. Cambridge, MA.: Harvard University Asia Center, 1998.

Hilde De Weerdt, *Information, Territory, and Networks: The Crisis and
　　Maintenance of Empire in Song China*. Cambridge, MA.: Harvard
　　University Asia Center, 2015.

Jinping Wang, *In the Wake of the Mongols: The Making of a New Social Order in*

North China, 1200–1600. Cambridge, MA.: Harvard University Asia Center, 2018.

John Chaffee and Denis Twitchett eds., *The Cambridge History of China, vol. 5, Part Two: Sung China, 960–1279.* Cambridge: Cambridge University Press, 2015.

Joseph Dennis, *Writing, Publishing, and Reading Local Gazetteers in Imperial China, 1100–1700.* Cambridge, MA.: Harvard University Press, 2015.

Peter Bol, *Neo-Confucianism in History.* Cambridge, MA. & London: Harvard University Asia Center, 2008.

Peter Bol, *Localizing Learning: The Literati Enterprise in Wuzhou, 1100–1600.* Cambridge, MA.: Harvard University Asia Center, 2022.

Robert Hymes, *Statesmen and Gentlemen: The Elite of Fu-Chou, Chiang-Hsi, in Northern and Southern Sung.* Cambridge, MA.: Cambridge University Press, 1986.

Sukhee Lee, *Negotiated Power: The State, Elites, and Local Governance in Twelfth- to Fourteenth-Century China.* Cambridge, MA.: Harvard University Press, 2014.

三、研究論文

俞佳奇，〈鎮江運河文化的歷史考察〉，《鎮江高等學報》31:4 (2018)，頁 5–9+14。

內河久平，〈南宋總領所考──南宋政權と地方武將との勢力關係をめぐって〉，《史潮》78、79 合併號 (1962)，頁 1–26。

黃純艷，〈宋代運河的水情與航行〉，《史學月刊》2016:6 (2016)，頁 91–108。

黃純艷，〈南宋江防體系的構成及職能〉，《河北大學學報（哲學社會科學版）》 2016:5 (2016)，頁 10–17。

黃寬重，〈南宋兩浙路社會流動的考察〉，收入氏著，《宋史叢論》，臺北：新 文豐出版社，1993，頁 73–103。

黃寬重，〈賈涉事功述評——以南宋中期淮東防務為中心〉，《漢學研究》20:2 (2002)，頁 165–188。

黃寬重，〈宋代基層社會的權力結構與運作——以縣為主的考察〉，收入黃寬 重主編，《中國史新論：基層社會分冊》，臺北：聯經出版事業公司， 2009，頁 273–325。

黃寬重，〈劉宰的人際關係與社會關懷（劉宰の人間関係と社会への関心）〉， 收入宋代史研究会編，《宋代史研究会研究報告 (10) 中国伝統社会へ の視角》，東京：汲古書院，2015，頁 151–189。

王錦萍，〈近二十年中古社會史研究的回顧與展望〉，收入鄧小南、方誠峰主 編，《宋代研究諸層面》，北京：北京大學出版社，2020，頁 106–138。

王書敏，〈關於鎮江宋元糧倉的幾個問題——轉般倉、淮東總領所、大軍倉〉， 《東南文化》2011:5 (2011)，頁 72–73。

王瑞來，〈內舉不避親——以楊萬里為個案的宋元變革論實證研究〉，《北京大 學學報（哲學社會科學版）》49:2 (2012)，頁 117–128。

王德毅，〈南宋役法考〉，收入氏著，《宋史研究論文集》，臺北：臺灣商務印 書館，1993，頁 253–283。

洪婉芝，〈宋元時期鎮江地區的造橋活動〉，《新北大史學》3 (2005)，頁 6–11。

高橋芳郎，〈宋代の士人身分について〉，《史林》69:3 (1986)，頁 351–382。

謝康倫著，何冠環譯，〈論偽學之禁〉，收入海格爾編，陶晉生等譯，《宋史論 文選集》，臺北：國立編譯館，1995。

周曲洋，〈何以為戶：宋代主戶的性質、形態與功用〉，稿本。

全漢昇，〈唐宋時代揚州經濟景況的繁榮與衰落〉，《中央研究院歷史語言研究所集刊》11 (1944.9)，頁 149–176。

曾棗莊，〈論宋啟〉，《文學遺產》2007:1 (2007)，頁 47–57。

張維玲，〈南宋待補與待補太學生〉，《中華文史論叢》2012:4 (2012)，頁 90–121。

張維玲，〈從反思碑記史料論南宋福建莆陽公共建設中官、士、僧的權力關係〉，《新史學》31:4 (2020)，頁 143–202。

張小軍，〈鎮江京口閘澳系統研究〉，《鎮江高等學報》25:3 (2012)，頁 91–108。

張小軍，〈南宋鎮江轉般倉考述〉，《南京博物院集刊》13 (2012)，頁 81–85。

張小軍，〈南宋鎮江轉般倉有關問題研究〉，《鎮江高專學報》27:2 (2014)，頁 1–5。

張星久，〈關於南宋戶部與總領所的關係──宋代財政體制初探〉，《中國史研究》1987:4 (1987)，頁 9–16。

長井千秋，〈淮東總領所の財政運營〉，《待兼山論叢》，第 22 號史學篇 (1988)，頁 41–64。

陳高華，〈早期宋蒙關係與端平入洛〉，收入中國社會科學院歷史研究所宋遼金元史研究室編，《宋遼金史論叢》，北京：中華書局，1985，頁 203–230。

鄭丞良，〈道學、政治與人際網絡：試探南宋嘉定時期黃榦的仕宦經歷與挫折〉，《史學彙刊》35 (2016.12)，頁 155–176。

陶晉生，〈南宋利用山水寨的防守戰略〉，《食貨月刊》復刊 7:1、7:2 (1997)，頁 1–10。

平田茂樹，〈南宋士大夫のネットワークとコミュニケーション——魏了翁の
　　"靖州居住" 时代を手がかりとして〉，《東北大学東洋史論集》 12
　　(2016)，頁 215–249。

平田茂樹，〈從邊緣社會看南宋士人的交往和資訊溝通——以魏了翁、吳泳、
　　洪咨夔的事例為線索〉，收入余蔚、平田茂樹、溫海清主編，《十至十
　　三世紀東亞史的新可能性：首屆中日青年學者遼宋西夏金元史研討會
　　論文集》，上海：中西書局，2018，頁 1–29。

包偉民，〈近古鄉村基層催稅單位演變的歷史邏輯〉，《北京大學學報（哲學社
　　會科學版）》58:1 (2021.1)，頁 99–115。

包偉民，〈名實之間：關於鄉里單位文獻記載辨析漫談〉，《唐宋歷史評論》8
　　(2021)，頁 8–23。

包偉民，〈鄉役論與鄉里制的演變〉，《中國社會科學》2022:7 (2022)，頁 152–
　　172。

方震華，〈軍務與儒業的矛盾——衡山趙氏與晚宋統兵文官家族〉，《新史學》
　　17:2 (2006.6)，頁 11–12。

方震華，〈轉機的錯失——南宋理宗即位與政局的紛擾〉，《臺大歷史學報》53
　　(2014)，頁 1–35。

穆朝慶，〈宋代科舉解額分配制度初探〉，《黃河科技大學報》10:1 (2008)，頁
　　42–46。

楊果，〈南宋的鄂州南草市〉，《江漢論壇》1999:12 (1999)，頁 80–84。

楊俊峰，〈魏了翁文集所見端平初年政治訊息〉，稿本。

李弘祺，〈宋代的舉人〉，收入國際宋史研討會秘書處，《國際宋史研討會論文
　　集》（臺北：中國文化大學史學研究所史學系，1988），頁 297–314。

劉子健，〈背海立國與半壁山河的長期穩定〉，收入氏著，《兩宋史研究彙編》，

臺北：聯經出版事業公司，1987，頁 21–40。

劉子健，〈劉宰和賑饑〉，收入氏著，《兩宋史研究彙編》，臺北：聯經出版事業公司，1987，頁 348–354。

劉子健，〈綜論宋代士大夫理想與從政的類別〉，收入中央研究院第二屆國際漢學會議論文集編輯委員會編，《中央研究院第二屆國際漢學會議論文集歷史與考古組》，臺北：中央研究院，1989，頁 823–834。

梁庚堯，〈家族合作、社會聲望與地方公益：宋元四明鄉曲義田的起源與演變〉，收入中央研究院歷史語言研究所出版品委員會主編，《中國近世家族與社會學術研討會論文集》，臺北：中央研究院歷史語言研究所，1998，頁 231–237。

梁庚堯，〈從南北到東西：宋代真州轉運地位的轉變〉，《臺大歷史學報》52 (2003)，頁 53–143。

林巖，〈晚年陸游的鄉居身分與自我意識──兼及南宋「退居型士大夫」的提出〉，《華南師範大學學報（社會科學版）》2016:1 (2016)，頁 29–42。

林煌達，〈陳韡仕宦轉變與發展〉，稿本。

汪聖鐸，〈宋代轉般倉研究〉，《文史》2011:2 (2011)，頁 187–209。

汪聖鐸，〈宋糧料院考〉，《文史》2005:1 (2005)，頁 185–200。

蔡涵墨、李卓穎，〈平反陳東〉，《文史》2017:2 (2017)，頁 157–222。

袁一堂，〈南宋的供漕體制與總領所制度〉，《中州學報》1995:4 (1995)，頁 132–135。

裴淑姬，〈論宋代科舉解額的實施與地區分配〉，《浙江學刊》2000:3 (2000)，頁 121–127。

鄧小南，〈北宋蘇州的士人家族──以朱長文之交游核心的考察〉，《國學研究》3 (1996)，頁 479–481。

四、資料庫

龔延明主編 ，「歷代進士登科數據庫」， http://examination.ancientbooks.cn/
docDengke/ ，2022/9/27

「漢籍電子文獻資料庫」，臺北：中央研究院歷史語言研究所。

中央研究院人社中心 GIS 專題中心 (2020) 中華文明之時空基礎架構系統 ，
http://gissrv4.sinica.edu.tw/gis/cctslite.aspx (2023/3/2)

後　記

　　本書是我從事學術研究以來，費時最久的專題著作。早在四十年前，受劉子健教授的啟發，便留心劉宰與鄉居士人這個題目。直到退休前，希望有比較充裕的時間，集中心力研究此專題。不想從計劃開始至書稿完成，又經歷了六載歲月。

　　書稿撰寫的過程多歷轉折。在國科會人文行遠專書寫作計畫的安排中，向同道請教是重要的一環，交流討論有助於開展視野，並豐富議題、內容。雖然內容更迭、刪改頻繁而遷延時日，但從因內容增刪、議題更動的轉折過程，也讓我進一步體認專書寫作的學術意義，獲益甚多。因此要特別感謝國家科學技術委員會（國科會）的計畫資助，以及中央研究院歷史語言研究所提供豐厚的設備與資源，讓我得以從容執行這項專書寫作計畫。

　　為符應此次計畫，我新增了許多具體工作項目，如親歷劉宰鄉居的鎮江實地考察、辦理二次工作坊，並赴香港、杭州、東京，向海內外同道報告計畫和書稿內容，聽取建議，以為修訂參考，這些意見對調整內容、充實論述都極有助益。在撰寫各章內容時，更不斷和朋友討論、請教。經多次修改議題，多番更動文稿，最終才得以現今面貌呈現。

　　在繁複的調整過程中，承蒙眾多師友的大力協助或提供修改意見，如今得以撰就書稿，特別要向貢獻心力的師友敬致謝意。2019 年 5 月 8 日至 13 日我到鎮江訪察，得到林小異、丁義珏、于磊、王勇、許衛等人全程陪同；而且在林小異先生的協助下，承錢永波、王玉國、笪遠毅等眾多鎮江文史工作的前輩，提供許多寶貴的資料和意見。在各項工作坊或私下請益中，更獲

得國內及海外師友同道杜正勝、邢義田、劉靜貞、方震華、童永昌、陳雯怡、雷之波 (Zeb Raft)、吳雅婷、何淑宜、鄭丞良、曾美芳、王鴻泰、方誠峰、包偉民、黃純艷、盧雲國、鄧小南、何兆泉、魏峰、仝相卿、近藤一成、妹尾達彥、王瑞來、平田茂樹、飯山知保、張曉宇、何冠環、張維玲、劉光臨等惠賜修正意見，謹致謝意，魯西奇協助繪製地圖，尤為感銘。四位助理鄒武霖、鄭庭鈞、黃方碩和施天宇費心查找資料、處理大量文書。以及三民書局王敏安小姐與編輯群精細編輯、校對的工作，讓本書得以順利出版，在此也向他們表達誠摯謝意。

　　我更藉此向王錦萍和熊慧嵐二位深致謝忱。二人在書稿修訂過程全程參與，透過一次次的遠途電話，對文字、章節、理路、乃至議題，都提供具體修正建議。特別是錦萍博士，在教學行政百般忙碌中，仍花費許多寶貴時間，詳讀初稿，並建議擴大結論的討論方向，將本研究所提的若干看法，凝成與歐美學友對話的議題。這個期待對我而言，是一次十分艱辛的挑戰，但經多次交換意見，讓我改變既有思考和寫作模式，終能以目前的形式呈現。如果沒有她們不斷叮嚀、督促，我不會有毅力和勇氣，作如此大的改變；這是我人生中最珍貴的經驗，也是最要向她們致謝的。

　　我也要藉此後記向王德毅老師、陶晉生老師和斯波義信教授致上萬分的謝意。王、陶二位老師是我進入臺大歷史研究所的指導教授，引領、護持我邁向學術殿堂，迄今超過五十年。王老師質樸的生活、篤實的治學風格，不僅樹立學者典範，更為臺灣留下豐厚的學術資產。陶老師的為學處事展現師道風範，我有幸長期親炙其教，深刻領受他對待學術的態度。陶老師外表儼然，但內心溫暖，在我學習歷程中照顧我及家人最多。尤其最近他和師妹若麟女士在物質和精神費心協助、支持，讓家人在關鍵時刻凝聚親情，這一盛情雖無法言謝，但永銘於心。斯波教授則長期透過他的高足妹尾達彥教授，

關注我的研究議題；多次陪伴參觀東洋文庫書庫，細心介紹庫藏宋代重要典籍的版本，邀我參與重要的學術活動，讓我得以長期與日本學界保持密切聯繫，促進交流合作。本書計畫開始時，斯波教授便多次關心；近年雖身體違和，仍為本書撰序勉勵。他為學的風範和長期關照，均於心感銘。

此外，我衷心感謝在長庚大學結識廖運範院士、方基存、柯毓賢、賴旗俊、林俊彥和劉嘉逸等各領域傑出的專業醫師。他們的細心照顧，讓年邁多病的我及家人能安然面對病痛，不再憂懼。亦得以追隨他們，為栽培醫界新秀克盡心力，讓我度過人生中有意義的十年。

本書完稿後，我進一步認識到南宋中低階層士人官員的一生，以及他們在地方社會的耕耘，既豐富對士人生命世界的認識，對掌握南宋基層政治社會的發展面貌尤有幫助。本有意經由更多個案的比較、連結與觀察，持續深化此一議題。不過鑑於個人研究一向由蒐集、閱讀、整理史料著手，是典型的傳統手工技藝，衡諸目前的體力和心力，實難在短時間繼續擴展相關課題，僅藉參與 2023 年 6 月於耶魯大學舉辦之第三屆中古中國人文會議的機會，提出若干初步性觀察意見，冀請學界關注此議題，更期待繼起者能接續投入研究。不過，在數位人文的風潮下，這種以傳統工藝進行的研究方式，還能發揮什麼樣的效果實未可知。

幾經思考後，我想暫且放下專題研究，轉換視角，將剩下的精力和時光，關注七十年來宋遼金元研究發展史。這是一個與臺灣人文學界及我自身生命世界都很貼近的課題。我將利用前輩學者留下來的豐厚書信和文獻資料，檢視七十年來臺灣學界在宋遼金元史研究發展的脈絡和成果，希望能呈現在特殊環境衝擊與發展中，幾代學人在這塊土地上的耕耘，也可以見證臺灣人文學的發展脈絡。

眼下正是我邁入殘年餘生的歲月。檢視自己的一生，雖然資質平庸魯鈍，

總抱持正向積極的態度面對人生，且能在家人、師友護持下，致力終生鍾情的南宋史，並從事若干服務學術及社會環境的事務，成果雖不足掛齒，但尚堪告慰。不過在傳統的環境成長，長期養成以公共事務為重的個性，忽視家庭及親情的耕耘，在子女成長期間，讓他（她）們孤獨承擔各項挑戰；尤其在妻子與子女最需要的幾個關鍵時刻，沒有及時在她們身旁，盡心陪伴、慰藉和支持，是我一生中最深層的愧疚與心酸的印記。如今摯愛辭世，任何歉悔，均無濟於事。謹以此書獻給英年早逝的女兒奕雯，紀念這段父女情緣，並告慰她在天之靈。

黃寬重敬識

2023 年 8 月 16 日於臺北南港

索 引*

---

* 索引以正文為主，注釋、附錄中的表與書信定年未收入索引之列。

國家圖書館出版品預行編目資料

居鄉懷國：南宋鄉居士人劉宰的家國理念與實踐／黃
寬重著.－初版二刷.－－臺北市：三民，2024
面；　公分.－－（歷史聚焦）

ISBN 978-957-14-7682-7　（平裝）
1. (宋)劉宰 2. 學術思想 3. 傳記 4. 南宋

782.852　　　　　　　　　　　　112012632

居鄉懷國──南宋鄉居士人劉宰的家國理念與實踐

作　　　者	黃寬重
責任編輯	王敏安
美術編輯	李珮慈

創 辦 人	劉振強
發 行 人	劉仲傑
出 版 者	三民書局股份有限公司 (成立於 1953 年)

三民網路書店
https://www.sanmin.com.tw

地　　　址	臺北市復興北路 386 號　（復北門市）　(02)2500-6600
	臺北市重慶南路一段 61 號（重南門市）　(02)2361-7511
出版日期	初版一刷 2023 年 10 月
	初版二刷 2024 年 3 月
書籍編號	S630660
I S B N	978-957-14-7682-7

三民書局